Systematic Buddhology

체계불학

신념체계로서의 불교학

김성철

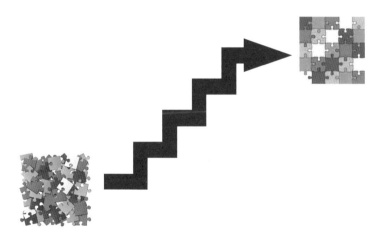

도서
출판 오타쿠

책머리에

오리엔탈리즘(Orientalism)이라는 학문용어가 있다. 팔레스타인 출신의 문학평론가 에드워드 사이드(1935-2003)가 저술한 세계적인 베스트 셀러의 제목이기도 하다. 원래는 제국주의 시대에 서구인들의 '동방 취향'을 의미하는 말이었으나, 이 책 발간 이후 오리엔탈리즘은 '동양에 대한 서구인들의 편견'을 의미하는 용어로 정착하였다.

그런데 이런 오리엔탈리즘의 유령이 아직도 국내외의 불교학계에서 떠돌고 있는지 "불교를 신앙으로 갖는 불교학자는 불교에 대해 객관적으로 연구할 수 없다."라는 주장이 간혹 들려온다. 그러나 이와 똑같은 비판을 기독교에 대해 던져 보면, 이런 비판이 얼마나 편향된 것인지 알게 된다. 아우구스티누스(354-430)와 토마스 아퀴나스(1224-1274)는 물론이고 현대의 칼 바르트(1886-1968), 에밀 부르너(1889-1966), 폴 틸리히(1886-1965)와 같은 조직신학자, 일본의 우찌무라 간조(1861-1930)나 한국의 김교신(1901-1945) 같은 무교회주의자 … . 이런 독실한 기독교 신자들의 신학을 어떻게 평할 것인가?

또 "기독교인 중에는 불교학자가 많은데, 기독교를 연구하는 불교도는 거의 없다."라면서 불교인의 종교적 '옹졸함'을 비방하는 사람도 있다. 만일 세계역사가 지금과 반대로 전개되어 '태국, 스리랑카, 미얀마'와 같은 불교국가들이 고도의 과학기술을 갖고서 무력으로 유럽과 미국 등 온 세계를 점령하였다면, 미개한 서구인들의 독특한 종교인 기독교에 대해 연민과 흥미를 갖고서 연구하는 불교도들이 많이 나타났을 것이다. 그러나 근대화는 곧 서구화를 의미할 정도로 역사의 물결은 역으로 흘러갔다. 불교인의 학문적 옹졸함을 비판할 게 아니라, 세계역사와 문화의 역학관계에 대한 자신의 무지를 반성할 일이다.

이 책의 제목으로 삼은 '체계불학(Systemtic Buddhology)'은 이런 문제의식에서 인문학을 넘어선 불교학의 연구방법론을 모색하다가 티벳불교 겔룩파의 수행지침서인 『보리도차제론(菩提道次第論)』에서 그 해답을 찾으면서 필자가 고안한 신조어였다. 이 책의 제1부에서 '체계불학의 필요성과 보리도차제론'이라는 제목을 달아 이에 대해 논의한 네 편의 논문을 모았다.

'불교 윤리와 교육의 체계화'라는 제목을 붙인 제2부에 실린 세 편의 논문들은 모두 외부의 의뢰에 의해 작성한 것들이다. 「출가자와 재가자의 바람직한 관계」와 「생활윤리로 바로 서지 못하는 계율」은 참여불교재가연대에서 구체적인 제목까지 제시하면서 발표를 부탁하였고, 「재가불자교육의 체계화를 위한 시론」은 2005년 4월 '한국불교 교육체계의 재검토'라는 주제로 개최된 한국불교학회 제42회 춘계학술대회에서 발표한 것이다. 이 가운데 「출가자와 재가자의 바람직한 관계」는 2003년 7월에 경기도 용인의 '삼성생명 휴먼센터'에서 열린 제11차 참여불교세계대회에서 발표했던 논문으로, 초기불전과 율장의 가르침에 근거하여 출가와 재가의 근본적인 차이, 재가자가 오를 수 있는 수행의 최고경지, 출가자를 향한 재가자의 조언과 비판의 범위 등 여러 문제에 대한 해답을 제시해 보았다. 그 당시 조계종 총무원에서 소임을 보시던 모 스님께서, 종무원들에게 필독을 권하셨다고 한다.

'불교 교학의 재해석'이라고 제목을 붙인 제3부에서는, 불교의 일미성(一味性)을 유지하면서 대승불교, 밀교, 화엄사상, 천태교학 등의 중심 사상을 해석한 논문들을 모았다. 제3부의 앞부분에 실은 네 편의 논문 가운데 「초기불교와 대승불교 - 단절인가, 계승인가?」에서는 '껍질이 육질인 양파'의 비유로 대승불교의 가치를 드러내었고, 이어서 「대승신화와 가상수행, 그리고 불교의 미래」에서는 인간의 삶에서 가상세계의 비중이 급격히 확대되고 있는 현대의 정보통신사회 속에서 미래 불교의 바람직한 모습을 모색해 보았으며, 「화엄사상에 대한 현대적 이해」에서는 화엄학에서 묘사하는 차방(此方) 정토인 화장장엄세계의 모습을 현대의 정보통신문명으로 설명해 보았고, 「『관음현의』의 여래성악설에 대한 비판적 검토」에서는, 천 수백 년 이상 천태학의 핵심 사상으로 간주되어 온 여래성악설(如來性惡說)이 천태 지의(智顗)의 불성 사상에 대한 오해에서 비롯된 잘못된 이론이라는 점을 밝혔다. 그리고 말미에 실은 두 편의 논문, 「무란 무엇인가?」와 「일상과 깨침」은 불교에 대한 기본지식이 없는 사람도 불교적 깨달음의 의미, 불교와 세속의 관계, 다른 여러 사상과 비교한 불교의 특징 등에 대해 파악할 수 있도록 평이한 언어로 불교를 설명한 논문이다. 이 책 발간을 계기로 '한국적 체계불학'을 건립하려는 학문 활동이 활발히 일어나기 바란다.

　이 책을 끝으로 지금까지 내가 발표했던 논문들의 단행본 출간 작업이 일단락된다. 다양한 학술지에 흩어져 있던 나의 논문들을 주제별로 묶으니 총 일곱 권이 되었다. 각 논문집의 제목은 이 책 표지의 날개 면에서 확인할 수 있을 것이다. 이제 얼마 있으면 경주 동국대를 떠난다. 정년퇴임이다. 2000년 3월 부임한 이래 만 23년이 흘렀다. 그동안 주말마다 고속버스 또는 KTX를 타고서 서울의 집과 경주의 학교를 오간 횟수가 천 번이 넘는다. 여러 해 전에 썼던 나의 시 한 편으로 소회(所懷)를 대신한다.

꿋꿋한 달과 별

경주 가는 고속버스
차창 밖 짙푸른 허공에 노란 달이 떴다.
구두점 같은 작은 별 하나 거느리고 …
터덜대는 진동을 요람 삼아 잠시 눈을 붙인다.
얼마나 지났을까? 다시 눈을 뜨자 창밖 가득 검은 어둠이다.
저 멀리 지평선엔, 흩뿌린 보석 같은 도시의 불빛들 …
반원을 그리며 느릿느릿 다가왔다, 미련 없이 사라진다.
시선은 창밖 어둠을 응시하는데
한 뼘 머릿속엔 거품처럼 부풀다 꺼지는 부질없는 상념들 …
회한, 보람, 기쁨, 낙담, 걱정, 다짐, 안심 …
네 시간 남짓 지나자 버스는 가차 없이 경주로 들어선다.
스쳐 지나온 온갖 풍경을 모두 버리고 …
나 또한 꿈꾸듯이 명멸하던 온갖 상념을 모두 거두고
자세를 추스른다.
그때 커튼을 걷고 창밖을 보니
그 먼 거리 따라왔나?
서쪽 하늘에 꿋꿋하게 박혀있는
아까 그 달과 별 …

- 시집, 『억울한 누명』에서

2022년 12월 12일 정년퇴임을 앞두고

圖南 金星晶 合掌 頂禮
도남 김성철 합장 정례

차 례

제1부
체계불학의 필요성과
보리도차제론

Systematic Buddhology와 보리도차제론*

Ⅰ. 근대적 불교학의 형성과 그 문제점

현대의 시대정신 중 하나인 휴머니즘(Humanism, 인본주의)은 그 연원을 르네상스에 둔다. 서구 중세의 신학 중심적 학문체계에 대한 반동으로 고대 그리스·로마의 학문과 예술을 부흥시킴으로써 교회의 권위에 의해 질식되던 인간성을 회복하려는 운동이 르네 상스 운동이었다. 르네상스로 인해, 서구인들의 신본주의(神本主義) 세계관은 인본주의(人本主義) 세계관으로 대체된다. 그에 따라 '은총의 빛'이 아니라 '자연의 빛'에 의해 인간과 세계를 인식 하려는 노력이 시작되었고 그런 노력의 일환으로 신학(Theology)

---

* 2002년 11월 10일–11일, 경북 안동의 국학진흥원에서 열렸던 불교학 연구회 추계학술대회에서 발표.

과 대립된 인문학(Humanities)이 탄생하였다.

고대 그리스, 로마의 역사와 학문을 연구하여 현실에 적용할 정치와 도덕의 원리를 찾고자 노력했던 르네상스 시대의 인문주의자(Humanist)들은 고문헌을 찾기 위해 수도원의 도서실을 뒤지며 필사본의 수집에 열을 올렸다. 그리고 이렇게 수집된 필사본들을 해독하고 주석하는 과정에서 근대적 의미의 문헌학(Philology)이 성립하게 된다. 이러한 문헌학적 연구성과 중 괄목할 만한 것으로, 교황청의 세속적 권리 주장의 근거가 되었던 「콘스탄니누스 대제의 기부증서」가 위조되었음을 고증한 로렌초 발라(Lorenzo Valla, 1405-1457)의 업적을 들 수 있다. 또 알프스 이북의 인문주의자들은 초기 기독교의 순수성을 회복시키기 위해 기독교 관계 고전이나 성서에 대해 문헌학적으로 연구하였으며 이들의 노력은 후대에 종교개혁으로 이어졌다. 그 후 18, 9세기가 되자 독일의 F.A. 볼프(Wolf, 1759-1824)와 A. 뵈크(Boeckh, 1785-1867)의 노력에 힘입어 언어, 문학, 미술, 과학, 신화, 전설, 종교, 제도, 법률, 경제, 민속 등 모든 분야에 걸쳐 다양한 민족들의 고전을 연구대상으로 삼는 대규모적인 고전문헌학이 탄생하게 되었다.

문헌학적 연구에서는 사본(寫本)이나 판본(板本)을 수집 정리하고, 교정본을 작성하며, 문헌의 성립 연대를 결정하고, 저자의 진위와 정체에 대해 탐구하며, 본문의 자구를 해석하는 일에 주력한다. 그리고 근대의 서구인들이 문헌학적 연구의 대상으로 삼았던 것 중에는 그리스와 로마의 고전은 물론이고 기독교의 성경 역시 포함되었다. 1947년 키르베트 쿰란(Khirbet Qumran)의 절벽 동굴에서 발견된 사해 두루마리(The Dead Sea Scroll)와 1946년 이

집트의 카이로 북쪽 나그 함마디(Nag Hammadi)에서 발견된 영
지주의문서(Gnostic Library) 역시 문헌학적인 연구를 거친 후 기
독교 신학의 자료로서 활용된 바 있다.

　서세동점(西勢東占)의 시대의 서구인들은 이러한 문헌학을 도
구로 삼아, 인도와 중국의 고전들을 연구하게 된다. 불전(佛典)
역시 이들이 연구대상으로 삼았던 방대하고 잡다한 이교도(異敎
徒)의 문헌들 중 일부였다. 서력 13세기 경 프란치스코회(Francis
can Order)와 도미니크회(Dominican Order)의 수사들이 몽고에
파견된 이후 수차에 걸쳐 아시아 지방에 가톨릭 선교사가 파견되
면서 서구세계에 불교에 대한 정보가 알려지게 되는데, 불교에 대
한 문헌학적 연구가 최초로 이루어진 것은 18세기 초엽이었다. 1
716년에서 1732년까지 티벳의 라사(Lhasa)에 머물렀던 카푸친회
(Capuchin Order) 수사 델라 펜나(Della Penna, 1680-1745)는
그 기간에 약 3만5천 단어를 수록한 티벳어 사전을 완성한다. 그
리고 몇 가지 티벳어 전적을 번역하였는데 쫑카빠(Tsong Kha P
a, 1357-1419)의 『보리도차제광론(菩提道次第廣論, *Lam Rim C
hen Mo*)』과 『바라제목차경(波羅提木
叉經, *Prātimokṣasūtra*)』이 그 중 대표
적인 것들이었다.[1] 1844년 뷔르누프(E.
Burnouf, 1801-1852)의 『인도불교사입
문』(*Introduction a l'histoire du Budd
hisme indien*)이 출간 된 이후 기라성
같은 불교학자들이 출현하면서 수많은

뷔르누프

---

1) ドウヨング(J.W. de Jong) 著, 平川彰 譯, 佛敎硏究の歷史, 東京, 春
秋社, 1975, pp.8-14.

불전을 교정, 번역하게 되는데 이들에 의
해 이루어진 불전에 대한 문헌학적 연구성
과는 놀라운 것이었다.

Jan Wlliams de Jong

불교신앙자의 견지에서 보더라도 불전에
대한 문헌학적 연구는 소중한 가치를 갖는
다. 불교 전통 내에서도 불전에 대해 주소
(注疏)를 붙이고, 다양한 판본들을 교감2)
하는 과정에서 문헌학적 방법이 동원되어
왔다. 드 용(Jan Wlliams de Jong, 1921-2000)이 말하듯이 문헌
학적 연구가 불교학 연구방식의 전부는 아니지만, 문헌학적 연구
를 통해 어떤 텍스트가 교정되고, 해석되고, 번역되어야 비로소
그에 대한 종교적 철학적 사상을 전개하는 것이 가능한 것이다.3)
우리는 이러한 문헌학적인 불교연구로 인해 과거에는 맹목적으로
신봉하였던 많은 내용이 허구일 수 있다는 점을 알게 된다.

그러나 문헌학적 연구성과에 토대를 두고 불전에 대해 역사적,
철학적, 종교적 분석을 하는 경우 같은 소재에 대해서도 각양각색
의 학설이 난립하게 된다. 지금은 사라진 조로아스터교나, 그리스,
로마의 고전, 또 이집트의 상형문자를 연구하듯이 단순한 인문학
적 취향에서 불전을 연구하는 것이라면, 그렇게 연구한 결과 다양
한 학설이 난립하게 되는 것이 아무 문제가 되지 않을 것이다. 이
는 학자들이 활발하고 열렬하게 학문 활동에 종사한다는 점을 입
증하기에 인문학 분야에서 오히려 권장할 만한 일일 것이다. 그러

---

2) 그 예로 高麗大藏經의 교감자인 守其의 『高麗國新稱大藏校正別祿』
   (高麗大藏經, 卷38)을 들 수 있다.
3) ドウ ヨング(J.W. de Jong), 앞의 책, p.109.

나 불교학의 경우는 일반적인 인문학과 그 성격이 다르다. 배후에 그 가르침을 자신의 인생관, 종교관으로 삼고 살아가는 수억의 신도 집단이 있다. 따라서 불교학자가 새로운 학설을 공표하는 경우, 또 그렇게 공표된 새로운 학설이 불자들의 종교 생활에 영향을 미칠 경우, 도덕적 책임의 문제가 수반될 수 있다.

현대의 인문학적 불교학의 연구성과를 취합할 경우, 전통적으로 교학 공부의 지침으로 삼았던 천태(天台)의 5시교판(五時敎判)은 억지 주장이 되고, 십이연기설에 대한 태생학적 해석은 아비달마 논사들의 조작이며, 윤회가 있는지 없는지 모호해지고, 선종(禪宗)의 사자상승(師資相承)의 전통은 허구로 판명되며, 삼론학을 집대성한 길장(吉藏)은 공(空) 사상을 오해하고 있고, 하택 신회는 종파적 이익을 위해 육조 혜능의 전기를 조작한 거짓말쟁이이며, 원효는 자신이 저술한 『금강삼매경』에 버젓이 『금강삼매경론』이라는 주석을 단 꼴이 된다. 우리가 불전에 대한 인문학적인 연구결과에 토대를 두고 불교를 바라볼 경우, 대부분 불전은 후대에 조작된 가짜로 판명되고, 부처님 이후 불교계에서 활동한 고승대덕들은 거짓말쟁이가 되고 만다.

그렇다면 현대 불교학은 훼불의 불교학을 지향하고 있는 것 아닌가? 현대의 불교학자들은 불교신앙을 서서히 말살시키려는 거대한 음모에 자신도 모르게 휩쓸리고 있는 것은 아닐까? 그러면 어떻게 해야 할 것인가? 현대 불교학의 연구성과를 모두 도외시하고 과거의 불교전통으로 되돌아갈 것인가? 그러나 분서갱유(焚書坑儒)와 같은 사건이 발생하지 않는 이상 현대인들을 설득하지 못할 수가 있다. 돌아갈 수도 없고 나아갈 수도 없는 진퇴양난의

궁지이다. 이렇게 된 이유는 무엇일까? 이
는 서구인들에 의해 시작된 현대 불교학
의 연구방법에 무언가 결함이 있기 때문
일 것이다. 그러면 그것은 무엇일까? 서구
적 불교학 방법론을 직수입하여 연구 활
동을 해 온 일본학자들의 견해를 검토해
보자.

타무라요시로

　타무라요시로(田村芳朗,　1921-1989)는
현대 불교학은 불교에 대한 사상적, 사상사적 연구가 결여되어 있
다고 말한다. 그의 주장 전문을 인용해 본다.

　　인도, 중국, 일본에 걸쳐 불교에 대한 현대의 연구방법은 전적으로 언어학
　적·문헌학적인 것이 중심을 이루고 있다고 말할 수 있다. 그것에 부가하는
　것이 있다고 한다면 사실에 대한 역사학적인 연구이다. 그런 연구방법들
　은 근대의 객관적·과학적·실증적 정신의 표출이며 특히 원전을 통한 연구
　는 근대가 되어 유럽의 학자에 의해서 지지되던 것으로 어쨌든 근대적인
　불교연구로서 그 공적은 지대하다고 평가된다. 한편 망실된 연구방법이
　있다. 그것은 불교에 대한 사상적, 사상사적 연구이다. 망실된 원인으로는
　[일본의 불교학자들이] 유럽 불교학자의 연구방법을 무비판적으로 수용한
　점을 들 수 있겠다. 유럽의 학자는 온 정성을 기울여 불교를 사상사적으로
　연구할 필요는 없었다. 그 이유는 기독교가 배경에 있기 때문이다. 게다가
　원전사본의 거의 전부가 유럽 학자의 손에 들어가 있었기에 그들은 불전
　에 대한 언어학적 문헌학적 연구에 몰두했던 것이다.4)

　타무라는 논문을 마무리하면서 "전통적인 교학을 현대에 재생

---

4) 田村芳朗, 佛敎の思想史的硏究-試論, 東洋學術硏究 第20卷 第1号, 1
　981, p.20.

시켜 우리들의 삶 속에서 유용하게 하기 위해서는 그것[= 전통적 교학]을 불교사상사 위에 올려놓은 후 어떤 점이 문제가 되었고 논의되었는지 허심탄회하게 되돌아볼 필요가 있다."5)라고 말한다. 즉, 다양한 불교 사상에 대한 진정한 이해는 개별적 사상에 대한 이해와 함께 불교사상사에서 그 사상이 발생하게 된 계기에 대한 정확한 이해가 수반되어야 가능하다는 것이다. 그러나 현대의 불교학 연구방법에 무언가 부족한 것이 있다고 할 때, 그것이 타무라의 말대로 불교에 대한 사상적, 사상사적 연구방법뿐일까?

체르밧스키(1866-1942)   무르띠(1902-1986)

Th. 체르밧스키(Stcherbatsky)의 *Buddhist Logic*, T.R.V. 무르띠(Murti)의 *The Central Philosophy of Buddhism* 등은 불교에 대한 사상적, 사상사적 방법에 의한 연구성과로 볼 수 없을까? 과거 서구어권의 학자들 역시 불교에 대한 문헌학적 연구성과에 토대를 두고 사상적, 사상사적, 비교철학적 연구에 진력해 왔다는 점을 아무도 부인할 수는 없을 것이다.

---

5) pp.28-29

히라카와아키라

타무라의 논지와 비교할 때, 현대 불교학에 대한 히라카와아키라(平川彰, 1915-2002)의 비판적 분석은 보다 논리적이고 그 문제점에 대한 해결방안 역시 보다 구체적이다. 히라카와는 〈불교학〉과 〈철학〉, 〈종교학〉, 〈종학(宗學)〉을 구분하면서 불교학의 역할과 범위에 대한 자신의 의견을 개진한다. 먼저 불교학은 '불교 중에 진리가 담겨 있다는 전제' 위에서 이루어지는 학문활동이라고 규정한다.[6] 즉, 불교에 대해 긍정적 가치를 부여하는 연구만 불교학이라고 부를 수 있다는 것이다.[7] 히라카와의 견지에서 볼 때 타무라가 말하는 사상적, 사상사적 연구라고 해도 불교에 대한 비판적, 부정적 평가가 도출되는 연구는 불교학의 범위 내에 들어 올 수 없는 것이다. 물론 불교를 비판하고 부정하는 결론을 도출해 내는 학문활동도 가능하지만 이는 불교학이 아니라 불교에 대한 철학적, 종교학적 접근일 뿐이다.[8] 그렇다고 해서 불교학의 범위 내에서 불교에 대한 비판적 연구가 절대 금지되어야 한다는 말은 아니다. 히라카와는 불교학도 학문인 이상 문헌학적 범위 내에서는 엄밀한 비판적 연구는 이루어져야 한다[9]는 점을 강조한다.

아울러 히라카와는 불교학자가 불교에 대해 사상사적으로 연구할 경우 원시불교에서 발달불교까지를 일관(一貫)하는 불교사의

---

6) 平川彰, 佛敎學と宗學, 東洋學術硏究, p.2.
7) 위의 책, p.3
8) 위의 책, p.3.
9) 위의 책, p.4

성립이 가능해야 한다고 말한다.10) 만일 연기(緣起)에 대한 용수 (龍樹)와 세친(世親)의 해석이 『아함경』의 해석과 모순된다고 본다면 다양한 불교사상들이 제각각인 것으로 되며 일관된 불교사의 성립은 없다는 말이 되고 만다.11) 그런 결론을 도출할 경우 이는 철학적 연구이지 불교학적 연구로 볼 수는 없다는 것이다.12) 사실 불교사를 관통하는 불교의 일미성(一味性)이 부정된다면 불교는 독립된 종교로서의 아이덴티티(identity)를 상실하고 말 것이다.

　이상과 같은 두 가지 전제, 즉 '불교의 진리성'에 대한 믿음과 "모든 불교사상을 일관하는 불교사상사가 성립한다."라는 믿음 위에서 이루어지는 연구만이 불교학이라고 불릴 수 있다고 주장하는 히라카와는 소위 '깨달음을 얻지 못한 일반인'으로서의 불교학자의 역할에 한계를 긋는데 이를 정리하면 다음과 같다;

> 먼저, 불교학자는 불교에는 일반인의 이해를 넘어선 사상을 담고 있다는 점을 용인하면서 교리에 대해 연구하지 않으면 안 된다. 불교에서는 불교에 대한 우리의 앎이 체화되는 단계를 문사수(聞思修) 삼혜(三慧)로 구분한다. 어떤 수행도 하지 않은 채 단지 경전에 대한 연구를 통해 얻어진 이해가 문혜(聞慧)이며, 선정 중에 마음을 통일한 후 그런 마음으로 교리를 사색함으로써 얻어진 지혜가 사혜(思慧)이고, 사혜를 통한 이해가 완전히 자기의 것으로 된 것이 수혜(修慧)다. 그런데 불교학은 문혜의 단계의 불교이다. 즉, 불교학자는 불교에는 수행을 하지 않은 일반인의 이해를 넘어선 사상을 담고 있다는 점을 용인하면서 교리에 대해 연구하지 않으면 안 된다. 그리고 문혜의 단계에서 얻어진 지혜는, 아직 목표에 도달하지는 않

---

10) 위의 책, p.9.
11) 위의 책, p.9.
12) 위의 책, p.9.

앉어도 올바른 목표를 가리키는 지혜라고 볼 수 있다. 즉, 달을 가리키는 손가락의 위치에 있다. 그러나 자기가 이해한 문혜가 과연 궁극의 목표를 가리키는 진리를 담고 있는지는 문제가 된다. 자기의 이성에는 이것에 대한 옳고 그름을 판정하는 힘은 없다고 봐야 한다.

히라카와는 현대적 불교학은 문사수(聞思修) 삼혜(三慧) 중 정확한 문혜를 제공하려 하는 것으로 그 가치가 인정될 수 있지만, 그런 문혜의 절대성을 주장해서는 안 된다고 말한다. 문혜를 도출해 낸 이성에는 그 절대성을 판정할 힘이 없기 때문이다. 불교학에서는 교리를 체계적으로 조직해도 상대적 입장에서 조직해야 한다.[13] 만일 불교학자가 자신이 연구하여 조직한 불교가 유일 절대의 불교라고 주장하게 된다면 그것은 새로운 '종학'의 탄생으로 보아야 한다고 히라카와는 비판한다.[14] 여기서 말하는 '종학'이란 일본의 각 종단 내에서는 '종승(宗乘)'이라고 명명했던 것으로,[15] 정토종, 정토진종, 조동종, 임제종, 일련종 등 일본 내의 다양한 종파에서 불교신행의 지침으로 삼아 온 각 종조의 가르침이 종학인 것이다. 히라카와의 견해와 같이, 만일 불교학자가 자신의 견지에서 어떤 체계적인 불교학을 구성하여 그에 대해 절대성을 부여할 경우 그는 불교학자의 대열에 들 수 없으며 새로운 종조가 되고 말 것이다.

그렇다고 해서 히라카와가 종학의 가치를 전적으로 부정하는

---

13) 위의 책, p.5.
14) 위의 책, p.6.
15) "최근까지 宗門大學에서는 宗乘·余乘이라는 용어가 사용되고 있지만 종승은 여기서 말하는 종학에 해당될 것이다. 여승은 다른 종파의 교학일 테지만 그것은 자기의 종학을 이해하기 위한 보조학으로서 학습되는 다른 종의 교학인 것이다." 위의 책, p.5

것은 아니다. 일본에서는 최근 종학의 연구자 수가 점차 감소하고 있으며, 후계자도 적어지고 있고, 전통이 단절될 위험에 처한 종단조차 있다고 우려하면서, 앞으로의 종학은 종조의 저작을 현대인에게 이해되도록 해석하는 데 중점을 두어야 할 것이라고 제안한다.16) 그러나 에도(江戶)시대 일본에서 발달한 종학에는 불교학자의 입장에서 이해하기 곤란한 교리가 많기 때문에 불교의 큰 줄기의 교리에서 보아 불합리하다고 생각되는 종학의 교리는 음미하여 바로 세워야 할 것이라고 히라카와는 말한다.17)

  이상과 같은 히라카와의 논지를 종합하면 불교학자란 문사수 삼혜 중 문혜를 제공하는 것을 그 임무로 삼으며, 그런 문혜는 물론이고 그에 토대를 두고 조직된 교리라고 해도 유일 절대의 것이 될 수 없다는 상대적 입장에서 학문활동을 하는 사람이라고 규정할 수 있을 것이다. 그러나 히라카와의 제안과 같이 불교학을 연구할 경우 현대 불교학의 문제가 모두 해결될 수 있을까? 상대적 입장에서 불교학을 연구하기에 서로 상충하는 다양한 연구성과가 도출될 경우, 그런 연구성과를 토대로 신행활동을 하는 불교신자는 계속 방황하게 될 것이다. 그렇다고 해서 과거의 종학으로 돌아갈 수도 없다. 왜냐하면, 히라카와도 지적하듯이 과거의 종학에는 부처님의 가르침이라고 간주될 수 없는 내용들을 많이 담고 있기 때문이다. 타무라나 히라카와가 제안하는 불교학이 정립된다고 해도 불교 신앙인의 입장에서 볼 때 현대 불교학에는 무언가가 결여되어 있다. 그것이 무엇일까? 단적으로 말해, 그것은 현대 불교학의 연구성과들 중 가장 타당하고 신뢰할 수 있는 내용들을

---

16) 위의 책, p.16.
17) 위의 책, p.16.

취합한 후 하나의 통일된 불교신앙 체계로 수렴시키려는 노력일
것이다.

II. 조직신학에 비견되는 체계불학의
   필요성

앞으로 불교학자의 역할 중 하나는 현대의 문헌학적 연구성과
에 토대를 두고 대소승을 망라한 불전의 모든 내용을 유기적으로
조직함으로써 수미일관한 하나의 신앙체계로 구성해 내어 불교신
자에게 제공해 주는 불교학의 정립에 진력하는 일일 것이다. 그리
고 이는 기독교의 조직신학(Systematic theology, 체계신학)에 해
당되는 불교학이다.

기독교 신학은 크게 네 분야로 나누어진다. 〈성서신학〉과 〈조
직신학〉, 〈실천신학〉과 〈역사신학〉이 그것이다. 이 중 성서신학
은 문헌학에 토대를 두고 연구되며, 실천신학과 역사신학 역시 사
회과학이나 역사학과의 조우(遭遇)를 통해 계속 변모해 간다. 그
러나 기독교 신학에서 구심점 노릇을 하는 것은 조직신학이다. 조
직신학이란 '계시된 신앙의 진리를 인간 이성의 수단으로 보고 신
학을 전체적인 관련 하에서 체계적으로 탐구하는 기독교 신학'이
다.18) 즉, 기독교의 신앙 내용을 조직적으로 정리하여 마치 집을
짓듯이 학문적으로 체계화하는 것이 조직신학의 역할이다. 어거스
틴, 칼뱅, 폴 틸리히, 바르트, 부루너 등 수많은 신학자들이 조직

---

18) 전성용, 기독교신학개론, 대한기독교교육협회, 1987, p.15.

신학적 조망이 담긴 저술을 남기고 있는데, 그 내용은 일반적으로 ①신론(神論), ②인죄론(人罪論), ③기독론, ④구원론, ⑤교회론, ⑥종말론으로 나누어진다.[19] 본류에 속한 기독교 신자의 경우 공통적으로 이런 여섯 가지 주제에 대한 조직신학적 조망을 토대로 매일 매일의 신앙생활을 영위하게 되는 것이다.

그러면 서구인들에 의해 성립된 현대 불교학에서 이러한 조직신학에 비견되는 불교학이 연구되지 않았던 원인에 대해 추적해 보자. 서구의 불교학 연구자들 중 많은 사람은 불교도가 아니었다. 뿌생(Louis de La Vallée Poussin), 뚜찌(Giuseppe Tucci), 라모뜨(Étienne Lamotte) 등은 카톨릭 신자거나 신부였다. 우리나라의 경우도 불교를 신앙으로 갖지 않은 몇몇 불교학자가 활동하고 있으며, 서양에서 학위를 받은 국내의 많은 신학자, 종교학자들의 학위 논문이 불교를 주제로 삼고 있다. 이들의 연구에 한계는 없을까? 불교를 신앙으로 갖는 불교학자들 역시 이들이 연구했던 분야를 그대로 답습하면 불교학자로서의 역할을 다하는 것이라고 말할 수 있을까?

뿌생(1869-1938)　　뚜찌(1894-1984)　　라모뜨(1903-1983)

19) 오병세 외, 神學事典, 개혁주의신행협회, 1978, p.622.

입장을 바꾸어 불교를 신앙으로 갖는 동양인이 기독교에 대해 연구하는 경우를 가정해 보면 이들의 연구 한계가 선명하게 드러날 수 있을 것 같다. 서구 문화가 세계의 보편적 문화로 자리잡고 있는 오늘의 현실에서 '기독교 신학자'로서 평생을 살아가고자 하는 독실한 '불교신자'는 거의 없을 것이다. 그러나 만일 현재의 세계정세와 정반대로 UN본부가 서울에 있고 한국 해군의 항공모함이 전 세계의 바다를 누비며 국제경찰의 노릇을 하고 있으며 동양의 문화가 전 세계의 보편문화가 되어 있다면, 미개한 서구인들의 종교인 기독교에 대해 우월감과 연민의 마음을 가지고 연구하는 많은 불교신자가 출현할 수 있었을 것이다. 또 서구인들 중에도 자신들의 문화를 지배하고 있는 동양인의 종교인 불교에 귀의한 후 동양으로 유학을 떠나 자신들의 종교였던 기독교에 대해 연구하는 사람들도 많이 있었을 것이다. 그럴 경우 불교를 신앙으로 갖고 있으면서 기독교를 연구하는 신학자는, 성서신학과 역사신학, 조직신학과 실천신학의 네 가지 분야 중 어디까지 연구하게 될까? 아마 성서신학과 역사신학의 단계에서 그 연구는 멈출 것이다. 조직신학의 경우 과거에 이루어진 조직신학에 대한 문헌학적 연구는 가능해도 새로운 조직신학을 구성해내려고 하지는 않을 것이다. 왜냐하면 그가 철저한 불교적 조망 하에 이 세계를 바라보고 살아가고 있는 진정한 불교신앙인이라면, ①신론, ②인죄론, ③기독론, ④구원론, ⑤교회론, ⑥종말론과 같은 조직신학의 주제에 대해 결코 마음에서 우러나온 자신의 신학적 조망을 구성할 의사도 없고 구성할 수도 없을 것이기 때문이다. 그는 야스퍼스(Karl Jaspers)가 말하듯이 단순한 '지적 호기심에서 촉발된 학

문적 욕구20)’를 갖고 기독교라는 종교의 정체에 대해 연구하는
것으로 그칠 것이다. 그리고 불교를 신앙으로 갖는 기독교 신학자
로서의 삶을 마감하는 임종의 순간에는 아미타불을 염하면서 극
락왕생을 발원하든지, 무수겁 이후의 성불을 다짐하는 보살의 서
원을 상기하며 인간으로서의 재생을 기원하게 될 것이다.

샹폴리옹(1790-1832)

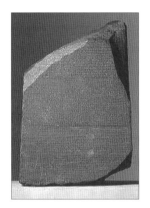
로제타 돌

이제 입장을 다시 바꾸어 이와 똑같은 조망을 기독교 신앙을
갖고 불교연구에 매진했던 서구의 불교학자에 대해 적용해 보자.
다른 종교에 소속된 불교학자가 통합적 종교관을 갖고 있지 않은
경우, 불교에 대한 연구 동기는 지적 호기심일 것이다. 마치 샹폴
리옹(Champollion)이 로제타석(Rosetta石)에 적혀 있는 이집트
상형문자를 해독했을 때와 같이 …. 이렇게 다른 종교를 갖고 있
으면서 단순한 지적 호기심에서 불교를 연구할 경우 그 연구는
문헌학적 연구와 역사적 연구와 비교철학적 연구의 차원에서 그

20) 칼 야스퍼스, 이수동 역, 『대학의 이념』, 학지사, 1997, p.33.

치기 쉬울 것이다. 사실 서구학자들의 불교에 대한 연구는 불전에 대한 번역과 주석, 그리고 비교철학적 연구, 역사적 연구가 거의 대부분이다. 좀 더 나아간다고 해도 환경문제나 정신치료에 대한 해답을 불교에서 모색해 보는 응용불교학적 연구 정도에서 그치고 있다. 기독교를 신앙으로 갖고 있는 서구의 불교학자들은 '현대의 문헌학적 연구성과 중 가장 타당하다고 생각되는 것을 취사선택하여 기독교의 조직신학에 비견되는 체계적 불교학을 구성함으로써 현재 활동하고 있는 불교 신앙인들에게 삶의 좌표를 제시해 주는 불교학'의 구성은 결코 의도하지 않을 것이다.

그렇다고 해서 인문학적 불교 연구자들에 의해 이룩된 불교학의 연구성과가, 신앙적 측면에서 볼 때 모두 무가치하다는 것은 아니다. 히라카와가 말하듯이 불교의 모든 가르침은 그것을 듣고(聞, śruta), 그에 대해 사색한 후(思, cintā), 그것을 體化하는(修, bhāvanā) 세 단계 과정(三慧)을 거쳐 신앙자(또는 신행자)에게 수용되는데, 서구의 문헌학적 불교학은 과거의 불교 전통에서 소홀히 했던 정확한 문혜를 제공하기 위해 노력한다는 점에서 소중한 가치를 갖는다.

서구에서 시작된 현대적 불교학에는 '신앙으로서의 불교학'이 결여되어 있다. '신앙으로서의 불교학'이란 기독교 신학에서 가장 중시되는 조직신학(Systematic Theology, 체계신학)에 대응되는 체계적인 불교학으로, 신조어를 만들어 체계불학(Systematic Buddhology)21)이라고 명명할 수 있을 것이다.22) 이러한 '신앙으로서의

---

21) Buddhology는 '불교학', 또는 '불학'으로 번역할 수 있겠으나 '불교학'으로 번역할 경우 인문학의 한 분과 학문 정도에 불과하다는 뉘앙스가 풍긴다. 따라서 필자는, 신학(Theology)과 대등한 학문이라는 의미에서

불교학', '체계불학'을 구성하려는 노력이 결여되어 있는 인문학적 불교학의 칼부림에 의해 전통 불교가 난자당하고 있기에, 개인적인 신념을 정립하지 못한 상태에서 불교학을 공부하는 현대의 많은 불교신자들은 방황하게 되는 것이다.

Ⅲ. 체계불학의 과제

그러면 우리가 현대의 불자들의 신행의 지침이 되는 불교학, 즉 체계불학(Systematic Buddhology)을 구성하려고 할 때 어떻게 해야 할 것인가? 두 가지 방법이 있을 것이다. 첫째는 과거의 체계불학, 즉 종학을 현대적 언어로 재해석하여 불자들의 신행지침으

Buddhology를 '佛學'이라고 번역하고자 한다. 즉, 神學이란 '他力(= 神)에 의한 구원을 목표로 삼는 신앙을 연구하는 학문'이라면, 佛學(= 覺學)이란 '自力에 의한 깨달음(= 覺)을 목표로 삼는 신앙을 연구하는 학문'인 것이다. 물론 불교적 입장에서 조망할 때, 불학과 신학은 대등할 수가 없다. 규봉 종밀의 분류법에 의하면, 대부분의 기독교 신학은 불학의 범위 내에서 최하위에 위치한 人天敎學에 불과한 것으로 평가 절하될 수 있겠으나, 그런 조망을 보편화시키는 일은 서구문화가 세계를 지배하고 있는 현대의 상황에서는 시기상조라고 생각된다. 이는 미래의 불교학자들의 과제가 될 것이다. 또 신학에서 Systematic Theology을 관례적으로 '조직신학'이라고 번역하지만, 한국의 많은 신학자들은 '체계신학'이 보다 정확한 번역어라고 말한다. 필자 역시 이에 공감하기에 Systematic Buddhology를 '조직불학'이 아닌 '체계불학"으로 번역하였다.

22) 전통적으로 사용되던 宗學도 Systematic Buddhology의 번역어가 될 수 있을 것이다. 필자 역시 기독교의 조직신학에 대응하는 불교학을 종학이라고 명명한 바 있다(김성철 발표문 요약, 「문헌해석학.종학 겸비한 연구필요」, 불기협회보, 1997, 10월1일자, 제5면). 그러나 宗學에는 宗派學이라는 의미가 강하기에 본고에서는 이를 체계불학이라고 번역한다.

로 구성해 내는 일이고, 둘째는 현대의 문헌학적 연구성과에 토대
를 두고 새로운 체계불학을 구성해내는 일이다. 히라카와아키라가
말하듯이 기존의 종학에는 불교의 큰 줄기에서 보아 비불교적이
라고 간주될 만한 내용이 많이 있다. 따라서 과거의 종학을 그대
로 현대적 언어로 풀이할 경우 현대의 문헌학적 연구 성과에 의
거하여 그 내용에 많은 수정을 가해야 할 것이다. 그렇지 않을 경
우, 현대화된 종학이라고 하더라도 현대 불교학의 위세에 눌려 보
편적 체계불학으로 자리잡기가 쉽지 않을 것이다. 또 과거의 종학
은 대부분 자종(自宗)의 우월성을 주장하기 위한 종파학적 성격이
강하기에, 그것을 현대화한다고 하더라도 다른 종파에 소속된 불
자들을 설득하기가 어려울 것이다. 따라서 보다 바람직한 것은 후
자의 경우와 같이, 현대의 문헌학적 연구성과들 중 가장 타당하다
고 생각되는 내용들을 취합한 후 대소승의 모든 불교사상을 포괄
하는 새로운 체계불학을 구성해 내는 것이리라. 기독교에서 수많
은 조직신학자들이 출현하였듯이 불교에서도 앞으로 수많은 체계
불학자(Systematic Buddhologist)들이 출현해야 할 것이다. 아직
깨달음을 얻지 못했어도 불교학자는 깨달음으로 가는 정확한 체
계불학을 구성할 수 있다. 비유하자면, 히말라야의 에베레스트산
에 가 본 적이 없는 사람이라고 하더라도 에베레스트산에 가 본
사람들이 써 놓은 여행기를 참조할 경우 에베레스트산으로 가는
정확한 지도를 만들 수 있는 것과 같이, 깨달음을 얻지 못한 사람
이라고 하더라도 부처님 이후 2,500여 년에 걸쳐 수많은 선지식
들이 만들어 놓은 깨달음을 향한 여행기를 참조하여 정확한 체계
불학을 구성할 수 있을 것이다. 물론 전문적으로 수행을 하고 깨

달음의 맛을 본 사람이 현대 불교학의 연구성과를 면밀히 참조하며 체계불학을 구성한다면 가장 이상적일 것이다.

그런데 이렇게 체계불학을 구성하려고 하는 경우 다양한 연구성과의 취합과 구성의 원칙은 주관적일 수밖에 없다. 따라서 히라카와가 말하듯이 체계불학자는 자신이 구성한 체계만이 절대적 진실이라고 고집해서는 안 될 것이다. 다시 말해 현대의 체계불학자가 불교학자로서 남아 있기 위해서는 과거와 같은 '종조(宗祖)'가 되어서는 안 될 것이다. 그리고 그런 입장에서 구성된 다양한 체계불학의 여법성(如法性)은, 그를 통해 신행 활동을 하는 불자의 인격적 변화와 종교적 효력에 의해 평가되어야 할 것이다.

그러면 이러한 체계불학에서는 어떤 내용을 다루어야 할까? 기독교 조직신학의 경우는 하나의 신(神)을 우러르며 신앙생활을 하는 동질적 신자 집단을 위한 신앙체계로서 구성되기에 그 내용이 평면적이다. 조직신학의 여섯 가지 주제인 ①신론, ②인죄론, ③기독론, ④구원론, ⑤교회론, ⑥종말론에 대해 공부할 경우 누구든지 어렵지 않게 이에 대해 동일한 조망을 갖추게 된다. 그러나 불교에서는 부처나 아라한 등이 신앙의 대상이기도 하지만 그와 아울러 수행을 통해 성취해야 할 궁극적 목표가 되기도 한다. 신행의 수준과 수행의 깊이에 따라 불자들의 추구하는 바가 달라지며, 인간과 세상을 보는 안목 역시 달라진다. 따라서 불자들의 신행지침이 될 체계불학을 구성할 경우 그 내용은 입체적이어야 한다. 즉, 불보살 등의 성중(聖衆)과 인간과 세계 등에 대한 평면적 모습도 제공되어야 하지만 그와 함께 성불을 향한 수직적인 향상체계도 제시되어야 한다.

또, 현대적인 체계불학을 구성할 경우 과거의 종학과 비교하여 보다 증광되어야 할 부분은 재가자의 신행 방법과 방향을 제시하는 내용들이다. 불전의 내용 대부분은 전문수행자를 위해 설해진 것들이다. 오랜 시간 동안 깊은 사색을 거쳐야 이해되는 심오하고 방대한 교리, 좌선 수행 …. 이에 대한 공부와 수행은 생업에 분주한 대부분의 재가자에게 큰 부담이 아닐 수 없다. 따라서 현대의 체계불학에서는 불교신행과 일상생활이 조화를 이룬 상태에서 활기차며 지혜롭고 선량한 불자로 살아가게 해 주는 재가자의 신행에 대한 내용이 보다 큰 비중을 차지해야 할 것이다.

Ⅳ. 『보리도차제론』의 체계불학

그러면 앞장에서 말한 요건을 충족시키는 체계불학은 구체적으로 어떠해야 할까? 체계불학을 구성하려는 불교학자는 다양한 불교사상과 수행법에 대해 정확히 이해하고 있어야 할 뿐만 아니라 이들을 수미일관한 하나의 체계로 엮어낼 수 있는 자기 나름의 '관(觀)'도 갖추고 있어야 할 것이다. 이는 불교학자의 학문이 어느 정도 무르익은 후에나 가능한 일일 것이다. 따라서 본고에서는 지금까지 600년 동안 티벳 불교의 신행 지침으로 사용되어 온 쫑카빠(Tsong kha pa, 1357-1419)의 『보리도차제론(菩提道次第論, *Byang chub lam gyi rim pa*)』[23]의 체계불학을 소개하는 것으로

---

23) 쫑카빠는 1402년 『菩提道次第廣論』을 저술한 이후, 이를 반 정도의 분량으로 줄인 『菩提道次第略論』과 다시 짧은 시송으로 요약한 『菩提道次第攝頌』을 저술하였는데, 이 세 저술을 모두 포괄하여 『菩提道次第論』, 또는 간략히 『道次第』(Lam rim)라고 부른다. 『광론』과 『약론』,

이에 대한 논의를 대신해 보겠다. 『보리도차제론』은 앞 장에서 필자가 열거했던 체계불학의 요건을 거의 모두 갖추고 있다고 생각되기 때문이다.

현재 전 세계의 불교문화권은 크게 세 부분으로 나누어진다. 첫째는 스리랑카, 태국, 미얀마 등지에서 신봉되는 소승불교, 즉 남방 상좌부(上座部, Theravāda) 불교이고, 둘째는 중국, 한국, 일본과 같은 한자 문화권에서 신봉되는 대승불교이며, 셋째는 티벳과 몽고 등지에서 신봉되는 밀교이다. 시기적으로 볼 때 남방 상좌부 불교는 기원 후 2세기 이전까지의 인도불교에 토대를 두고 있고, 한자문화권에는 기원후부터 7세기 이전[24]까지의 인도불교가 전래되었으며, 티벳에는 7세기 이후의 인도불교가 수입되었다. 한자 문화권의 경우는 수 세기에 걸쳐 인도에서 수입된 다양한 경론(經論)들을 교상판석(敎相判釋)이라는 방법을 통해 다시 회통함으로써 불교의 일미성(一味性)을 구현하게 되지만, 티벳의 경우는 초기불전에서 밀교경전에 이르기까지의 인도에서 성립된 거의 모든 경론과 인도불교 말기에 이루어진 회통의 사상[25]이 함께 전래되었다. 티벳 불교인들이 회통적 불교관을 지향하게 된 것은 그

『섭송』 모두 1927년 이후 중국의 法尊 스님 등에 의해 漢文으로 번역되었다. 『광론』의 상사도 부분 중 止品과 觀品은 1978년에, 菩薩道는 1991년에 Wayman에 의해 영역되었으며, 2000년 미국 내의 티벳불교 전공자들에 의해 하사도와 중사도 부분이 번역 출간되었다. 또 중국 내 조선족 학자들이 법존의 『광론』 한역본을 저본으로 삼아 우리말로 중역하여 국내에 보급한 바 있다.

24) 현장의 역경 시기.

25) 소승의 아비달마 교학과 대승의 중관, 유식 등 인도불교사상에 순서를 매겨 정리하는 싯단따(SiddhāntaⓈ) 또는 둡타(Grub mTha'ⓣ)의 제작을 말한다. 둡타는 종의서(宗義書) 또는 학설강요서(學說綱要書)라고 번역된다.

불교 수용 과정의 특수성으로 인한 필연적 귀결이었다. 그리고 이
러한 회통적 불교관에 토대를 두고 저술된 체계불학(Systematic B
uddhology)26)의 금자탑이 쫑카빠의 『보리도차제론』인 것이다.

아띠샤

　쫑카빠의 『보리도차제론』의 체계불학은 서력 기원후 1038년 입
국한 인도의 고승 아띠샤(Atiśa, 980-1052)의 교학에 연원을 둔
다. 아띠샤는 무분별한 밀교 행법으로 인해 타락한 양상을 보이던
당시의 티벳 불교를 바로 세우기 위해 『보리도등론(菩提道燈論,
Bodhipathapradīpa)』을 저술하게 된다. 『보리도등론』에서는 불교
신행의 길을 세 가지로 구분한다. 첫째는 삼보에 대한 믿음을 갖

26) 달라이라마 역시 『보리도차제광론』이 불교수행에 대한 체계적인(syste
　　matic) 조망을 담고 있다고 말한다; 'The various stages of the path a
　　re presented so clearly and systematically that they can be easily un
　　derstood and are inspiring to put into practice'(Alex Wayman 譯, E
　　thics of Tibet - Boddhisattva section of Tsong-kha-pa's LAM RIM
　　CHEN MO -, SUNY, 1991).

고 선업을 지어 윤회의 세계 내에서 향상을 추구하는 범부의 길
로 하사도(下士道)라고 부르고, 둘째는 깨달음을 추구하며 윤회의
고통에서 벗어나고자 하는 소승적 수행자의 길로 중사도(中士道)
라고 부르며, 셋째는 중생의 제도를 위해 윤회의 세계 내에서 살
아가는 발보리심한 대승 보살의 길로 상사도(上士道)라고 부른다.
이렇게 아띠샤에 의해 제시된 불교신행의 체계는 그 후 약 350년
이 지나 티벳 불교의 대 학장(學匠) 쫑카빠의 출현에 의해 완성
된다. 쫑카빠는 1402년 45세 때『보리도등론』의 신행체계에 입각
하여 보다 풍부한 내용을 담은『보리도차제광론』을 저술하게 되
는데, 쫑카빠 이후 현재까지, 달라이라마(Dalai Lāma)를 수반으로
하는 겔룩(Dge lugs, 功德派, 공덕파)에서는『보리도차제론』을 수
행의 지침으로 삼고 있다. 겔룩 이외에 닝마(rNyig Ma, 昔古派,
석고파), 샤꺄(Sa sKya, 懷土派, 회토파), 까규(bKa' brGyud, 口
傳派, 구전파)가 있는데, 이들 모두 아띠샤의『보리도등론』에 근
거한 차제법(次第法)을 불교 수행의 지침으로 삼는다.

쫑카빠의『보리도차제론』의 출현 이후 오늘에 이르기까지 티벳
에서는 그에 대한 수백 권의 해설서와 강의록, 요약집이 출간되어
오고 있다.『보리도차제론』의 체계불학은 티벳 불교인들의 강력한
신앙심의 근원인 것이다.

『보리도차제론』에서는 불교 입문에서 마지막 보살행에 이르기
까지 불교 신행자가 갖추어야 할 마음가짐과 수행방법에 대해 순
서대로 기술하고 있는데 이를 요약하면 다음과 같다.

* 수행에 들어가기 전에 갖추어야 할 지식
① 『보리도등론』을 저술하여 삼사도를 전한 아띠샤의 전기

② 본 교법의 장점
③ 교법을 배우는 자의 자세
④ 교법을 가르치는 자의 자세

1. 하사도 – 삼악도를 벗어나 내생에 인간이나 천상에 태어나는 길

① 죽음과 무상에 대한 사유 – 명예욕과 재물욕에서 벗어나 진정한 종교심이 발생함
② 삼악도와 천상의 고통에 대한 사유 – 인간의 소중함을 자각. 삼악도(三惡道)의 고통, 지옥, 아귀, 축생의 세계의 고통에 대한 상세한 설명. 공포고(恐怖苦), 사고(死苦) 등 천상의 고통.
③ 삼보에의 귀의
④ 인과응보에 대한 믿음

2. 중사도 – 번뇌를 끊고 삼계에서 벗어나 열반을 얻고자 하는 출리심(出離心)의 성취

① 사성제 중 고성제에 대한 사유 – 출리심을 강화한다. 생노병사의 사고와 팔고에 대한 생각을 체화한다.
② 사성제 중 집성제에 대한 사유 – 고의 원인에 대해 사유함으로써 삼독심을 끊을 것을 다짐한다.
③ 십이연기의 유전문과 환멸문에 대한 사유 – 윤회의 과정과 해탈의 이치에 대해 이해한다.

3. 상사도 – 대보리심을 발하여 불과(佛果)를 위해 보살행을 닦는 길

① 보리심을 발생시킨다. 7종인과(七種因果): 지모(知母)→ 염은(念恩)→ 보은(報恩)→ 자심(慈心)→ 비심(悲心)→ 의요(意樂)→ 대보리심(大菩提心) / 자타상환법(自他相換法): 나와 남을 바꾸어 봄으로써 자비심을 훈련함.

② 보살행의 실천. 육바라밀: 자신의 불법을 성숙시킴 / 사섭법(四攝法): 다른 중생을 섭수(攝受)함

③ 육바라밀 중 선정바라밀에 해당하는 Śamatha(止, 지) 수행에 대한 상세한 부연 설명. 오정심(五停心): 부정관, 자비관, 연기관, 계분별관, 수식관 / 관불수행(觀佛修行): 부처님의 모습을 떠올리는 수행

④ 육바라밀 중 반야바라밀에 해당하는 Vipaśyanā(觀, 관) 수행에 대한 상세한 부연 설명. 아공(我空)과 법공(法空)을 자각하는 청정견(淸淨見)을 지향한다. 사마타가 성취된 경안(輕安)과 심일경성(心一境性)의 상태에서 중관의 가르침에 대해 귀류논증적(歸謬論證派的)으로 이해함

불교 입문자는 먼저 하사도의 신행부터 철저하게 터득해야 한다. 하사도의 신행에서는 '죽음에 대한 명상'과 '삼보(三寶)에 대한 귀의'와 '인과응보에 대한 믿음'을 중시한다. 자신의 죽음에 대해 깊이 생각하게 되면 우리는 재물과 명예에 대한 욕심에서 벗어나게 되어 진정한 〈종교심〉이 발동하게 된다. 삼보는 우리를 윤회에서 벗어나게 해 주는 유일한 탈출구이며, 인과응보의 이치는 우리로 하여금 악업을 멀리하고 선업을 지어 향상하는 삶을 살게 해 주는 지침이 된다. 조금이라도 나쁜 마음을 품었거나 악

한 행동을 저질렀을 경우 우리는 그 자리에서 즉각 참회해야 한다. 하사도에서는 내세에 초래될 악업의 과보에 대한 공포심을 유발함으로써 우리로 하여금 계행을 지키는 도덕적 삶을 살게 만든다. 그리고 이러한 하사도의 삶은 재가자나 출가자가 공통적으로 닦고 익혀야 할 수행으로 이런 수행이 체화된 사람만이 전문수행자의 길인 중사도로 들어설 수 있다.

중사도에서는 〈출리심(出離心)〉을 가르친다. 하사도에서 가장 모범적인 삶을 살더라도 우리는 기껏해야 하늘나라(천상)에 태어날 뿐이다. 하늘나라 역시 윤회의 세계에 속하기에 자신이 지었던 선업의 과보가 소진되면 다시 삼악도에 떨어지고 만다. 『보리도차제론』에서는 하늘나라는 우리가 지향해야 할 궁극적인 목표가 아니라는 점을 강조한다. 하늘나라에도 고통이 있다. 자신보다 공덕을 많이 쌓아 지위가 높아진 천신에 대한 공포와 하늘나라에서 사망할 때 느끼는 죽음의 공포 등이다. 하늘나라에 태어난 자는 신통력을 갖기에 죽은 후 자신이 태어날 곳을 미리 안다고 한다. 그런데 하늘나라에서 복락을 누리며 자신이 지었던 복을 모두 탕진하였기에 다시 태어날 때는 대개 축생이나 아귀, 지옥과 같은 삼악도에 떨어지게 된다. 그래서 하늘나라의 천신은 죽을 때 내생의 자신의 출생처를 보고 극심한 공포에 떤다. 따라서 우리가 선업을 짓고 공덕을 쌓는 하사도의 삶을 살더라도 하늘나라에 태어나기를 바래서는 안 된다. 그렇다면 윤회의 세계에서 우리가 지향해야 할 곳은 없다. 이 때 다시는 태어나지 말아야 하겠다는 〈출리심〉이 발동하는 것이다. 중사도는 한 마디로 소승적인 수행자의 길이다. 중사도의 수행자는 계율을 철저히 지키며 번뇌를 다스려

해탈을 지향한다. 그리고 중사도는 사성제와 십이연기와 같은 소
승의 교학에 입각해 닦는다.

　그러나 해탈을 지향하는 중사도가 불교신행의 종착점이 아니다.
왜냐하면 윤회의 세계 속에서 고통받고 있는 다른 중생들을 도외
시할 수 없기 때문이다. 이 때 수행자는 수많은 중생을 제도하기
위해 성불을 서원하는 〈보리심〉을 발하게 된다. 그래서 해탈을
유예하고 윤회의 세계 내에서 살아갈 것을 다짐한 후 상사도인
보살로서의 삶을 살게 된다. 『보리도차제론』에서는 이러한 보리심
을 發하게 해주는 방법으로 '모든 중생을 자신의 어머니와 같이
생각(知母, 지모)하는 것으로 시작하는 7종인과(七種因果)에 대한
관찰'을 닦을 것을 권한다. 무시겁(無始劫) 이래 우리가 윤회해
오는 동안, 지금 눈앞에 보이는 벌레와 같은 미물이라고 하더라도
언젠가 나의 어머니였을 수 있기 때문이다(지모). 어머니의 은혜
는 지대하다(염은). 그렇다면 우리는 전생에 언젠가 나의 어머니
였던 모든 중생의 은혜를 갚지 않을 수 없다(보은). 이렇게 계속
되는 '분별을 통한 수행'이 칠종인과의 수행이다. 또 보리심은 나
와 남을 바꾸어 보는 자타상환법의 수행에 의해 강화된다. 이렇게
보리심을 발한 자는 계속 윤회하며 보살로서의 삶을 살게 되는데,
발보리심 이후 육바라밀과 사섭법에 의거해 보살의 삶을 살 경우
삼아승기(Asaṃkhya, 무수)겁이 지나면 성불하게 된다. 그리고 Śa
matha(止 지)와 Vipaśyanā(觀, 관)의 쌍운(雙運)에 의해 얻어지
는 〈청정견(淸淨見)〉, 즉 아공(我空)과 법공(法空)에 대한 지혜는
올바른 보살행을 위한 좌표가 된다.

　『보리도차제론』에서는 하사도는 재가와 출가를 막론하고 반드

시 닦아야 할 공통된 수행이고, 중사도는 소승과 대승이 모두 닦아야 할 공통된 수행(= 共同道, 공동도)이며, 상사도는 일반적 대승 수행자와 밀교행자가 모두 닦아야 할 공통된 수행이라고 말한다. 그리고 밀교행자의 경우는 상사도까지의 수행이 완성되고 나서 선지식에 의해 대관정(大灌頂)을 수지하고 밀교수행에 들어가야 한다고 말한다. 하사도의 마음가짐이 체득되지 않은 중사도의 소승 수행자나, 하사도와 중사도의 마음가짐이 체득되지 않은 대승 수행자는 결코 그 목표에 도달할 수가 없다고 쫑카빠는 말한다. 이는 수학 문제를 푸는 것에 비유할 수 있을 것이다. 덧셈을 익혀야 곱셈을 배울 수 있고, 곱셈에 익숙해 져야 인수분해 문제를 풀 수 있으며, 인수분해 문제를 능란하게 풀 수 있어야 미분학을 공부할 수 있듯이….

　지금까지 『보리도차제론』에 제시되어 있는 불교 신행과 수행체계에 대해 간략히 조망해 보았다. 『보리도차제론』은 단순한 불교이론서도 아니며, 한 종파의 교리를 선양하기 위한 종학서(宗學書)도 아니다. 재가불자와 출가수행자, 소승불교도와 대승불교도 모두의 신행과 수행의 지침이 될 수 있는 보편성을 띤 체계불학서(體系佛學書)로서 저술되었다. 그리고 그 장점은 다음과 같이 정리될 수 있다.

① 수행법에 단계를 매겨 제시한다.
② 모든 수행에 강력한 동기를 부여하여 자발적 수행이 되게 한다.
③ 매 단계의 수행 방법과 그 결과, 또 경계해야 할 점에 대해

구체적으로 설명한다.
④ 수행의 대부분이 '관찰수(觀察修)'라고 불리는 '분별과 반복된 생각을 통한 익힘'이다.
⑤ 재가와 출가, 소승과 대승 모두의 지침이 될 수 있는 보편적 수행 체계를 제시한다.

앞으로 그 어떤 불교권에 소속된 학자든 현대 불교학의 연구성과에 토대를 두고 새로운 체계불학(Systematic Buddhology)을 구성하고자 할 경우 『보리도차제론』의 체계가 그 골격을 제공할 수 있을 것으로 생각된다.

논문을 마무리하면서 한 가지 첨언하고자 한다. 필자가 본고를 통해 체계불학의 필요성을 강변하긴 했지만, 문헌학적 불교학, 역사적 불교학, 비교철학적 불교학과 같은 기존의 인문학적 불교학의 가치를 무시하는 것은 결코 아니다. 우리나라의 경우는 앞으로 불전에 대한 문헌학적 연구가 더욱 심화되어야 할 것이다. 그러나 신학적 방법론이 아니라 인문학적 방법론에 의해 연구되고 있는 현대의 불교학으로 인해 신앙으로서의 불교가 훼손되고 있다는 생각에서, 그 해결 방안의 하나로 기독교의 조직신학(Systematic Theology)에 비견되는 체계불학(Systematic Buddhology)의 구성을 제안해 보는 것이다. 그리고 앞으로 우리 불교계의 실정에 맞게 새로운 체계불학이 구성된다면, 이는 인문학적 불교학, 또 인접 학문과의 교류를 통해 그 내용을 계속 수정 보완해 나가는 열린 체계가 되어야 할 것이다.

-『불교학연구』제3호, 2001

현대 불교학의 과제와 해결 방안*

Ⅰ. 문제의 제기

　우리에게 근대화는 곧 서구화를 의미했다. 하나의 '국가사회'를 구성하는 데 근간이 되는 규약집인 법전은 물론이고, 교육제도와 내용, 행정제도, 산업시설, 주거시설 모두가 서구의 것들이 수입되어 우리의 삶의 토대가 되고 있다. 이러한 서구화는 외적, 제도적, 물리적 영역에서만 이루어진 것이 아니다. 우리의 세계관과 인생관은 물론이고 가치관조차 서구인들의 그것이 그대로 이식되어

---

* 2001년 11월 30일, 중앙승가대에서 주최한 '승가학 제1회 학술세미나'에서 발표. 원제는 「향후 불교학의 바람직한 방향– 人文學과 神學과 佛敎學의 공통점과 차이점을 중심으로」였다.

우리의 삶의 좌표로서 기능한다.

현재 우리의 삶은 속속들이 서구화되어 있다. 헤어스타일, 의복, 식사예절, 미적 감각 …. 열거하자면 끝이 없다. 우리 삶의 서구화의 정도를 판별하기 위해서는 서구화된 영역을 하나하나 조사해보는 것보다, 아직 말살되지 않고 남아 있는 우리의 전통이 무엇인가 검토해보는 것이 보다 빠른 방법일 것이다.

우리의 전통 중 도대체 무엇이 남아 있는가? 물질적인 것으로는 고궁, 문화재, 골동품 등이 남아 있다. 제도적인 것으로는 유교적 제사의식이 남아 있다. 정신적인 것으로는 효도나 충성과 같은 덕목이 남아 있다. 그러나 이 모두, 내장을 제거하고 방부 처리한 박재와 같은 모습으로 남아 있다. 건축물이나 생활용구와 같은 전통은 유형문화재라 불리며, 종교의식이나 기예와 같은 전통은 무형문화재라고 불린다. 그런데 이러한 유형문화재는 대부분 우리가 쓰고 닦고 만지며 살아가는 삶의 공간이나 도구가 아니라 함부로 손대서는 안 되는 감상물로 전락하였고, 무형문화재는 의미는 사라진 채 형식만 흉내내는 꼭두각시놀음과 같이 되고 말았다. 무형문화재라고 부를 수 있는 유교식 제사의식 한 단계 한 단계에 과거와 같은 의미를 담아 실천하고 있는 사람들이 과연 몇 명이 될 것이며, 황해도별신굿을 재현하는 현장에서 과거와 같이 '신내림'의 체험에 진정으로 감복하는 무형문화재 전수자가 도대체 몇 명이 될 것인가? 효도나 충성과 같은 과거의 정신적 덕목은 이제 우리의 삶의 현장에서 공허한 '소음'으로 들릴 뿐, 그 진정한 의미는 국어사전에서나 찾아볼 수 있게 되었다.

이렇게 서구적 감각 문명에 의해 물질적으로 파괴되고 정신적으로 세뇌된 현재 우리의 삶에서 유일하게 살아 숨쉬고 있는 유형, 무형의 전통이 하나 남아 있다. 바로 불교전통이다.

마음 깊은 곳에서 솟아오르는 진실한 구도심으로 인해 삭발 염의한다. 행자생활을 거치며 출가심을 확인하고 하심을 배운다. 그후 계, 정, 혜(戒, 定, 慧) 삼학(三學)을 통해 부처님의 마음을 배우며 이를 통해 터득된 조망을 많은 대중들에게 회향한다. 범종, 운판, 법고, 목탁과 같은 불구(佛具)들은 박물관 속의 문화재가 아니라 우리가 매일매일 함께 하는 종교의식의 도구들이다. 법당은 나날이 쓸고 닦고 사용하는 살아 있는 기도의 현장이다. 계, 정, 혜 삼학은 우리의 심성을 향상시키는 실질적 공부 방법이다. 무형의 것이든 유형의 것이든 불교 내의 모든 것들은 우리 불교인들과 함께 살아있다.

그런데 물밀 듯이 밀어닥치는 서구문화의 오염에서 초연하던 이러한 불교전통의 한 귀퉁이에서 수십 년 전부터 변화가 일어나고 있다. 서구의 불교학 방법론이 도입되면서 불교의 근간이 흔들리고 있는 것이다. 현대의 불교학자들은 다음과 같은 주장들을 서슴없이 편다: "천태의 오시교판(五時敎判)은 허구다.", "대승불전은 모두 후대에 편집된 가짜 불전들이다.", "여래장사상은 불교가 아니다.", "『능엄경』과 『원각경』, 『대승기신론』은 모두 중국에서 조작된 위경들이다.", "원효스님은 자신이 저술한 『금강삼매경』에 스스로 주석을 달았다.", "삼론종의 길장은 공 사상을 오해하고 있다.", "하택 신회는 자신의 종파적 이익을 위해 『육조단경』의 내용을 조작하였다.", "선종의 초조 달마는 허구의 인물이다.", "『우빠니샤드』의 아뜨만론과 무아설은 그 의미가 같다.", "십이연기

설에 대한 태생학적 해석은 후대 아비달마 논사들에 의해 이루어
진 조작이다." …. 그리고 이러한 연구성과들이, 교육과 포교의 현
장에서 중구난방(衆口難防)으로 불교신행자들에게 전달된다. 현대
불교학자들의 이러한 주장들을 모두 사실이라고 인정할 경우 과
거의 스님들은 대부분 거짓말쟁이가 되고 말며, 우리가 신봉하는
불교 교리는 모두 가짜가 되고 만다. 신앙으로서의 불교가 망실되
는 것이다. 현대의 불교학자들은 어째서 이러한 훼불의 불교학에
종사하게 된 것일까?

　단적으로 말해 그 원인은 서구에서 발생한 인문학적 방법에 의
해 불교가 연구되고 있다는 데 있다. 그리스·로마의 고전을 연구
하고, 이집트의 상형문자를 해독하는 데 사용되는 문헌학, 인생과
세계에 대한 자신의 조망을 토로하는 철학, 과거에 발생한 사건을
현재의 시각에 의해 탐구하는 역사학 등과 같은 인문학의 경우
위와 같이 다양한 학설이 난무하는 것은, 그 학문이 활력 있는 학
자들에 의해 열렬히 연구되고 있다는 점을 입증하는 것이기에 참
으로 바람직한 현상이라고 볼 수 있을 것이다. 그러나 불교학의
경우는 인문학과 다르다. 어떤 새로운 이론을 주장할 경우, 그 주
장이 전문 학자들 간의 얘깃거리로 그치는 것이 아니다. 불교학은
그 배후에 수많은 신도 집단을 가지고 있는 '불교라는 종교'에 대
한 학문이다. 영향력 있는 불교학자가 어떤 새로운 주장을 내세울
경우, 그 파장은 일반적인 인문학과 비교가 안 될 정도로 크다.
따라서 현재와 같이 인문학적 방식만으로 불교가 연구되고, 현대
학자들의 갖가지 학설들이 불교신행의 지침이 될 경우, 앞으로 많
은 불교신도들은 방황하게 될 것이다. 아니 이는 미래의 일이 아

니다. 현재 불교 신행과 수행의 현장에서도 대부분의 불자들은 교리의 혼란을 호소한다. 계속 이와 같은 현상이 지속될 경우 불전(佛典)이 마치 『논어』나 『도덕경』, 『희랍신화』나 '파스칼의 『팡세』'와 같이 인문학적 교양을 위한 참고서 정도로 취급될 우려가 있다. 다시 말해 종교로서의 불교가 망실될 위험이 있는 것이다.

그 해결방안은 무엇일까? 필자는 현대 불교학에서 소홀히 취급했던 새로운 불교학의 영역을 발굴 또는 개설할 경우 이런 혼란이 정리될 수 있을 것으로 생각한다. 그러면 먼저 현재 불교학계의 주류로 자리잡고 있는 인문학적 불교학의 형성 과정과 그 한계에 대해 조망해 보자.

Ⅱ. 인문학적 불교학의 형성과 한계

현대 불교학은 서구의 인문학적 방법론에 의해 연구되고 있다. 서구의 인문학이란 그리스 시대에 연원을 둔다. 고대 그리스의 소피스트들은 '문법학, 수사학, 변증학'을 백과사전학(Encyklios paideia)이라고 부르며 전문교육을 위한 예비적 학문으로 삼았는데, 로마시대가 되자 이런 기초 학문은 '산술, 기하, 천문, 음악, 건축, 의학'과 함께 묶여 자유예학(Artes liberales)이라고 불리게 된다. 그 후 기원 후 5-6세기경 '문법학, 수사학, 변증학'의 3학과 '산술학, 기하학, 천문학, 음악학'의 4학을 합하여 총 7가지 분야가 기초적인 학문으로 정리된다. 3학 중에는 문학, 역사학이 포함되고, 4학 중에는 지리학과 물리학이 포함된다. 13세기 경 유럽 각지에 대학이 창설되면서 이런 7개의 과목을 가르치는 학부를 자유예학부(faculty of liberal arts)라고 부르게 되는데 여기서는, 법학부, 의학부, 신학부에서의 전공교육을 위한 예비적 기초교양교육을 담당하게 된다. 르네상스 이후 실증과학이 발달하면서 자유예학 중 3학을 가르치는 학부는 문과대학으로, 4학을 가르치는 학부는 이과대학으로 분리되고 교과목도 세분화, 다양화되기에 이른다.[28] 이 때 비로소 인문학은 자연과학과 분리되어 단일한 학문 분야로 묶여진다. 그리고 딜타이(Dilthey, 1833-1911) 이후 인문학은 정신과학(Geistes Wissenschaft)이라는 이름 하에 하나의 독립된 분야로 연구된다.

자연과학은 관찰과 실험에 의해 연구되지만, 정신의 산물을 탐구하는 인문학은 해석학을 그 방법론으로 삼는다. 그리고 그러한 해석학적 도구의 대표가 바로 문헌학(Philology)이다. 문헌학이란 르네상스 이후 그리스·로마의 고전을 연구하려는 동기에서 성립한 인문학 연구 방법으로, 문헌학자들은 필사본이나 판본을 교정하고, 주석하는 일에 주력한다. 그 결과 얻어진 결론을 통해 기존의 이론을 비판하며 새로운 학설을 내세운다. 이러한 서구인들의 인문학, 문헌학적 연구 방법은 불교학에도 그대로 도입되었으며, 이렇게 형성된 인문학적 불교학은 우이하쿠쥬(宇井伯壽, 1882-1963)와 키무라타이켄(木村泰賢, 1881-1930), 야마구치스스무(山口益, 1895-1976) 등과 같은 일본의 불교학자들에게 전수되어 서구와 일본은 물론 우리나라를 포함한 전세계 불교학의 보편적 연구 방법으로 자리잡게 된다.

---

28) 신오현, 「서구의 전통사회와 인문학」, 『새로운 인문학을 위하여』, 백의, 1993, pp.74-75.

키무라타이켄   우이하쿠쥬   야마구치스스무   Waddell

서구인들이 불교학을 연구하게 된 애초의 동기는 선교적(宣敎的), 정치적(政治的)인 데 있었다. 초창기 서구의 불교학자들은 본의는 아닐지 몰라도 식민주의 시대의 전초병으로서의 역할을 담당했던 것이다. 따라서 불교에 대한 연구 결과를 발표할 때 불교에 대한 이들의 논조는 폄하적, 비판적이었다. 1895년에 출간된 『티벳불교』에서 저자인 L. Austine Waddell(1854-1938)은 악마(Demon)라는 표현을 거침없이 사용하며 티벳의 존상(尊像)들에 대해 설명하고 있다.[29] 혹 점잖은 학자들의 경우 이러한 악의적 표현은 자제한다고 하더라도 전통적으로 신봉되던 불교의 교리를 전면적으로 부정하며 새로운 학설을 내세우는 데 있어서 전혀 망설이지 않는다. 왜냐하면 이들은 불교라는 종교 밖에서, 마치 이집트의 상형문자를 해독하듯이, '지적인 호기심에 의해 촉발된 학

---

29) 예를 들면 다음과 같은 구절: "Its tutelary demonical Buddha is Vajra-bhairava supported by Samvara and Guhya-kālā. And its Guardian demons are 'The Six-armed Gon-po or Lord'": L. Austine Waddell, *Tibetan Buddhism*, Dover Publications, 1895, p.62. 이 이외에도 저자는 지금까지 600여 년간 티벳 불교인들의 신행지침서가 되고 있는 『보리도차제론』(*Lam rim*)의 저자 쫑카빠가 그 당시 티벳을 여행하던 로마 가톨릭 신부의 영향을 받았을 것이라고 말하는데 이 역시 종교적 오만에서 비롯한 악의적 해석이다(同, p.61).

문적 욕구'30)를 갖고 불전을 해석하고 있기 때문이다. 이들에게 있어서 불교란 신앙의 대상이 아니라 '지적 호기심의 충족을 위해 이루어지는 인문학적 탐구'의 대상일 뿐이었다.

사실 현재에도 서구에서 불교에 대한 연구는 남(南)아시아학이나 동(東)아시아학, 우랄알타이학 등 지역학의 일부나, 언어, 문화, 역사에 대한 연구 중의 일부, 혹은 신학대학에서의 타 종교에 대한 연구 중의 일부로 연구되고 있을 뿐이며,31) 불교학이 하나의 독립된 학문으로 자리 매김하고 있지도 못한 실정이다.

그러나 앞에서 말했듯이 불교학이 지금과 같이 인문학적 방법에 의해서만 연구될 경우 신앙으로서의 불교, 종교로서의 불교는 위협을 받게 된다. 그렇다고 해서 인문학적 불교학 연구를 중단할 수도 없다. 그러면 어떻게 해야 할 것인가?

Ⅲ. 기독교 신학과 대비한 현대 불교학의 문제점

향후 불교학의 바람직한 방향을 모색하고자 하는 경우, 서구의 종교 즉 기독교의 신학이 연구되고 있는 방법과 현대 불교학의 연구 방법을 비교해 보는 것이 문제를 명확히 하는 데 도움을 줄 것으로 생각된다. 앞에서 인문학 형성 과정을 약술할 때 말한 바와 같이 과거 서구의 인문학은 신학을 위한 기초학문으로서의 역

---

30) 야스퍼스, 『대학의 이념』.
31) Jose Ignacio Cabezon, *Buddhist Studies as a Discipline*.

할을 했다. 즉 신학과 인문학은 분리되어 연구되고 있었으며, 지금도 이는 마찬가지다. 르네상스 이후 문헌학(philology)이 발달하면서 신학의 연구에도 인문학적 방법론이 도입되긴 했지만, 인문학적 연구는 기독교 신앙의 들러리 역할만 할 뿐이었고 신학의 중심부에 놓인 적은 없다. 다시 말해 인문학적 연구는 기독교 신학을 위한 예비학 또는 보조학의 역할만 해 왔다.

기독교 신학의 연구 분야는 성서신학(Biblical theology)과 조직신학(Systematic theology)[32], 실천신학(Practical theology)과 역사신학(Historical theoplogy)의 네 부분으로 나누어지는데, 이 가운데 조직신학이 신학의 구심점 역할을 한다. 기독교 신자들에게 신앙을 제공하는 신학이 조직신학이라고 말할 수 있을 것이다. 조직신학에서는 신에 대한 규정(신론), 에덴동상에서의 원죄(인죄론), 대속자(代贖者)로서의 예수(기독론), 믿음을 통한 구원(구원론), 사회와 역사 속에서의 교회의 역할(교회론), 최후의 심판과 세상의 종말(종말론) 등의 의미에 대한 조망을 말하고 있는데 이 중 그 어떤 분야에도 '객관성과 과학성을 표방하는 인문학'이 들어설 틈이 없다. 조직신학은 그 비합리성, 비과학성으로 인해 서구 사회에서 기독교 문화가 쇠퇴하게 만든 한 요인이 되기도 했지만, 시대의 흐름과 함께 꾸준히 그 내용을 변모시키며 현재까지 계승, 보급되고 있는 신학의 한 분야이다.

그러면 현대 불교학을 보자. 불전에 대한 문헌학적 연구는 기독교의 성서신학에 해당될 것이다. 그러나 현대 불교학에서는 실천신학과 역사신학에 해당되는 연구는 물론이고 신앙의 핵심으로

32) '체계신학'이라는 번역어가 그 의미를 더 올바르게 나타낸다.

간주되는 조직신학에 비교되는 연구조차 이루어지고 있지 않다. 불전에 대한 문헌학적 연구, 역사적 연구, 비교철학적 연구 등 분과적 연구만 활발히 이루어지고 있을 뿐 그 모든 연구 성과들을 하나의 체계로 엮어 불교신자들에게 제공할 신행체계, 신앙체계로 구성해내는 연구는 거의 이루어지지 않고 있다.

기독교는 계시의 종교라고 한다. 그와 반대로 불교는 자각의 종교라고 한다. '초월적 계시'에 대해 연구하는 학문이 신학이라면, 불교학은 '내재적 각(覺)'에 대해 연구하는 학문이라고 규정할 수 있을 것이다.33) 따라서 불교학은 원칙적으로 일반 인문학과 차별되면서 기독교의 신학에 비견될 수 있는 각학(覺學= 佛學, 불학, Buddhology)이어야 한다. 아니 더 나아가 신학을 포용하는 각학이어야 한다.34) 물론 과거에는 각학이라고 불릴 수 있는 불교학의 분야가 있었다. 각 종파에서 구성한 '종학(宗學)'이 그것이었다. 그러나 지금의 불교학계에서 새로운 종학을 구성하는 일은 학문 외적인 작업으로 간주된다. 대부분의 현대 불교학자들은 불교학 연구의 장에 '불교신앙'이 개입되면 불교에 대한 객관적 연구가 방해를 받는다고 생각한다.35) 만일 불교학이 인문학의 한 분

---

33) 기독교에서 말하는 '신의 계시'에 대한 체험을 불교적으로 해석할 경우 三界 내 중생신과의 '接神의 체험'이라고 격하시킬 수가 있을 것이다. 따라서 불교적 견지에서 볼 때 기독교와 불교를 동등비교할 수는 없다. 그러나 서구문명이 세계사의 헤게모니를 잡고 있는 이 시대에 불교가 기독교와 동등한 방식으로 연구되고 있지도 못하기에, 본고에서는 잠정적으로 대등한 종교로 간주하고 논의를 전개해 보겠다.

34) 불교적 견지에서 볼 때 우리는 기독교의 신학을 규봉 종밀이 『都序』에서 말하는 '人天敎'의 學이라고 규정할 수 있다.

35) 그 예로 Lopez의 다음과 같은 말을 들 수 있다: '[티벳의 학승인] Jam yang shay ba와 Jang gya는 佛典을 만고불변의 진리인 것으로 간주하기에 그들에게서 현대학자의 질문과 분석을 기대해서는 안 된다'(Lop

야에 불과하다면 이는 지극히 정당한 생각일 것이다. 그러나 신학과 비교해 볼 경우 이는 불교학자들의 자기 비하적 연구태도임을 알 수 있다. 성서신학(聖書神學)의 경우, 즉 문헌학적으로 성경을 연구할 경우 신학자들은 대체로 인문학적 방법을 따른다. 그러나 그 이외의 신학 분야에 객관적, 과학적, 합리적 연구가 들어설 여지는 없다. 앞에서 말했듯이 신학의 주류는 인문학적 신학인 성서신학이 아니라, 인문학과는 결코 화해할 수 없는 신앙적 신학, 즉 조직신학이다.

칼뱅   폴 틸리히   부루너

불교학자에게 "당신은 불교인이기 때문에 불교에 대해 객관적으로 연구할 수 없다."라고 비판하는 것은 칼뱅(Jean Calvin, 1509-1564)이나 부루너(Emil Brunner, 1889-1966), 폴 틸리히(Paul Johannes Tillich, 1886-1965)와 같은 조직신학자에게 "당신은 기독교인이기 때문에 당신이 연구한 신학은 신뢰할 수 없다."라고 비판하는 것과 마찬가지이다. 기독교의 조직신학자들에 있어서 이와 같은 비판은 '꿈에도 생각해볼 수 없는 비판'일 것이다. 그러

ez, *A Study of Svātantrika*).

나 현대 서구의 불교학자들은 불교 신앙을 갖는 불교학자들에 대
해, '기독교 신학에서는 꿈에도 생각해 볼 수 없는' 비판을 당연
한 듯이 퍼붓는다.36) 물론 불교라는 종교현상에 대해 역사적, 문
헌학적, 인류학적, 비교철학적으로 연구할 경우 이런 비판은 타당
할 수 있을지도 모른다. 그러나 불교가 하나의 신앙체계라는 점을
상기한다면 인문학적 방법에 의한 불교 연구는 불교학의 들러리
로 머물러야 하며, 그 핵심에는 신앙적 연구가 자리잡아야 할 것
이다. 그리고 이를 연구하는 불교학자의 층이 가장 두터워져야 할
것이다. 그러나 현대의 불교학 연구자들은 대부분 서구 인문주의
의 최면에 빠져, 기독교의 조직신학에 해당하는 '신앙적 불교 연
구'에 선뜻 나서지 못한다.

Ⅳ. 인문학과 불교학의 공통점과 차이 점

앞에서 필자가 신학에 비견되는, 또는 신학을 포용하는 불교학
의 필요성을 말하긴 했지만, 신학과 비교할 때 불교학은 인문학
적, 과학적 연구방법에 대해 보다 호의적이다. 대부분의 불교신자
들은 우리가 인간과 세계에 대해 객관적이고 합리적이며 과학적
으로 탐구할 경우 결국 불교적 진리를 발견하게 될 것이라는 믿

---

36) 수년 전 스위스 로잔에서 열린 세계불교학대회에 참석했던 어느 스님
   은, 그 때의 분위기가 "불교에 대한 신앙적 연구는 물론이고 철학적 연
   구조차 불교학의 범위 내에 들어와서는 안 된다."라는 것을 당연시하는
   분위기였다고 전한다.

음을 갖고 있다. 아인슈타인(Albert Einste
in, 1879-1955) 역시 자신의 회고록인 『
만년의 회상』(Out of my later life)에서
불교는 과학에 대한 연구를 격려해 주는
우주종교적 요소가 가장 많이 포함되어
있는 종교라고 말하며 극찬한 바 있다.37)

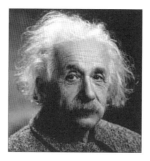

"불교에 대해 아는 바는 없으나 꽃이 지   아인슈타인
는 모습 등에 대해 관찰하여 연기의 법칙을 터득함으로써 깨닫는
다."는 벽지불(연각 또는 독각)의 진리 접근 방식과 '전제 없이 세
상과 인간에 대해 탐구하는 인문학자'의 진리 접근 방식은 일치한
다고 볼 수 있을 것이다.

또, 서구인들의 인문학적 불교 연구 중 문헌학적 연구가 불교연
구에 기여한 공로는 지대하다. 수많은 원전들을 발굴, 교정, 번역,
주석하고 다양한 언어로 번역된 불전들을 대조함으로써 모호한
불교 술어의 의미를 생동감 있게 살려내는 작업들은 모두 서구인
들에게서 시작된 철저한 문헌학적 연구로 인해 가능했던 것이다.
특히 서구나 일본에 비해 범어(梵語)나 빠알리(Pāli)語 불전 연구
의 역사가 일천한 우리나라의 경우는 앞으로 문헌학적 연구가 한
층 강화되어야 할 것이다. 과거에는 우리나라에서도 불전에 대한
문헌학적 연구는 중시되었다. 송판 대장경과 거란본 대장경 등을
대조하면서 정본을 선택하고 오자와 탈자를 수정하는 치밀한 문
헌학적 작업 이후 판각된 고려대장경은 과거 동아시아에서 출간
되었던 대장경 중 가장 신뢰할 수 있는 대장경으로 칭송되고 있

---

37) 아인슈타인, 곽복록 역, 『만년의 회상』, 상서각, pp.342-346.

다.38)

이렇게 "전제 없이 발견될 수 있는 진리'에 대한 믿음과 '엄밀한 문헌학적 연구를 중시한다."라는 점에서 인문학과 불교학의 연구 방법은 공통된다. 그러나 문헌학적 연구결과에 토대를 두고 철학적, 역사적 연구를 진행하는 경우 인문학과 불교학의 방법론은 구분되어야 한다. 히라카와아키라(平川彰)은 불교에 대해 역사적으로 연구하는 경우 원시불교에서 발달불교까지를 일관하는 불교사가 성립한다는 전제 위에서 이루어지는 연구만이 불교학의 범위 내에 들어 올 수 있다고 주장한다.39) "각 시대의 불교사상에는 불교의 일미성(一味性)이 구현되어 있다."라는 전제 위에서 이루어지는 역사적 연구만이 불교학의 범주 내에 포함될 수 있다는 말일 것이다. 그러나 인문학적 불교연구자들은 이와 달리 불교사상사의 흐름을 서양철학사의 흐름과 마찬가지로 반동(反動)의 역사로 기술하는 데 주저하지 않는다. 인문학적 불교연구자들은, 후(後) 시대의 불교사상은 전(前) 시대의 불교사상을 부정하며 탄생했다고 간주한다. 부파불교를 실재론으로 규정하고, 중관불교를 비판적 절대론으로, 유식불교를 관념론으로 규정하는 무르띠(Murti)40) 등의 시도는 신앙이 배제된 인문학적 불교연구의 전형적인 예가 될 것이다. '자칭(自稱) 군웅(群雄)'이 할거하는 서양철학사에 대해 기술할 때, 각 시대의 사상을 이렇게 차별적으로 기술하는 것은 아무런 문제가 되지 않는다. 그러나 신앙적 견지에서 불

---

38) 그 교감 기록서인 수기 스님의 『고려국신조대장교정별록』이 현존한다.
39) 平川彰, 「佛敎學と宗學」, 『東洋學術硏究』, 東京, 東洋哲學硏究所, 1981, p.9.
40) T.R.V. Murti, *The Central Philosophy of Buddhism.*

교를 조망할 경우 일불소설(一佛所說)에 연원을 두는 불교사상사
는 반동이 아니라 계승의 역사로 해석되어야 하며, 그 전개과정은
'불교의 일미성의 회복을 위한 외피적 변모의 역사'라고 규정되어
야 할 것이다. 다시 말해 불교의 근본 취지가 망각될 때 이를 회
복하기 위해 새로운 외피를 갖는 불교사상이 탄생했던 것이지, 전
시대의 불교를 부정하기 위해 다음 시대의 불교사상이 출현한 것
은 아니라는 시각에서 불교사상사가 해석되어야 한다. 부처님의
설법이 대기적(對機的) 설법이었던 것과 같이, 각 시대마다 출현
한 불교사상들은 대(對)-시대적 사상들일 뿐 서로를 부정하는 이
질적인 사상들일 수는 없다. 이는 신앙적 불교사의 연구에서 요구
되는 최소한의 전제다.

  인문학의 경우 독창적 학설을 발표하는 학자일수록 높은 영예
를 얻는다. 따라서 인문학적 방법에 의해 불교를 연구할 경우 불
교학자는 불교에 대한 전통적 이해와 상치되는 학설을 발표하는
데 주저하지 않는다. 예를 들어, 일본의 고마자와(駒澤) 대학의
비판불교(Critical Buddhism) 운동가들[41]은 "여래장 사상은 불교
가 아니다."라는 주장을 서슴없이 편다.[42] 만일 그것이 진실이라
면,『대승기신론』의 사상에 감복하여 많은 저술을 남긴 과거의 불
교인들은 모두 어떻게 평가되어야 할 것인가? 인문학적 불교학자
들의 치기(稚氣)에 찬 독창적 학설은 본인 한 사람만의 불명예로

---

41)『緣起と空』을 저술한 松本史郞(마츠모토시로),『批判佛敎』를 저술한
    袴谷憲昭(하카마야노리아키). 이들의 주장과 이에 대한 비판이 Pruning
    the Bodhi Tree라는 이름의 책으로 묶여 하와이 대학에서 출간된 바
    있다.
42) 이 운동의 정치적 의도와 문헌학적, 교학적 문제점에 대해서는『비판
    불교의 파라독스』(고려대장경연구소 刊)를 참조하기 바람.

끝나는 것이 아니라, 수많은 불교신행자들을 오도(誤導)하는 무간
업(無間業)이 될 수도 있다. 그렇다고 해서 이렇게 인문학적 방법
에 의한 불교학 연구를 모두 금지시킬 수도 없다. 그러면 어떻게
해야 할 것인가?

　필자는 불교신행자에게 제공되는 신앙으로서의 불교학과 다양
한 담론이 허용되는 인문학적 불교학을 분리시킴으로써 이 문제
가 해결될 수 있을 것으로 생각한다.

V. 향후 불교학의 바람직한 방향

　지금까지 살펴보았듯이 현대의 인문학적 불교학의 문제점은 '신
앙으로서의 불교학'이 연구되고 있지 않는다는 데 있다. 기독교
신학의 경우, 과거에도 그랬지만 현대에도 '신앙으로서의 신학',
즉 신앙체계로서의 조직신학(또는 체계신학)이 신학 연구의 구심
점 노릇을 한다. 그러나 현대 불교학의 경우 이렇게 신앙체계로서
의 불교에 대한 연구가 망실되어 있으며, 불교는 문헌학적, 철학
적, 역사학적 연구의 대상일 뿐이다. 혹 여기서 더 나아간다고 해
도 불교 교리 중 일부를 채취하여 사회, 인문, 자연 현상의 해석
에 적용해 보는 응용불교학 정도의 연구가 고작이다. 대소승을 포
괄하여 불교를 신행, 또는 신앙 체계로 묶어내는 연구는 학계의
중심에서 연구되고 있지 않다. 필자는 이러한 불교학을 기독교의
조직신학(Systematic Theology: 체계신학)에 비견되는 불교학으로
체계불학(體系佛學, Systematic Buddhology)이라고 명명한 바 있

다.[43] 기독교에서 칼뱅, 웨슬리, 폴 틸리히, 부루너 등 수많은 조직신학자가 출현하였고 지금도 계속 새로운 조직신학자들이 출현하듯이, 앞으로 불교계에서도 수많은 체계불학자들이 나타나야 할 것이다.

그리고 기존의 인문학적 불교학은 체계불학을 위한 자료실의 역할을 해야 할 것이며, 인문학적 불교학의 다양한 연구성과들이 현재와 같이 불교신행의 장에서 무분별하게 가르쳐져서는 안 될 것이다. 불교신행자에게는 지금까지 이루어진 인문학적 연구성과 중 가장 타당하다고 생각되는 것만을 취합하여 재조직한 이러한 체계불학이 가르쳐져야 할 것이다. 그리고 인문학적 불교학 분야에서 기존의 학설을 뒤엎는 새로운 연구 결과가 도출되었을 때 타당한 내용은 언제든지 수용될 수 있도록 체계불학은 열린 체계여야 할 것이다.

이렇게 불교학 연구에 체계불학(Systematic Buddhology)이라는 분야가 개설될 때, 인문학적 불교 연구자도 자신의 신앙성에 대한 번민 없이 연구에 전념할 수 있고, 일반 불교신행자도 체계불학에 의거하여 신심 가득한 불자로 살아갈 수 있을 것이다.

그러면 체계불학의 내용은 어떠해야 할까? 체계불학에는 인생과 세계 전반에 대한 불교적 조망도 담겨 있어야 하지만 재가(在家)와 출가(出家)를 막론하고 모든 신행자를 진정한 불교인으로 만들어 내는 불교신행의 구체적인 방법이 담겨 있어야 할 것이다. 그리고 이는 불교에 대한 지식을 전달하는 체계를 넘어서 불교신행자(信行者)의 심성을 향상시키는 체계이어야 한다. 즉, 진정

---

43) 김성철, 『Systematic Buddhology와 보리도차제론』, 불교학연구회, 2001년 추계 학술대회 자료집 참조.

한 각학(覺學)이어야 한다.

VI. 체계불학의 한 예 - 티벳의 『보리 도차제론』

마치 기독교의 조직신학이 그러하듯이, 체계불학은 불교학자의 학문적 역량과 안목에 따라 여러 가지 체계가 구성될 수 있을 것이다. 또, 기독교의 조직신학과 달리 체계불학은 출가자를 위한 체계불학[44]과 재가자를 위한 체계불학으로 구분되어 연구될 수도 있을 것이다. 그리고 그렇게 구성된 체계불학들은 자연히 다른 불교학자의 교리적 검토와 전문수행자, 재가불자들의 실천적 검토를 받게 될 것이고, 그 후 적자생존의 법칙에 의해 가장 타당하다고 생각되는 체계불학만이 보편적인 불교 신행법으로 자리잡게 될 것이다. 불교학에서 가장 중시되어야 할 불교학, 또 불교신행의 구심점이 되어야 할 불교학, 즉 체계불학을 구성하는 것은 불교를 신앙하는 모든 불교학자들이 장기간에 걸쳐 숙고하며 풀어내야 할 앞으로의 과제가 될 것이다.

그런데, 지금까지 수백년 동안 티벳 불교인들의 강력한 신앙심의 원천이 되어 온 쫑카빠(Tsong kha pa, 1357-1419)의 『보리도차제론(菩提道次第論, Lam rim[45])에서 이러한 '신앙으로서의

---

44) 종범스님께서는 이를 '승가학'이라고 명명하며 오래전부터 그 필요성을 역설하신 바 있다.

45) *Lam rim*(道次第): 『보리도차제론』에 대한 약칭이다. 쫑카빠는 大本인 『菩提道次第廣論』(*Byang chub Lam rim chen mo*), 中本인 『菩提

불교학', 즉 체계불학(Systematic Buddhism)
의 전형적 모습이 발견된다. 로페즈(Donald
Lopez, 1952~)가 말하듯이 쫑카빠는 『보리도
차제론』을 저술함으로써 인도에서 저술된 불
전의 내용을 체계화(Systematization)하였던
것이다.46) 『보리도차제론』은 티벳에서 저술된
'회통적 불교신행서'라고 명명할 수 있다.

로페즈

　『보리도차제론』적인 각학(覺學), 즉 체계불학을 통해 우리가 배
우게 되는 것은 '불교에 대한 지식'이 아니라 다음과 같은 '불교
인으로서의 심성'이다.

① 종교심: 세속적 욕망으로부터 벗어난 '출가의 마음'
② 도덕성: 인과응보에 대한 믿음을 통해 얻어진 '지계의 마음'
③ 출리심: 윤회에서 벗어나고자 하는 '해탈의 마음'
④ 보리심: 모든 생명체를 어머니와 같이 대하는 '자비의 마음'
⑤ 청정견: 지관(止觀) 수행에 의해 아공(我空)과 법공(法空)을
　　　　 체득한 '지혜의 마음'

道次第略論』, 小本인 『菩提道次第攝頌』의 三本을 저술하였다. 『보리도
차제광론』은 중국의 法尊 스님에 의해 1927년 漢譯된 바 있으며, 1978
년(상사도 지품, 관품), 1991년(상사도 보살도), 2000년(하사도, 중사도)
에 서구의 학자들에 의한 英譯本이 출간되었다(총3권). 법존 스님의 한
역본은 중국의 조선족 불교학자들에 의해 한글로 重譯되어 국내에 보
급된 바 있다. 현재 부산 광성사의 주지인 체링 초펠 스님이 『보리도차
제론』을 요약하여 『깨달음으로 가는 올바른 순서』(여시아문 출판사)라
는 제목의 책으로 출간한 바 있으며, 최근 『보리도차제론』에 대한 달라
이라마의 강연집이 국역되어 『깨달음의 길』(부디스트닷컴 출판사)이라
는 제목으로 출간되었다.
46) Lopez, *A Study of Svātantrika*, p.29.

그런데 여기서 우리가 주목할 것은 '①종교심 → ②도덕성 → ③출리심 → ④보리심 → ⑤청정견'의 순서로 공부되어야 이런 다섯 가지 심성이 수행자에게 진정으로 체화될 수 있다는 점이다. 또 이 중 어느 하나의 심성이라도 결여되어 있다면 그는 성불을 지향하는 보살행자일 수 없다.

이러한 『보리도차제론』의 수행체계는 대승불교를 지향하는 한국적 체계불학을 구성하는 데 좋은 참고서가 될 것으로 생각된다. 왜냐하면 첫째, 『보리도차제론』은 티벳에서 만들어진 교학이긴 하지만, 밀교 수행 이전에 갖추어야 할 심성에 대해 말하고 있기에 그 내용이 특정 종파의 색채를 띠고 있지 않으며, 둘째 대승경론에 토대를 두고 조직된 교학이기에 우리 불교의 전통에 위배되지 않으며, 셋째 저술된 이후 지금까지 600여 년간 티벳인들을 강렬한 불교신앙인으로 만들어 내고 있다는 점에서 그 종교적 위력이 검증된 체계이기 때문이다.

『보리도차제론』을 참고하여 한국적 체계불학을 구성할 경우 현재 수행자들 사이에서 즉신성불(卽身成佛)의 밀교 수행에 비견된다고 평가되는 즉심시불(卽心是佛)의 선(禪) 수행은, 티벳에서 밀교수행이 그러하듯이 다섯 가지 심성의 체화 이후에만 허용되는 최정상의 수행으로 자리매김되어야 할 것이다. 그리고 앞으로의 모든 불교교육은 이렇게 하여 구성된 한국적 체계불학의 지침에 의거하여 단계적으로 이루어져야 할 것이다.

- 『불교평론』 2001년 겨울호

불교학의
식민성 극복을 위한 길*

Ⅰ. 현대불교학의 빛과 그늘

비록 유럽에서 불교에 대해 과학적으로 연구를 시작한지 백여 년의 세월
이 흘렀지만, 이 종교가 근본적으로 무엇을 가르치는지, 또 그 철학이 무
엇인지 여전히 오리무중에 있다. 확실히 그 어떤 종교도 불교만큼 교리를
분명히 정립하기가 곤란한 것은 없었다.1)   - Stcherbatsky -

서구에서 시작된 현대 불교학의 역사는 "불교의 정체를 규명하

---

* 원제는 「불교학의 실사구시 - 체계불학과 실천불교학의 정립을 위한
小考 -」였고, '우리말로 철학하기' 논문집 『사이』에 개재하면서 위와
같이 제목을 변경하였다.
1) Stcherbatsky, *The Conception of Buddhist Nirvāṇa*, Publishing offic
e of the academy of sciences of the USSR, Leningrad, 1927, p.1

기 위해 노력해 온 역사였다."라고 규정할 수 있다. 대승보살의 이념에 빗대어 긍정적으로 표현할 경우, 상구보리적 구도(求道)의 역사였다고 말할 수 있다. 보다 냉정히 말하면 불교적 '신앙과 수행의 현장'에서 '자신의 지성과 감성을 정화'하며 이루어지는 '실천적 상구보리행'이 아니라 '탁상' 위에서 '문헌과 씨름'하며 이루어지는 '학문적 상구보리행'의 역사였다. 불교신행자의 견지에서는, 현대 불교학의 역사는 서구적 인문주의자들의 '지적 호기심'에서 비롯된 '고전문헌 분석'의 역사였다고 평가해야 옳을지도 모른다.

서구에 불교가 소개된 이래 지금까지 근 150여 년간 불교학 연구의 흐름을 주도해 온 이런 편향적 연구 태도는 어쩌면 필연이었을지도 모른다. 생소한 고전어에 의해 쓰여진 이교도의 종교적 문헌이 인문주의적 취미를 갖는 연구자의 손에 쥐어졌을 때, 그는 먼저 그 문헌 언어를 습득하기 위해 노력할 것이다. 그다음에는 자신의 독해력에 의지해 그 문헌을 교정, 번역하게 되고, 해석이 쉽지 않거나 문제가 있다고 생각되는 구절에 대해서는 온갖 지식을 동원하여 주석을 붙이려 할 것이다. 그리고 이런 과정 중에 발견된 새로운 사실들, 새롭게 떠오른 아이디어 등을 논문화하여 공표할 것이다. 이국(異國)의 고전을 이해하고자 하는 경우 이러한 연구 태도를 취하는 것은 아주 자연스러운 일이다. 이러한 연구의 종사자는 객관성, 합리성, 과학성 등을 기치로 내걸고 학문활동을 한다. 그리고 최근까지도 서구에서는 이렇게 가치 중립적으로 이루어지는 문헌학적, 문헌해석적 연구가 불교학 연구 방식의 주종을 이루고 있다.

현대 불교학의 한계는 바로 이런 문헌학적 연구의 한계라고 말할 수 있겠지만, 잘못 필사된 글자를 교정하고 진경(眞經)과 위경(僞經)을 판가름하는 문헌학적 연구는 불교 신앙권에서도 중시되었던 연구방법이었다고 말할 수 있다. 고려대장경을 판각할 때, 송판과 거란본 대장경을 대조하여 엄밀한 교정본을 만들면서 그 과정을 낱낱이 기록해 놓은 수기(守其) 스님의『고려국신조대장교정별록(高麗國新雕大藏校正別錄)』[2]이 그런 문헌학적 연구성과의 대표적 예이다. 과거 서구와 일본의 불교 연구자들이 주도하며 이룩해 낸 문헌학적 연구성과는 놀라운 것이었다. 세계 3대 불교권인, 한문 불교권과, 빠알리 불교권과, 티벳 불교권의 불전들 거의 대부분이 누구나 손쉽게 열람해 볼 수 있는 현대적 대장경으로 집대성되었으며, 수백 년간 모습을 감추고 있었던 고본(古本)들이 교정, 편집되어 세상에 그 모습을 드러내었다. 지난 150여 년간 불교 연구자들이 이룩해 낸 문헌학적 연구성과는 불교연구의 혁혁한 공로로서 불교사에 영원히 기록될 것이다.

그런데, 이러한 문헌학적 연구를 바탕으로 삼아 불교에 대해 철학적, 종교학적, 역사학적으로 접근할 때 문제가 발생할 수 있다. 현대의 불교연구자들은 마치 실험동물을 다루듯이 불교를 헤집어 본다. 그리고 갖가지 학설들을 공표한다. 물론 이러한 인문학적 연구는 불교에 대한 전통적 편견과 오해를 시정해 주는 긍정적 역할을 하기도 했다. 그러나 많은 이론들은 불교의 전통적 신앙을 훼손한다. 불교학이 '마야 문명의 정체를 연구'하는 고고학이나, '그리스, 로마의 고전을 연구'하는 고전문헌학 등과 그 성격이 동

---

[2]『고려대장경』, 권38.

일하다면, 불전을 연구하여 그 어떤 연구성과가 도출되고, 상반된 학설이 대립한다고 하더라도 큰 문제가 되지 않을 것이다. 그런데 불교학이 다른 인문학과 차별되는 점은 그를 신조로 삼아 살아가는 수억의 신자 집단이 있다는 점이다. 불교신행자들은 자신이 속한 불교권, 자신이 속한 종파에서 가르쳐온 갖가지 교리들을 신조로 삼아 종교생활을 해 왔다. 그런데 현대불교학에서는 전통적 교리들에 대해 무차별하게 비판의 화살을 퍼붓는다.

현재에도 수많은 논문을 통해, 갖가지 '신설(新說)'들이 매일매일 발표되고 있다. 전통 교단의 권위가 확고하고, 위와 같은 현대불교학의 비판을 걸러낼 수 있는 교학적, 제도적 장치3)가 마련되어 있다면, 이는 별 문제가 되지 않을 것이다. 불교신행자들은 현대불교학적 연구성과 중 훼불의 소지가 있는 이론들을 '사자신중(獅子身中)의 벌레' 정도로 여기며 무시해 버릴 수 있기 때문이다. 또, 현대불교학에서 전통적 신행체계를 대체하는 신뢰할만한 신행체계를 마련하고 있는 경우도 문제가 되지 않을 것이다. 왜냐하면, 현대불교학을 신뢰하는 모든 불자들은 현대불교학이 마련해 준 '올바른 신행체계'에 의거해 자신의 종교생활을 영위하면 되기 때문이다.

그러나, 전통 교단에서는 현대불교학의 공격을 막아낼 대응책을 마련하고 있지도 않고, 현대불교학에서도 전통적 신행체계를 대체할 '올바른 신행체계'를 연구하려고 하지 않는다. 그 결과, 오랜 세월 동안 불자들에게 믿음을 주었고 신행지침이 되어 왔던 전통

---

3) 앞으로 3대 불교권의 각 종단에서는 '종학위원회'를 설치하여 현대불교학의 다양한 연구성과 중 어떤 것을 폐기하고 어떤 것을 종학에 반영할 것인지 선별하는 작업을 해야 할 것이다.

불교는 그 설득력을 상실하였고, 서구에서 도입된 인문학적 불교
학의 다양한 이론들이, 불교신행의 현장에 무차별하게 공급됨으로
써 많은 불자들을 당황하게 만들고 있다. 사실 우리는 불교신행의
현장에서 교리의 혼란을 호소하는 많은 불자들을 만나게 된다. 불
교에 대한 애정을 가지고 이 책 저 책 뒤지며, 건실하게 노력하는
불자일수록 더욱 그렇다. 현대불교학은 대승불교, 특히 한문불교
에 대해 호의적이지 못하다. 이런 연구풍토가 계속될 경우 불교의
종교성은 점차 망실되고 불전은, 과거에 종교적 성전의 역할을 했
던 『희랍신화』나 『논어』와 『도덕경』의 비극적 운명과 같이 인문
교양서 정도로 그 위상이 추락할지도 모른다. 지금도 불전을, 자
신의 신앙지침서가 아니라, 교양서 정도로 간주하며 연구하고 애
독하는 타종교인들이 많이 있다. 물론, 불교를 공부할 시간적 여
유를 충분히 갖고 있는 총명한 불자라면, 인문학적 연구성과를 취
합하여 나름대로의 불교관을 정립한 후, 확신에 찬 신행생활을 할
수 있을 것이다. 그러나 그렇지 못한 대다수의 불자들은 어찌해야
할 것인가?

II. 체계불학의 필요성

필자는 이상과 같은 문제를 제기하며 현대의 불교학 연구 분야
에 '체계불학(Systematic Buddhology)'이라는 분야가 새롭게 추가
되어야 한다고 제안한 바 있다.4) 체계불학이란 기독교의 조직신

─────────
4) 拙稿, 「Systematic Buddhology와 『보리도차제론』」, 『불교학연구』 제3
호, 불교학연구회, 2001, pp.155-179. / 拙稿, 「현대불교학의 과제와

학(Systematic Theology)에 대비되는 불교학으로 '현대의 문헌학
적 연구성과에 토대를 두고 불전의 가르침을 유기적으로 조직함
으로써 수미일관한 하나의 신행체계로 구성해 내는 불교학'이다.
체계불학은 승속을 포괄한 모든 불자들에게 불교적 세계관과 인
생관과 가치관을 제공해 주는 불교학이며, 불자들의 일상생활과
신행생활 전체가 불교적으로 영위될 수 있도록 지침의 역할을 해
주는 불교학이다. 다시 말해 불자들로 하여금 불교적으로 살아가
게 해 주는 불교학이다. 전통교학은 신뢰를 잃고, 인문학적 불교
학의 다양한 학설들만 불자들에게 제공되는 현재 우리 불교계의
상황에서 이러한 체계불학의 구성은 시급한 문제가 아닐 수 없다.
그렇다고 해서 인문학적 불교 연구의 가치를 무시하는 것은 결코
아니다. 인문학적 불교 연구의 역사가 일천(日淺)한 우리나라의
경우, 앞으로 정교한 문헌 분석에 토대를 둔 인문학적 불교 연구
는 보다 강화되어야 할 것이다. 필자 역시 인문학적, 문헌학적 불
교연구를 지향한다. 그러나 불자들에게 삶의 지침을 제공해 주는
것 역시 불교학자의 역할 중 하나가 되어야 한다는 생각에서 본
고를 통해 체계불학의 구성을 제안해 보는 것이다. 현대 불교학의
인문학적 연구성과 중 가장 타당하다고 생각되는 내용이 취합되
어, 현대적 체계불학이 구성될 경우, 이에 토대를 두고 불교인들
의 대사회적 실천 역시 여법(如法)하고 활발하게 이루어질 것으로
기대된다.

　기독교에 대해서도 인문학적 연구의 메스가 가해지긴 했지만,
조직신학이 그 아성(牙城)을 지키고 있기에 오늘날까지도 그 종교

해결 방향」, 『불교평론』 2001 겨울호, 불교평론사, 2001, pp.219-244.

성이 유지되고 있다. 그러나 현대 불교학의 경우 불교가 '하나의
살아 숨 쉬는 종교'로서 연구되지 못했다. 근세 이후 전세계 문명
의 흐름을 주도해 온 서구인들은 불교연구를 '아시아학' 등의 지
역학이나, '언어연구', 또는 '종교학'이라는 인문학의 한 분야로 취
급하여 연구하였다. 서구적 근대화의 흐름에 발 빠르게 동승한 일
본 불교학자들의 연구방식 역시 이에서 크게 벗어나지 않는다.

　어쩌면 불교학은 대기만성(大器晚成)의 학(學)일지도 모른다.
불전의 양이 그 어떤 종교 문헌과 비교가 되지 않을 정도로 방대
하기에 그에 대한 1차적인 연구, 즉 문헌학적 연구가 모두 마무
리되면 그에 토대를 두고 자연스럽게 철학적, 역사적 연구가 이루
어지고, 또 그다음에 이런 연구성과를 비판적으로 종합하여 신행
체계로 엮어내는 체계불학 연구가 이루어지게 될 수도 있을 것이
다. 다음과 같은 드 용(J. W. de Jong)의 발언은 이 점을 시사한
다.

　　문헌학은 모든 것의 기초로서 중요성을 갖는 것이다. 어떤 텍스트가 먼저
　　교정되고, 해석되고, 그리고 번역되어야 비로소 그에 대해 종교적인, 철학
　　적인 연구를 전개하는 것이 가능한 것이다.5)

　그런데 현재와 같은 불교학 연구 풍토 하에서는 비불교권의 서
구학자들에 의해 '종교적 연구', 즉 '신앙적 연구' 또는 '신행체계
를 엮어내는 연구'가 이루어질 것으로 기대되지는 않는다. 본고
서두에서 말한 바와 같이 서구의 불교학자들 대부분은 '지적 호기

5) ドウ ヨング(J.W. de Jong) 著, 平川彰 譯, 佛教研究の歷史, 東京, 春
　秋社, 1975, p.109.

심'이라는 인문학적 동기에 의해 '고전문헌을 분석'하듯이 불교를
연구해 왔다고 보이기 때문이다. 혹자는 신행체계로서의 불교연구
가 일본의 불교학자들에 의해 이루어질 수 있다고 기대할지 모른
다. 그런데 일본 불교학자들의 경우 서구적 방법론에 의해 불교를
연구해 왔으며, 불교를 신앙으로 갖고 있기는 하지만, 학자 개개
인이 소속된 종단의 권위에 눌려, '인문학적 연구성과를 취합하여
여법한 신앙체계를 새롭게 구성해내는 작업'에 선뜻 나서지 못한
다. 혹 나서는 듯이 보여도 전통 종단의 그늘 밖으로까지 벗어날
엄두를 내지 못한다. 조동종 소속의 고마자와 대학 교수들에 의해
순수성을 표방하며 주도된 '비판불교(Critical Buddhism)' 운동이,
사실은 '부락민 문제로 위기에 몰린 조동종단을 구출하기 위한 음
모 하에 벌인 지적(知的) 테러리즘'이었다는 사실이 이를 예증한
다.6) 순수성과 합리성과 객관성을 표방하며, 대승불교 대부분에
대해 비판의 가위질을 벌이면서 불교의 순수성 회복을 부르짖었
던 고마자와 대학 교수들이었지만, 자신들의 종조인 도겐(道元, 1
200-1253)과 일본불교의 성전인 『법화경』에 대해서만은 손을 대
려 하지 않았다. 마치 정원사와 같이 불교라는 보리수의 가지치기
(Pruning the Bodhi Tree7))를 시작한 이들은, 유식(唯識), 삼론
(三論), 화엄(華嚴), 선(禪)을 건드리며 심지어 보리수의 밑둥에까
지 손을 대려 했지만, 하나의 곁가지였던 도겐적 불교, 『법화경』
의 불교에 대해서는 오히려 진정한 불교라고 추켜세웠다.8) 이렇

---

6) 심재관, 김성철 外, 『비판불교의 파라독스』, 1999, 고려대장경연구소.
7) Jamie Hubbard와 Paul L. Swanson에 의해 편집되어 Hawaii 대학에
   시 출판된 비판불교운동 소개 책자의 제목이다.
8) 이들은 불교 내 惡의 근원이 여래장 사상과 같은 dhātu-vada적 교리
   에 있다고 말했다. 그러나 필자는 진속 이제설에 대한 몰이해가 불교

게 종파의 그늘 속에서 학문활동을 하는 일본의 불교학자들이기에, 이들에게 체계불학이라는 과제가 주어질 경우 왜곡된 모습을 갖기 쉽다.

그러나 우리나라의 불교는 열려 있다. 어떤 불교 이론과 수행이든 그것이 불교인 한 모두 수용한다. 이는 '그 어떤 도그마(Dogma)도 부정해 온 선불교 전통'의 긍정적 측면이다. 수행과 공부의 열기 또한 대단하다. 십여 년 전부터 승속을 막론하고 남방 상좌부 불교와 티벳 불교를 배우기 위해 수많은 사람들이 미얀마와 인도를 찾아간다. 전통 선방 역시 결재(潔齋) 철이 되면 참선정진하는 수좌들로 가득 찬다. 불교학을 공부하기 위해 일본과 구미, 인도에 유학 중에 있는 사람들이 무수히 많으며 학업을 마친 소장 학자들이 속속 귀국하고 있다. 따라서 현대 불교학의 연구성과들 중 타당한 내용들을 선별 취합하여 '현대인들에게 맞는 새롭고 여법(如法)한 체계불학'을 구성해내는 일은 바로 우리나라 불교학자들의 몫일 수가 있다. "한국의 불교는 종합과 회통을 특성으로 한다."라는 통설이 이런 사명감에 더욱 힘을 실어 준다. 우리나라 사람들이 일미진중함시방(一微塵中含十方)이라는 화엄의 진리를 구현하는 정보통신문화를 다른 어느 나라에 비해 가장 능동적으로 수용하고 있다는 사실에서 볼 수 있듯이 종합과 회통은 우리 민족의 기질적 특성인 듯하다.

인문학적 불교학을 통해 성취한 연구성과들을 선별 취합하여 체계불학을 구성함으로써, 불자들에게 확고한 인생관, 세계관, 가

내 악의 근원이라고 이들의 주장을 비판한 바 있다. 즉 진제를 표현하는 경문을 속제적 규범으로 착각하는 악취공적 오해로 인해 가치판단의 상실이 초래될 수 있는 것이다(심재관, 김성철 외, 앞의 책 참조).

치관을 제공할 경우 이에 토대를 둔 응용불교학적 연구와 대사회적 불교활동 등이 모두 활발하게 이루어질 수 있을 것이다. 우리는 지도(地圖) 없이 여행을 떠날 수 없다. 지도가 있다고 하더라도, 부분만 그려진 수많은 지도가 여기저기 흩어져 있는 경우에도 여행을 떠날 수가 없다. 현대 불교학계의 상황은 후자의 경우와 같다. 따라서 현대의 체계불학 연구자의 역할은 인문학적 불교 연구자들이 온 힘을 기울여 만든 조각 지도들이 매끄러운 하나의 지도가 될 수 있게끔 꿰어맞추는 일이 될 것이다.

Ⅲ. 체계불학에 토대를 둔 실천불교학의 필요성

불교 전체를 조감(鳥瞰)하게 해 주는 한 장의 지도가 그려져야 우리는 비로소 실천이라는 길을 떠날 수 있다. 실천의 길은 다양하다. 체계불학은 불자들의 구체적 신행지침으로 사용될 수도 있다. 불교NGO 활동의 일거수일투족의 여법성(如法性)을 검증해 주는 수준기(水準器)로 사용될 수도 있다. 정치가들에게 국가와 민족이 추구해야 할 지향점을 제시해 줄 수도 있다. 불교학은 사회 속에서 쓰여져야 한다. 박경준은 일찍이 이렇게 사회적, 정치적, 경제적으로 또 교화를 위해 풀어내는 불교학에 대해 실천불교학(Practical Buddhology)이라고 명명하며9) 다음과 같이 말한 바 있다.

9) 박경준, 「실천불교학의 새로운 인식과 과제」, 『한국의 불교학 연구, 그 회고와 전망』, 동국대학교 불교문화연구원, 1994, p.98.

실천불교학은 먼저 견실한 이론불교학의 기초 위에서 더욱 발전해 갈 수 있다. 이론 불교학의 기초를 다지기 위해서는 먼저 ①원전에 대한 완전번역이 이루어져야 하고 동시에 ②불교의 근본사상과 교리에 대한 종합적이고 체계적인 이해와 ③실천적 재해석이 이루어져야 한다. 전공분야에만 매달리다 보면 나무만 보고 숲을 못 보는 우를 저지를 수도 있기 때문에, 전공분야에 대한 깊은 이해와 지식도 물론 중요하지만 그보다 먼저 다양한 불교사상을 한 고리에 회통시킬 수 있는 전체적·기본적 불교관이 확립되어야 하고 다음으로 그에 바탕한 실천적 불교관이 확립되어야 할 것이다.10)[원문자는 필자가 첨가한 것이다]

여기서 박경준이 말하는 '①원전에 대한 완전번역'은 문헌학적 연구에 속하며, '②불교의 근본사상과 교리에 대한 종합적이고 체계적인 이해'는 '체계불학'에 해당되고, '③실천적 재해석'은 실천불교학을 의미한다. 위 인용문에서는 ①문헌학적 연구와 ②체계불학적 연구와 ③실천불학적 연구가 동시적으로 이루어지는 것처럼 기술되어 있다. 연구자의 입장에서는, 문헌을 연구하고 그에 대해 체계적으로 이해하며 실천불교적 지침을 고안하는 일 등이 연구자 자신의 마음속에서 병행하며 점차 성숙해 나가게 될 것이다. 그리고 위의 인용문은 이런 입장에서 기술된 것으로 생각된다. 그러나 전문수행자나 불교학자라면 몰라도 일반 불자 모두가 그런 과정을 거치면서 자신의 실천적 불교관을 성숙시킬 것을 기대하기는 어렵다. 모든 불자들이 체계불학적 조망과 실천불교학적 행동지침을 쉽게 파악하게 하기 위해서는 그런 과정 하나 하나를 학문화하여 제시하는 작업이 필요하다. 그러기 위해서는 ①문헌학

---

10) 위의 책, p.109.

적·인문학적 불교학과 아울러 ②체계불학과 ③실천불교학이 독립적으로 연구되어야 할 것이다. 그런데 문제는 지금 우리에게 ①문헌학적·인문학적 불교학의 연구성과는 넘쳐나지만 ②체계불학과 ③실천불학은 아직 완성되어 있지 않다는 데 있다. 기독교인들이 현대 사회의 제 문제에 대해 나름대로의 비판의식을 가지면서 활발한 활동을 벌일 수 있는 이유가, 체계불학(Systematic Buddhology)에 해당하는 조직신학(Systematic Theology)과 실천불교학(Practical Buddhology) 중의 교화학(敎化學)에 해당하는 실천신학(Practical Theology)이 현대에도 계속 활발히 연구되며 가르쳐지고 있기 때문이라고 생각된다. 기독교 신학의 연구 현황과 현대 불교학의 연구 풍토를 비교해 보면, 지금까지 많은 사람들이 불교신행의 혼란을 호소하고, 불교인들이 대사회적 활동에 소극적이었던 이유가 분명해진다. 수십 년 전부터 간간이 불교인들의 사회적 참여가 이루어지기는 했어도, 불교적 세계관과 동떨어진 참여, 타종교인들의 참여에 편승하는 소위 '덩달이 참여'라는 비판이 계속 있어 온 것은 체계불학적 지침의 부재에 기인한다. 그리고 이는 궁극적으로 현대의 불교연구자들의 책임이다.

  오늘 우리 나라의 불교인들이 사회 속에서 불교적으로 살아가게 해 주기 위해 시급히 연구되어야 할 불교학은 체계불학과 실천불교학이다. 앞으로 불교학자들에 의해 이런 두 가지 분야의 정립을 위한 연구성과물이 계속 산출될 경우 언젠가 '완성된 체계불학과 실천불교학'이 그 모습을 드러내게 될 것이고, 모든 불자들은 그에 의거해 확신에 찬 신행생활을 영위하면서 능동적으로 여법하게 대사회적 활동에 나서게 될 것으로 생각된다. 그렇다면 지금 당장은 어떻게 해야 할 것인가? 인문학적 연구만이 불교 연구의 주류를 이루고 있는 지금의 상황에서 불교관의 혼란으로 인해 방황하는 수많은 불자들을 그대로 방치할 수는 없는 일이다. 따라서 본고에서는 티벳의 대 학장(大 學匠) 쫑카빠(Tsong Kha Pa, 1357-1419)에 의해 저술된 『보리도차제론(菩提道次第論)』의 체계불학에 의거해 바람직한 실천불교학의 모습을 모색해 보기로 하겠다.

쫑카빠 대사

Ⅳ. 『보리도차제론』의 체계불학

앞에서 필자는, 우리민족은 그 기질상 종합과 회통을 특성으로 하기에 인문학적 불교학의 연구성과를 종합, 회통하여 하나의 수미일관한 신행체계로 엮어내는 체계불학의 구성은 우리나라 불교학자들의 사명일 수가 있다고 말한 바 있다. 그런데 지구상에는 종합과 회통이 숙명이었던 불교 국가가 또 하나 현존한다. 그곳은 바로 티벳이다. 현재 전세계의 전통불교권은 대승(Mahāyāna)을 신봉하는 동아시아의 한문불교권과, 소위 소승(Hīnayāna)이라고 폄하되어 온 남방 상좌부의 빠알리(Pāli) 불교권, 그리고 금강승(Vajrayāna)을 신봉하는 티벳 불교권으로 3분 된다. 또 인도로부터 이 세 지역에 불교가 도입된 시기 역시 정확히 3분 된다. 남방 상좌부에는 '서력기원 전' 소승시대의 인도불교가 도입되었고, 한문불교권에는 '서력 기원 후부터 8세기'까지 대승 활동기[11])의 인도불교가 도입되었으며, 티벳불교권에는 '8세기 이후 11세기까지' 금강승 전성기의 인도불교가 도입되었다. 말기의 금강승에 이르기까지 인도불교 전체를 수입한 티벳이었기에, 그 모두를 일불소설(一佛所說)로 회통해 내는 작업 역시 티벳 불교인들의 사명이 되었다. 그리고 대소승을 망라한 모든 불전의 내용을 종합 회통하여 거대한 정신적 황궁을 축조해 낸 학승이 바로 쫑카빠이다. 쫑카빠

---

11) 현장의 『대당서역기』를 통해 알 수 있듯이, 이 시대에도 소승불교가 큰 세력을 이루고 있었기에 이 시대를 '대승시대'가 아니라 '대승 활동기'라고 명명한다.

는 『보리도차제론』(*Lam rim*)12)이라는 저술을 통해 금강승을 제외한 인도불교를 수미일관한 신행체계로 회통해 내었다.13) 1402년에 저술된 『보리도차제론』14)의 체계불학은 지금까지 600년 동안 티벳 불교인들의 강력한 신앙심의 원천이 되고 있다.

한문불교권인 동아시아의 경우도 다양한 불전, 다양한 교학에 대한 체계적 이해, 즉 회통작업이 이루어진 바 있다. 그리고 회통체계의 정상에는 자종, 자파의 소의경전(所依經典)이나, 소의교학(所依敎學)이 위치한다. 법장의 회통에서는 '화엄'을 선가의 회통에서는 최상승인 '선'을 천태의 회통에서는 '법화'를 정상에 위치시킨 후 그 밖의 다양한 경론들을 그 우열에 따라 위치 매김 한다. 동아시아 회통론자들의 공통점은 정상에 위치한 경전이나 교학을 가장 중시하며 그에 의거해 신행생활을 할 것을 권유한다는

---

12) Lam rim(道次第), 『보리도차제론』에 대한 약칭이다. 쫑카빠는 大本인 『菩提道次第廣論』(Byang chub Lam rim chen mo), 中本인 『菩提道次第略論』, 小本인 『菩提道次第攝頌』의 三本을 저술하였다. 『보리도차제광론』은 중국의 法尊 스님에 의해 1927년 漢譯된 바 있으며, 1978년(상사도 지품, 관품), 1991년(상사도 보살도), 2000년(하사도, 중사도)에 서구의 학자들에 의한 英譯本이 출간되었다(총3권). 법존 스님의 한역본은 중국의 조선족 불교학자들에 의해 한글로 重譯되어 국내에 보급된 바 있다. 현재 부산 광성사의 주지인 체링 초펠 스님이 『보리도차제론』을 요약하여 『깨달음으로 가는 올바른 순서』(여시아문 출판사)라는 제목의 책으로 출간한 바 있으며, 최근 『보리도차제론』에 대한 달라이라마의 강연집이 국역되어 『깨달음의 길』(부디스트닷컴 출판사)이라는 제목으로 출간되었다.
13) 쫑카빠는 『비밀차제론』이라는 별도의 저술을 통해 금강승의 가르침 역시 수미일관한 단계적 수행체계로 회통해 낸다.
14) 물론 『보리도차제론』은 티벳불교의 4대 종파 중 겔룩파만의 소의경전이다. 그런데 『보리도차제론』은 Atiśa의 『菩提道燈論』을 골격으로 삼아 저술되었고, 이러한 Atiśa의 교학이 현존 4대 종파의 토대가 되었기에 다른 종파의 신행체계 역시 『보리도차제론』의 신행체계에서 크게 벗어나지 않는다.

점이다. 그런데 쫑카빠적 회통의 특징은 '경론이나 교학의 우열을 판가름하기 위한 목적'이 아니라 '신행자의 심성을 향상시키기 위한 목적'에서 대소승의 거의 모든 가르침을 단계화하여 제시하고 있다는 점이다. 또, 승속을 막론하고 불교신행자에게 실질적으로 가장 중요한 가르침은 신행체계의 정상에 위치한 가르침이 아니라 최하위에 위치한 가르침이라고 쫑카빠는 강변한다.

쫑카빠는 불교신행의 길, 즉 불교신앙과 불교수행의 길에는 세 가지가 있다고 말한다. 육도 윤회의 세계 내에서 향상하는 삶을 지향하는 하사도(下士道), 윤회의 세계에서 벗어나고자 수행하는 중사도(中士道), 다시 윤회의 세계 내에서 무량한 이타행을 하고 지혜를 닦으며 성불을 지향하는 상사도(上士道)가 그것이다.[15] 하

---

15) 이렇게 수행자의 근기를 하사와 중사와 상사로 구분짓는 것은, Atiśa (980-1052)의 『보리도등론』(Bodhipathapradīpa)에 토대를 두며, 멀리는 세친의 『구사론』에서도 발견된다. 먼저 『보리도등론』 전문을 인용하면 다음과 같다, '下와 中과 上에 의해, 세 가지 중생을 알아야 하네, 그들의 특징을 명확히 하고, 각각의 구별을 묘사하리라 / 그 어떤 경우든, 윤회의 행복만을 추구하며, 자신의 이익을 염려하는 자, 그런 자는 下士라 하네 / 윤회의 행복에 등을 돌리고, 도덕적 악에서 자신을 멀리하며, 자신의 적멸만을 추구하는 자, 그런 자는 中士라 하네 / 자신의 상속에 속한 고통의 소멸과 같이, 다른 자의 모든 고통이, 완전히 모두 사라지기를 희구하는 자, 그 자는 上士이다.'(chung ngu ḥbring dang mchog gyur pas / skyes bu gsum du shes par bya / de dag mtsan nyid rab gsal ba / so soḥi dbye ba bri bar bya // gang zhig thabs ni gang dag gis / ḥkhor baḥi bde ba tzam dag la / rang nyid don du gnyer byed pa / de ni skyes bu tha mar shes // srid paḥi bde l a rgyab phyogs shing / sdig paḥi las las ldog bdag nyid / gang zhi g rang zhi tzam don gnyer / skyes bu de ni ḥbring zhes bya // ran g rgyud gtogs paḥi sdug bsngal gyis / gang zhig gzhan gyi sdug bs ngal kun / yang dag zad par kun nas ḥdod / skyes bu de ni mcho g yin no //). 또, 세친은 『구사론』에서 다음 같이 노래한다, 下士勤方便 恒求自身樂 / 中士求滅苦 非樂苦依故 / 上士恒勤求 自苦他安樂 / 及他苦永滅 以他爲己故(大正藏29, p.64a).

사도는 복된 삶을 원하는 일반 범부의 길이고, 중사도는 해탈을 추구하는 소승 수행자의 길이며, 상사도는 상구보리 하화중생(上求菩提 下化衆生)하며 무주열반(無住涅槃)의 삶을 사는 대승 보살의 길이다. 이런 세 가지 길이 제시되었을 때, 과거 동아시아의 불교인들이라면 이 중 최정상에 위치한 상사도의 삶을 사는 것이 가장 바람직하다고 생각했을 것이다. 그러나 쫑카빠의 체계불학의 특징은 이 중 하사도의 신행을 가장 강조한다는 점이다. 그리고 하사도가 완성되어야 중사도의 수행에 들어갈 수 있고, 중사도의 수행이 무르익어야 진정한 상사도가 이루어질 수 있다고 쫑카빠는 말한다. 동아시아의 교상판석 회통을 목적 중심 체계라고 본다면, 쫑카빠적 회통은 '누적적(累積的) 체계'라는 점에서 동아시아적 회통과 차별된다.

『보리도차제론』의 하사도에서는 먼저 '죽음에 대해 한 명상'과 '삼악도의 고통', '삼귀의', '인과응보의 이치' 등을 순서대로 가르친다. 하사도에서는 철저한 도덕성을 훈련하게 되는 데 그 동인(動因)은 죽음과 내세에 대한 공포심이다. 죽음에 대한 깊은 명상을 통해 수행자의 마음에는 '재물욕과 명예욕 등 세속에 대한 욕심이 사라진 진정한 종교심'이 자리 잡고, 한두 번의 파계로도 초래될 수 있는 내세의 삼악도를 두려워하며 '꿈에도 계를 어기지 않는 철저한 도덕성'이 자리 잡게 된다. 또 자신이 현생에 짓고 있고, 전생에 지었을지도 모르는 악업을 정화하기 위해 참회의 신행을 생활화한다. 이렇게 종교심과 도덕성이 훈련되고, 참회가 생활화되어 일거수일투족이 선량해진 사람만이 그 다음 단계인 중사도, 즉 출가 수행하며 해탈을 추구하는 길로 들어설 수 있다.

아직, 하사도 수행을 소홀히 하여 세속적 욕심이 남아 있고, 분노심과 교만심이 남아 있는 상태에서 좌선수행을 하는 사람에게, 부처의 가르침은 마설(魔說)이 된다고 쫑카빠는 극언한다.

중사도(中士道)의 수행에서 우리는 '다시 태어나고 싶지 않은 마음'이 들도록 훈련하며, 다시 태어나지 않는 방법인 '번뇌의 제거'를 위해 수행한다. 우리의 마음속에 세속에 대한 욕심(貪, 탐)과 분노(瞋, 진)와 잘못된 사고방식(癡, 치), 교만한 마음(慢, 만), 불교에 대한 의심(疑, 의), 몸이 있다는 생각(有身見, 유신견) 등의 각종 번뇌가 단 하나라도 남아 있을 경우 그 번뇌가 지향하는 바에 따라 내세가 구성되고 우리는 그곳에 반드시 다시 태어나게 된다. 중사도에서 추구하는 해탈, 열반의 의미는 아주 명확하다. '다시 태어나지 않는 것'이다. 그런데 세속에 대한 욕심, 생존에 대한 욕심이 남아 있는 사람의 경우, '다시 태어나지 않는 것이 열반'이라는 말을 들을 때 '공포심'을 느끼게 된다. "개똥밭에 굴러도 이승이 좋다."라는 속담에서 보듯이 대부분의 사람들은 다시 태어나고 싶어하기 때문이다. 따라서 중사도 수행에서 훈련하는 것은 일체개고(一切皆苦)에 대한 자각이다. 이를 위해 수행자는 '생각을 끊는 것'이 아니라 '생각을 굴리는 분별'을 통해 생로병사(生老病死)의 4고(四苦), 또는 생로병사, 애별리고(愛別離苦), 원증회고(怨憎會苦), 구부득고(求不得苦), 오음성고(五陰盛苦) 등의 8고(八苦), 또는 괴고(壞苦), 고고(苦苦), 행고(行苦) 등의 3고(三苦)에 대해 구체적 예를 떠올리며 되풀이하여 생각한다. 열반과 해탈을 추구하기 위해 우리가 가장 먼저 닦아야 할 수행은 사성제 중 고제에 대한 자각이라고 쫑카빠는 가르친다. 그래서 일체개

고에 대한 자각이 깊어질 때, 하늘나라(천상)든16), 인간계든 그
어떤 윤회의 세계라고 하더라도 그곳에 다시 태어나고 싶지 않은
마음이 생기게 되고, 그렇게 다시 태어나지 않는 방법은 바로 번
뇌를 제거하는 것이라고 알아, 중사도의 수행자는 번뇌의 제거를
위해 노력하게 되는 것이다. 모든 것은 고통이며(苦諦, 고제), 그
것은 정서적, 인지적 번뇌(集諦, 집제)로 인해 초래되기에, 그런
번뇌를 제거하면 고통은 사라진다(滅諦, 멸제)는 사성제(四聖諦)
의 이치에 의거해 수행하는 방법을 구체적으로 가르치는 것이 중
사도이다. 중사에서 수행자의 마음에 각인되는 심성은 '윤회의 세
계에서 벗어나고자 하는 출리심(出離心)'이다. 만일 수행자가 중
사도에만 머물 경우 그 종착지는 소승 아라한이다. 마음속에서 들
끓던 모든 정서적 번뇌(번뇌장)와 세계관을 왜곡시키던 인지의 오
류(소지장)가 완전히 사라졌다는 사실을 자각한 수행자는 자신이
내세에 다시 태어나지 않을 것이라는 사실을 스스로 안다(我生已
盡 梵行已立 所作已作 自知不受後有17), 아생이진 범행이립 소작
이작 자지불수후유).

앞에서 설명했던 하사도와 아라한을 지향하는 중사도는 철저한
'이기적 신행'이다. 불교 용어로 표현하면 자리적(自利的) 수행이
다. 하사도에서는 선행과 고결한 삶을 통해 자신의 복된 내생을
추구하고, 중사도에서는 출가수행을 통해 스스로 윤회에서 벗어나
기를 희구한다. 그러나 수행자는 이렇게 아라한을 지향하는 삶에

---

16) 하늘나라에 태어나도 자신이 지은 복이 모두 소진되면, 다시 아래 세
   계로 떨어진다. 그래서 하늘나라에 사는 천신에게는 '죽음의 고통'이 극
   심하다고 말한다. 또, 하늘나라에는 전생에 자신보다 공덕을 많이 지어
   높은 지위를 얻게 된 천신들에게 위압당하는 恐怖苦가 있다고 말한다.
17)『雜阿含經』, 大正藏2, p.1a 外.

머물러서는 안 된다. 앞으로 수억 겁의 세월 동안 윤회의 세계에서 고통받을 다른 모든 생명체들을 그대로 방치할 수는 없기 때문이다. 이 때 비로소 이타(利他)와 자리(自利)가 함께하는 상사도의 수행이 시작된다. 상사도의 수행자는 먼저 다른 생명체에 대한 자비심을 키우는 이타적 심성훈련에 들어간다. 자신의 가족이나 친지 또 가까운 이웃에 대해서 자비심을 갖춘 사람은 많지만, '모든 생명체'를 자비심으로 대하는 자는 극히 드물다. 그래서 '가까운 사람에게만 국한하여 발휘되던 일반인의 자비심'을 '모든 생명체를 자신의 몸과 같이 여기는 보살의 무량한 자비심'으로 확장시키는 심성훈련이 상사도에서 제시되는 것이다. 이에는 두 가지 방법이 있는데, 첫째는 7종인과법(七種因果法)이고, 둘째는 자타상환법(自他相換法)이다.

7종인과법이란 우리 주변의 모든 생명체가 전생에 그 언젠가 한 번 이상 자신의 어머니였을 수 있음을 상기하고(①知母, 지모), 모든 생명체의 어미는 목숨을 바쳐 그 자식을 키운다는 어머니의 은혜를 생각하며(②念恩, 염은), 자식된 도리로서 반드시 그 은혜를 갚아야겠다는 생각을 한 후(③報恩, 보은), 모든 생명에 대한 자심(④慈心, 자심)과 비심(⑤悲心, 비심)을 키우며, 그 두 마음을 더욱 강화(⑥意樂, 의요)한 후, 궁극적으로는 많은 중생을 제도할 수 있는 부처가 되겠다는 다짐(⑦菩提心, 보리심)을 하기까지 일곱 단계에 걸쳐 자비심과 성불의 서원(誓願)을 훈련하는 수행이다. 또, 자타상환법이란 상대방의 입장에서 모든 것을 바라보고 생각함으로써 자비심을 강화하는 수행이다.

이렇게 칠종인과법과 자타상환법을 통해 모든 생명체에 대한 자비심이 가득 차게 된 수행자에 한해, 비로소 삼매와 지혜를 닦는 지관(止觀, Samatha Vipaśyanā) 수행에 들어갈 수 있는 자격이 부여된다. 지관 수행은 공성에 대한 조망을 통해 아집(我執)과 법집(法執)을 모두 녹이는 수행으로 이를 위해 먼저 정신을 집중하는 지(止)의 수행부터 훈련한다. 그리고 지(止)가 어느 정도 완성되었을 때, 중관적(中觀的) 방식에 의해 공(空)에 대해 조망하는 관(觀)의 수행을 한다. 이때의 관은 그 이전에 훈련된 지와 함께하는 관이다. 관 수행이 길어져 마음이 산란해지면 다시 지 수행에 들어간다. 그리고 止가 어느 정도 완성되면 다시 관 수행에 들어간다. 여기서 지 수행은 관의 토대로 기능하며 쫑카빠는 이를 지관쌍운(止觀雙運)이라고 부른다. 그리고 상사도에서 보살로 살아갈 것을 발원한 이후 3아승기겁의 세월 동안 공덕을 축적해야 32상을 갖추게 되어 성불이 실현되는 것이다.

수행자가 불교의 최종 목표인 반야지혜의 수행, 즉, 관 수행에 들어가고자 한다면, 먼저 상사도에서 가르치는 삼매력(止)과 자비심, 중사도에서 가르치는 출리심, 하사도에서 가르치는 종교심과 도덕성을 충분히 훈련해야 한다. 쫑카빠의 체계불학에 비추어 볼 경우, 우리 불교계에서는 분에 넘치는 최정상의 수행과 교학만 너무 강조하는 것은 아닌가 자성(自省)하게 된다.

V. 실천불교학의 정립을 위한 몇 가지 단안

실천불교학의 정립을 위해서 우리는 불교 내에서 쟁점이 되는 몇 가지 문제에 대해 과감하게 단안을 내려야 한다. 대립된 다양한 학설의 발판 위에서 우왕좌왕할 경우 실천을 위해 단 한 걸음도 전진할 수 없다. 길을 떠나기 위해서는 잘 정리된 한 장의 지도가 있어야 한다. 그러나 누구나 동의하는 한 장의 지도를 만들기는 쉽지 않다. 불교적 실천의 길을 떠나기 위해 지침이 될 한 장의 지도를 만드는 일은 그 일에 참여한 불교학자들의 학문적 능력과 불교관에 토대를 두고 이루어질 수밖에 없다. 따라서 체계불학의 경우와 마찬가지로 앞으로 다양한 학자들에 의해 다양한 모습의 실천불교학이 산출될 것이다. 그리고 다른 불교학자들의 비판적 검토를 거쳐 그 중 가장 합당하다고 평가되는 실천불교학이 모든 불자들의 지침으로 널리 보급되어야 할 것이다. 그러면 이제 쫑카빠의 체계불학을 참조하면서 우리로 하여금 사회적 실천의 발걸음을 내딛지 못하게 만들었다고 생각되는 몇 가지 문제에 대해 단안을 내리며 불교인들의 개인적, 사회적 실천의 지침을 제시해 보겠다.

1. 깨달음이란 무엇인가?

불교는 깨달음의 종교라고 한다. 그러나 도대체 깨달음이 무엇이지 되물을 경우 우리는 당혹하게 된다. 부처의 깨달음, 아라한의 깨달음, 선승의 깨달음이 같은지, 다른지 모호할 수가 있다. 그런데 쫑카빠의 교학18)에 의거할 경우 부처의 깨달음과 아라한

---

18) 물론 쫑카빠의 교학은 대승불전의 가르침에 토대를 둔다.

의 깨달음은 다음과 같이 비교된다. 모든 번뇌가 소진되었다는 점에서 아라한과 부처는 동일하지만 무량복을 갖추었다는 점에서 부처는 아라한과 차별된다. 그리고 부처가 되어야 보다 많은 중생의 귀의를 받아 그들을 제도할 수 있다. 부처의 무량복은 『본생담』에서 보듯이 전생의 수억겁에 걸친 이타행을 통해 축적된다. 법화 2신설(法·化 二身說)에 비추어 볼 경우, 법신의 성숙은 공성에 대한 자각을 통해 이루어지며, 32상 80종호를 갖춘 화신의 성숙은 인과응보의 세계에서 윤회하며 지어낸 무량한 공덕의 축적을 통해 이루어진다. 따라서 법신의 성숙을 통해 아라한이 되는 것은 단기간의 수행을 통해 가능하지만, 성불을 지향할 경우, '무량겁 동안 상구보리 하화중생할 각오'를 갖고 살아가야 한다. 다시 말해 대승보살의 불교신행은 당장의 깨달음을 위한 것이 아니라, 무량겁 이후의 성불을 지향하는 '무한한 과정적 신행'이다. 아라한의 경우 현생의 수행을 통해 다시 태어나지 않게 되고, 부처의 경우 무량겁의 수행을 통해 다시 태어나지 않게 된다. 따라서 다시 태어나지 않는 것은 '위대한 인격자'에게만 가능한 일이다. 그래서 우리는 아라한이나 부처와 같은 위대한 인격자가 되기 위해 수행한다. 이런 교학적 토대 위에서 우리는 불교신행자에게 물어야 한다, 당신은 다시 태어나지 않고 싶은 마음이 들 정도로 고성제(苦聖諦)에 대한 자각이 깊은가?라고 …. 또, 당신은 부처와 아라한 중 누구의 깨달음을 원하는가?라고 …. 또, 당신이 지금 닦는 수행은 당신이 지향하는 깨달음에 부합되는가?라고 …. 그리고 또, 다음과 같이 물어야 한다: 선불교의 깨달음은 이 중 어디에 속하는가?라고 ….

2. 불교학자의 역할은 무엇일까?

　우리는 불교학술회의장에서 가끔 다음과 같은 질문을 던지는 사람을 만나게 된다: "수행해 보지 않은 사람이 수행에 대해 말할 자격이 있는가?" 이에 대해서 우리는 단적으로 "말할 자격이 있다."라고 답할 수 있다. 불교학자는 수행자가 아니어도 된다. 비유한다면 지도 그리는 장인(匠人)과 같은 역할을 하는 사람이 불교학자이다. 지도 그리는 장인의 경우 히말라야 산에 가 본 적은 없어도, 그 곳에 갔다 온 사람들의 여행기를 참조할 경우 정확한 지도를 그릴 수 있듯이, 불교학자는 깨닫지 못했어도 과거 깨달은 분들의 가르침을 참조해 깨달음으로 가는 정확한 지도를 만들 수 있다. 수행자는 이런 지도를 들고 히말라야 산을 향해 길을 떠나는 여행자에 비유될 수 있다. 그 첫 발걸음은 구족계 수지 후의 지계행이다. 그리고 재가자가 승가에 귀의할 때, 그 구체적 대상이 되는 것은 수행자 개인의 학식이나, 외모, 인품이 아니라 계체(戒體)이다. 불교학자는 청정계를 수지하고 있지 않기에 결코 귀의의 대상이 될 수 없다. 그러나, 속되게 표현하여 '입은 삐뚤어져도 말은 바로 할 수 있는 사람'이 불교학자이다. 재가 불교학자는 철저히 우바새일 뿐이다. 그러나 깨달음의 지도를 정확히 만들 수 있는 유능한 우바새이다.

3. 출가자는 노동을 해서는 안 되는가?

초기불전의 율장에서는 출가자의 노동을 절대 금기시한다. 그러나 『선원청규(禪苑淸規)』를 제정한 백장(百丈 懷海, 749-814)의 '일일부작 일일불식(一日不作 一日不食)'이라는 선언에서 보듯이 선가에서는 노동을 중시한다. 그렇다면 이 중 어떤 지침을 따라야 할 것인가? 단적으로 말해 『선원청규』에 제시된 율은 대승 율이다. 대승의 경우 아라한이 아니라 보살도 이후의 성불을 지향한다. 그리고 성불을 위해서는 무량한 복덕을 축적하여야 한다. 노동은 그를 통해 생산물이 산출된다는 점에서 '보시'의 공덕행이며, 노동하는 과정에 '고통'이 수반된다는 점에서 전생의 악업을 정화해 주는 작용을 한다. 따라서, 노동이란 '복덕문' 내의 선행(善行)이라고 규정할 수 있다. 초기불전의 가르침에 의거할 경우, 모든 출가수행자는 아라한을 목표로 삼기에 '지혜문'에 전념해야 하고 '복덕문'은 재가자의 몫이었다. 부처님의 반열반 후 불탑의 관리를 재가자에게 의뢰한 것 역시 이런 이치에 의거한 유훈(遺訓)이라고 볼 수 있다. 그러나 당장 깨닫고자 하는 소승 아라한도가 아니라, 무량복을 쌓은 후의 성불을 지향하는 대승 보살도를 추구하는 경우 출가자의 노동은 권장되어야 한다.

4. 보살도를 지향하는 대승불교의 출가와 재가는 평등한가?

소승불교의 경우 비구, 비구니, 우바새, 우바이의 사부대중 중에서 재가자인 우바새, 우바이에게는 출가자를 외호하는 임무가 주어진다. 그러나 대승불교에 와서는 출가든 재가든 모두 무량겁 이후의 성불을 지향하는 보살의 길을 걷게 된다. 그렇다면, 대승 불교권의 출가자와 재가자는 그 신분이 대등한가? 그렇지 않다. 대승이란 소승과 유리된 것이 아니라, 소승을 감싸는 대승이다. 대승불교의 공 사상이 아비달마 교학을 부정하는 것이 아니라, 아비달마 교학의 선(善)-기능을 수용하면서 그 악(惡)-기능인 '법에 대한 집착'만 제거하려 했다는 점에서 알 수 있듯이, 대승 보살도 는 출가와 재가의 구분을 없애기 위해 설해진 것이 아니라, 출가 와 재가의 구분 위에서 그 지향점만 성불로 격상시키기 위해 출 현한 것이다. 진속(眞俗) 이제설(二諦說)에 대입할 경우 승속이 모두 보살이라는 해석은 '무차별한 진제적 조망'일 뿐이며, 속제의 차원에서는 승속이 엄연히 구분된다. 따라서, 출가와 재가는 그 위상이 다르다.

5. 불교신행의 현장에서 무엇을 가르쳐야 할 것인가?

불교신행의 현장에서는 『보리도차제론』에서 가르치듯이, 불교에 대한 '지식교육'이 아니라, 수행자의 심성을 실질적으로 향상시키 는 '심성교육'이 이루어져야 한다. 그리고 진정한 불자를 만드는 교육은 '자신의 죽음에 대한 명상'에서 시작해야 한다. 그리고 단 계적으로 『보리도차제론』에 제시된 다음 심성의 체득을 위한 교 육이 이루어져야 한다. "규격화된 어떤 제도나 체계를 통해 도인 (道人)이 나올 수 있겠는가?"라고 반문하는 사람이 있을지 모른 다. 물론 태어날 때부터, 욕심 없고, 선하며, 지혜로운, 생이지지

(生而知之)한 사람이 있을 수 있다. 그러나 그런 몇 사람의 예외로 인해 교육과정을 아예 없앨 수는 없는 일이다. 독학을 통해 검정고시에 합격하는 사람이 있을 수 있다고 하여, 학교를 모두 없앨 수 없듯이 …. 생이지지의 선량한 수행자는, 『보리도차제론』의 체계에서 남보다 신속하게 수행의 정상으로 올라갈 뿐이다.

　승속을 떠나 우리 모두는 부처님을 닮기 위해 수행한다. 부처님은 6년간의 수행 후 보리수 아래서 정각을 이루셨다. 그래서 불교에 입문한 많은 불자들은 가부좌 틀고 앉아 부처님을 흉내내며 좌선 수행에 몰입한다. 그러나 우리가 여기서 결코 간과해서는 안 될 점이 있다. 가부좌 튼 좌선 수행은 부처님의 성불 직전의 6년간의 모습일 뿐이라는 점이다. 석가모니 부처님은, 12살 어린 시절 농경제에 참가하여 벌레가 새에게 쪼아 먹히는 모습을 보고 큰 비감(悲感)을 느낄 정도로, 태어날 때부터 모든 생명체에 대한 자비심으로 가득했던 분이었고, 4문유관(四門遊觀)과 유성출가(踰城出家)의 일화에서 보듯이 세속의 복락에 대해 조금의 욕심도 없는 분이었다.[19) 불교수행에 빗대어 보면 출가 이전에 자비관과 부정관이 철저히 완성된 분이었다는 말이다. 따라서 우리가 부처님을 닮고자 한다면, 가부좌 틀고 앉아 깨달음을 추구하는 좌선 수행 이전에 '복락조차 고통으로 자각하게 하는 수행(不淨觀, 부정관)'과 '모든 생명체를 자비심으로 대하는 수행(慈悲觀, 자비관)'부터 닦아야 한다. 그다음에 번뇌를 끊는 좌선 수행을 하여 깨달음을 추구해야 진정으로 부처님의 모든 인격을 닮는다고 말할 수 있을 것이다. 『보리도차제론』의 하사도 수행 중 '죽음에 대

---

19) 더 멀리는 『본생담』에서 보듯이 무량겁에 걸친 보살행을 축적한 분이 있다.

한 명상'은 부정관에 해당하고, 상사도 수행 중 '칠종인과법과 자타상환법'은 자비관에 해당한다. 이런 수행이 완성된 이후 마지막에 제시되는 지관(止觀)수행이 '깨달음을 추구하는 좌선 수행'이다. 부처님의 일생에 비추어 보아도 『보리도차제론』의 신행체계는 여법(如法)한 체계이다.

- 『사이』, 제3집, 지식산업사, 2003

티벳불교의
수행체계와 보살도*

Ⅰ. 티벳불교의 형성과 쫑카빠의 『보리도차제론』
Ⅱ. 『보리도차제론』의 수행체계
Ⅲ. 보살의 마음 - 종교심, 도덕성, 출리심, 보리심, 청정견

Ⅰ. 티벳불교의 형성과 『보리도차제론』

티벳에 불교가 본격적으로 전래된 것은 송첸감뽀(Srong btsan s gam po, 581-649)왕이 만년에 당나라 문성(文成)공주와 네팔의 티춘(Khri btsun)공주를 왕비로 맞아들이면서부터이다. 티벳의 수도 라사(Lhāsa)에 문성공주는 라모체사(Ra mo che寺)를 건립하였고 티춘공주는 툴낭사('Phrul snang寺)를 창건하였다. 그 후 티송데첸(Khri sroṅ lde brtsan, 742-797) 왕대에는 인도의 나란다(Nālanda) 대학의 장로인 샨따락시따(Śāntarakṣita, 725-788)와

---

* 가산불교문화연구원(원장, 지관스님)에서 주최, 주관하여 '수행의 가치와 우리의 미래'라는 대주제로 2001년 12월에 강원도 월정사에서 열린 제2회 가산포럼에서 발표.

밀교승 파드마삼바바(Padmasambhava)를 초청하여 삼예(Bsam ya s)에 대 승원을 건립하게 된다(779). 이 시기까지 티벳에는 인도불교와 중국불교가 혼재해 있었다고 볼 수 있다. 그러나 티손데첸 왕대 말기에 산따락시따의 제자 까마라실라(Kamalaśīla, 740-795)가 초청되어 중국의 선승 마하연(摩訶衍)과 삼예 승원에서 대논쟁(792-794)을 벌인 이후 티벳에는 인도계 불교가 자리를 잡게 된다.

산따락시따   까마라실라   빠드마삼바바

　티벳 사서(史書)에는 삼예의 대논쟁은 다음과 같은 내용으로 이루어졌다고 기록되어 있다. 티손데첸 왕의 면전에서 이루어진 어전논쟁(御前論爭)에서 마하연이 "흰 구름도 검은 구름도 하늘에 있으면 장해가 된다. 그것과 마찬가지로 선(善)을 행하여 천상에 가는 것도 악(惡)을 행하여 지옥에 가는 것도 다 같이 윤회 속에서 벌어진 것으로 불성(佛性)을 얻는데 똑같이 장해가 된다. 윤회로부터 해탈하기 위해서는 아무것도 생각하지 않고 아무것도 궁구(窮究)하지 않는 것이 중요하다. 돈오(頓悟)야말로 십지(十地)와 동등한 것이다"라고 주장하자, 까마라실라는 "아무것도 생각하

지 않고, 아무것도 궁구하지 않고서 해탈할 수 있다면, 실신한다 든지 졸도했을 때에도 해탈한 것이 된다. 그렇기 때문에 중요한 것은 방편과 반야의 지에 통달하고 진리를 잘 관찰하여 일체법이 무자성임을 깨닫는 것이다"라고 응답한다. 티벳의 사서에서는 이 논쟁 이후 마하연은 까말라실라에게 화환을 바치며 패배를 인정 하였고, 결국 티벳에서 추방되었다고 기록하고 있으나, 드메빌이 나 뚜찌와 같은 현대학자들은 그 신빙성에 대해 의문을 제기한 다.[1]

삼예 사원

어쨌든 삼예의 대 토론 이후 티벳에서 중국의 선불교의 모습은 점차 자취를 감추게 된다. 그러나, 그 후 200여 년이 흐르면서 잘 못된 밀교행법으로 인해 티벳의 불교계가 문란해지게 되자, 11세 기 西티벳의 고루레 왕은 인도의 고승 디빵까라슈리갸나(Dīpaṅka ra Śrījñāna), 즉 아띠샤(Atiśa, 982-1054)를 초청하게 된다. 아 띠샤는 까담(bKa' gDams, 言敎派, 언교파)을 창설하여 계율의 중

---

1) 梶山雄一 外, 中觀思想, 講座大乘佛敎, 講談社 에서 재인용.

요성과 밀교의 엄숙성을 역설하였다. 그리고 『보리도등론(菩提道燈論, Bodhipatha pradīpa)』 등의 저술을 통해 소승, 대승, 밀승을 구분하고 밀승 중에서 무상유가(無上瑜伽) 딴뜨라를 최상으로 하는 입장을 표명하였다.[2]

현재 티벳 불교의 4대 종파인 겔룩(dGe Lugs, 功德派, 공덕파), 닝마(rNyng Ma, 昔古派, 석고파), 까규(bKa' brGgyud, 口傳派, 구전파), 사꺄(Sa sKya, 懷土派, 회토파)는 모두 아띠샤의 직, 간접적 영향에 의해 성립되었다고 볼 수 있다. 아띠샤가 까담파를 창시한 이후, 까담파의 엄숙주의에 반발하는 그 제자들에 의해 까규파와 사꺄파가 각각 분파된다.[3] 그리고 아띠샤 이전의 티벳 밀교는 닝마파라는 이름으로 불려지며 독립된 교단이 된다. 그리고 아띠샤에 의해 창시되었던 카담파는 쫑카빠(Tsoṅ Kha Pa, 1357-1419)의 개혁 이후 현재의 겔룩파로 이어진다.

가장 오래된 닝마[4]파는 내용적으로는 중국의 선과 인도밀교가 융합된 형태를 보이며, 참 마음(Rig pa)[5]의 자각을 강조하고 족첸(rDzog Chen)[6]을 수행법으로 삼는다. 11세기 후반 라다크(Ladakh) 지방의 라마인 마르파(Marpa, 1012-1097)에 의해 창시된 카규[7]파는 마하무드라(Mahāmudrā)[8]를 중심으로 한 은둔 수행을

---

2) 요리토미 모토히로·나카무라료오 外, 김무생 역, 밀교의 역사와 문화, 민족사, 1989, p.103.
3) L. Austine Waddell, *Tibetan Buddhism*, Dover Publications, New York, 1972, pp.54-75.
4) 문자 그대로 가장 오래된 고파라는 의미이며, 홍모파
5) 마음의 궁극적 성질.
6) 닝마파의 수행법. Dzog chen이란 '위대한 완성'이라는 의미. 항존하는 우리 마음의 정명성을 발견하는 수행. 8세기 Padmasambhava와 Vimalamitra에 의해 티벳에 도입된 수행법.
7) '계승적 질서의 추종자'라는 의미.

특징으로 하고, 사캬[9]파는 윤회와 열반의 不二의 체득을 수행의
목표로 삼으며, 겔룩[10]파에서는 계행을 중시하며 원초적 정명(淨
明)의 체득을 목표로 수행한다.[11] 그러나 이러한 4대 종파는 밀
교수행뿐만 아니라 대소승을 포괄한 모든 수행을 닦을 것을 강조
하고, 인도 내에서 발생한 다양한 불교사상 중 중관사상을 가장
중시한다는 점에 일치를 보인다.[12]

그리고 이렇게 '포괄적 수행'을 강조하고 '중관사상'을 중시하는
것은 겔룩파의 창시자인 쫑카빠의 교학에 근거한다. 티벳인들에
의해 문수보살의 화현으로 간주되는[13] 쫑카빠는 그 때까지 전승
되어 오던 모든 교학과 수행법을 종합하여 체계화하였다. 쫑카빠
가 탄생한 15세기 중반은 티벳대장경의 경부(깐쥬르)와 논부(텐규
르)가 모두 완성된 시기였다. 이런 시대배경 하에서 태어난 쫑카

---

8) 먼저 Śamatha를 성취한 후 모든 행위를 空性의 淨明에 따라 변화시
킨다. 티벳적인 禪수행이라고 할 수 있다(The Encyclopedia of Eastern
Philosophy and Religion, Sambhala, Boston, 1994, p.213). Milarepa
는 이에 대해 다음과 같이 비유적으로 설명한다; 법신에서 표출된 것은
법신과 그 성질이 같다. 마치 파도와 바다가 그 성질이 같듯이(Gen La
mrimpa, 위의 책, p.115).
9) 1071년 건립된 사캬파 최초의 승원의 땅(Sa)이 노란색(sKya)이었다는
점에서 그 명칭이 유래한다.
10) 겔룩이란 원래 쫑카빠가 청설한 가당(dGa' lDan: 도솔천) 승원에서
유래한 말로 원래는 '가당 풍습의 추종자(Ga' Lugs Pa)'란 의미였는데,
그 발음이 '도덕적 질서의 추종자(dGe Lugs Pa)'와 유사하기에 겔룩으
로 바뀌었다. 닝마파의 전통에 반대하여 닝마파의 붉은 모자의 안팎을
뒤집어썼는데 그 내부의 색이 노란색이었기에 황모파라고 불린다(L. A
ustine Waddell, 앞의 책, p.61).
11) Gen Lamrimpa, *Realizing Emptiness*, Snow Lion Publication, New
York, 1999, p.115.
12) Dalai Lama, *Dzogchen*, Snow Lion Publication, New York, 2000,
p. 108
13) L. Austine Waddell, 앞의 책, p. 59.

빠는 아띠샤에 의해 창설된 카담파의 전통을 계승하며, 대소승의
모든 수행을 포괄하여 단계화한 『보리도차제광론』을 저술하게 된
다(1402년). 아띠샤는 『보리도등론』을 통해 깨달음을 지향하는 중
생을 하사(下士)와 중사(中士)와 상사(上士)의 세 부류로 구분한
바 있는데, 이러한 구분은 쫑카빠에 의해 그대로 수용되어 『보리
도차제광론』의 근간이 된다. 이렇게 세 부류의 중생을 구분하며 『
보리도등론』에서는 다음과 같이 노래한다.

> 하(下)와 중(中)과 상(上)에 의해
> 세 가지 중생을 알아야 하네
> 그들의 특징을 명확히 하고
> 각각의 구별을 묘사하리라
>
> 그 어떤 경우든
> 윤회의 행복만을 추구하며
> 자신의 이익을 염려하는 자
> 그런 자는 하사라 하네
>
> 윤회의 행복에 등을 돌리고
> 도덕적 악에서 자신을 멀리하며
> 자신의 적멸만을 추구하는 자
> 그런 자는 중사라 하네
>
> 자신의 상속에 속한 고통의 소멸과 같이
> 다른 자의 모든 고통이
> 완전히 모두 사라지기를 희구하는 자
> 그자는 상사다[14]

---

14) chung ngu ḥbring dang mchog gyur pas / skyes bu gsum du shes
par bya / de dag mtsan nyid rab gsal ba / so soḥi dbye ba bri bar

하사란 윤회의 세계 내에서 향상을 지향하는 일반 범부를 의미
하며, 중사란 윤회로부터의 해탈을 지향하는 소승적 수행자를 의
미하고, 상사란 보리심을 발하여 중생의 제도를 위해 다시 윤회의
세계 속에서 살아가는 보살을 의미한다. 『보리도차제광론』에서는
이러한 세 부류의 수행자가 닦아야 할 수행을, 각각 하사도, 중사
도, 상사도라고 명명하며 그 방법, 경계할 점 등에 대해 상세하게
설명한다. 그리고 『보리도등론』에 의거한 이러한 가르침은 '문수
→ 용수'로 전승된 '지혜'와 '미륵 → 무착'으로 전승된 '수행'을
통합한 것이라고 쫑카빠는 말한다. 그리고 앞에서 설명했던 '삼예
의 논쟁'에서 귀결되었던 점수적(漸修的) 불교관 역시 『보리도차
제광론』에 철저히 배여 있다. 『보리도차제광론』 서두에서 쫑카빠
는 『보리도등론』의 위대성에 대해 다음과 같이 설명한다.

> ① 부처님의 가르침에 대해 조화롭게 통달할 수 있다: 부처님은 교화될 근
> 기에 맞추어 다양한 가르침을 베푸셨다. 따라서 타인을 교화하기 위해서
> 는 부처님께서 가르치신 모든 길을 배워야 한다. 소승은 소승과 대승과 밀
> 승이 모두 배워야 할 공통된 길이고, 대승은 대승과 밀승이 모두 배워야
> 할 공통된 길이다. 따라서 대승을 배운다고 소승을 버린다든지, 밀승을 배
> 우면서 대승이나 소승을 버리는 것은 큰 잘못이다.
> ② 부처님의 가르침을 모두 담고 있다: 각종 경론과 주석에 의거하여 가르

---

bya // gang zhig thabs ni gang dag gis / ḥkhor baḥi bde ba tzam
dag la / rang nyid don du gnyer byed pa / de ni skyes bu tha ma
r shes // srid paḥi bde la rgyab phyogs shing / sdig paḥi las las ld
og bdag nyid / gang zhig rang zhi tzam don gnyer / skyes bu de
ni ḥbring zhes bya // rang rgyud gtogs paḥi sdug bsngal gyis / gan
g zhig gzhan gyi sdug bsngal kun / yang dag zad par kun nas ḥdo
d / skyes bu de ni mchog yin no //(ACIP 자료실에서 채취).

침을 편다. 경론이나 주석과 무관하게 수행법을 만드는 것은 불교를 포기
하는 큰 죄업을 짓는 꼴이 된다. 부처님의 말씀을 단계(차제)화할 때 모든
가르침이 생명을 갖게 된다.

③ 불교의 진정한 의미에 대해 쉽게 통달한다: 대 경론은 초학자에게 어렵
고, 배우는 데 오랜 시간이 소요된다. 그러나 순서에 의해 배우면 그 참뜻
이 쉽게 터득된다.

④ 큰 죄업이 저절로 없어진다: 부처님의 말씀을 가려서 배울 경우 악업이
된다. 어떤 것은 성문의 것이고, 어떤 것은 보살의 것이라고 말하며 가려
서 배울 경우 불법을 비방하는 큰 죄업을 짓게 된다.

『보리도등론』의 가르침에 의거하여 불교를 공부하는 사람은 누
구나 대소승을 망라한 부처님의 가르침을 쉽게 이해할 수 있으며,
자의적인 수행 역시 방지된다는 것이다. 아띠샤의 『보리도등론』은
한글 번역문으로 총 9페이지정도에 불과하며 보살도 수행의 요점
만 추려 놓은 짤막한 게송집인 반면, 쫑카빠의 『보리도차제광론』
은 한글 번역문15)으로 약 800페이지에 달하는 방대한 저술이다.
그리고 "앞 단계의 수행이 무르익지 않은 사람은 다음 단계의 수
행으로 들어갈 수 없다."라는 수행의 차제성이 강조되고, 감동적
인 갖가지 비유로 가득하며, 다양한 경론에서 추출된 방대한 전거
가 실려 있으며, 읽음과 동시에 독자의 마음이 순화된다는 점에서
『보리도차제광론』의 가치는 『보리도등론』을 훨씬 능가한다. 그래
서 쫑카빠가 파드마삼바바(Padmasambhava)나 아띠샤(Atiśa)보다
더 훌륭한 고승으로 티벳의 불교인들에 의해 추앙되고 있는 것이
리라.16)

---

15) 法尊의 漢譯本(1927년)을 토대로 중국의 조선족 동포에 의해
　　重譯된 『보리도차제광론』.
16) L. Austine Waddell, 앞의 책, p. 59.

쫑카빠는 『보리도차제광론』 저술 이후, 이어서 반 정도의 분량
으로 축약한 『보리도차제약론』을 저술하였고, 다시 이를 짤막한
게송으로 요약한 『보리도차제섭송』을 저술하게 된다.[17] 『보리도
차제광론』이 저술된 이후 현대에 이르기까지, 티벳에서는 그에 대
한 수백 권의 요약본, 강연집, 주석집이 제작된다. 쫑카빠의 출현
이후 현재에 이르기까지 600년 간의 티
벳 불교는 '오직 『보리도차제론』[18]의
불교'라고 말해도 좋을 정도로 티벳 불
교에 끼친 『보리도차제론』의 영향은 막
대하다. 최근에도 달라이라마를 위시한
많은 림포체들이 『보리도차제론』에 대
한 강연집과 저술을 남기고 있다. 근세
가장 위대한 림포체로 추앙받는 파봉카
(Pha Bong Kha, 1878-1941) 린뽀체
역시 24일에 걸쳐 『보리도차제론』을 강
의한 바 있으며, 그 제자 중 하나인 리
부르(Ril 'Bur, 1923-2006) 린뽀체에
의해 그 내용이 정리된 후 다시 영역되
어 출간된 바 있다.[19] 파봉카 린뽀체는
이러한 차제법의 장점에 대해 "그 어떤
사람이건 불도를 걸으려는 사람 모두에

파봉카 린뽀체

리부르 린뽀체

---

17) 그리고 이는 순서대로 大本, 中本, 小本이라고 불린다.
18) 이는 大本인 『菩提道次第廣論』과 中本인 『菩提道次第略論』, 그리고
    小本인 『菩提道次第攝頌』을 포괄한 호칭이다.
19) Pabongka Rinpoche, Michael Richards trs., *Liberation in the Palm
    of your hand*, Wisdom Publication, Boston, 1991,

게 이해되고 실천될 수 있게끔 부처님의 가르침을 단계적으로 배
열하고 있다."[20]라고 평한다. 사실 그렇다. 세속적 복락을 목적으
로 삼는 재가자든, 해탈을 목적으로 삼는 소승 수행자든, 대승적
보살도를 목적으로 삼는 사람이든 『보리도차제론』의 가르침에 입
문할 경우, 그 심성이 그런 목적에 부합되도록 개조된다. 아니,
자신이 의식하고 있는 불교신행의 목적과, 자신의 무의식에 내재
한 불교신행의 목적이 전혀 다른 이중인격자라고 하더라도 『보리
도차제론』의 가르침에 들어올 경우 그 성품이 선량하게 개조된다.
즉, 그 누구라고 하더라도 궁극적으로 '모든 중생의 성불을 위해
무수겁을 윤회하며 자리이타의 삶을 살고자 희구하는 보살'의 성
품을 갖추도록 그 마음이 개조된다. 그 어떤 사람이라고 하더라도
동질적인 성품을 가진 '보살'로 개조해내고야 마는 수행체계가 바
로 『보리도차제론』에 제시되어 있는 것이다.

Ⅱ. 『보리도차제론』의 수행체계

그러면 이렇게 입문자의 심성을 개조해내는 『보리도차제론』의
수행체계를 소개해 보기로 하자. 『보리도차제론』의 특징은, 첫째
수행자의 심성 훈련에 초점을 맞추어 수행이 단계화되어 있다는
점이고, 둘째 앞 단계의 수행이 무르익지 않으면 결코 다음 단계
의 수행을 허락하지 않는다는 점이고, 셋째 각 단계마다 필요한
마음자세를 갖추지 않을 수 없게 만드는 수행이 제시되고 있다는

---

20) Pabongka Rimpoche, 위의 책, p.5.

점이며, 넷째 대부분의 수행이 무분별이 아니라 철저한 분별에 의
해 이루어진다는 점이고, 다섯째, 모든 수행은 현세가 아니라 내
세 지향적이라는 점이며, 여섯째 수행과 신행 방식에 대해 구체적
으로 세밀하게 설명하고 있다는 점이고, 일곱째 대부분의 내용이
저자 자신의 말보다 기존의 경론이나 주석서의 인용문으로 이루
어져 있다는 점이다. 이러한 『보리도차제광론』의 전체 내용을 순
서대로 요약하면 다음과 같다.21)

A. 예비적인 가르침

a. 아띠샤의 전기 – 아띠샤의 탄생에서, 구도, 그리고 티벳에서의
　포교

b. 차제법의 위대성 – (앞 장에서 요약했던) 『보리도등론』의 위대
　성

c. 배우는 자의 자세 – 불법의 소중함, 스승을 대하는 태도, 가르
　침을 듣는 태도

d. 가르치는 자의 자세 – 마음가짐, 가르치는 방법

B. 수행의 준비

a. 기도법 – 불단을 마련하고, 예경, 공양, 참회, 수희, 권청설법,
　권청주세, 회향

b. 생활지침 – 빈 시간에 할 일, 식사 및 수면의 방법

c. 思擇修(분별적 수행)의 중요성 – 모든 가르침이 문사수의 단계

---

21) 이하 『菩提道次第廣論』에 대한 설명은 宗喀巴(Tsoṅ kha pa), 法尊
　譯, 『菩提道次第廣論』(福智之聲出版社, 台北, 中華民國88)년 에 의거
　한다.

에 의해 체득된다

d. 사람으로 태어난 중요성 - 사람으로 태어나야 불법을 공부할
수 있다

C. 하사도 - 종교심과 도덕성의 획득

a. 죽음에 대한 명상 - 재물욕과 명예욕에서 벗어난다.

b. 삼악취에 대한 공부 - 내세의 두려움을 갖게 한다.

c. 삼귀의 - 삼보에 대한 믿음으로 구원을 받음

d. 업과 과보에 대한 공부 - 선악의 기준인 십선계와 파계한 악
업의 과보

e. 악업을 정화하는 방법 - 참회, 독경, 불상조성, 공양, 염불, 지
계행, 삼귀의, 보리심 등

D. 중사도 - 출리심의 획득

a. 해탈에 대한 이해 - 해탈의 의미에 대해 설명

b. 사성제 각각에 대한 분별적 공부 - 관찰사택에 의해 고제를
사유한다.

c. 윤회의 과정에 대한 공부 - 사후 중음신을 거쳐 태어나는 과
정

d. 12연기에 대한 공부 - 윤회의 과정에 대한 이해를 깊게 하여
출리심 발생

e. 계, 정, 혜 삼학에 대한 이해 - 소승적 수행의 이치에 대한 개
관

E. 상사도 - 보리심과 청정견의 획득

a. 보리심의 중요성 - 모든 중생을 제도하고자 성불을 지향하는 마음

b. 보리심을 발생시키는 방법 - 7종인과(七種因果), 자타상환(自他相換)

c. 보살 서원식을 치른다 - 불단을 차린 후 선지식을 모시고 불퇴전의 서원

d. 육바라밀의 실천 - 자신의 불성을 성숙시키는 수행

e. 사섭법의 실천 - 다른 유정을 섭수하고 불성을 성숙시킴

f. 지(止: Śamatha) - 혼침과 도거를 물리친 경안(輕安)을 목적으로 한다

g. 관(觀: Vipaśyanā) - 중관에 대한 귀류논증파(Prāsaṅgika)적 이해

h. 지관쌍운 - 지에 토대를 둔 관 수행

『보리도차제론』의 차례는 그대로 수행의 차례에 대응된다.

예비적인 가르침

먼저 삼사도의 수행체계의 골격을 제시했던 아띠샤의 치열했던 구도의 삶과, 그가 인도에서 티벳으로 초청되어 오기까지의 지난했던 과정을 소개함으로써 수행자의 모범을 제시함과 아울러 수행자로 하여금 보리도차제법의 소중함에 대해 자각하게 한다(Aa). 그리고 아띠샤가 가르친 차제법의 우수성에 대해 논리적으로 설

명한다(Ab). 수행자는 이를 통해 『보리도등론』의 가르침을 계승한 『보리도차제론』의 중요성을 절감함과 아울러 그에 대해 깊은 믿음을 갖게 된다. 그 후 배우는 자의 자세(Ac)와 가르치는 자의 자세(Ad)를 상세하게 설명함으로써 수행자로 하여금 앞으로 스승을 잘 모시며 흔들림 없이 진실하게 『보리도차제론』을 공부할 수 있는 마음자세를 갖추게 만든다.[22]

수행의 준비

『보리도차제론』의 체계에 의거하여 공부하는 일은 하루 이틀에 끝나는 일이 아니다. 입문자는 매일 일정시간 동안은 『보리도차제론』의 공부에 매진하겠지만 그 이외의 시간에는 마음이 풀어질 수가 있을 것이다. 그래서 쫑카빠는 피교육자로서의 수행자가 『보리도차제론』을 공부하는 시간 이외의 시간에 행할 기도의 방법과 생활지침에 자상하게 알려준다. 기도법의 경우, 먼저 법당을 청소하고 불단을 차린 후 가부좌하고 앉아 제불보살과 여러 선지식이 자신 앞에 앉아 계시다는 관상을 하라고 말한다. 수행자가 혼자 있다고 하더라도 제불보살과 선지식께서 자신의 모습을 지켜보며, 가르치고 계시다는 생각 하에서 기도를 올리는 것이다. 기도는 『화엄경』의 보현행원품의 가르침에 의거하여, 예경, 공양, 참회, 수희, 권청설법, 권청주세, 회향의 일곱 단계로 이루어진다. 특기할 것은 초심자의 경우 이러한 기도의 시간은 짧아야 한다고 말하는 점이다. 너무 오래 앉아 있게 할 경우 '방석만 봐도 구토가 날

---

22) 宗喀巴, 위의 책, pp.1-41.

것'이기 때문이다. 수행이 몸에 익으면 자연스럽게 기도의 시간은 길어질 것이다(Ba). 『보리도차제론』에서는 수행의 자발성을 중시한다. 그리고 일상생활 중에는 안, 이, 비, 설, 신, 의의 육근을 잘 지키라고 말하며, 음식을 먹는 법, 잠에 드는 방법까지 상세하게 설명한다(Bb).

　『보리도차제론』에서 제시하는 수행의 특징은 '분별에 의해 대상을 관찰하는 사택수(思擇修)'가 주종을 이룬다는 점이다. 쫑카빠는 무분별의 삼매 수행만 중시하고 이러한 사택수를 비판하는 자를 사견에 빠진 자라고 혹독하게 비난한다(Bc). 불전의 모든 가르침은 문→사→수의 삼혜에 의해 수행자에게 체득되는 것이기에 마지막의 수의 깊이는 문과 사의 깊이에 의해 결정된다. 수행에는 분별에 의해 이루어지는 사택수와 분별을 멀리하는 불사택수의 두 가지가 있는데『보리도차제론』에 제시되어 있는 수행 중 '사람으로 태어난 고마움', '죽음에 대한 명상', '윤회의 과정에 대한 공부', '보리심의 발생' 등은 철저한 사택수에 의해 체득된다. 쫑카빠는 사택수 없이 삼매만 닦으려는 자는 '부처님의 가르침을 소멸시키는 죄업을 짓는 자'이며, "수행할수록 기억력과 간택취사력이 떨어지게 된다."고 비판한다. 마치 야금쟁이가 금을 여러 번 제련해야 불순물을 없애고 장신구를 만들 수 있듯이 관혜로 마음의 장애를 제거해야 사마타와 비파사나가 무난히 성취된다. 수행 이후 오히려 아둔해지는 수행자가 가끔 발견되는 이유가 이에 있을지도 모른다. 또, '낙태, 피임, 안락사, 유전공학' 등에 대해 불교적 견지에서 정확한 해답을 제시하는 달라이라마의 지혜는 이러한 '사택수'에 의해 계발된 것으로 생각된다.

이렇게 수행자의 자세, 수행 방법에 대한 믿음에 대한 교육이
끝나면 비로소 본격적인 수행이 시작된다. 가장 먼저 닦아야 할
수행이 '사람으로 태어난 고마움'에 대한 사택수이다(Bd). 쫑카빠
는 이에 대해 갖가지 예를 들어가며 상세하게 설명하는데 이런
예화들을 읽으며(聞, 문) 그 진실성에 대해 스스로 생각해 본 후
(思, 사) 그에 대해 가슴 깊이 공감하는 것(修, 수)이 바로 사택수
이다. 사람으로 태어난 것이 고마운 이유는 사람만이 불교를 공부
할 여가를 가질 수 있는 유일한 중생이기 때문이다. 육도중생 중
축생이나 아귀, 지옥중생은 괴로움이 심해 불교를 공부할 수가 없
고, 하늘나라에 태어날 경우 행복에 취해 불교를 공부할 수가 없
다. 축생이 사람으로 태어나는 것은 눈먼 바다거북이 떠오르다가
나무구멍에 목이 낄 정도의 확률만 가질 뿐이다. 쫑카빠가 사택수
의 소재로 제시하는 갖가지 예들은 대부분 불전에 쓰여 있는 것
들로 우리도 익히 알고 있는 내용들이다. 그러나 『보리도차제론』
의 특징은 그런 예화들을 한 번 듣고 지나치는 것이 아니라 매일
매일의 수행에서 가슴에 깊이 새기게 함으로써 발심의 자세를 재
정비하게 만든다는 점이다.23)

하사도

'사람으로 태어난 고마움'에 대한 사택수가 끝난 사람은 '하사
도'의 수행에 들어갈 것이 허용된다(C). 하사도의 수행에서 제일
먼저 제시되는 사택수는 '죽음에 대한 명상'이다(Ca). '죽음에 대

---

23) 위의 책, pp.41-74.

한 명상'이란 "자신은 반드시 죽으며 그 시기는 오늘이 될지 언제가 될지 모른다."라는 점에 대해 '공포심이 들 정도'로 생각하는 것이다. 『보리도차제론』에서는 이에 대해서도 갖가지 비유를 들어 설명한다; "절벽에서 떨어질 때 하늘을 난다고 기뻐하지 말지어다.", "60년의 생에 중에 밥 먹고 잠자고 앓다 보니 수행할 시간은 5년밖에 없구나", "매일매일 오늘 죽을 것이라고 생각하면서 수행하라." 이러한 '죽음에 대한 명상'을 통해 수행자는 재물욕과 명예욕에서 벗어나게 되며, 금세의 보잘것없는 안락에 탐닉하지 않게 되며, 항상 청정한 계율을 지키게 되며, 수행에 게으름을 피우지 않게 된다. 쫑카빠는 '죽음에 대한 명상'은 우리가 죽는 날까지 평생 계속해야 하는 최고의 수행이라고 말한다.

이어서, 우리가 죽은 후 태어나게 될지도 모르는 '지옥과 축생과 아귀'의 세계에 대해 상세하게 설명한다(Cb). 불전에 쓰여 있는 삼악취에 대한 묘사를 모두 모아 놓은 것으로 생각될 정도로 그 양이 방대하다. 그리고 이러한 사택수는 '삼악취의 고통에 대해 큰 공포심이 들 때 까지' 꾸준히 닦아야 한다고 쫑카빠는 말한다.

이상과 같은 분별적 수행을 통해 죽음과 내세에 대해 큰 공포심을 갖게 된 사람은, 도저히 이전과 같은 속물의 삶을 살 수 없을 것이다. 우리 아무리 높은 명예와 아무리 강한 권력과 아무리 풍족한 부를 얻었다고 해도 목숨을 마치면 모든 것이 종말을 고하고 만다. 그러면 도대체 어떻게 해야 할 것인가? 여기서 우리는 종교에 눈을 돌리게 될 것이다. '죽음'과 '삼악취'의 고통에 대해 처절하게 자각했을 때 우리의 마음 속에서는 강력한 '종교심'이 발생하게 된다. 세간의 잣대를 넘어선 진정한 삶을 추구하게 되는 것이다. 그러면 진정한 삶은 무엇일까? 그 해답은 불·법·승 삼보에 있다. 이 때 비로소 삼보의 의미에 대한 교육이 시작되고 삼귀의가 권유된다(Cc). 삼보만이 우리를 죽음과 삼악취의 고통에서 구원해 줄 수 있기 때문이다. 쫑카빠는 불·법·승 삼보 각각의 의미와 그에 대한 귀의 방법에 대해서도 상세하게 설명하는데 이 모두가 관찰수, 즉 되풀이하여 생각하는 사택수에 의해 우리에게 체화된다. 삼귀의는 불자와 비불자를 가르는 기준이다. 그러나 죽음에 대한 명상과 삼악취의 고통에 대한 자각 이후에 이루어지는 삼귀의만이 수행자의 가슴 깊은 곳에서 우러나오는 진정한 삼귀의라고 말할 수 있을 것이다.

　삼귀의 이후 수행자에게 인과응보의 이치가 가르쳐진다(Cd). 선업을 지을 경우 행복한 내세가 보장되고 악업을 지을 경우 고통스러운 내세가 초래된다. 여기서 선과 악을 가름하는 기준으로 제시되는 것이 10백업도(十白業道), 즉 10선계(十善戒)이다. ①살생, ②투도, ③사음, ④망어, ⑤악구, ⑥양설, ⑦기어, ⑧탐, ⑨진, ⑩사견의 열 가지 행위를 저지를 경우 우리는 불행한 내세를 맞게 된다. 『보리도차제론』에서는 이런 열 가지가 도덕의 기준으로 제시되며 그런 행위가 과보를 초래하는 이치, 또 각각의 악업이 초래하는 과보의 구체적 모습에 대해 상세히 설명한다.

　앞에서 '죽음의 필연성'과 '우리가 내세에 태어날지도 모르는 삼악취의 고통'에 대해 깊이 자각함으로써 큰 공포심이 생긴 다음에, 우리의 내세의 고락을 결정하는 열 가지 행위 기준이 제시되었기에, 우리는 마치 목마른 사람이 물을 들이켜듯이 지극히 자발적으로 도덕적인 삶을 살지 않을 수 없게 된다. 쫑카빠는 "인간의 도덕성은 공포심에서 시작한다."라는 점을 철견하였던 것이다.

그러나 이렇게 10선계를 지키며 도덕적으로 살더라도 우리는 전생에 지었던 악업으로 인해 초래되는 불행한 과보들을 피할 수가 없다. 그래서 『보리도차제론』에서는 '악업을 정화하는 방법'에 대한 설명이 이어진다(Ce). 이는 참회, 독경, 공성에 대한 이해, 불상조성, 공양, 염불, 지계행, 삼귀의, 보리심 등이다. 그리고 이를 통해 악업이 정화될 경우 큰 고통이 작은 고통으로 변하게 하든지, 악취에 태어나도 그 고통을 받지 않게 하든지, 오래 받을 고통을 짧게 받게 만들든지, 상속되어 오던 업종자를 말려 버려 아예 나타나지 않게 한다.

이상(Ca-Ce)은 하사도의 삶에 대한 설명이다. 물론 대부분의 사람들은 하사도적인 삶조차 살고 있지 않다. 껜술렉덴(Kensur Lekden, 1900-1971)은 하품의 중생을 다시 셋으로 나눈다. 첫째는 종교적 수행도 하지 않고 오직 현생에서의 행복만 추구하는 하하품(下下品)의 중생들이다. 지옥중생과, 아귀와 축생이 그에 속하고, 인간 중에도 오직 먹고 마실 것 등 현생에서의 향락만 추구하는 '벌레 같은' 사람들 역시 하하품의 중생에 속한다. 둘째는 종교적 수행도 하지만 이를 현생에서의 행복을 위한 수단으로 사용하는 사람들로 하중품(下中品)의 중생이라고 부를 수 있다. 이들은 공부도 하고 수행도 하고 직장을

껜술 렉덴

다니며 가끔 전쟁을 일으키기도 한다. 즉, 종교적 삶과 비종교적 삶이 혼합된 삶을 사는 사람들이다. 셋째는 하상품(下上品)의 중생으로, 자신이 내생에 지옥이나 아귀, 축생으로 태어날 수도 있다는 점을 자각하고 내생에 인간계나 하늘나라에 태어나기 위해 수행에 전념하는 자들이다.[24] 대부분의 사람들은 하하품이나 하중품의 삶을 살고 있다. 하상품의 삶이 되어야 비로소 『보리도차제론』에서 말하는 하사도에 해당된다.[25]

하사도에 제시된 도덕의 기준을 철저히 지키며 살아갈 경우 우리는 내세에 보다 유복한 인간이나 천신으로 태어날 수 있다. 즉, 윤회의 세계에서 지금보다 향상할 수 있다. '윤회의 세계에서의 향상'을 지향하는 하사도의 삶을 삶으로써 우리에게 영원한 행복이 보장된다면 그 이상의 수행은 필요 없을 것이다. 그러나 앞으로 무수겁 동안 계속될 윤회의 세계에서 언젠가 우리는 다시 삼악취의 세계로 떨어지게 될 것이다. 그래서 '다시는 윤회의 세계에 태어나지 않는 해탈'을 지향하는 중사도의 삶이 제시된다.

중사도

중사도에서는 먼저 해탈의 의미에 대해 설명한다(Da). 쫑카빠는 해탈이란 다시는 삼계, 또는 육도의 세계에 태어나지 않는 것이라고 말한다. 초기불전의 경우 "아라한이 열반 이후에 존재하는

---

24) Kensur Lekden, Jeffery Hopkins ed. & trs., *Meditation of a Tibetan Tantric Abbot*, Snow Lion Publications, 2001, pp.1 65-166.
25) 宗喀巴, 法尊 譯, 앞의 책, pp.74-151.

지, 아닌지?"에 대한 물음에 붓다는 답을 하지 않는다. 이를 무기설(無記說)이라고 한다. 그러나 쫑카빠는 해탈하려는 마음이란 '다시는 윤회의 세계에 태어나지 않으려는 마음'이라고 단정적으로 말한다. 그렇다면 쫑카빠의 해탈관은 단견에 빠진 것은 아닐까? 그렇지 않다. 우리가 만일 무시겁 이래 계속 생사하는 윤회의 삶을 살아왔다는 사실을 모를 경우, "해탈한 이후에 다시 태어나지 않는다."라는 말을 듣는다면, 심한 공포심이 들며 해탈을 추구하려 하지 않을 것이다. 그러나 모든 생명은 죽으면 반드시 다시 태어난다는 사실을 철저히 자각할 경우, 다시 태어난다는 것은 지긋지긋한 고통으로 생각되어 다시 태어나지 않기를 바랄 수 있다. 그러나. '다시 태어나지 않는 해탈'은 수행의 정상에 올라선 위대한 인격자인 아라한에게만 가능한 축복이다. 끝없이 다시 태어나며 되풀이되는 윤회의 과정에 대한 사택수가 철저해진 사람에게 해탈 후의 무(無)는 단견이 아니라, 무시겁 동안 계속된 괴로움을 쉬는 고요한 안락이다. 이런 동기에서 해탈을 희구하는 마음을 『보리도차제론』에서는 출리심이라고 부른다. 그리고 출리심을 강화하기 위해 다시 갖가지 사택수가 제시된다.

사성제의 경우 수행자는 먼저 고성제에 대해 사유한다(Db). 고성제 중 생로병사의 4고(四苦)에 대한 사택수는 다음과 같이 진행된다. 생고(生苦)의 경우 우리가 탄생하는 과정에 대해 면밀히 관찰하여 탄생이 고통임을 자각하게 만든다; "탄생을 위해 중음신이 자궁에 착상하게 되는데, 자궁 속은 고약한 악취가 나며, 칠흑같이 어두우며, 주변은 오줌과 똥으로 둘러싸여 있다. 입에서 씹은 더러운 음식이 배꼽을 통해 태아에 전달된다. 그런 더러운 자궁 속에서 꼼짝하지 못하고 10개월간 갇혀 있다. 출산 시에는 기름틀에 넣고 쥐어짜는 듯한 고통이 엄습한다. 출산 이후에는 몸에 닿는 모든 것이 칼날이 스치듯 아프게 한다." 노고(老苦)의 경우 "앉을 때는 밧줄이 끊어진 흙 주머니 같고, 일어설 때는 나무뿌리를 뽑아내듯이 힘들다." … 쫑카빠는 갖가지 실감 나는 비유를 들어가며 일체개고(一切皆苦)의 진리를 체득시킨다. 이어서 사망 후 중음신으로 떠돌다가 다시 입태하여 태어나는 과정에 대해 상세히 설명하고(Dc), 그런 생사윤회를 주관하는 법칙인 십이연기에 대해 설명한다(Dd). 이런 사택수를 통해 "다시는 생명을 갖는 중생으로 태어나지 말아야 하겠다."라는 출리심이 우리의 마음속에서 샘솟게 되는 것이다.

이어서 아라한이 되기 위해 닦아야 할 계정혜 삼학이 간략하게 소개된다(De).26) 만일 수행자가 계정혜 삼학의 수행에 매진한다면 해탈하게 된다. 그러나 이는 소승적 수행자일 뿐이다. 자기 하나만 윤회의 세계를 탈출하는 이기적인 수행인 것이다. 그래서 『보리도차제론』에서는 이러한 소승적 해탈을 유예하고 대승적 보살의 길을 갈 것을 권한다. 그것이 상사도이다.

상사도

무시겁 이래 계속되어 온 윤회의 세계의 괴로움을 자각하고, 윤회로부터의 해탈을 추구하던 수행자는, 앞으로 계속 윤회의 고통에 시달릴 부모와 친척, 친구, 더 나아가 다른 모든 중생을 생각

---

26) 위의 책, pp.152-202.

하게 된다. 중사도의 길을 걷는다고 해도 이타행은 가능하다. 초
기불전에서 보듯이, 성문이나 독각의 길을 가는 사람이라고 하더
라도 자비희사의 사무량심을 갖추고 가르침도 베풀고 시주자에게
공덕을 지을 기회를 제공해 준다. 그러나 성문, 또는 연각의 이타
행의 기간은 그의 한 생애로 마감한다. 자신만의 해탈을 추구하는
이승은 결코 많은 중생을 제도할 수 없다. 쫑카빠는 이렇게 이타
행이 부분적일 경우 해탈이라는 자리적 목표도 완전할 수 없다고
말한다. 그래서 무수겁에 걸친 보살행을 다짐하는 상사도가 제시
된다. 상사도란 윤회의 세계 속에서 고통받을 수많은 중생의 제도
를 위해 무수겁 이후의 성불을 다짐하고 다시 윤회의 세계 속에
서 살아가는 보살의 길이다. 이러한 보살의 마음이 보리심이다.
단순히 부처가 되겠다는 생각이 보리심이 아니다. 수행자의 마음
이 모든 중생에 대한 한없는 자비심으로 충만한 후, 부처가 되어
야만 수많은 중생을 제도할 수 있다는 생각에서 성불을 지향하는
마음이 보리심이다. 수행자가 대승에 소속되어 있는 것이 중요한
것이 아니라 그 마음이 대승적으로 되는 것이 중요하다고 쫑카빠
는 말한다. "보리심을 가진 경우 까마귀에게 먹이를 주는 것도 보
살행이 된다.", "보리심이 없는 경우 삼천대천세계의 보배로 보시
해도 보살행이 아니다."(Ea).
　그러나 모든 중생에 대한 자비심을 진심으로 갖추고 있는 자는
드물다. 그래서 『보리도차제론』에서는 '보리심(Bodhicitta)'을 갖추
게 만드는 두 가지 수행을 소개한다. 하나는, 아띠샤(Atiśa)로부터
전승된 것으로 모든 중생이 전생에 한 번쯤은 자신의 어머니였다
는 사실을 상기하는 '지모(知母)'에서 시작하는 '7종인과(七種因

果)'의 관찰법이고, 다른 하나는 적천(Śantideva)으로부터 전승된 것으로 나와 남을 바꾸어 보는 '자타상환(自他相換)'의 관찰법이다(Eb). 앞의 하사도나 중사도의 수행에서와 같이 '보리심'을 갖추게 만드는 수행도 '철저한 분별'에 의한 사택수이다. 이는, 그 어떤 마음을 가지고 불교 수행의 길에 들어온 사람이라고 하더라도 수행을 통해 균질적인 '보살'의 마음을 갖도록 만들어내는 수행이다.

칠종인과에 대한 관찰은 다음과 같이 진행된다. ①우리가 수억 겁에 걸쳐 윤회하며 살아오는 동안 모든 중생이 전생에 한 번쯤 자신의 어머니였으며 미래에도 언젠가 자신의 어머니가 될 것이라는 점을 생각한다(知母, 지모). ②그리고 어머니의 은혜를 생각한다(念恩, 염은). 이는 추상적으로 막연히 생각하는 것이 아니다. 먼저 자신과 친밀한 사람을 떠올린 후, 전생에 나에게 베풀었을 그의 은혜를 생각하고, 그 대상을 점차 자기와 먼 사람으로 바꾸어 가며 그 은혜를 생각한다. 이런 방법은 초기불전 중 『자비경』에 등장하는 '자비관법'과 일치한다. ③그다음에는 "이렇게 은혜로운 어머니들을 버리고 돌보지 않는 것은 부끄러운 일이다.", "눈이 멀어 비틀거리며 삼악취의 벼랑으로 가는 어머니를 그 아들이 아니면 누구 구해주랴."라는 등의 생각을 가슴에 새긴다. 이는, 전생에 나의 어머니였을 모든 중생의 은혜를 갚겠다는 마음이다(報恩, 보은). ④그리고 염은(念恩)에서와 같이 '친족 → 일반인 → 원수 → 일체중생'의 순서로 '그들이 안락하기를 바라는' 자심(慈心)을 되풀이하여 사유한다(修慈, 수자). ⑤수자의 경우와 동일한 순서로 '그들이 고통에서 벗어나기를 바라는' 비심(悲心)을 되풀이하여 사유한다(修悲, 수비). 이는 '사랑하는 아들의 고통에 대한 비심과 동등한 정도의' 비심이 모든 중생에 대해 들 때까지 되풀이한다. ⑥그리고 이러한 마음을 더욱 강화하여(意樂, 의요), ⑦ "일체중생을 구제한다는 짐을 내가 짊어지겠다."라고 서원한다(菩提心, 보리심).

칠종인과의 마음 중 ④⑤의 자비심까지는 비단 보살뿐만 아니라 성문과 독각에게도 있다. 그러나 성문과 독각의 자비심은 '구덩이에 빠진 외아들을 보고 비통해하기만 하는 것'에 비유된다. 보리심을 발한 보살은 '구덩이에 뛰어들어 외아들을 건져내는 아버지'와 같다. 이러한 보리심이 결여하면, 아무리 대승경전에서 말하는 공성의 이치에 통달한다고 해도 대승에서 물러나 이승의 지위로 떨어지고 만다. 성불의 길에서 공성은 어머니이고 보리심은 아버지에 비유된다. 아버지가 그 씨족을 결정하듯이 수행자는 보리심으로 인해 보살의 종성에 들어가게 된다. 그러나 이와 같은 보리심의 수습 없이 "모든 중생을 이익되게 하기 위해 성불하겠다"라고 염원는 것은, '교만한 마음'만 자라나게 만드는 잘못된 염원이라고 쫑카빠는 말한다.

자타상환법은 '자신을 타인으로 삼고, 타인을 자신으로 삼는' 수행이다. 이는 단순히 타인의 입장이 되어보는 것이 아니라, '자신을 위하고 타인을 버리는 마음을, 자신을 버리고 타인을 위하는 마음으로 바꾸는' 수행이다. 이를 위해서는 먼저 자신과 타인이 바뀔 수 있다는 이치를 생각해야 한다. '타자였던 부모의 정과 혈이 자신의 몸이 되었듯이', '이 산에서 보던 저 산이, 저 산에 가면 이 산이 되듯이' 자신과 타인을 바꾸어 보는 것은 다만 상상

속에서 이루어지는 것이 아니라 실제로 일어날 수 있다. 이런 수행을 통해 '젊은 시절에 늙음을 대비하고, 손이 발의 고통을 제거하듯이' 타인은 자신과 무관하지 않다는 사실을 깨닫게 된다.

7종인과법과 자타상환법에 의해 보리심이 계발된 후에야 비로소 진정한 '보살의 삶'이 가능해진다. 귓가에서 북을 쳐대도 흐트러지지 않는 수행력을 갖추고 있다고 해도 보리심이 없으면, 내생에 '밤낮 참회하며 살아가야 할 곳'에 태어난다고 쫑카빠는 말한다.

이렇게 보리심이 계발된 후 수행자는 궤범사 앞에 무릎을 꿇고 앉아 공경합장하고 의궤를 받게 된다(Ec). 불퇴전의 서원으로 보리심을 발하여 무수겁 동안 보살로서의 삶을 살아갈 것을 다짐하는 의식을 치르는 것이다. 그런데 우리가 현생 중 미래의 언젠가, 또는 내생에 다시 태어날 경우 이런 다짐을 기억하지 못하여 보살도에서 물러날 수가 있다. 『보리도차제론』에서는 이를 방지하는 방법 역시 자상하게 가르친다. 먼저, 현생에 보리심에서 물러나지 않기 위해서는, 항상 경전을 읽고 스승에게 배워 보리심의 이점을 마음에 새기며, 낮에 3회 밤에 3회, 매일 총 6회에 걸쳐 "삼보에 귀의하고 육바라밀을 닦아 중생을 이롭게 하여 성불하고자 합니다."라는 서원을 되풀이함으로써 보리심을 강화시키고, 항상 지혜와 복덕의 두 가지 자량을 쌓으며 살아가면 된다. 그리고 내생에 발심이 후퇴하게 만드는 것은, 스승이나 공덕을 갖춘 사람을 비난하거나, 참회할 필요가 없는 자에게 참회의 마음이 생기게 하거나, 대승에 올바로 진입한 중생에 대해 나쁘게 말하거나, 남을 속이고 비방하며 존중하지 않는 것 등이다. 수행자가 이런 행위를 멀리 하고, 다른 중생이 망어죄를 짓는 것을 막으며, 항상 정직하며, 일체보살을 큰 스승으로 생각하여 그 공덕을 널리 알리고, 소승에서 벗어나 대보리를 지향하며 살아갈 경우 내세에도 그의 보리심은 결코 후퇴하지 않는다고 쫑카빠는 말한다. 그리고 이상과 같은 삶에서 잠깐이라도 어긋났을 경우 이를 보완하는 방법, 발심 후 수행하는 방법 등에 대해 상세히 설명한다.

보리심도 진실로 갖추고 보살로서의 삶을 서원하는 의식도 치른 이후, 수행자는 자신의 불성을 성숙시키는 육바라밀행을 닦고 (Ed) 타인의 심상속을 성숙시키는 사섭법에 의해(Ee) 살아가게 된다.27)

육바라밀에 대한 설명 중 특기할만한 것은 다음과 같다.

①보시: "재가보살은 재보시를 하고 출가보살은 법보시를 행하라. 출가보살이 재보시를 하는 경우 재물을 얻는 과정에서 계행을 어길 수가 있기 때문이다. 그러나 전생의 공덕으로 얻어진 재물은 보시해도 된다.", "재물을 쌓은 후 일시에 많은 보시를 하는 것보다, 기회가 될 때마다 조금씩 여러번 보시하는 것이 낫다. 왜냐하면 재물을 쌓는 과정에서 구걸자를 쫓아버리게 되고, 쌓은 후에는 구걸하지 않는 자에게 보시하는 꼴이 되기 때문이다."

②지계: "계행이 청정할 경우 힘들이지 않아도 재산이 모이며, 공포심을 주지 않아도 모두가 공경하게 된다.", "계행이 청정한 자에 대해서는 그 신발에 묻은 먼지도 상서롭다고 여겨 가져가서 공경한다."

③인욕: "천 겁의 보시로 쌓은 공덕은 한 번의 분노로 모두 무

---

27) 위의 책, pp. 203-335.

너진다.", "남이 나를 해치는 것은 나의 악업을 씻어 주는 것이기에 이에 대해 화를 낸다면 배은망덕한 짓이다.", "그 마음에 질투심이 있다면 〈모든 중생의 성불을 원한다〉는 그의 보리심은 속임수에 불과하다.", "나를 비방하는 것도 인욕하고 나를 칭찬하는 것도 인욕하라."

④정진: "나만이 이를 할 수 있다는 마음으로 정진하라.", "다른 중생을 가엾이 여기는 마음으로 정진하라.", "정진하다가 피로하면 잠시 휴식하라, 그렇지 않으면 정진에 대해 厭惡心이 난다."

선정바라밀과 반야바라밀의 경우, 여기서는 먼저 요점만 소개한 후 마지막에 장을 달리하여 지(止, Śamatha)와 관(觀, Vipaśanā)이라는 이름 하에 상세하게 설명한다. 그리고 이러한 지관에 대한 설명은 그 분량이 『보리도차제론』 전체의 약 절반에 가까울 정도로 방대하고 상세하다.

육바라밀은 자신의 불성을 성숙시키는 수행이다. 보살은 이런 육바라밀행과 아울러 타인의 마음을 계발해 주는 사섭법을 갖추어야 한다(Ee). 사섭법이란 '가르침이나 재물을 베푸는 보시(布施)와 타인을 좋은 말로 가르치는 애어(愛語)와 타인으로 하여금 가르침대로 수행케 하는 이행(利行)과 자신도 함께 수행하는 모습을 보이는 동사(同事)'로 타인에게 이득을 주기 위한 네 가지 방법이다.

상사도의 길에 들어선 보살은 7종인과법과 자타상환법에 의해 지극한 자비심을 계발하고 궤범사(軌範師) 앞에서 불퇴전의 서원식을 치른 후 육바라밀과 사섭법에 의해 윤회의 세계 속에서 살아가게 되는데, 서원식 이후 3아승기 겁이 지나면 부처가 될 수 있다고 쫑카빠는 말한다. 상사도의 수행자는 깨달음을 서두르지 않는다. 마치 『법화경』에서 아라한도를 성취한 붓다의 제자들이 수기를 받고 무수겁 동안 보살행을 닦을 것을 서원하듯이 ….

무수겁 이후의 성불을 다짐하는 보살행이라고 하더라도, 선정과 반야의 수행, 즉 지관의 수행이 결여되어 있으면 진정한 불교 수행이라고 할 수가 없다. 지관의 수행을 통해 삼승(三乘)의 모든 공덕이 발생되기 때문이다.

그러면 『보리도차제론』에서 말하는 지관 수행이란 무엇일까? 쫑카빠는 먼저 지와 관을 '바람 부는 밤에 벽화를 보기 위해 등불을 켜는 것'에 비유한다. 밤에 벽화를 보기 위해 등불을 켤 때 바람이 잔잔해져야 벽화를 똑똑히 볼 수 있다. 여기서 바람이 잔잔해지는 것은 지(止)에 해당되고, 벽화가 똑똑히 보이는 것은 관(觀)에 해당된다.

정혜쌍수, 지관겸수, 지관쌍운이란 지와 관을 함께 닦는다는 의미이다. 그런데 쫑카빠는 먼저 지를 닦은 후 그 지에 의지해 관을 닦는 지관쌍운에 들어가야 한다고 말한다. 『보리도차제론』에서는 지의 수행을 설명하면서 『유가사지론』의 내용을 거의 그대로 소개하는데 지의 대상(所緣, 소연)은 다음과 같이 정리된다.[28]

ㄱ. 주변소연 - ①유분별영상, ②무분별영상, ③사변제성, ④소작
  성변
ㄴ. 정행소연 - ①부정, ②자민, ③연기, ④계별, ⑤수식[29]

---

28) 지면관계상 이에 대한 상세한 설명을 생략한다: 양승규, 『菩提道次第論』의 止(śamatha)에 대한 研究(동국대, 석사학위논문, 1991) 참조.
29) 이는 아비달마 논서에서 말하는 五停心을 말한다.

ㄷ. 선교소연 - ①온, ②처, ③계, ④연기, ⑤처비처
ㄹ. 정혹소연 - ①번뇌의 일시 단절, ②번뇌의 영구 단절

　수행자는 자신의 성향을 파악하여 지의 대상을 선택한다. 예를 들어 잡념이 많은 사람은 정행소연 중 수식의 지를 닦고, 탐욕이 많은 사람은 부정의 지를 닦는다. 그리고 이러한 예비 수행 없이 얻어지는 삼매는 가짜 삼매라고 쫑카빠는 말한다.

　그런데 쫑카빠가 가장 뛰어난 지의 수행으로 권하는 것은 '불신을 대상으로 삼아 마음을 모으는 삼매'이다. 좋은 불상이나 불화를 구하여 되풀이하여 보아 그 세밀한 모습을 익힌 후 정좌하고 앉아 그 모습을 떠올리는 수행이다. 자신이 보았던 불신의 모습이 명확히 떠오를 때까지 의식을 집중한다. 이 때 불상이나 불화를 직접 눈으로 보면서 수행해서는 안 된다. 왜냐하면 지의 수행은 근식으로 닦는 것이 아니라 의식으로 닦는 것이기 때문이다. '불신을 떠올리는 삼매'의 장점은 첫째 예배와 공양, 발원 등의 자량을 쌓는 밭이 될 수 있다는 점이다. 이런 지의 수행이 익숙해질 경우 불상이 없는 곳에서도 언제든 불신을 떠올린 후 예배드리고 공양을 올리며 발원을 할 수 있다. 둘째, 참회로 악을 정화하는 밭이 된다. 생활 속에서 죄업을 지었을 경우 즉각 불신을 떠올린 후 참회할 수 있기 때문이다. 셋째, 임종시 제불을 염할 수 있기에 죽은 후에도 보리심에서 물러서지 않을 수 있다. 넷째, 다라니를 욀 때 본존으로 모실 수 있다. 쫑카빠는 '불신을 떠올리는 삼매'에 드는 방법에 대해서도 다른 수행법의 경우와 마찬가지로 지극히 구체적으로 설명한다.

　이상과 같은 지의 수행의 목표는 혼침과 도거에서 벗어나 심신이 편안해지는 경안의 상태에 도달하여 마음이 하나의 대상에 집중할 수 있게 되는 것(心一境性, 심일경성)이다. 그리고 지의 수행을 통해 경안과 심일경성을 이룩한 수행자는 그를 토대로 비로소 관의 수행에 들어간다(Eg). 수행자가 만일 지의 획득에서 그 수행을 멈춘다면 이는 외도와 다를 게 없다.[30] 수행이 불교적일 수 있는 것은 지 이후에 이루어지는 관의 수행 때문이다. 그리고 관의 수행이란 한 마디로 말해 귀류논증적 중관파의 해석에 입각해 중관사상을 이해하는 것이다. 이는 육바라밀 중 반야바라밀에 해당한다.

　관 수행에 들어가기 전에 수행자는 먼저 아공에 대한 정견을 갖기 위해 노력해야 한다. 다른 모든 수행의 경우와 마찬가지로 관의 수행도 문사수 삼혜의 과정을 거쳐 이루어진다. 올바른 경론의 내용을 듣고(聞慧, 문혜), 그런 내용에 대해 숙고해야(思慧, 사혜) 정견이 발생할 수 있는 것이다. 따라서 정견을 갖기 위해서 수행자는 관 수행의 의지처가 될 올바른 경론을 선택해야 한다. 경전은 공성, 무상, 무생, 무원, 무유정, 무명자 무보특가라 등을 설한 요의경과 자아, 유정, 명자, 양자, 사부, 보특가라 등을 설하는 불요의경으로 나누어진다. 다시 말해 진제와 공성을 말하는 경전은 요의경이고 속제와 자아를 말하는 경전은 불요의경이다. 수행자는 이 중 요의경에 의지해야 하며 중관적 의취가 담겨 있는 경전이 바로 요의경이다. 그리고 귀류논증파와 자립논증파라는 중관파의 양대 학파 중 귀류논증파의 견지에서 요의경을 해석하여

---

30) 宗喀巴, 法尊 譯, 위의 책, p.399.

관 수행의 자료로 삼는 것이 가장 수승한 것이라고 쫑카빠는 말한다.

  그런데 이렇게 중관에 대한 문과 사의 지혜가 생한 후 수혜의 체득을 위한 관 수행에 들어갈 경우 앞에서 말했듯이 지의 수행, 즉 사마타를 먼저 성취해야 한다. 가부좌하고 앉아 심신이 경안의 상태에 이르고 마음이 흔들리지 않는 심일경성이 이루어졌을 때, 자아와 제법의 공성에 대해 귀류논증적 중관파의 견지에서 사유한다. 이런 사유는 단순히 이해하는 것으로 그쳐서는 안 된다. 관의 수행시 이런 이해를 떠올려 되풀이하여 관찰 수습해야 한다. 지의 수행 다음에 이루어지는 이러한 관의 수행이란 철저한 사택수이다. 다시 말해 분별적 관찰이다. 그런데 이러한 분별적 관찰이 강화되어, 앞에서 이룩되었던 사마타의 상태가 흐트러지게 되면 관의 수행을 중지하고 다시 마음을 모두어 사마타의 수행에 들어간다. 그리고 사마타가 완성되면 다시 중관적 이취에 대한 분별적 관찰에 들어간다. 이렇게 지와 관, 다시 말해 위빠샤나와 사마타를 교대로 되풀이하는 수행을 쫑카빠는 지관쌍운법이라고 부른다(Eh). 지관쌍운을 위해서는 먼저 사마타의 성취 능력도 키워야 하고 중관에 대한 정견도 갖추어야 한다. 어느 때든 가부좌하고 앉아 삼매의 대상에 집중하면 사마타의 상태에 들어갈 수 있는 능력을 터득하였고, 귀류논증파적 해석에 입각해 중관적 이취에 대한 정견을 터득한 수행자만이 지관쌍운의 수행에 들어갈 수 있는 것이다. 쫑카빠가 말하는 지관쌍운법이란 "사마타의 시작 → 사마타의 완성 → 위빠사나 수행 → 사마타가 흐트러짐 → 사마타의 시작 → 사마타의 완성 → 위빠사나 수행 → …"으로 계속

되는 '교차적 지관 수행'이라고 부를 수 있으며 이 중에서 각각의
'위빠사나'의 단계는 그 이전에 완성된 '사마타'에 토대를 두고 수
행되기에 '지관쌍운의 수행'이라고 불리게 되는 것이다.[31) 그리고
이러한 지관쌍운의 수행 이 완성되어야 즉신성불의 밀교 수행이
허용된다.[32)

Ⅲ. 보살의 마음 - 종교심, 도덕성, 출리심, 보리심, 청정견

　지금까지 보았듯이 『보리도차제론』에서 목표로 삼는 이상적 인
간이란 상구보리하고 하화중생하며 살아가는 보살이다. 이는 불교
적 지성뿐만 아니라 불교적 감성도 갖춘 인간이다. 불교적 지성은
상사도의 말미에서 이루어지는 공성에 대한 조망을 통해 얻어지
며, 불교적 감성은 하사도의 종교심과 도덕성, 중사도의 출리심,
그리고 상사도의 보리심을 훈련함으로써 얻어진다. 『보리도론』에
제시된 수행체계의 가장 큰 장점은 그 어떤 성품을 가진 사람이
입문한다고 해도 결국은 동일한 마음을 갖춘 규격화된 보살을 만
들어내고야 만다는 점이다.

　만일 어떤 사람에게 '재물이나 명예를 추구하는 마음'이 조금이
라도 남아 있다면 아직 하사도의 첫 단계에서 이루어지는 '죽음에
대한 명상'(종교심)이 철저하지 못한 것이며, 말이나 행동 또는 생

---

31) 위의 책, pp.541 -557.
32) 위의 책, p.557.

각으로 잘못을 저지른 후 그 '죄업의 과보에 대한 두려움(도덕성)을 느끼지 못한다'면 아직 '인과응보에 대한 믿음'이 몸에 배지 못한 것이며, 내세에 다시 태어나지 않는 것, 즉 '윤회하는 세계에서 완전히 사라지는 것'에 대해 공포감이 든다면 중사도에서 이루어지는 '해탈을 희구하는 마음'(출리심)이 아직 무르익지 않은 것이다. 다른 사람이나 짐승에 대해 위해할 마음이 나거나 다른 사람의 성공에 대해 질투심이 난다면 이는 상사도의 초입에 이루어지는 보리심이 아직 완성되지 않은 것이며, 자아와 현상세계(法)에 대한 실재론적 집착이 남아 있다면 지관수행을 통해 이룩되는 공성에 대한 자각이 아직 철저하지 못한 것이다.

감성과 지성, 실천과 이론이 조화를 이루는 보살의 인격을 만들어 내는 것이 『보리도차제론』에 제시되어 있는 수행체계의 목표이다. 그리고 이러한 보살의 삶은 무수겁의 세월 동안 윤회하며 하화중생과 상구보리를 지향하고 살아가는 끝없는 過程的 삶이다.

－『가산학보』, 2002

제2부
불교 윤리와
교육의 체계화

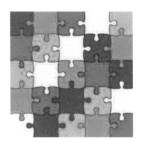

출가자와 재가자의 **바람직한 관계**[*]

I. 출가자와 재가자는 어떻게 구분되는가?
  1. 초기불전에서 말하는 출가자와 재가자
  2. 대승불전의 출가자와 재가자는 보살로서 동등한가?
  3. 불교지도자의 신분에 대한 재검토
II. 출가자의 삶과 재가자의 수행 목표
  1. 출가자는 최소한 어떻게 살아야 할까?
  2. 재가자는 최대한 어느 경지까지 오를 수 있을까?
III. 출가자와 재가자의 바람직한 관계
  1. 재가자를 위한 출가자의 역할
  2. 출가자를 위한 재가자의 역할

I. 출가자와 재가자는 어떻게 구분되는가?

출가자와 재가자의 바람직한 관계에 대해 논의하기 위해서는

---

* 2003년 7월 20일-25일, 경기도 용인의 '삼성생명 휴먼센터'에서 열린 제11차 참여불교세계대회에서 발표.

먼저 출가자와 재가자 각각의 의미와 범위가 명확해야 할 것이다. 누가 출가자이고 누가 재가자냐고 묻는 경우, 우리는 우선 삭발하고 승복을 입은 스님이 출가자이고 머리 기르고 평상복을 입은 불교신자가 재가자라고 대답할 수 있다. 그러나 이는 부처님 당시에나 통용될 수 있었던 구분이다. 불교 발생 이후 약 2600년이 흐른 오늘의 우리 사회에서 출가자와 재가자를 구분하는 일은 그렇게 간단한 일이 아니다. 일본의 경우는 대부분의 승려들이 결혼을 한 후 사찰 내에서 가족을 부양하며 신행생활을 하며, 사찰은 물론이고 승려직 역시 세습된다. 한국에도 많은 대처 종단이 있으며, 가정생활을 하는 승려지만 삭발을 하고 살아가는 경우도 있다. 또 현대 사회에서 불교지도자로서 많은 역할을 담당하고 있는 불교학자와 수행지도자, 포교사, 불교운동가 등의 신분을 어떻게 규정해야 할지도 쉬운 문제가 아니다.

이 문제를 어떻게 풀어내야 할 것인가? 먼저 분명한 것은 우리 사회에서 통상적으로 말하는 일반종교의 성직자와 평신도의 구분, 또는 학교에서 가르치는 교사와 배우는 학생의 구분을 출가자와 재가자의 구분에 그대로 적용할 수는 없다는 사실이다. 불교의 성직자, 즉 출가자는 불교를 가르치고 지도하는 역할만 하는 것이 아니라, 귀의의 대상이 되어 복전의 역할을 한다는 점에서 그 위상이 독특하다. 비단 출가자와 재가자의 구분에 대한 문제만이 아니라, 그 어떤 분야에서도 불교를 현대적으로 풀어낼 경우, 그 작업은 철저히 불전의 가르침에 바탕을 두고 이루어져야 한다. 우리는 현대라는 그릇 속에 불교를 담아서는 안 되고, 불교라는 그릇 속에 현대를 담기 위해 노력해야 한다.

출가자와 재가자를 구분하는 기준이 무엇인지 고찰해 보는 본
장에서는 주로 초기불전을 자료로 삼아 그 기준을 확정해볼 것이
다. 그리고 그런 기준에 의거하여 현대 사회 속의 다양한 불교지
도자의 신분을 재규정해 볼 것이다.

1. 초기불전에서 말하는 출가자와 재가자

재가자란 부처님(佛)과 가르침(法)과 승가(僧)라는 삼보에 귀의
한 사람이다.[1] 더 나아가 삼귀의 후 오계(五戒)나 십선계, 또는
팔재계(八齋戒)를 지킬 것을 다짐한 사람이 재가불자라고 규정되
기도 한다. 재가자가 오계를 수지(受持)할 때, 오계는 권장되는
윤리지침일 뿐 강제적 규정이 아니다. 오계를 어긴다고 해서 재가
불자가 불자로서의 자격을 잃는다든지, 교단에 의해 벌칙을 받는
다든지 하는 일은 없다. 한편 출가자는 삼보에 귀의한다는 점에서
는 재가자와 동일하나 삭발하고 승복을 입은 후 구족계(具足戒)
를 받는다는 점에서 재가자와 차별된다. 구족계는 재가 오계와 같
은 권장사항이 아니라, 강제규정인 승가의 규범이다. 이를 어길
경우 승가로부터 다양한 제재를 받는다.『사분율(四分律)』에 나열
된 250가지 구족계 각각의 계목(戒目, 비구니는 348종)은 다음과
같이 분류, 정리된다.[2]

바라이법(波羅夷法, pārājikā dhammā)[3] - 4종(성교, 도둑질, 살

1)『잡아함경』, 대정장2, p.237a.
2)『사분율』, 대정장22, pp.567-1014.
3) 四棄法이라고 번역된다. 이 죄를 범하면 승가에서 영구히 추방되며 재

인, 망어)

승가바시사법(僧伽婆尸沙法, saṃghādisesā dhammā)[4] - 13종(자
위, 무고 등)

부정법(不定法, aniyatā dhammā)[5] - 2종(밀폐된 곳에서 여인에
게 잡담하는 것 등)

니살기바일제법(尼薩耆波逸提法, nisaggiyā pācittiyā dhammā)[6]
- 30종(여분의 가사를 10일 이상 소유하는 것 등)

바일제법(九十波逸提法, pācittiyā dhammā)[7] - 90종(다른 비구
를 모독하는 것 등)

바라제제사니법(波羅提提舍尼법, pātidesaniyā dhammā)[8] - 4종
(친척이 아닌 비구니에게 음식을 받아먹는 것 등)

중다학법(衆多學法, sambahulā sekhiyā dhammā)[9] - 100종(밥
을 먹을 때 소리내지 않는 것 등)

멸쟁법(滅諍法, adhikaraṇasamathā dhammā)[10] - 7종(다툼을 재
판하는 방법)

출가 역시 금지된다.
4) 僧殘라고도 한다. 이 죄를 범하면 20인 이상 비구 앞에서 참회한 후 6
일간 別住한 다음에 승가로 복귀한다. 죄를 숨길 경우, 숨긴 날 수만큼
별주 기간이 늘어난다.
5) 비구의 고백이나 우바이의 증언에 의해, 바라이, 승가바시사, 바일제
여부가 결정되는 죄.
6) 捨墮라고 번역된다. 취득한 물건을 승가에 반납(捨)한 후 , 3인 이하
비구에게 참회(他)하면 죄에서 벗어난다.
7) 單墮라고 번역된다. 취득한 재물이 없기에 다만(單) 3인 이하의 비구에
게 참회(墮)하면 죄에서 벗어난다.
8) 悔過法이라고도 번역된다. 한 사람의 비구 앞에서 참회함으로써 죄에
서 벗어난다.
9) 비구의 威儀에 대한 것으로, 고의로 한 것은 한 사람의 비구 앞에서
참회하고, 그렇지 않은 것은 스스로 참회함으로써 죄에서 벗어난다.
10) 다툼이 일어났을 때, 이를 판가름하는 법.

이 중 가장 중한 죄는 네 가지 바라이죄인데, 이를 범한 자는 승가에서 영구히 추방되며, 재출가 역시 허용되지 않는다. ①직접 성교를 한 경우, ②일정 금액 이상의 재물을 도둑질할 경우, ③살인을 하거나 교사한 경우, ④깨닫지 못했음에도 깨달았다고 거짓말을 할 경우의 네 가지가 바라이죄이다. 그런데 '① 직접적 성행위'는 그것이 사음(邪淫)이 아닌 이상 재가자에게는 도덕적으로 전혀 문제시되지 않는다.

재가자의 경우 위에 열거된 다른 모든 조항들을 어기지 않으면서 청정하게 살아도, 배우자와 성교를 하기 때문에 출가자인 비구일 수가 없으며, 출가자의 경우는 250계 중 다른 계목은 모두 어겨도 적법한 절차에 의해 제재를 수용하면 승가에서 축출되지 않지만, 4바라이죄를 지을 경우는 승가에서 추방된다. 정상적인 부부관계의 경우 재가자에게는 죄가 되지 않지만 출가자에게는 단 한 번의 음행도 출가자의 신분을 잃게 만드는 가장 중한 죄가 되는 것이다. 이렇게 볼 때, 출가자와 재가자를 가르는 가장 근본적 기준은 음행(淫行)이라고 말할 수 있다.

재가자가 아무리 학식이 높고, 인품이 고매하고, 설법을 잘 해도 부인과의 성생활(性生活)을 하면서 살아가는 이상, 결코 출가자일 수가 없고, 갓 출가한 비구승이 불교교리도 잘 모르고, 수행자로서의 인격도 아직 갖추지 못했고, 제대로 설법을 하지 못해도 성교를 금하고 수행생활을 한다면 엄연한 출가자인 것이다.

2. 대승불전의 출가자와 재가자는 보살로서 동등한

가?

우리는 부처님을 닮기 위해 신행 생활을 한다. 그런데 부처님의 어떤 삶을 닮고자 하는가에 따라 대승과 소승[11]이 구분된다. 출가 후 성도하신 석가모니 부처님의 현생을 닮고자 하면 소승이고, 『본생담』에 등장하는 석가모니의 전신(前身), 즉 석가보살을 닮고자 할 경우 대승인 것이다.

『법화경』이나 『화엄경』, 『대반열반경』 등 대승 경전에서는 출가든, 재가든 모든 불자들에게 보살의 길을 갈 것이 권유된다. 보살이란 원래 『본생담』에 등장하는 석가모니의 수많은 전생의 인격에 대해 붙여진 고유명사였다. 그런데 대승불전에서는, 석가모니의 전생과 같은 삶을 살아갈 경우 누구든 부처가 될 수 있다는 자각 하에 보살이라는 고유명사가, 보통명사로 전용되기 시작하였다. 즉, 석가모니의 전생을 닮고자 하는 모든 불교도에게 보살이라는 호칭이 붙여졌던 것이다.

대승불전에서는 불교도의 신행 목표가 모든 번뇌를 제거한 아라한이 아니라 번뇌도 제거하고 지혜와 복덕을 모두 갖춘 부처로 상승하였다. 아라한이 되기 위해서는 삭발 출가하여 전문적 수행자의 길을 가야 하지만, 부처가 되는 것은 무량겁 이후의 일이기에 보살도를 닦는 사람이 현생에 반드시 출가해야 하는 것만은 아니다. 그래서 대승불교의 재가자들은 보살의 삶을 살 경우 자신들 역시 불교수행의 당당한 주역일 수 있다는 자긍심을 갖게 되

---

11) 여기서 필자가 사용하는 소승이란 말은, 대승만 못하다는 의미를 갖는 것이 아니라, '소수의 엘리트인 전문적인 출가수행자의 불교'라는 의미를 갖는다고 이해하기 바란다.

었다. 대승이란 그 목표가 원대하기 때문에 대승(大乘, 큰 수레)
이며, 보다 많은 중생을 실어 나를 수 있기 때문에 대승인 것이
다. 이렇게 무량겁 이후의 성불을 지향하고, 출가자뿐만 아니라
재가자 역시 불교수행의 주역으로 살아가는 대승불교에서는 비구
와 비구니를 출가보살, 우바새와 우바이를 재가보살이라고 부르기
도 한다.

　그렇다면 대승불교의 출가자와 재가자는 보살로서 평등하다고
보아야 할까? 그렇지 않다. 무량겁 이후의 성불을 지향하며 보살
로 살아간다는 점에서 출가자와 재가자의 수행방법은 같다고 볼
수 있을 것이다. 보살의 수행법으로 보시, 지계, 인욕, 정진, 선정,
반야의 육바라밀을 말한다. 그런데 보시의 경우 대소승을 막론하
고 출가자에게는 법보시가 권장되고 재가자에게는 재보시가 권장
되며, 지계의 경우 출가자에게는 250내지 348계가 부여되고 재가
자에게는 5계 내지 8재계, 또는 10선계가 부여된다. 소승에서도
이는 마찬가지다. 대승불교의 출가자와 재가자 모두 보살의 삶을
살긴 하지만, 출가와 재가라는 점에 변화가 있는 것은 아니다. 대
승의 보살도는 소승적 출가-재가 관계를 파괴하는 수행의 길이
아니라, 소승적 출가-재가 관계에 덧씌워진 수행의 길이다. 보살
이란 대승불교가 출현하면서 성립된 하나의 '이념'이지 불교도의
'신분'을 의미하지 않는다. 대승불교의 출가보살 역시 재가보살에
게 가르침을 주고 복전(福田)의 역할을 하기 위해 계를 지키며
청정하게 살아가야 한다. 한편, 재가보살은 출가보살에게 귀의하
여 시주물을 제공해야 한다. 대승불교라고 해서 출가자와 재가자
의 관계가 달라지는 것은 아니다.

3. 불교지도자의 신분에 대한 재검토

현대사회에서 우리는 다종다양한 불교지도자를 만날 수 있다. 삭발하고 승복을 입은 스님, 삭발은 하지는 않았지만 전문적인 불교지도자로 활동하는 재가자, 불교교리를 연구하고 가르치는 불교학자, 재가자임에도 불교에 대해 깊이 연구하고 신행하며 이를 남에게 전해 주는 일에 전념하는 포교사, 불교사회단체에 소속되어 현대사회의 제 문제의 해결을 위해 적극 참여하는 불교활동가 등등. 그러면 이들 중 누가 재가자이고 누가 출가자일까?

앞에서 검토해 보았듯이, 출가자와 재가자를 구분하는 가장 근본적 기준은 음행에 있다. 그리고 대승불교라고 해서 출가와 재가의 구분이 사라지는 것이 아니다. 근본불교의 신행목표인 아라한이 대승불교에 와서 부처로 바뀌었을 뿐이다. 대승불교도들은 출가자든, 재가자든 『본생담』의 보살과 같이 살아간다. 따라서 대승불교권에 속한 불교지도자라고 하더라도 부부생활을 하는 경우에는, 출가자일 수 없다. 사부대중으로 분류하면 우바새 또는 우바이인 것이다. 대승에서든 소승에서든 출가자란 삭발염의한 독신 수행자뿐이다. 삭발하고 승복을 입고 있든 그렇지 않든 부부생활을 하는 불교지도자는 모두 우바새(또는 우바이)인 것이다. 포교사든, 불교학자든, 불교활동가든 독신 수행하지 않는 이상, 또 삭발염의(削髮染衣)하고 출가하지 않는 이상 모두 재가자인 것이다. 이들은 학교에서의 교사, 또는 일반종교의 성직자와 같이 존경의 대상이 될 수는 있어도, 출가자와 같이 귀의의 대상이 될 수는 없다. 소승에서든 대승에서든 삼귀의에서 말하는 승보는 수다원에서 아라한에 이르기까지 사향사과(四向四果)의 성인(聖人)12), 또는 비구, 비구니, 식차마니, 사미, 사미니의 출가 5중(五衆)만을 의미하기 때문이다.13)

II. 출가자의 삶과 재가자의 수행 목표

현대사회에서 출가자들이 구족계의 계목 하나하나를 문자 그대로 지키며 수행하기는 거의 불가능할 것이다. 기후와 문화 환경이 인도와 판이하게 다른 지역일 경우는 더욱 그렇다. 그래서 그런 계목들을 시대와 지역에 맞게 변형시켜야 한다는 주장이 제기되기도 하는데, 그러기 위해서 우리는 먼저 '율의 취지'를 파악해 보아야 할 것이다. '율의 취지'가 정리될 경우, 지역이나 시대의 변화와 무관하게 누구에게나 수용될 수 있는 출가자의 바람직한 삶의 모습이 명료하게 드러날 것이다. '율의 취지'대로 사는 것은 지역과 시대를 떠나 모든 출가자가 반드시 지켜야 할 최소한의 조건이다. 깊은 삼매에 들고, 지혜를 개발하는 것은 그 이후의 일이다.

또, 많은 재가자들은 단순히 승가를 외호하는 역할을 넘어 깨달음을 추구하며 수행에 전념하기도 한다. 그러면 재가자는 어느 정도까지 수행의 성취가 가능할까? 만일 깨달음이 출가자에게만 가능하다면 재가자의 수행은 만용(蠻勇)이 될 것이고, 재가자 역시

---

12) 초기불전의 규정.
13) 『大智度論』의 규정, 대정장25, p.468a

쉽게 깨달을 수 있다면 우리는 굳이 출가할 필요가 없을 것이다.

출가자와 재가자의 차이를 보다 명확히 드러내기 위해 본 장에서는 출가자가 보여줘야 할 최소한의 삶의 모습과 재가자가 체득할 수 있는 최대한의 수행 경지에 대해 조망해 보고자 한다.

1. 출가자는 최소한 어떻게 살아야 할까?

앞에서 설명했듯이 출가자란 삭발염의한 후 구족계를 받은 수행자들이다. 율(律)을 지키며 살아가는 것은 출가자들이 갖추어야 할 최소한의 조건이다. 남방 상좌부 불교권의 출가자들은 율전(律典)에 쓰인 계목들을 거의 그대로 준수하며 수행 생활을 한다. 그러나 불교의 발생지인 인도와 기후가 다르고 문화가 다른 북방불교권의 출가자들은 율전에 기록된 계목 하나하나를 그대로 지킬 수가 없다. 세 벌을 넘는 옷을 지니지 말라는 계목은 추운 날씨로 인해 지켜질 수 없고, 노동을 신성시하는 가치관이 널리 퍼져 있어서 걸식이 심하게 비난받는 문화풍토 하의 출가자들은 경작과 생산 활동을 통해 의식주의 문제를 해결해야 한다. 그래서 북방불교권에서는 3벌의 승복으로 겨울을 날 수가 없기에 두툼한 장삼을 입은 후 우측 어깨를 드러내는 가사를 그 위에 걸치도록 승복이 개량되었고, 백장 회해(百丈 懷海, 749~814)는 "하루라도 일을 하지 않으면 밥을 먹지 않겠다."라고 선언하면서 출가자로 하여금 경작과 수행을 병행하게 하는 새로운 선원규범집(禪院規範集)인 『백장청규(百丈淸規)』를 저술한 바 있다.

중국, 한국, 일본 등 동북아시아에 대승불교가 전파되었던 이유

중 하나는 율전에 쓰여진 규범들을 그대로 준수하는 철저한 출가생활이 불가능했기 때문일지도 모른다. 또,『범망경(梵網經)』이라는 이름으로 대승적 출가 보살의 느슨한 계목집(戒目集)이 편찬되었단 것 역시 이런 맥락에서 이해해야 할 것이다. 동북아시아에서 대승불교를 수용했던 것은 그 기후와 문화 조건에 비추어 볼 때 최상의 선택이었다.

서구에 신앙적 불교가 전파되기 시작한지 수십 년이 지난 지금 유럽이나 미국에서는 자생적으로 출가자들이 배출되고 있다. 그런데 가치관과 문화 풍토가 판이한 서구사회의 출가자들이 율장의 규범을 그대로 준수하며 신행생활을 하는 것은 동북아시아의 출가자 이상으로 쉽지 않을 것이다. 또, 근대 이후 전 세계가 서구화되면서 출가자들의 수행환경은 점점 열악해진다. 물질문명, 감각문화가 과도하게 발달한 현대 사회 속에서 온갖 문명의 이기와 함께 성장한 젊은이들이 고대 인도에서 행해졌던 출가수행자의 모습을 그대로 재현하기는 점점 힘들어질 것이다. 그러면 어떻게 해야 할 것인가?

우리는 율전에 나열된 규범들을 가능한 한 그대로 지키려고 노력해야 하겠지만, 그럴 수 없는 경우는 '율을 제정했던 근본 취지'를 파악하여 각 문화풍토에 부합되게 불교윤리를 재정립해야 할 것이다. 이는 율학 전공자들이 남전(南傳)과 북전(北傳)의 모든 율장들을 자료로 삼아 전문적으로 연구해야 할 과제가 될 것이다. 본고에서는 우선『사분율』만을 자료로 삼아 '율의 취지'를 다음과 같이 추출해 보았다.

① 남을 해치는 행동을 하지 말 것
② 자신을 해치는 행동(= 고결하지 못한 행동)을 하지 말 것
③ 승가의 화합을 깨는 행동을 하지 말 것
④ 승가에 대한 재가자의 신뢰를 실추시키는 행동을 하지 말 것
⑤ 출가자의 수행에 지장을 주는 행동을 하지 말 것
⑥ 불교에 대한 신앙심을 훼손하는 행동을 하지 말 것
⑦ 번뇌를 야기하는 행동을 하지 말 것
⑧ 승가의 질서를 파괴하는 행동을 하지 말 것

　그런데 특기할 것은 『사분율』에 열거된 250가지 계목 중 많은 내용들이 '승가에 대한 재가자의 신뢰를 실추시키는 행동에 대한 경계'와 관계된다는 점이다. 괴생종계(壞生種戒)의 경우, 식물을 해치는 것이 살생은 아니지만, 대부분의 재가자들이 식물을 생명체라고 여기기에 식물 역시 함부로 해쳐서는 안 된다고 경계하는 것이다. 여기서 우리가 얻을 수 있는 교훈은 출가자의 악행을 방지하는 것이 계율 제정의 근본 목적이지만, 그만큼 중시되었던 것이 '승가의 명예'였다는 점이다. 설사 어떤 행동이 원래 악업이 아니라고 하더라도 재가자들이 그것을 옳지 않은 행동이라고 생각할 경우, 그런 행동에 대한 금지가 계목에 추가되었다. 승가에 대한 재가자의 신뢰를 실추시키지 않기 위해서 출가자들은 항상 재가자의 비판에 민감하게 귀를 기울이고 있었던 것이다.
　불교의 발생지인 인도와 기후, 문화 환경이 판이한 서구나 북방 불교권의 출가자들이라고 하더라도, 가능한 한 律典에 나열된 계목들을 그대로 지키기 위해 노력해야 할 것이다. 그러나 그대로

준수하기 힘든 계목의 경우는 위와 같은 '계의 취지'를 해치지 않는 한도 내에서 구체적 행동 지침에 변화를 줄 수 있을 것이다. 예를 들어 "세 벌이 넘는 의복을 10일 이상 소지할 수 없다."라는 장의계(長衣戒)의 경우, 각 지역의 날씨에 맞추어 의복의 수를 달리 규정할 수 있을 것이다.

계목 하나하나를 재해석해 내는 일에 대해서는 앞으로 면밀한 연구가 필요하겠지만, 그 어느 문화권에 사는 출가자라고 하더라도 위에 열거한 '율의 취지'를 훼손하지 않고 살아간다면 출가자라고 불릴 수 있을 것이다. 이것이 출가자로서 갖추어야 할 최소한의 모습이다. 수행을 하고 깨달음을 얻는 것은 그다음의 문제다.

2. 재가자는 최대한 어느 경지에까지 오를 수 있을까?

앞에서 열거했던 '율의 취지'를 구현하는 삶은 비단 출가자에게만 해당되는 것이 아니다. 재가자들이 출가율을 그대로 준수해야하는 것은 아니지만, 재가자들 역시 상기한 '율의 취지'를 자신의 생활 속에서 실천하며 살아가기 위해 노력해야 할 것이다.

초기경전에서 삼보에 귀의한 재가자들에게 주로 권유되었던 것은 보시와 지계를 통해 내세의 생천(生天)을 지향하는 삶이었다. 승가에게 음식과 의복, 수행공간 등 시주물을 올리고(財布施, 재보시), 5계, 8재계, 또는 10선도를 실천(持戒, 지계)하는 고결한 삶을 삶으로써 재가자는 내세에 하늘나라에 태어날 수가 있다. 그러나 천상이라고 하더라도 영원한 세계가 아니라, 자신의 공덕이 다하면 언젠가 추락해야 하는 윤회의 세계일 뿐이다. 생천은 불교 신행의 궁극적 목표가 아니다. 불교신행의 최종 목표는 '천상이든 인간계든, 짐승의 세계든 내생에 다시 태어나지 않도록, 완전히 열반하는 것'이다. 부처가 되어 보다 많은 중생을 열반하게 하기 위해 무량겁 동안 보살과 같이 살아간다는 점에서 대승불교와 초기불교가 차별될 뿐이다. 궁극적으로 완전한 열반을 지향한다는 점에서 양자의 차이는 없다.

대승불교를 신앙하는 재가자의 경우, 3아승기 100겁에 걸쳐 보살의 삶을 살 것을 다짐하고 있기에 항상 지혜를 추구하고 항상 남을 돕는 삶(上求菩提 下化衆生, 상구보리 하화중생)을 살아감으로써 불교 신행의 구심점에 설 수가 있다. 앞에서 설명했듯이 이는 석가모니 부처님의 전생을 닮고자 하는 삶이다.

그러면, 초기불교 시대의 재가자는 어떠했을까? 보시와 지계행을 통해 생천을 지향할 뿐인 재가자는 불교의 외호 세력일 뿐인가? 재가자는 불교 신행의 주변부에만 머물러 있어야 할 것인가? 세속의 향락 속에서 살아가는 대부분의 재가자가 전문적 수행을 하기는 지극히 어려울 것이다. 그러나 초기불전에서 우리는 완전한 깨달음은 아니지만 성인의 경지에 오른 많은 재가 수행자를 만날 수 있다. 『잡아함경』에서는 아들, 딸을 기르며, 몸에 치장을 하고, 재물욕, 성욕, 식욕, 명예욕, 수면욕의 오욕락(五慾樂)을 누리며 살아가는 재가 우바이의 경우도, 유신견(有身見)과 계취견(戒取見)과 의심(疑心)이라는 세 가지 번뇌를 끊을 경우 수다원의 지위에 오를 수 있다고 설명한다.[14] 수다원이란 내생에 결코 삼

악도(三惡道)에 떨어지지 않고 앞으로 많아야 7회를 욕계(欲界)에
서 재생한 후(極七返, 극칠반), 색계(色界) 이상의 세계에 태어나
반열반(般涅槃, Parinirvāṇa)하게 되는 경지까지 오른 수행자로 예
류(預流)라고 번역된다.

또 처자를 거느리고 몸에 치장을 하고 노비를 거느린 채 오욕
락을 누리며 사는 재가 우바새의 경우도, 유신견, 계취견, 의심의
세 가지 번뇌를 끊고, 탐심과 치심이 희박해 질 경우 사다함이 될
수 있다. 사다함이란 내생에 한 번만 욕계에 태어날 뿐이고 그 후
색계 이상의 세계에서 반열반하는 성인(聖人)을 말한다.[15]

재가자가 아나함이 될 수 있다는 설명도 발견된다. 재가자가 아
나함의 지위에 오르기 위해서는 부부생활을 금한 후 수행을 통해
욕계에서 작용하는 다섯 가지 번뇌(五下分結, 오하분별: 탐욕, 분
노, 유신견, 계취견, 의심)를 끊어야 한다.[16] 아나함이 되면 내생
에 다시는 욕계에 태어나지 않고 색계 이상에 태어나 반열반한
다.

따라서 부부생활 등 오욕락을 누리며 살아가는 재가자라고 하
더라도, '나라는 생각과 내 것이 있다는 생각'(유신견), '잘못된 종
교의식을 옳다고 착각하는 것'(계취견), '불교에 대한 의심'(의심)
등 세 가지 번뇌를 모두 제거할 경우 성인 중의 첫 지위인 예류
과, 즉 수다원이 될 수 있는 것이다. 극히 힘들긴 하겠지만, 부부
생활을 금하고 욕계에 대한 집착을 완전히 버릴 경우 불환과인
아나함의 성자가 되는 것도 가능하다.

---

14) 『잡아함경』, 대정장2, p.247a.
15) 위의 책, p.246c-247a.
16) 위의 책, p.246c.

초기불전에 의거하더라도 재가자의 불교신행 목표는 출가자와
크게 다르지 않으며 재가자가 체득할 수 있는 수행의 경지도 상
당한 수준이다. 그러나 그러기 위해서는 출가자 이상의 뼈를 깎는
노력이 필요할 것이다. 재가자는 수행을 방해하는 갖가지 유혹 속
에서 살아가야 하기 때문이다. 또 부부생활을 중단하지 않는 이상
재가자는 결코 아나함이나 아라한이 될 수가 없다.17) 다시 말해
궁극적 깨달음을 얻을 수가 없다. 재가보살의 대명사인 유마거사
역시 음행을 끊은 자로 묘사된다.18)

이렇게 재가자에게도 깨달음의 길이 열려 있긴 하지만, 출가자
와 비교할 때 그것을 체득하는 것은 지난(至難)한 일이다. 삼귀의
하고 오계를 수지한 총명한 재가자라고 하더라도 괴로운 일이 생
기면, 갖가지 향이나 꽃이나 음식을 준비하여 천신에게 기복적 기
도를 올리게 마련이다.19) '내세에 다시 태어나지 않을 열반'을 진
심으로 추구하는 재가자는 극히 드물며 대부분의 재가자는 내세
의 행복을 기원할 뿐이다.20) 물질문명, 감각문화의 파도가 세차게
몰아치는 현대사회에서 살아가는 재가자가 탐욕과 분노와 교만과
어리석음에서 벗어나 열반의 길로 들어간다는 것은 더더욱 어려
운 일이다.

이렇게 우리 사회가 문명화될수록, '세속적 욕락에서 벗어나 전
문적 수행을 하며 부처님의 가르침을 계속 재발견해 내는 출가자'

---

17) 초기불전에 아라한이 된 재가자의 이름이 거론되긴 하지만, 대부분의
사례를 보면 구족계를 수지하지 않은 재가자의 경우, 아나함과가 오를
수 있는 최고의 경지이다.
18) 『유마힐소설경』, 대정장14, p.539a.
19) 『대비바사론』, 대정장27, p.605b.
20) 『대지도론』, 대정장25, p.254a.

의 역할은 더욱 소중해진다.

Ⅲ. 출가자와 재가자의 바람직한 관계

앞에서 『사분율』에 의거해 검토한 바 있듯이 누군가가 출가자이기 위한 최소한의 전제는 출가 수계 후 범행자(梵行者)로서의 삶을 사는 것이다. 청정하게 사는 출가자만이 시주하는 재가자에게 발복(發福)으로 보답하는 복전(福田)의 역할을 할 수가 있다. 이런 계행의 토대 위에서 대부분의 출가자들은 '깨달음'을 추구하며 살아간다. 한편 일부 뛰어난 재가자의 경우 출가자와 같이 수행에 전념하여 수다원이나, 사다함, 심지어 아나함의 경지에까지 오를 수 있긴 하지만, 대부분의 재가자들은 재보시(財布施)를 통해 승가에 의식주를 제공하고, 승가를 외호하며, 5계, 또는 8재계를 준수하면서 청정하게 살아간다. 보시(布施), 지계(持戒), 생천론(生天論)에서 보듯이 대부분의 재가자는 해탈, 열반보다 행복한 내생을 희구한다.

그러면 본 장에서는 이러한 일반적 출가자, 일반적 재가자가 서로를 위해 어떤 역할을 할 수 있고 서로 어떤 관계를 맺어야 하는지에 대해 고찰해 본다.

1. 재가자를 위한 출가자의 역할

출가자의 본분은 수행과 설법이다. 청정한 수행을 통해 복전으로서의 자질을 키우고, 자신이 체득한 조망을 재가자에게 가르친다. 여기서 말하는 청정한 수행은 율의 준수를 의미한다.

현대사회에서는 종교인들이 사회에 적극적으로 참여할 것을 권장한다. 출가자든 재가자든 우리 사회의 그늘진 곳에 있는 병들고 가난하고 핍박받는 사람들을 돕는 것은 분명 지극히 선한 일이다. 그러나 초기불교시대의 출가자가 사회에 참여하는 방식의 주종은 '걸식'이었다. 출가자는 '걸식'을 함으로써 시주자에게 복을 주게 된다. 시주물을 받아 줌으로써 시주자에게 복을 주는 것이 초기불교적 견지에서 본 진정한 이타행인 것이다. 이 때 시주자인 재가자에게 많은 복이 발생하게 하기 위해서는 출가자의 수행의 경지가 높아야 한다. 『대지도론』의 설명에 의하면, 축생에게 보시할 경우 보시물이 백 배로 되어 내게 돌아오고, 악인(惡人)에게 보시할 경우 천 배가 되어 돌아오며, 선인(善人)에게 보시할 경우 십만 배가 되어 돌아오고, 이욕인(離欲人)에게 보시할 경우 십억만 배가 되어 돌아오며, 수다원 등 사향사과의 성인(聖人)들에게 보시할 경우 무량한 복이 되어 돌아온다.21) 욕심도 없고 자비심을 갖춘 사람이라고 하더라도 진리에 대해 올바로 알지 못하는 사람은 무량한 복전이 될 수 없지만, 수다원의 경우는 아직 욕심을 모두 제거하지는 못했어도 제법실상을 파악하고 있기에 무량한 복전이 된다는 것이다. 좀 과장된 설명 같이 보이긴 하지만, 어쨌든 이런 해석이 의미하는 바는 보시물을 받는 사람의 수행의 깊이에 따라 복전으로서의 위력이 달라진다는 것이다. 따라서 출가자의 사회참여 방식 중 가장 불교적인 방법은 보다 훌륭한 복전이 되

---

21) 위의 책, p.582a.

어 시주물을 받아 줌으로써 시주자에게 보다 많은 복이 발생하게
해 주는 것이라고 말할 수 있다. 이것이 출가자들이 시주자를 포
함하여 자신이 속한 사회 전체에 보답하는 가장 바람직한 방법이
다. 그리고 이를 위해 출가자가 할 일은 철저히 계행을 지키며 선
정을 닦고 깨달음의 지혜를 추구하는 것이다.

　이렇게 수행에 전념함으로써 지혜가 열린 출가자는 출가자와
재가자 모두를 가르치게 된다. 즉, 법보시(法布施)를 하게 된다.
불전에서는, "출가자는 법보시에 치중해야 하고 재가자는 재보심
(財布施)에 치중해야 한다."라고 말한다.22) 원래 출가자에게 재보
시는 권장되지 않았던 것이다. 재보시를 하려면 재물을 모아야 하
는데 출가자가 재물을 모을 경우 그 과정에서 계를 범할 수 있으
며, 계를 범한 출가자는 양질의 복전이 될 수 없기 때문이다.

　재가자에 대한 출가자의 역할은 수행을 통해 훌륭한 복전이 됨
으로써 시주물을 올리는 재가자에게 발복(發福)케 하는 것과 법보
시를 통해 재가자를 이끌어 주는 것이다. 탐욕과 분노와 교만과
우치 등의 번뇌를 끊는 치열한 수행과 그런 수행을 통해 얻어진
조망을 제자들에게 전해 주는 것, 이 두 가지만이 출가자의 본분
이다. 『대비바사론』에서는 '불교가 쇠퇴하는 것은 재가자들이 출
가자들에게 올리는 시주물의 양이 부족하기 때문이 아니라 출가
자들이 본분을 지키지 않기 때문'이라고 역설한다.23)

　아울러 출가자는 재가자의 공양을 거부함으로써 잘못된 재가자
를 질책할 수 있다. 자신의 부모를 잘 모시지 않는 사람, 출가자
를 공경하지 않는 사람, 출가자를 해치는 사람, 출가자를 싸우게

---

22) 위의 책, p.271b.
23) 『대비바사론』, 대정장27, p.918b.

한 사람, 출가자 앞에서 삼보의 허물을 들추어내는 사람 등의 경우 참회하지 않는 한 출가자는 발우를 뒤집어엎어 보임으로써 그들로부터 보시받는 것을 거부한다. 이를 복발(覆鉢, patta-nikkujjana)이라고 부른다.[24]

2. 출가자를 위한 재가자의 역할

앞에서 거론했듯이, 삼보에 귀의한 후 재보시, 즉 시주를 통해 승가에 의식주를 제공하며, 승가를 외호하고, 오계 등을 지키면서 살아가는 것이 재가 불자의 삶이다. 본 절에서는 재가자가 승가를 위해 어떠한 역할을 할 수 있는지 종합적으로 고찰해 보기로 하겠다.

먼저 우리가 명심해야 할 것은 재가자가 삼보 중 승보에 의지한다고 할 때 승보가 어떤 특정한 수행자 개인이어서는 안 된다는 점이다. 『잡아함경』에서는 어떤 특정한 스님 개인에 대한 믿음으로 불교에 귀의한 사람이 범하게 되는 다섯 가지 잘못을 다음과 같이 나열한다.

> ① 자신이 믿고 의지하는 스님이 멸시 당할 때, 불교에 대한 믿음이 사라진다.
> ② 자신이 믿고 의지하는 스님이 계를 어겼을 때, 불교에 대한 믿음이 사라진다.
> ③ 자신이 믿고 의지하는 스님이 만행을 나가 만날 수 없게 될 때, 불교에 대한 믿음이 사라진다.

---

24) 조준호, 「초기경전에 나타난 재가자의 위상과 신행생활」, 『불교평론』, 2003년 봄호, pp.137-138.

④ 자신이 믿고 의지하는 스님이 환속했을 때, 불교에 대한 믿음이 사라진
다.
⑤ 자신이 믿고 의지하는 스님이 돌아가셨을 때, 불교에 대한 믿음이 사라
진다.25)

승가에 귀의한다고 할 때, 재가자는 삭발염의한 출가 오중(五衆) 전체, 즉 사방승가에 귀의한다는 마음을 내어야 한다. 이와 같은 마음으로 삼귀의를 서원한 재가자는 현전승가에 시주하고 외호하며 불자로서의 삶을 살게 된다. 그런데 여기서 "승가를 외호한다."라는 말은 승가가 유지, 보전될 수 있도록 돕는 것을 의미한다. 승가가 유지되도록 하기 위해 재가자가 해야 하는 가장 중요한 일은, '스스로 출가하거나 자신의 아들, 딸 등 가족을 출가시키는 것'이리라. 출가자는 하늘에서 떨어진 분들도 아니고, 땅에서 솟아오른 분들도 아니다. 재가자가 발심하여 삭발염의하고 수계를 다짐할 경우 출가자가 된다. 재가 불자는 출가생활을 가장 바람직한 삶으로 생각하는 가치관을 스스로 견지할 뿐만 아니라, 그러한 가치관이 우리 사회에 널리 보급되도록 노력해야 할 것이다.

승가를 위해 재가자가 해야 하는 그 밖의 일들을 『사분율』에 의거해 정리하면 다음과 같다.

① 불, 법, 승 삼보에 대해 공경하는 모습을 보이며 살아간다.
② 승가에 의식주를 제공한다.
③ 출가자의 피치 못할 세속적 업무를 대신함으로써 출가자의 범계(犯戒)를 방지한다.

25) 『잡아함경』, 대정장2, pp.214b-c.

④ 율에 어긋나는 행동을 하는 스님이 발견될 경우 이를 승가에 알린다.

⑤ 승가의 화합을 파괴한 스님이 있는 경우 재가자 중 덕망 있는 자가 비
공식적으로 직접 충고한다.

이 중 ①'삼보를 공경하는 모습을 보인다'는 것은 재가자의 외
적 몸가짐으로 불상과 탑(불보), 그리고 경전(법보)을 소중히 대하
고 출가자인 스님(승보)에게 예를 표하는 것을 의미한다. ②"승가
에 의식주의 시주물을 올린다."라는 것은 누구나 잘 알고 있는 재
가자의 역할이기에 그에 대한 별도의 설명이 불필요할 것이다. 그
리고, ③, ④, ⑤의 근거는 다음과 같다.

③『사분율』에 열거된 비구의 250계 중에는 땅을 파서는 안 된
다는 굴지계(掘地戒),26) 식물을 함부로 다루어서는 안 된다는 괴
생종계(壞生種戒),27) 금전을 비축해서는 안 된다는 수축금은계(受
畜金銀錢戒),28) 상거래를 해서는 안 된다는 판매계(販賣戒)29) 등
이 있다. 이런 계목들을 그대로 지키고자 할 경우 출가자의 사회
생활은 불가능해진다. 『사분율』에서는 출가자가 피치 못하게 이런
계목들을 어겨야 할 때에는 재가자가 그 중개자의 역할을 해야
한다고 설명한다. 땅을 파는 토목 공사를 해야 할 때, 비구는 직
접 삽을 들 수도 없지만, 땅을 파라고 남에게 시킬 수도 없다. 그
때, 비구는 죄가 되지 않는 말인 정어(淨語)를 사용하여 재가자에
게 "이곳을 알아서 하라."고 말한다. 그러면 이를 새겨들은 재가
자는 그곳의 땅을 파게 된다. 괴생종계에 대한 재가자의 역할은

---

26) 위의 책, pp.641a-b.
27) 위의 책, p.641c.
28) 위의 책, pp.618c-619c.
29) 위의 책, pp.619c-620b.

다음과 같다. 일반인들은 식물이 생명인 줄 알기에 출가인이 식물의 뿌리나, 과일을 그대로 먹으려고 할 경우 출가인을 비난하게 된다. 그래서 재가불자가 과일 등에 흠집을 내어 죽은 과일로 만든 후 이를 출가자에게 제공함으로써 출가자를 비난으로부터 보호한다. 수축금은계의 경우 출가자는 손수 돈을 받아서는 안 되며, 다른 사람을 시켜서 받아도 안 되고, 어딘가에 놓아두고 가게 해서도 안 된다. 그래서 재가자가 중개인의 역할을 하게 된다. 비구 중 누군가가 계를 어기고 돈을 받은 경우, 승가의 대표가 되는 비구가 재가자에게 "이를 알아서 하라."고 말하게 된다. 그러면 재가자는 이 돈으로 승가에 필요한 물건을 구입하여 계를 어긴 비구 이외의 비구들에게 제공한다. 혹 임무를 맡은 재가자가 돈을 횡령했을 때에는 비구가 이를 지적하면서 그에 대한 시정을 명령하면 된다.

④비구들이 가사를 격식에 맞지 않게 입고 재가자의 집에 들어가거나, 생명을 해칠 수 있음에도 불구하고 직접 땅을 파거나, 재가자가 원치 않는 과도한 시주를 요구하여 재가 거사들의 비난을 받은 적이 있는데, 이를 들은 다른 비구들이 당사자를 꾸짖는다.[30] 또, 두 가지 부정법(不定法, aniyatā dhammā)의 경우, 신심 있는 우바이가 이를 승가에 고발함으로써 율로 제정되었다.[31] 이런 사례에서 보듯이 출가자의 옳지 못한 행동이 발견될 경우 재가자는 승가에 이를 알릴 수 있는 것이다.

⑤이는 파승위간계(破僧違諫戒)에 대한 설명 가운데 기술되어

---

30) 『사분율』, 대정장22, p.608b, pp.627c-628a, p.641a, p.649c 등.
31) *Vinaya Piṭakaṃ*, Vol.Ⅲ, P.T.S., pp.187-194 / 『四分律』, pp.600b-601b.

있는 재가자의 역할이다. 승가의 화합을 파괴한 비구가 있는 경우
승가에서는 먼저 비공식적으로 경고한다. 이것이 성공하지 못하
면, 다른 비구, 비구니, 우바새, 우바이, 왕이나 대신, 외도인 사문
이나, 바라문 등 사회적 권위가 있는 자에 의해 화합을 파하지 말
라는 비공식적 경고가 있게 된다.32) 그리고 이것마저 성공하지
못할 때, 정식으로 갈마에 붙여 승가 전원이 승가의 화합을 파괴
한 당사자에게 세 번 충고(三諫, 삼간)하게 된다. 여기서 보듯이
승가의 화합을 해치는 출가자를 갈마에 붙이기 전에 화합을 권유
하는 비공식적 조정자로서의 역할이 재가자에게도 부여되는 것이
다.

  그러면 이상과 같은 『사분율』의 가르침에 토대를 두고 재가자
가 승가의 외호자로서 할 수 있는 역할들을 정리해 보자. 승가의
외호자인 재가자는 두 부류로 나누어질 수 있다. 첫째는 승가 주
변에서 생활하면서 승가와 세속의 중개인의 역할을 하는 재가자
이고, 둘째는 승가에 시주물을 제공하긴 하지만 승가의 생활에 직
접 관여하지 않는 재가자이다. 후자의 경우 수행자의 일탈을 감시
하고 조언하는 역할도 할 수 있을 것이다. 그리고 전자의 경우,
승가에 제공된 시주물 전체를 관리하는 역할도 해야 하고, 스님들
이 계행을 지킬 수 있도록 스님들의 세속적 업무를 대리하는 역
할도 해야 할 것이다. 율전에서는 이런 재가자를 정인(淨人, kapp
iyākaraka)이라고 부른다. 시주금의 관리와 사찰의 증축이나 개축
등 모두가 이런 사찰 내 재가자의 업무가 될 것이다. 앞으로 사찰
내에서 이러한 정인들의 역할이 보다 강화되고 크게 확대되어야

---

32) 『四分律』, p.595a.

할 것으로 생각된다.

　이렇게 재가자가 승가의 세속적 업무를 대신하고, 승가의 일탈을 감시하고 조언할 수 있는 제도적 장치가 마련될 때, 출가자는 지계와 수행과 설법이라는 본연의 역할에 보다 충실할 수 있을 것이다.

-『참여불교』, 참여불교재가연대, 2003

생활윤리로
바로 서지 못하는 계율

Ⅰ. 깨달음과 계행의 관계

불교 신행의 궁극적 목표는 깨달음을 얻는 것이다. 소승의 경우 아라한[1]의 깨달음을 지향하고, 대승의 경우 구원겁 이후의 부처[2]의 깨달음을 지향한다. 기독교나 이슬람교의 구성원은 '절대자와 그를 우러르며 신앙활동을 하는 신자집단'으로 이루어져 있다. 다시 말해 하나의 목자와 그를 믿고 의지하며 그의 가르침에 따라

---

[1] 아라한이 되기 위해서는 최소 3生(鈍根機)-최대 60劫(利根機)을 수행해야 한다(김동화, 『구사학』, p.326)..

[2] 초발심 이후 3아승기겁 동안 윤회하며 상구보리하화중생의 보살행을 닦고 100겁 동안 32상을 갖추기 위한 공덕을 지을 경우 성불한다. 성불의 기간에 대해서는 소승 논서에서도 대승에서와 동일하게 설명한다(대정장29, 『구사론』, p141b / 대정장27, 『대비바사론』, p.181c).

살아가는 다수의 양떼들로 이루어져 있다. 여기서 양떼는 결코 목
자가 될 수 없다. 양떼로서의 신자들은 모두 동일한 지평(地平)
위에서 하나의 목자를 우러르며 신앙활동을 한다. 그러나 불교신
행은 입체적이다. 불교의 경우 신자집단은 목자에게 신앙을 바치
며 살아가는 양떼이기도 하지만, 궁극적으로는 목자가 되기 위해
수행하는 양떼들이다. 그 수행의 깊이에 따라 양떼로서 살고 있는
자신의 존재와 인식과 가치의 지평이 수직으로 상승한다. 우리는
불교적 종교활동을 '신행'이라는 말로 표현하는데, 불교신행이 이
렇게 입체적 성격을 갖는다는 점에 비추어 볼 때 '신행'이란 말은
'신앙'과 '수행'의 합성어로 보아도 좋을 것이다. 부처님이나 아라
한과 같은 성인을 우러르며, 의지하고 그 가르침에 따라 살아가는
'신앙'과, 궁극적으로 부처님이나 아라한이 되기 위해 노력하는 수
직적 '수행'이 조화롭게 실천되어야 올바른 불교신행이라고 볼 수
있다.

　이렇게 신앙과 수행의 이중구조로 이루어진 불교신행에서 수직
적 향상 축인 수행에 대해 가르치고 있는 것이 바로 계(戒), 정
(定), 혜(慧) 삼학이다. 계학(戒學)에서는 윤리를 가르치고, 정학에
서는 삼매를 가르치며, 혜학에서는 깨달음의 지혜를 가르친다. 이
러한 삼학의 궁극 목표는 마지막의 혜학이다. 계만 닦을 경우 삼
계3) 중 욕계(欲界)의 하늘나라4)에 태어나는 과보는 받을 수 있어

3) 불교에서는 중생이 윤회하는 현장을 그 성격에 따라 욕계, 색계, 무색
　계의 셋으로 구분하여 삼계(三界)라고 부른다. 욕계에 태어난 중생은
　성욕 등의 욕망과 육체와 정신을 갖고 있고, 색계에 태어난 중생은 육
　체와 정신만 가지며, 무색계에 태어난 중생은 요가 삼매를 통해 체득한
　정신적 경지만 갖고 있다.
4) 욕계(kāma dhātu)는 삼계 중 가장 하열한 세계로, 성욕(kāma: sexsua
　l desire)과 육체(色)와 정신(無色)을 모두 갖는 중생이 태어나는 곳이

도 깨달을 수는 없다. 계와 정을 닦을 경우, 색계(色界)[5]나 무색
계(無色界)[6]의 하늘나라에 태어날 수는 있어도 깨달을 수는 없
다. 정만 닦는 무리들에 대해 부처님께서는 수정주의자(修定主義
者)라고 부르며 비판하신 바 있다. 수행자는 계학과 정학에 토대
를 두고 혜학을 완성해야 모든 번뇌에서 벗어나 깨달음을 얻게
된다. 불교 수행에서 계행이 중요한 이유는 아라한이나 부처의 깨
달음이 색계 제4선의 경지에 토대를 두고 이루어지기 때문이다.
색계 제4선의 경지가 되어야 선정과 지혜의 힘이 균등한 가장 안
락한 상태가 되기에 깨달음이 열릴 수 있다고 『대지도론』에서는
설명한다.[7] 철저한 계행은 수행자의 마음을 점점 고결하게 만들
어 욕계의 정상으로 상승시키고, 그 후 선정을 닦아야 비로소 색
계로 진입하게 되며 초선, 2선, 3선, 4선으로 명상이 깊어진다. 그
리고 색계 제4선의 경지에서 연기(緣起)에 대한 지혜가 열릴 때
불교의 깨달음이 오게 되는 것이다. 계학과 정학 없이는 수행자의
마음이 절대로 색계 제4선의 경지로 올라갈 수 없기에 깨달음 역

다. 욕계에는 밑으로부터, 지옥, 아귀, 축생, 인간, 아수라, 육욕천이 있
다. 욕계의 하늘나라란 육욕천(六欲天)을 가리키며 성(性: sex)이 있는
여섯 가지 하늘나라이다. 아래로부터 다시 사왕천, 도리천, 야마천, 도
솔천, 화락천, 타화자재천으로 구성되어 있다. 위로 올라갈수록 고결한
곳이다. 이 곳에 태어난 중생은 모두 남녀, 암수, 음양이라는 성을 갖는
다.
5) 색계는 밑으로부터 초선천, 제2선천, 제3선천, 제4선천으로 구성되어
있으며, 위로 갈수록 삼매의 힘이 강해진다. 색계는 17곳의 하늘나라로
세분된다.
6) 무색계는 공무변처천, 식무변처천, 무소유처천, 비상비비상처천으로 구
성된다. 색계와 마찬가지로 후자로 갈수록 삼매의 힘이 강해진다.
7) 是四禪中智定等而樂 未到地中間地智多而定少 無色界定多而智少 是
處非樂 譬如車一輪強一輪弱則不安隱 智定不等亦如是(대정장25, 『대지
도론』, p.185b).

시 올 수 없다. 계행은 깨달음으로 가는 첫 관문이다.

계, 정, 혜 삼학은 서로 유리되어있는 것이 아니다. 계, 정, 혜 삼학의 상보 관계는 물이 담긴 항아리에 달그림자가 비치는 것에 비유할 수 있다. 출렁이던 물을 잔잔히 만드는 것이 선정 수행에 해당하고, 그래서 고요해진 수면 위에 명확히 나타난 달그림자의 모습은 지혜에 해당하며, 물을 담고 있는 항아리는 계행에 해당한다고 볼 수 있다. 출렁이는 물에 달그림자가 제대로 나타날 수 없듯이, 선정 수행 없이 올바른 지혜는 터득될 수 없다. 그리고 항아리가 깨지면 아예 물이 담길 수 없듯이 계행 없이는 선정도 지혜도 모두 불가능하다. 계행은 지혜의 달그림자를 비추기 위해 선정의 물을 담는 그릇이 된다. 깨달음을 얻기 위해 계학에서 출발해야 하지만 깨달음의 지혜가 열리는 순간에는 계, 정, 혜 삼학이 병수(竝修)되고 있다.

II. 재가불자에게 계행이 중요한 이유

재가자는 진정한 선정을 닦기 어렵고, 진정한 지혜를 얻기 어렵다. 재가자는 부부생활을 하며 세속일에 종사해야 하기에 탐욕과 분노에서 벗어나기 힘들다.[8] 그래서 좌선하는 모습을 짓고 있어

---

8) 색계 초선 이상의 경지가 되면, 慾愛와 有愛라는 두 가지 탐욕 중 욕애가 없어지고 분노(= 瞋恚)가 사라진다. 욕애란 성욕, 수면욕, 식욕 등의 세속적 욕망이고 유애란 존재하고 싶은 욕망으로 행복한 상태로 다시 태어나고 싶은 욕망이다. 따라서 세속적 욕망이 전혀 없고, 그 어떤 일에도 전혀 분노하지 않는 수행자만이 좌선을 통해 깨달음의 지혜를 체득할 수 있는 것이다.

도 겉모습만 흉내낼 수 있을 뿐 그 마음이 삼매로 진입할 수 없다. 진정한 삼매에 들지 못하기에 색계 제4선에서 체득되는 깨달음의 지혜 역시 얻을 수 없다. 혹 깨달음을 얻고자 하는 재가자가 있다면 출가자와 같이 금욕생활을 해야 할 것이다. 물론 가부좌 틀고 앉아 마음을 가라앉힘으로써 세속의 번뇌를 잠시 씻을 수는 있다. 세속에 묻혀 사는 재가자의 좌선은 그 정도 이상의 기능은 하지 못한다.

계행을 갖추지 않은 수행자가 선정을 닦을 경우, 외도(外道)의 좌선이 되고 만다. 이런 수행자의 좌선은 깨달음으로 귀결되는 것이 아니라, 탐욕, 분노, 교만심을 충족시키기 위한 수단으로 전락할 수 있다. 건강하게 살기 위해, 정력적으로 살기 위해, 어떤 목적을 성취하기 위해 가부좌 틀고 앉아 호흡을 조절하며 수행하는 비불교인들의 수행이 탐욕에 토대를 둔 좌선 수행이라고 볼 수 있다. 또, 도인(道人)이 되어 존경받고 명예를 날리기 위해 이루어지는 좌선은 교만심을 충족시키기 위한 좌선이라고 볼 수 있다. 좌선은 가치 중립적이다. 그래서 외도의 삼매가 있을 수 있고, 흑마술(黑魔術)과 같은 외도의 신통력이 가능한 것이다. 좌선 이전에 탐욕과 분노와 교만이 어느 정도 정화되어 있어야 불교적 좌선이 될 수가 있다. 불교의 특징을 물을 때, 해탈, 좌선, 업, 윤회 등을 얘기한다. 물론 기독교나 이슬람교에서는 이와 같은 교리들을 찾아 볼 수 없다. 그러나 이런 교리들은 불교만의 특징이 아니다. 인도 내의 거의 모든 종교에서는 전통적으로 해탈, 좌선, 업, 윤회를 가르쳐 왔다. 불교가 정확히 무엇인지 알기 위해서는 이런 교리들에 대한 불교의 해석이 인도 내 다른 종교와 어떻게 다른

지 정확히 파악해야 한다.

지혜 역시 마찬가지다. 『대지도론』에서는 선정을 갖추지 않은 자가 깨달음의 지혜만을 추구할 경우, '미친 지혜'(狂慧, 광혜)로 귀결된다고 극언한다.9) 현대 서구 문화는 해체를 향해 질주해 왔다. 깨달음의 극(極)을 설하는 불교의 공 사상 역시 이성과 오성을 해체한다는 점에서 서구의 해체주의와 궤를 같이 한다. 그런데 서구의 해체주의의 경우, 지계와 선정의 뒷받침 없이 순수 지적인 해체만을 추구해 왔기에, 윤리와 도덕의 몰락으로 귀결되고 말았다.

계행이 없으면, 올바른 선정에 들 수 없고, 올바른 선정에 들지 않고 얻어진 공의 지혜, 해체의 지혜는 광혜로 귀결된다. 따라서 계행을 갖추지 못한 재가자의 선정과 지혜는 각각 그 외관만 불교적이고 그를 표현하는 언어만 불교적일 뿐 불교의 진정한 가르침과 거리가 멀다. 불교는 형식이 아니라 의미의 종교이다. 불교 수행을 할 경우, 수행자의 겉모습과 지식이 아니라 몸과 마음의 의미가 불교적으로 되어야 한다.

그렇다면 재가자는 어떤 불교 신행을 가장 중요하게 생각해야 할까? 바로 계행이다. 앞에서 신행이란 신앙과 수행의 합성어라고 말한 바 있다. 재가자는 우선 불보살을 우러르며, 의지하는 신앙 생활을 해야 한다. 이 때의 신앙생활은 불보살 앞에서 악업을 반성하고 지계를 다짐하는 '참회기도'가 주종이 될 것이다. 수행의 경우에는 계, 정, 혜 삼학 중 초보적 계학인 5계나 10선계를 닦을

---

9) 問曰 是三種以智慧觀空觀無相觀無作 是智慧何以故 名三昧 答曰 是三
   種智慧若不住定中則是狂慧 多墮邪疑無所能作 若住定中則能破諸煩惱
   得諸法實相(대정장25, 『대지도론』, p.206c).

수 있다. 정학과 혜학은 색계 이상의 경지가 되어야 닦을 수 있는
것이지만, 계학은 욕계에서 닦을 수 있는 수행이기 때문이다.

희노애락애오욕으로 점철된 세속에서 살아가는 재가자가 궁극
적 깨달음을 얻기는 지극히 힘들다. 대부분의 재가자는 해탈과 열
반을 의미하는 깨달음보다 현생과 내생에서의 행복을 희구한다.
출가하지 못했다는 것은 그 마음에 세속적 행복에 대한 미련이
남아 있기 때문일 것이다. 그런데 이러한 세속적 복락을 위한 불
교 수행방법 중의 하나가 바로 지계행이다.[10] 지계행은 보시행과
아울러 행복한 과보를 초래하는 선업인 것이다. 장아함 『유행경
(遊行經)』에서는 파계의 과보와 지계의 공덕에 대해 다음과 같이
설한다.

> 세존께서 재가불자들에게 다음과 같이 설하셨다; 무릇 누군가가 계를 어
> 길 경우 다음과 같은 다섯 가지 손실이 있다. 무엇을 다섯 가지라고 하는
> 가? 첫째는 재물을 구하려고 해도 원하는 대로 되지 않는다. 둘째, 설혹
> 재물을 얻었어도 금방 없어져 버린다. 셋째 그 어디에 가든 모든 사람이
> 존경하지 않는다. 넷째 온 세상에 불명예가 퍼진다. 다섯째 몸이 죽은 후
> 지옥에 태어난다. 또 재가불자들에게 다음과 같이 설하셨다. 무릇 누군가
> 가 계를 지킬 경우 다음과 같은 다섯 가지 공덕이 있다. 무엇을 다섯 가지
> 라고 하는가? 첫째 구하는 것이 있는 경우 언제나 소원대로 얻어진다. 둘
> 째, 갖고 있는 재산이 늘어나며 줄지 않는다. 셋째, 가는 곳마다 모든 사람
> 들이 존경하며 좋아한다. 넷째 온 세상에 명예를 날린다. 다섯째 몸이 죽
> 은 후 반드시 하늘나라에 태어난다.[11]

---

10) 지계행 이외에 보시행도 복락의 과보를 위한 수행이다.
11) 世尊告諸淸信士曰 凡人犯戒 有五衰耗 何謂爲五 一者求財 所願不遂
　　二者設有所得 日當衰耗 三者在所至處 衆所不敬 四者醜名惡聲 流聞天
　　下 五者身壞命終當入地獄 又告諸淸信士 凡人持戒 有五功德 何謂爲五
　　一者諸有所求 輒得如願 二者所有財産 增益無損 三者所往之處 衆人敬

5계, 10선계 등 다양한 계목을 얘기하지만, 그 요점은 "남을 해치지 말고 나를 해치지 말라."는 것이다. 특히 삿된 음행은 물론이고 음행이란 것은 우리를 고결하지 못하게 만듦으로써, 삼계의 하부로 추락하게 한다. 그래서 출가수행자에게 청정한 독신생활이 권유되는 것이다.

계행은 인과응보의 법칙이 지배하는 삼계 중 욕계에서 정상을 향해 상승하게 해 주는 수행이다. 그리고 재가자의 경우 그 마음이 욕계의 차원에서 벗어나기 힘들기에, 색계 초선 이상에서 가능한 정학이나 색계 제4선에서나 가능한 혜학이 아니라 욕계 내의 계학만이 실질적으로 도움이 되는 수행이라고 말할 수 있다. 계행을 철저히 지키며 선하고 고결하게 살아가는 재가자에게는 행복한 미래가 보장된다.

Ⅲ. 인과응보와 계행에 대한 유식학적 조망

'마음(識)'이라는 개념을 도구로 삼아 부처님의 가르침을 수미일관하게 해석하는 불교 유식학(唯識學)에서는 두 가지 종류의 인과응보를 말한다. 하나는 선인락과(善因樂果), 악인고과(惡因苦果)의 인과응보이고 다른 하나는 선인선과(善因善果), 악인악과

愛 四者好名善譽 周聞天下 五者身壞命終 必生天上(대정장1, 『장아함경』, p.12b).

(惡因惡果)의 인과응보이다. 전자는 우리의 마음12) 속에 잠재되어 있는 이숙습기의 지배를 받고, 후자는 등류습기에 의해 지배를 받는다. 이숙습기(異熟習氣)의 이숙은 "다르게(異) 익는(熟)다."는 의미이며 등류습기(等流習氣)의 등류는 "같은(等) 흐름(流)을 초래한다."라는 의미이다.

선행이나 악행이라는 원인을 지을 경우, 이숙습기의 힘에 의해 고통이나 즐거움의 과보가 오게 된다. 여기서 원인으로 작용하는 선, 악은 능동적 행위의 측면이고 결과로서 초래되는 고통과 즐거움은 수동적으로 받은 것을 의미하기에 그 질이 다르다(異). 수동적으로 받은 과보로서의 고와 락은 그 성질이 선성이나 악성도 아닌 무기성(無記性)13)이다. 그래서 인(因)과 과(果)가 그 질이 다르다고(異) 하는 것이다. 또, 마치 음식이 익기 위해 시간이 걸리듯이 선행과 악행은 당장 그 과보를 초래하는 것이 아니라 시간이 흐르며 그 종자가 무르익어야(熟) 고락의 과보를 초래한다. 그래서 선인락과 악인고과의 인과응보에 대해 '다르게 익는 것(異熟)'이라는 명칭을 부여하는 것이다. 일반적으로 우리가 말하는 인과응보는 이렇게 이숙습기가 초래하는 인과응보를 의미한다.

그런데 유식교학에서는 선인선과 악인악과라는 또다른 인과응보를 말한다. 착하게 살면 착한 결과가 오고 악하게 살면 악한 결과가 온다는 것이다. 그리고 이런 인과응보는 우리 마음 속의 등류습기에 의해 초래된다. 이는 우리가 세상을 살아가며 자신과 세상을 대하는 습관적 태도를 이르는 말이다.14) 쉽게 표현하여 전

---

12) 제8 아뢰야식.
13) 세상 만사는 가치론적으로 선(善), 악(惡), 무기(無記)의 세 가지로 분류된다. 선도 악도 아닌 것(非善非惡)을 무기라고 한다.

162 제2부 - 불교 윤리와 교육의 체계화

생에 착했던 사람은 현생에도 착한 성향을 갖고, 전생에 악했던 사람은 현생에도 악한 성향을 갖는다는 것이다. 그래서 선인선과 악인악과이다. 선의 흐름(流)은 동일한(等) 선의 흐름(流) 초래하고, 악의 흐름은 동일한 악의 흐름을 초래한다. 그래서 등류습기라고 부르는 것이다. 불교수행을 할 때, 탐, 진, 치, 만, 의심, 유신견, 변집견, 계금취견, 사견, 견취견 등 우리의 정서와 인지를 교란하는 열 가지 번뇌를 하나하나 끊게 되는데, 이런 수행을 통해 우리는 제8 아뢰야식 속에 잠재되어 흐르고 있는 등류습기를 정화하게 된다.

앞에서 계의 취지는 '남을 해치지 않고, 나를 해치지 않는 것'이라고 말한 바 있다. 유식교학에 대입할 경우 '남을 해치지 않는 것'은 악한 이숙습기, 즉 악업의 종자를 만들지 않는 것을 의미하며, '나를 해치지 않는 것'은 악한 등류습기를 제거하는 것을 의미한다. 여기서 "나를 해친다."라는 것은 나를 삼계 중 고결하지 못한 곳으로 추락시키는 것을 의미한다. 그런데 악인고과(惡因苦果)라는 인과응보의 법칙에 비추어 볼 때, '남을 해치는 행위'는 미래에 언젠가 나에게 '괴로운 과보'를 초래하게 됨으로써 '나를 해치는 것'으로 귀결되고 만다. 따라서 계행이란 궁극적으로는 '나를 해치지 않고, 진정으로 나를 위해 닦는 수행'이라고 규정할 수 있다. 눈앞의 이익을 위해 남에게 손해를 가하고 남의 것을 빼앗을 경우, 당장은 이익을 본 것 같지만, 언젠가 나에게 '괴로운 과보'가 초래됨으로써 결국 나를 해치는 꼴이 된다.

이 세상 모든 것은 연기적(緣起的)으로 존재한다. 짧은 것은 그

---

14) 그래서 등류습기는 自我觀을 의미하는 我執習氣와 世界觀을 의미하는 名言習氣로 양분된다.

것 홀로 존재하는 것이 아니라 긴 것과의 대비를 통해 의미를 띤다. 이렇게 연기적인 세상이기에 그 어떤 사물이나 사태라고 하더라도, 홀로 발생하는 것은 없다. 반드시 한 쌍 이상이 발생한다. 어떤 막대에 대해 내려진 '긴 것'이라는 판단은 그 이전에 떠올린 '짧은 막대'라는 상념과 함께 발생한다. 선인락과 악인고과의 인과응보가 발생하는 이치도 이와 마찬가지다. 남에게 준 고통은 반드시 내가 받을 고통과 함께 발생한다. 그런데 내가 받을 고통의 과보는 시간을 달리하여, 무르익은 후에 발생한다. 그래서 이를 이숙(異熟, vipāka)이라고 표현하는 것이다. 생명의 세계에서 연기(緣起)는 인과응보로 나타난다.

　인과응보의 이치에 비추어 볼 경우 우리의 일거수일투족은 반드시 그에 상응하는 과보를 초래한다. 단 한치도 어긋나지 않는다. 우리가 현재 체험하는 현생의 길흉화복과 나의 성품 그리고 세계관 모두는 전생의 일거수일투족이 만들어낸 것들이며, 지금 내가 몸(身)으로, 말(口)로, 마음(意)으로 짓고 있는 모든 행위는 나의 미래와 내생에 내가 살아갈 세상을 구성하기 위해 제8 아뢰야식 속에 차곡차곡 쌓인다. 인과응보의 법칙의 지배를 받으며 윤회하는 삶 속에서 선하게 살면 밝은 과보가 나타나고 악하게 살면 어두운 과보가 나타난다. 그리고 그러한 선과 악을 판가름하는 기준이 바로 5계, 10선계 등의 계목(戒目)들이다. 이러한 계목은 부처님의 명령이 아니다. 생명과 우주, 삶과 죽음을 지배하는 대통일장이론인 '연기의 법칙'에서 자연히 도출된 행위규범인 것이다. 이렇게 인과응보의 법칙이 지배하는 세상인데 어떻게 계를 어기면서 마음 편히 살 수 있겠는가?

Ⅳ. 불자들이 계를 잘 안 지키는 이유

누군가, 다음과 같은 자조적(自嘲的)인 농담을 한 적이 있다: "장, 차관에 임명된 사람의 종교가 무엇인지 알려면 그 사람이 술을 마시는지, 아닌지 조사해 보면 된다. 술을 마시지 않으면 기독교 신자이고, 술을 마시면 불교 신자다." 사실 "술 마시지 말라."는 계목은 불교의 재가 5계에 포함되어 있는 중요한 윤리지침이다. 기독교 구약의 10계명에는 들어 있지도 않은 계목이다. 그런데 이 계목을 철저히 지키는 재가거사들은 거의 없다. 아니 오히려 음주와 기행(奇行)이 깨달음의 징표인 것처럼 오해하는 사람들도 있다. 다른 계에 대해서도 이는 마찬가지다. 신라 시대에 점찰법(占察法)15)과 팔관재(八關齋)16)가 성행했다는 점에서 보듯이 계행에 대한 믿음이 철저했던 우리 민족인데, 오늘날 어째서 이렇게 지계 의식이 희박해 진 것일까?

---

15) 나무 조각에 10선계를 적은 후 점을 치듯이 바닥에 던져서, 나타난 항목에 대해 참회하는 의식이다. 말법시대가 되어 숙명통이 열린 자가 단 한 사람도 없을 때에는, 이런 점찰법에 의해 자신이 전생에 지었던 악업을 알아내어 참회한다(대정장17, 『占察善惡業報經』, pp.901-910).
16) 八關齋란 八齋戒를 지키는 불교 의식으로 신라에서 시작되었으나 고려시대에 와서 그 의미가 변질되어 타락한 모습을 띄게 된다. 팔재계란 불살생, 불투도, 불사음, 불망어, 불음주의 재가 오계에, 향수나 기름을 몸에 바르지 말라(香油塗身戒), 노래하고 춤추는 것을 보거나 듣지 말라(歌舞觀聽戒), 높고 큰 자리에 오르지 말라(高床大床戒)의 3계를 합한 것으로 한 달에 두 번 열리는 출가수행자의 참회의식인 포살(Ⓢuposatha, Ⓟposatha) 의식이 있는 날 재가자가 지키는 계목이다.

이에는 두 가지 이유가 있다고 생각된다. 첫째는 윤회와 인과응보에 대한 믿음과 이해가 결여되어 있기 때문이고, 둘째는 공 사상에 대한 오해 때문이다. 윤회와 인과응보에 대한 믿음이 없는 사람들은 파계를 하고도 죄책감을 못 느끼기 쉽고, 공 사상을 오해하는 사람들은, "모든 것은 공하니 선도 악도 없다."라고 생각하며 '소신 있게(?)' 파계하기 쉽다. 더 나아가 파계가 깨달음의 징표인 것처럼 착각하기도 한다.17)

앞에서 설명했듯이 연기적인 세상이기에 인과응보의 법칙이 한 치의 오차도 없이 작용한다. 우리의 일거수일투족은 반드시 내세의 과보를 야기한다. 이러한 인과응보의 법칙에 대해 확고한 믿음을 갖고 있고, 현생에 지어진 모든 행동들이 합산되어, 그 선악이 판가름된 다음 내생에 지옥, 아귀, 축생, 인간, 아수라, 천상 중 어느 한 곳에 반드시 태어난다는 사실을 확신하고 있을 경우, 우리는 내생에 대한 공포감에서 생시에는 물론이고 꿈에도 나쁜 짓을 할 수 없을 것이다. 따라서 우리 불자들이 가장 먼저 철저히 익혀야 할 불교 교리는 좌선도 아니고, 깨달음의 지혜도 아니라 바로 윤회와 인과응보의 이치이다.

또, 우리나라에는 『반야심경』, 『금강경』 등과 같이 대승불교의 공 사상을 설하는 경전들이 널리 보급되어 있으며, 반야종(般若宗)이라고 불리던 선종(禪宗)의 간화선이 보편적 수행법으로 자리 잡고 있기에 불교 사상의 핵심이 무엇이냐고 물을 경우 우리는

---

17) 이는 원효의 파계와 다르다. 원효는 신라의 귀족불교를 타파하고 민중에게 불교를 전하기 위해 어쩔 수 없이 '못난 체'를 한 것이라고 볼 수 있다. 즉, 원효의 파계는 화광동진(和光同塵)하기 위한 고육책(苦肉策)이라고 볼 수 있다. 그 후 원효는 자신을 소성거사(小姓居士)라고 낮추며 교화활동에 전념한다.

공(空) 사상을 떠올리게 된다. 그런데 공 사상은 마치 극약과 같
아서, 기사회생(起死回生)의 명약이 될 수도 있지만, 수행자를 해
치는 독약이 될 수도 있다. 공 사상을 체계화한 대승불교의 아버
지 용수보살은, 공 사상의 위험성에 대해 다음과 같이 경계한 바
있다.

> 공성(空性)이란 일체의 사고방식(見)에서 벗어나는 것이라고 모든 부처님
> 들에 의해 교시되었다. 그러나 공성의 사고방식(空見)을 가진 사람들은 구
> 제불능이라고 말씀하셨다.(『중론』, 제13 관행품 제9게)

> 잘못 파악된 空性은 지혜가 열등한 자를 파괴한다. 마치 잘못 잡은 뱀이나
> 잘못 닦은 呪術과 같이.(『중론』, 제24 관사제품 제11게)

공이란 우리의 사유가 구성해 낸 갖가지 세계관을 정화시켜 주
는 해독제와 같다. 비유하자면 마치 비누와 같은 것이 공이다. 비
누로 더러운 옷감을 세탁하고 나면, 다시 그 비눗기를 물로 헹구
어내야 하듯이 공이란 우리 마음속의 번뇌를 제거할 때 소용될
뿐이며, 번뇌가 제거된 후 공 역시 다시 제거해야 한다. 그래서
공도 역시 공하다(空亦復空, 공역부공)고 하는 것이다. 공이 세속
의 규범을 무너뜨리는 '무차별의 규범'일 수는 없다. 이제설(二諦
說)을 빌어 말하면, 공은 진제(眞諦)를 터득할 때 소용될 뿐, 속
제(俗諦)를 무너뜨리는 데 쓰이는 것이 아니다. 속제에서는 계율
과 보시와 인욕과 정진 등의 덕목들이 엄연히 존재한다. 그런 덕
목에 대한 인지적(認知的) 집착만 제거해 주는 것이 진제로서의
공의 역할이다. 『금강경』에서는 "응당 머무르는 바 없이 그 마음
을 내어라(應無所住而生其心, 응무소주이생기심)."라고 설한다.

이를 보시행에 적용할 경우 응당 머무르는 바 없이 베풀어야 하며, 다시 "티 내지 말고 베풀어라(無住相布施, 무주상보시)."라는 말로 요약되기도 한다. 예수가 말하는 "오른손이 하는 일을 왼손이 모르게 하라."라는 명령 역시 이를 함의(含意)한다고 볼 수 있을 것이다.[18] 이때 오른손이 하는 일은, 『금강경』에서 말하는 보시행과 같이 오른손의 선행을 의미한다. 또 '무주상'이나 '응무소주'라는 표현은 "왼손이 모르게 하라."는 말과 그 맥락이 같다고 볼 수 있을 것이다. 그런데 공 사상에 대해 오해한 사람은, 이를 '오른손의 악행을 왼손이 모르게 하는 것'으로 주장하며 막행막식하는 자신의 파계행을 합리화할 수도 있다.

공을 올바로 파악한 수행자는, 베풀어도 티가 나지 않고, '인욕'의 실체에 대한 집착이 사라졌기에 참아도 힘들지가 않으며, 계행이 몸에 배었기에 마음대로 행동해도 상식적 도덕과 윤리의 선(線)을 넘지 않는다(從心所欲不踰矩, 종심소욕불유구)[19].

V. 계행의 생활화를 위한 제언

지금까지 고찰해 보았듯이, 출가와 재가를 막론하고 불교신행에서 실질적으로 가장 중요한 수행이 지계행이다. 진정한 선정과 지

---

18) 물론 불교의 '무주상보시' 정신은, 여기서 한 걸음 더 나아간다. 그래서 "오른손이 하는 일을 오른손조차 모르게 하라."고 표현될 수 있다. 자신이 한 선행을 자신도 모르는 것이다. 『열반경』에서는 이런 베풂을 외아들에 대한 어머니의 베풂에 비유한다. 자기 자식의 아픔을 치료한 어머니에게는 "베풀었다."라는 생각에 흐뭇할 리가 없다. 그래서 "오른손이 하는 일을 오른손이 모르게 하라"는 것이다.
19) 『論語』, 爲政, 공자 나이 70의 경지.

혜는 지계행이 무르익은 다음에야 체득 가능하다. 그러면 이러한
지계행을 모든 불자들이 자발적으로 실천하게 하기 위해서는 어
떻게 해야 할까? 수계 의식을 통해, 불자들에게 계를 주기 전에
먼저 윤회와 인과응보에 대한 철저한 교육이 있어야 할 것이다.
윤회와 인과응보에 대한 믿음이 없는 사람에게 계율은 고루하고
피곤한 구속으로 느껴질 뿐이다. 우리는 지금까지 수억 겁의 세월
을 윤회해 왔고, 깨닫지 않는 이상 앞으로 수억 겁의 세월을 윤회
하며 살아갈 것이다. 그리고 현생에 이렇게 사람의 몸을 받은 것
은 전생에 지었던 엄청난 선업의 과보이며, 도덕적으로 방심하고
살아갈 경우 내생에 사람의 몸을 다시 받기는 지극히 힘들다. 10
선계 중에 어느 하나를 평생 단 한 번이라도 크게 어기게 되면,
내생에 축생, 아귀, 지옥의 삼악도에 태어난다. 그 괴로움은 무시
무시하다. 윤회의 세계에서 생명체가 사람으로 태어나는 것은, 수
명이 무량겁인 눈 먼 바다거북이 백년에 한 번 물위로 올라오는
데, 우연히 바다 위를 떠다니는 구멍 뚫린 판자를 만나 그 구멍에
목이 끼게 되는 정도밖에 안 된다.[20] 이렇게 볼 때 지금 전 인류
중에 내생에 다시 인간계나 천상에 태어날 사람은 거의 없다고
볼 수 있다. 이렇게 가혹한 윤회의 세계이기에 내생에 인간이나
하늘나라의 천신으로 태어나기 위해서는 지극히 선하게 살아야
한다. 그리고 그런 착한 삶의 지표로 제시되는 것이 바로 계목이
다. 불자들은 각 계목들의 의미도 배워야 하지만, 각각의 계목을
어길 경우 초래되는 내생의 과보에 대해서도 굳은 믿음이 들 때
까지 상세하게 배워야 한다. 윤회와 인과응보의 이치에 대한 가르

---

20) 대정장2, 『잡아함경』, p.108c.

침이 철저히 체화된 불자들은 자발적으로 계를 지키려 할 것이다. 누가 보지 않아도 지키게 된다. 꿈속에서도 지키게 된다. 이 때 계는 나를 구속하는 정신적 사슬이 아니라, 나의 행복한 미래를 보장해 주는 은혜로운 지침으로 다가오게 된다. 그래서 계를 설하신 부처님의 은혜에 머리 조아려 감사를 올리는 신앙심 역시 우리 마음 깊은 곳에서 샘솟게 된다.

　지계행은 우리의 미래, 또는 내생의 행복을 보장한다. 그러나 내가 전생에 지었을지도 모르는 수많은 악업의 종자가 남아 있는 이상, 그 과보로서 미래에 예기치 못한 불행이 나에게 닥칠 수 있다. 이러한 악업의 종자를 없애는 수행이 참회기도이다. 불전에 나아가 불보살님을 떠올리며 진심으로 전생과 과거의 악업에 대해 참회할 때, '앞으로 언젠가 괴로운 과보(苦果)의 싹을 티우기 위해 우리 마음 속에서 성숙하던 악업의 종자'가 말라버린다. 『보리도차제론』21)에서는 내생에 지옥에 태어날 악업을 지은 사람이 참회를 할 경우, 현생에 '골치가 아픈 정도'의 과보만 받을 수 있다고 설한다. 참회가 이루어지기 위해서는 과거의 악업에 대해서도 반성해야 하지만, 앞으로 절대 계를 어기지 않겠다는 다짐 역시 병행되어야 한다.

　그런데 여기서 한 가지 문제가 발생한다. 살생하지 말라, 도둑질하지 말라, 삿된 음행하지 말라, 거짓말하지 말라, 술 마시지 말라는 것이 재가 오계인데, 지금 우리 불자들 중에 이 모두를 철

---

21) *Lam rim*: 티벳의 大學匠 종카빠(Tsong kha pa: 1357-1419)의 저술. 대소승의 교학을 총망라하여 불자들의 신앙과 수행법으로 체계화한 명저이다. 한글판 요약본으로 '초펠 저, 『깨달음으로 가는 올바른 순서』가 있다.

저히 지킬 수 있는 사람은 거의 없을 것이다. 특히 마지막 불음주
계의 경우, 사회생활을 하는 재가거사들이 지키기는 거의 불가능
하다. 그렇다면, 오계를 모두 지킬 각오가 될 때까지 수계의식에
참가하지 않아야 할까? 사실 많은 재가거사들이 불음주계를 거론
하며 수계의식에 참여하기를 망설인다. 그런데 『대지도론』에서는
이런 갈등을 다음과 같이 해소시킨다.

> 일반 재가불자들은 세속에 살면서 관리가 되든지 가업을 맡아 사람을 부
> 려야 하기에 "험한 말을 하지 말라(不惡口)."는 계를 지키기 힘들어 망어
> 죄를 짓게 된다. 하는 일이 중요하기 때문에 계를 지킬 수가 없다. 그래서
> 이런 5계를 받는 방식에 다섯 가지가 있기에 다섯 종류의 우바새라고 부
> 른다. 첫째는 일분행(一分行)우바새, 둘째는 소분행(少分行)우바새, 셋째
> 는 다분행(多分行)우바새, 넷째는 만행(滿行)우바새, 다섯째는 단음(斷婬)
> 우바새이다. 일분행자는 5계 중에서 1계만 받으며 나머지 4계는 수지할
> 수 없다. 소분행자는 2계만 받든지, 3계만 받는다. 다분행자는 4계를 받는
> 다. 만행자는 5계를 모두 받아 지닌다. 그리고 단음행자(斷婬行者)는 5계
> 를 받고 나서 계사 앞에 나아가 스스로 맹세하며 다음과 같이 말한다: "나
> 는 나의 부인에 대해서도 다시는 음행을 하지 않겠습니다." 이것을 5계라
> 고 이름한다.[22)]

　직장과 가정을 잘 꾸려 나가야 하는 재가거사의 경우 5계조차
모두 지키기 힘들다. 잘못된 것은 큰 소리를 내어 꾸짖을 수도 있
고, 직장생활을 하기 위해서는 동료들과 술자리도 함께 해야 한

---

22) 復次白衣處世 當官理務家業作使 是故難持不惡口法 妄語故作事重故
不應作 是五戒有五種受 名五種優婆塞 一者 一分行優婆塞 二者少分行
優婆塞 三者多分行優婆塞 四者滿行優婆塞 五者斷婬優婆塞 一分行者
於五戒中受一戒 不能受持四戒 少分行者 若受二戒若受三戒 多分行者
受四戒 滿行者 盡持五戒 斷婬者 受五戒已師前更作自誓言 我於自婦不
復行婬 是名五戒(대정장25, 『대지도론』, p.158c).

다. 그렇다면 오계 수계식에 참석하지 말아야 할 것인가? 그렇지
않다. 위의 『대지도론』의 가르침을 따른다면, 수계식에 참여하여
자신이 지킬 수 있는 계만 받으면 된다. 그리고 시일이 지나 지킬
자신이 있는 계목이 새로 생길 때, 다시 수계식에 참여하여 계를
받으면 된다. 또, 재가자라고 하더라도 자식들이 모두 장성한 후,
부부생활조차 금하고 수행할 것을 맹세하게 되면, 단음행자로서
별도의 수계의식을 치를 수 있을 것이다. 초기불전에서 말하는 성
자가 된 재가자들은 모두 이런 단음행자들이었을 것으로 생각된
다.[23]

출가한 비구, 비구니 스님의 구족계 수계식의 경우, 자의적으로
어떤 계목을 보류할 수는 없다. 그러나 전문 수행자가 아닌 재가
자의 경우 자신이 지키지 못할 계목은 보류하며 수계식에 참석하
는 것을 『대지도론』에서는 허용한다.[24] 물론 가장 바람직한 것은

---

[23] 다음에서 보듯이 梵行(= 斷婬行)을 닦는 우바새는 아나함과까지 도달
할 수 있다: 佛告婆蹉 不但一二三乃至五百優婆塞 乃有衆多優婆塞修
諸梵行 於此法律斷五下分結 得成阿那含 不復還生此 …(대정장2, 『잡
아함경』, p.246c). / … 世尊 我向靜處 默自思惟 此那陀村十二居士 伽
伽羅等命終 復有五十人命終 又有五百人命終 斯生何處 唯願解說 佛告
阿難 伽伽羅等十二人 斷五下分結 命終生天 於彼卽般涅槃 不復還此
五十人命終者 斷除三結 婬怒癡薄 得斯陀含 還來此世 盡於苦本 …(대
정장1, 『장아함경』, p.12a). / 善男子 諦聽諦聽 僧已和合 聽汝受持優
婆塞戒 是戒卽是一切善法之根本也 若有成就如是戒者 當得須陀洹果乃
至阿那含果 若破是戒命終當墮三惡道中 善男子 優婆塞戒 不可思議 何
以故 受是戒已雖受五欲 而不能障須陀洹果至阿那含果 是故 名爲不可思
議(『우바새계경』, p.1049a).
[24] 이 이외에도 『우바새계경』에서도 이와 같은 선택적 수계를 허용한다:
善男子 諦聽諦聽如來正覺說優婆塞戒 或有一分 或有半分 或有無分 或
有多分 或有滿分 若優婆塞受三歸已 不受五戒名優婆塞 若受三歸 受持
一戒 是名一分 受三歸已受持二戒 是名少分 若受三歸持二戒已 若破一
戒 是名無分 若受三歸受持三四戒 是名多分 若受三歸受持五戒 是名滿
分 汝今欲作一分優婆塞作滿分耶 若隨意說 爾時智者當隨意授 既授戒

모든 불자들이 5계를 수계하고 이를 지키며 생활하는 것일 것이다.

  앞으로 깨달음을 위한 좌선 수행 이전에 계행이 불자들의 보편적 신행방식으로 정착되어야 한다. 이를 위해서는 먼저, 윤회와 인과응보에 대한 철저한 교육이 이루어져야 한다. 그리고, 계의 의미와 함께 계를 어길 경우 초래될 과보에 대한 교육이 이루어져야 할 것이다. 또 이와 아울러, 계를 어긴 경우 참회하는 방법이 교육되어야 할 것이다. 현재 재가불자들의 사찰수련회는 좌선 수행 위주로 운영된다. 그러나 앞으로는 사찰수련회 일정도, 깨달음을 위한 좌선이 아니라 ①세속의 번뇌를 가라앉히는 좌선 수행과 함께, ②윤회와 인과응보에 대한 지식교육, ③수련하는 동안의 10선계 수계, ④매일 저녁 이루어지는 자자(自恣) 모임, ⑤전생의 죄업을 녹이는 참회기도, ⑥그리고 수련회 마지막 날 이루어지는 환계(還戒) 의식으로 짜는 것이 좋을 것이다.

  불교적 윤리, 도덕인 계(戒)는 강제적 명령이 아니다. 어떤 절대자가 있어서 그 계목을 어긴 사람을 처벌하는 것도 아니다. 계란 연기의 이치에서 도출된 이법(理法)으로서의 규범이다. 자업자득이라고 하듯이 스스로 어기면 스스로 처벌한다. 지계행은 궁극적으로는 자기 자신을 위한 수행이다. 자리이타(自利利他)의 보살행에서 자리행(自利行)에 속한다. '진정한 이기적 수행'이라고 불러도 좋을 것이다. 이렇게 지계는 자기자신에게 이익을 주는 수행인데, 왜 계를 안 지키는가?

                    - 『참여불교』, 2002년 7/8월호, 참여불교재가연대

___

己(대정장7, 『優婆塞戒經』, p.1049a)

재가불자교육의
체계화를 위한 시론*

Ⅰ. 들어가는 말

1999년에 발표되었던 박선영의 논문에 실린 다음과 같은 글을 보면 불과 5-6년 전만 해도 재가불자의 교육에 대해 조계종단이 거의 관심을 갖지 못했다는 점을 알 수 있다.

조계종의 경우 그 동안 종단적 차원에서 이 문제에 대해 전연 무관심했다
고 해야 할 것이다. 다시 말해서 재가불자의 질 관리를 위한 교육을 등한

---

* 2005년 4월 '한국 불교교육 체계의 재검토'라는 주제로 조계사 내 한국
불교역사문화기념관에서 열린 한국불교학회 춘계학술대회에서 발표.

시행온 것이다. … 최근에 조계종을 위시하여 각 사원이나 교당에서 불교
교양대학을 운영하고 있다. 그러나 이는 학교의 명칭과 같이 불교적 교양,
그것도 주로 인지적 차원의 것에 머물고 있다. 뿐만 아니라 소속된 각 사
찰에 따라 교육내용이 각양각색이다. … 법계나 재가불자의 위계와 연계
하여 교육과정이 구안되어 제도화되어 운영되어야 한다. 이를 위해서는
학문과 실천의 측면에서 전문적인 연구가 조속하게 착수되어야 할 것이
다.[1]

사실 1994년 개혁종단이 들어서기 전까지는 재가자는커녕 출가
자를 위한 통일된 교육제도조차 제대로 마련되어 있지 않았기에,
종단 집행부에서 재가자의 교육에까지 관심을 가질 여력이 없었
을지도 모른다. 그러나 이제는 상황이 많이 달라져서 출가자를 위
한 교육제도는 거의 정착단계에 와 있다. 출가 후 구족계를 받기
까지의 의무교육과정이 원만하게 운영되고 있으며 구족계 수계
이후 품계의 상승을 위한 승가고시 제도 역시 자리를 잡아가고
있다. 이렇게 출가자를 위한 교육제도가 어느 정도 정착되어가는
모습을 보이자 조계종단은 재가자교육에 대해 관심을 보이기 시
작하였다. 상기한 논문이 발표된 이듬해인 2000년 초두에 재가불
자 교육을 위한 신도교육위원회가 결성되었고, 동 위원회의 자문
을 거쳐 『불교입문』[2], 『불교교리』[3], 『불교의 이해와 신행』[4] 등
통일적 교재가 개발되었다. 그 후 이들 교재에 의거하여 재가불자
를 교육하는 사찰이나 포교당이 점차 늘어나고 있으며 최근 들어

---

1) 박선영, 「한국불교에 있어서 재가불자의 교육정책」, 『교육문제연구』,
   제14집, 1999, pp.9-10.
2) 대한불교조계종 포교원 엮음, 『불교입문』, 조계종출판사, 2001.
3) 대한불교조계종 포교원 엮음, 『불교교리』, 조계종출판사, 2001.
4) 대한불교조계종 포교원 엮음, 『불교의 이해와 신행』, 조계종출판사, 20
   04.

'대학생을 위한 불교강좌'를 기획하는 등 체계적이고 통일적인 재
가불자교육이 이제 태동하고 있다.

얼마 전 '한국기독교의 미래를 준비하는 모임'을 의미한다는
'한미준'이라는 기독교지도자 모임에서는, 2004년 7-8월 사이에
18세 이상의 성인을 대상으로 실시했던 종교인구 통계조사 결과
를 발표하였는데, 불교가 26.7%, 개신교 21.6%, 천주교 8.2%, 기
타 0.6% 순으로 불교인구가 가장 많았으며, 동 단체에서 1998년
에 실시했던 조사결과와 비교할 때 불교 인구는 3.2%가 증가하여
가장 큰 폭의 증가율을 보인 반면 개신교는 0.9%, 천주교는 0.
7% 증가하는 데 그친 것으로 나타났다고 한다.[5]

우리나라의 불교가 이렇게 기독교계 종교 둘을 합한 신도 수와
맞먹는 신도를 가졌음에도 우리는 이를 실감하지 못한다. 이는 정
기적으로 종교집회에 참석하는 빈도, 시주금이나 헌금의 빈도와
양, 매일 매일의 삶에서 신행이 차지하는 비중 등에서 불교인이
타종교인에 훨씬 못 미치기 때문일 것이다. '한미준'이 발표한 통
계에 의하면 종교기관에 기부하는 시주금이나 헌금의 경우 개신
교인은 월평균 125,000원, 천주교인은 59,700원인 반면 불교신자
는 31,400원으로 가장 적었으며, 종교성전을 읽는 시간의 평균치
를 일주일단위로 비교할 때 개신교인은 62분, 천주교인은 30분인
반면 불교인은 19분으로 나타났다고 한다.[6] 또 최근 경상북도에
서 시행한 종교인구통계조사에서 종교가 있다고 응답한 절반 정
도의 사람 가운데 불교인이 67.4%, 개신교인이 19.4%, 천주교인
이 9.5%로 불교인구가 단연 우위를 점하고 있었지만, 종교활동참

5) 불교신문, 2101호[2005/02/01].
6) 불교신문, 위와 같음.

석 빈도를 보면 개신교 신도의 84.4%가 매주 1회 이상 참여한다
고 답한 반면 불교 신도의 경우 67.8%가 1년에 1, 2회만 참석한
다고 답했다고 한다.[7]

물론 종교집회에 참석하는 횟수, 헌금이나 시주금의 양 등 외형
적인 종교 활동이 결코 개개인의 종교적 깊이를 재는 잣대가 될
수는 없을 것이다. 또, 배타적 성격의 도그마를 갖는 종교가 조직
화 되고 세력화 하는 것이 사회 통합의 측면에서 반드시 바람직
한 일은 아닐 것이다. 그런데 불교신도들의 경우, 문제가 되는 것
은 외형적 종교 활동이 활발하지 못할 뿐만 아니라 '불교적 신념
체계'도 체계적으로 교육되고 있지 않다는 점이다. '종교인구통계
조사' 설문지의 '불교' 항목에 동그라미를 쳤기에 불교신도로 분
류되기는 했지만, 불교적 신행 활동에 적극 참여한 적도 없고, 불
교적 신념체계도 갖고 있지 않다면 그 사람을 진정한 불자라고
부르기 힘들 것이다. 불교인 중에는 소위 '무늬만 불자'인 사람이
적지 않다.

1994년 개혁종단 출범 이후 1995년부터 조계종에서는 '신도등
록사업'을 벌이기 시작했는데, 그 후 9년이 지난 2004년 8월 집
계한 결과 조계종도로 등록한 사람이 약 31만 명 정도 된다고 한
다. 1000만이 넘는 불교신도 가운데 불과 약 3%만 조계종 신도
카드에 자신의 이름과 주소를 적어 넣고 1만 원의 신도교무금[8]을
냈다는 말이다. 또, 신도등록사업 시작 이후 4년이 지난 1998년
당시 조계종 신도로 등록한 사람이 약 13만 명 정도였는데 '1년

---

7) 불교신문, 2117호[2005/04/01].
8) http://www.buddhism.or.kr/library/form/board.asp?station_id=9[200
   5/04/03].

에 1만 원'에 불과한 신도교무금을 이듬해에 재 납부 한 사람은
그 중 1/6도 안되는 2만 명에 그쳤다고 한다.9) 신도등록제도에
대한 홍보가 부족했고 신도교무금을 기꺼이 납부케 하는 동기부
여가 제대로 고안되지 않은 상태에서 이 제도를 시행한 것이 저
조한 신도등록율과 교무금납부율의 원인일 수도 있을 것이다. 그
러나 이를 달리 해석하면, 우리나라 최대 종단인 조계종 산하의
사찰을 재정적으로 뒷받침하면서 적극적으로 신행활동을 하는 불
자의 비율이 통계적 불교인구 전체의 3%를 넘지 못한다는 말이
된다. 이는 우리의 주먹구구식 직감에도 크게 어긋나지 않는다.
불교가 우리나라에서 최대의 신도를 가진 종교임에도 불구하고
'불교인의 활동이 크게 눈에 띄지 않는 이유'가 바로 여기에 있
다. 양적으로는 최대이나 그 구성원들의 종교 활동의 질은 다른
종교에 크게 못 미친다. 법보신문의 새해인터뷰10)에서 "앞으로
'핵심신도' 100만 명을 양성하겠다"고 공표한 조계종 포교원장 스
님의 포부가 얼마나 큰 것인지 가슴에 와 닿는다.

　서구문화가 유입되기 전에 우리민족은 유교와 불교, 그리고 무
속이 혼재된 종교문화 속에서 살아왔다. 서당에서 사서삼경을 배
우고 제사와 차례를 지내지만 초파일에는 절에 가고 힘들거나 아
쉬운 일이 있으면 산신각에서 기도를 하든지 무당을 불러 푸닥거
리를 했다. 그러나 서구적 종교관과 함께 기독교가 유입되면서 종
교와 종교 간에 진한 선이 그어지기 시작했다. 사실 '종교인구통
계조사를 실시하는 행위' 자체에는 "네 종교와 나의 종교는 전혀
다르다."라고 선을 긋는 서구적 종교관이 짙게 배어있다. 이 역시

9) 현대불교신문, 제181호[1998/07/08].
10) 법보신문, 제791호[2005/02/09].

우리가 앞으로 문제 삼고 우리사회의 모든 종교인들과 함께 풀어 가야 할 과제일 것이다. 어쨌든 6.25이후 미국의 정치권력과 경제적 지원을 배경으로 '배타적 성향의 개신교' 세력이 급성장하면서 '유교'는 '구습'이라는 누명(陋名)과 함께 "내세관이 없다."라는 이유로 종교로서의 자격을 박탈당했고, '무속'은 '미신'이라는 오명(汚名)을 받아 만신창이가 되면서 거의 전멸하였기에 종교인구통계조사에 응하는 사람이 '유교'나 '무속'에 동그라미를 치는 것이 왠지 어색한 일로 되고 말았다. 불교가 자신의 종교라고 말한 사람들 중의 대다수가 원래 복합적 종교활동을 하는 사람들일 것이다.

　이런 현실에서 '종교를 갖지 않은 사람이나, 다른 종교에 소속된 사람'과 같이 불교 바깥에 있는 사람들을 불자로 만드는 양적 포교보다 시급한 것은 자신의 종교를 '불교'라고 말하는 현재의 1000만 불자들을 진정한 불자로 교육해 내는 질적 포교일 것이다. 진정한 불자란 '불교적 인생관과 세계관을 갖추고 일거수일투족을 그에 따라 살아가는 사람'이다. 그러면 1000만 불자 모두를 진정한 불자로 만들어내기 위해 앞으로 무엇을 어떻게 교육해야 할 것인가?

Ⅱ. 불교의 세계관, 우주론이 제시되어야 한다.

　지금 우리나라의 재가불자교육에서 가장 시급한 것은 불교적 세계관과 인생관을 교육하는 일이다. 진정한 불교인이라면 그 어떤 신념체계와 부딪혀도 자신이 갖고 있는 신념체계에 대한 확고부동한 인식과 믿음이 있어야 할 뿐만 아니라, 다른 신념체계를 가진 사람들에게 이를 전해 주고 그들을 설복하여 불교의 길로 인도해 줄 수 있어야 한다. 우리나라의 불교인들이 자주 부딪히는 신념체계는 현대과학[11]과 기독교이다. 불교는 과학과 마찬가지로 '발견된 진리'이기에 그 가르침이 과학의 세계관과 크게 충돌하지 않는다. 많은 불교인들은 과학이 발달할수록 불교의 진리성이 입증된다고 생각한다. 아인슈타인이 말했듯이 불교는 현대과학과 공존할 수 있는 종교일 것이다.[12] 그러나 불교의 세계관은 다른 종교의 신념체계, 특히 기독교의 신념체계와는 강하게 부딪힌다. 과학의 발달에도 불구하고, 기독교의 신념체계 가운데 창조론, 섭리론 등의 신화는 아직도 수많은 '한국기독교인'들의 인생 좌표가 되고 있다. 따라서 다종교사회에서 이러한 기독교인들과 맞부딪히며 살아가야 하는 '한국의 재가불자'들을 교육할 때 시급하게 가르쳐야 할 것 가운데 하나가 기독교의 창조론과 섭리론에 대응되는 불교의 세계관이다. 보다 구체적으로 말해서, 우주는 어떻게 해서 생겼나? 지구상에 사람은 어떻게 나타나게 되었나? 최초의

---

11) 서구인들에 의해 개발되어 온 과학 역시 그 근저에 실재론적 믿음이 깔려 있다는 점에서 일종의 신념체계라고 볼 수 있다.

12) The religion of the future will be a cosmic religion. It should transcend a personal God and avoid dogmas and theology. Covering both natural and spiritual, it should be based on a religious sense arising from the experience of all things, natural and spiritual and a meaningful unity. Buddhism answers this description. If there is any religion that would cope with modern scientific needs, it would be Buddhism. - Albert Einstein, 1941 -

생명체는 어떻게 해서 생겼나? 역사와 인생을 주관하는 법칙이
있는가, 아니면 절대자의 섭리에 의해 운영되는가? 등등의 물음에
대한 불교적인 해답이 한국의 재가불자들에게 먼저 교육되어야
한다.

  그 동안 불교학계에서 이러한 불교의 세계관과 우주론에 대한
연구가 그리 활발하게 이루어지지 못했던 것은, 초기불전에 등장
하는 부처님의 침묵, 즉 '무기설'의 취지를 오해했기 때문이라고
생각한다. 현대학자들이 칸트철학의 틀을 적용하여 '형이상학적인
물음(metaphysical question)'이라고 번안한 여러 가지 '난문(難
問)'들에 대해 부처님은 답을 하지 않는다. 자아와 세간은 상주하
는가, 무상한가? 자아와 세간은 유변인가, 무변인가? 영혼과 육체
는 같은가, 다른가? 여래는 사후에 어딘가에 존재하는가, 존재하
지 않는가? 『전유경(箭喩経)』에서는 이와 같은 물음들에 대해 부
처님이 답을 하지 않은 이유에 대해 설명하면서 독화살의 비유를
든다. 이런 의문에 매달리는 사람은 독화살을 맞았는데도 "나는
이 화살을 누가 쏜 것인지, 무엇으로 만들어졌는지 알기 전까지는
화살을 뽑지 않겠다"고 생각하는 사람과 같이 어리석은 사람이
다.13) 이런 의문들은 무의미하고[非義], 진리와 아무 상관이 없으
며[非法], 청정한 수행과도 무관하고[非梵行], 불교수행의 목표인
열반과 전혀 관계가 없기[不與涅槃相應] 때문에 부처님께서는 이
에 대해 답을 하지 않는다.14) 이런 '난문'들 가운데 '자아와 세간
의 상·무상(常·無常)의 문제와 변·무변(邊·無邊)의 문제'를 우주의

---

13) 『불설전유경(仏説箭喩経)』, 大正蔵1, pp.917하-918상.
14) 此不可記 云何不可記 此非是義 亦非法 非是梵行 不成神通 不至等
    道 不與涅槃相應: 위의 책, p.918중.

시간적 공간적 한계의 문제라고 보는 칸트철학적 해석15)을 대부
분의 학자들이 그대로 수용하면서 상기한 우주론적 물음들 역시
이런 '쓸모없는 물음'에 속한다고 간주하여 방기하였던 것 같다.
그런데 '자아와 세간의 상·무상의 문제'는 "전생이 그대로 현생으
로 이어지는지, 아니면 전생과 현생이 완전히 단절되어 있는지"의
문제이고, '자아와 세간의 변·무변의 문제'는 "현생과 내생이 단절
되어 있는지, 아니면 현생이 그대로 내생으로 이어지는지"의 문제
로,16) 전생과 현생과 내생의 시간적 상속(相續: saṃtāna)에 대해
우리의 사유를 적용할 수 없다는 중도의 가르침이지, 우주의 기원
이나 인간의 기원에 대한 추구를 금하는 가르침이 아니다. 시간적
상속에 대해 우리의 사유가 적용될 수 없다는 중도의 가르침은
고의 자작자각(自作自覺), 타작타각(他作他覺)의 문제에도 나타나
있다. 업을 지은[作] 자와 그 과보를 받는[覺] 자가 같은 자인지
[자작자각] 다른 자인지[타작타각] 여부에 대해서도 부처님은 무
기답으로 대응한다. 다음을 보자.

　　어떤 바라문이 … 부처님께 아뢰었다. "어떠합니까, 구담(瞿曇: Gautama)
　　이시여, 자작자각(自作自覺)입니까?" 부처님께서 바라문에게 고하셨다.
　　"나는 이것을 무기(無記: 언표되지 않는다)라고 설한다. 자작자각, 이는
　　무기이니라.""어떠합니까, 구담이시여, 타작타각(他作他覺)입니까?" 부처
　　님께서 바라문에게 고하셨다. "타작타각, 이는 무기이니라." 바라문이 부
　　처님께 아뢰었다. "어째서 자작자각을 여쭈어도 무기라고 말씀하시고 타
　　작타각을 여쭈어도 무기라고 말씀하십니까? 이는 어찌 된 일입니까?" 부
　　처님께서 바라문에게 고하셨다. "자작자각이라면 상견에 떨어지고, 타작타

15) 무르띠, 김성철 역, 『불교의 중심철학』(서울, 경서원, 1995), p.91.
16) 『중론』, 제27 관사견품 참조.

각이라면 단견에 떨어진다. 의설과 법설은 이런 양 극단을 떠나 있다. 그
래서 중도(中道)에 처하여 다음과 같이 설한다. 이것이 있음에 저것이 있
고 이것이 생함에 저것이 생한다. 무명을 연(緣)하여 행이 있고 … 그래서
오직 고(苦)뿐인 엄청난 오온들이 연생(緣生)한다. 무명이 멸하면 행이 멸
한다. … 그래서 오직 고뿐인 엄청남 오온들이 소멸한다."[17]

여기서는 업을 짓는 자와 그 과보를 받는 자를 소재로 삼아 상
견과 단견을 비판하고 있다. 세간과 자아의 상·무상의 문제나 변·
무변의 문제에서도 이와 마찬가지로 상견과 단견이 비판되고 있
지만 그 범위가 전생과 현생, 현생과 내생으로 넓어진 것일 뿐이
다. 두 경우 모두 상속(相続: saṃtāna)을 대하는 우리의 이율배반
적 사유를 비판한다

우주와 인간의 기원 문제는 무기의 소재가 아니다. 이에 대해
부처님은 결코 침묵하지 않았다. 물론 궁극적 기원이나 궁극적 한
계에 대한 해답은 우리 사유의 이율배반적 성격과 관계된다. 불교
에서 말하는 '무시무종'이나 '무변허공'이라는 말에 사용된 '무'자
는 '없음'을 의미하는 '무'자가 아니라, 쌍차적(双遮的) '중도'를
나타내는 '무'자이다. 우리의 흑백논리적 사유가 일상생활에서 만
들어낸 '시작'이나 '끝'이라는 개념을 우주전체에 대해 적용하여
의문을 품는 것은 잘못된 일이다. 그러나 일반인들의 의심에 답할
수 있을 정도의 불교적 우주론은 불전 도처에서 발견된다. 『장아

---

17) 有異婆羅門来詣仏所 与世尊面相慶慰 慶慰已 退坐一面 白仏言 云何
瞿曇 為自作自覚耶 仏告婆羅門 我説此是無記 自作自覚 此是無記 云
何 瞿曇 他作他覚耶 仏告婆羅門 他作他覚 此是無記婆羅門白仏 云何
我問自作自覚 説言無記 他作他覚 説言無記 此義云何 仏告婆羅門 自
作自覚則堕常見 他作他覚則堕断見 義説·法説 離此二邊 処於中道而説
法 所謂此有故彼有 此起故彼起 縁無明行 乃至純大苦聚集 無明滅則行
滅 乃至純大苦聚滅: 『잡아함경(雜阿含経)』, 大正蔵2, p.85하.

함경』중의「세기경염부제주품(世記経閻浮提州品)」18)이나『기세경(起世経)』19)이나『기세인본경(起世因本経)』20),『대루탄경(大樓炭経)』21) 등에 상세하게 설명되어 있으며『아비달마구사론(阿毘達磨倶舎論)』22)에도 체계적으로 정리되어 있다.

"축생이든 인간이든 천신이든 모든 생명이 사는 세계는, 욕망[욕]과 몸[색]과 정신[무색]을 가진 중생이 사는 욕계, 미묘한 색으로 된 몸[색]과 정신[무색]만 가진 천신이 사는 색계, 정신적 경지[무색]만 존재하는 무색계의 세 가지로 이루어져 있다"는 삼계설, "이런 삼계는 수미산[지구] 주변에 펼쳐져 있는데 수미산 하나마다 해와 달을 갖고 있고, 이런 수미산이 10억 개가 모인 것이 온 우주이다"라는 삼천대천세계(三千大天世界) 이론, "삼계가 각각 20겁 동안 지속되는 성(成), 주(住), 괴(壊), 공(空)의 네 주기를 거쳐 생성과 파괴를 되풀이하는데,23) 공겁의 시대에는 모든 중생이 색계 제2선천 이상에 사는 천신이 되기에 색계 초선천을 포함하여 그 하부의 욕계의 육욕천과 아수라, 인간, 축생, 아귀, 지옥이 모두 사라진 상태이며, 공겁 이후 성겁이 시작될 때 색계 제2선천의 극광천(極光天)에 살던 천신 중 하나가 초선천으로 가장 먼저 타락하여 창조주의 행세를 하게 되었다24)"는 얘기 등등 사실적이고 흥미로울 뿐만 아니라 현대과학의 우주론에 비추어

---

18) 대정장1, p.114중 이후.
19) 대정장1, p.310상.
20) 대정장1, p.365상.
21) 대정장1, p.277상.
22) 대정장29, p.57상 이후.
23)『아비달마구사론』, 대정장29, p.62하.
24) Dīgha Nikāya(P.T.S.), vol. I , pp.17ff.

보더라도 크게 어긋나지 않는 합리적인 우주론이 분명히 제시되어 있는데 어째서 이것을 가르치지 않으려 하는가? 이런 삼계설의 우주론은 열반하기 전까지 많아야 욕계에 7번 환생[極七返]한다는 수다원(śrota āpanna), 열반하기 전까지 욕계에 1번만 환생[一来]한다는 사다함(sakṛdāgamin), 욕계에 태어나지 않고[不還] 곧바로 색계 이상의 세계에 태어나 열반한다는 아나함(anāgamin)을 말하는 성인(聖人)의 수행 계위와 밀접하게 연관되어 있기에 이를 배제할 경우 초기불교의 수행론 역시 무너지고 만다.

불교의 우주론에 근거할 때 "우주는 태초의 대폭발을 통해 만들어졌다."는 빅뱅이론이 아니라,25) "우주는 수축과 팽창을 주기적으로 반복한다"는 맥동(脈動)이론이 옳다고 해석되며, 인간이라는 종(種: Species)은 "삼천대천세계에서 생사를 거듭하는 무량한 중생들의 윤회와 진화를 통해 출현하였다."라고 해석된다. 지금

---

25) 스티븐 호킹 등의 물리학자들이 주장하는 빅뱅이론은 기독교 창조설의 물리학적 변형일 수도 있다. 동양사상을 물리학과 연관시키는 일에 대해서는 지극히 비판적이었던 호킹은 별빛 스펙트럼의 적색편위(赤色偏位)를 해석할 때, 지구가 우주의 중심일 수도 있다고 다음과 같이 암시하며 지극히 비과학적인, 비합리적인 면모를 보이기도 한다: "만일에 우주가 우리 둘레의 모든 방향으로는 동일하게 보이지만 우주의 딴 곳에서는 그렇지 않다면, 이것은 극히 놀라운 일일 것이다!"(스티븐 호킹, 현정준 역, 『시간의 역사』, 삼성이데아, 1988, pp.79-80). 이는 프톨레마이오스의 지구 중심적 우주관에 다름 아니다. 별빛의 적색편위를 도플러 효과와 연관시킴으로써 빅뱅이론이 구상되었지만, 필자가 보기에는 "별빛이 지구에 도달하기까지 우주공간에 균일한 밀도로 편재하는 전자와 부딪힐 때 에너지를 상실하여[콤프턴 효과] 적색편위가 일어났다"고 해석하는 것이 더 합리적일 것 같다. 이렇게 해석할 때 적색편위의 크기가 별과 지구 사이의 거리에 '정비례'하는 이유가 보다 분명히 드러난다. 빅뱅이라면 적색편위의 크기가 별까지의 거리와 무관하게 불규칙해야 자연스러울 것이다. 빅뱅 당시 발생했으리라고 추정하는 복사파 역시 달리 해석해야 한다. 빅뱅이론을 비롯하여 현대의 물리학이론은 합리성의 탈을 쓴 새로운 신화일 뿐이다.

필자의 이런 주장과 해석을 비학문적이고 허무맹랑한 담론이라고 생각하는 사람이 있을지도 모른다. 그러나 다른 종교의 경우 현재 '양식 있다고 생각되는 과학자'들조차 특이한 '학술단체'를 결성하여 자신들의 종교에서 가르치는 창조론적 세계관을 논증하려 하고 있으며, 현학적 수사를 통해 많은 대중들에게 이를 주입하려 한다는 황당한 현실을 직시하자!

Ⅲ. 불교신행의 목표가 구체적으로 제시되어야 한다.

불교신행의 궁극적 목표는 무엇일까? 깨달음이다. 부처님이 되는 것이다. 부처님을 닮는 것이다. 그러나 솔직히 얘기해 보자. 전 세계의 불자들 가운데 도대체 몇 명이 현생에 부처님이 될 수 있을까? 그 목표를 아라한으로 낮추어도 얘기는 마찬가지다. 전 인류 가운데 지금 아라한이 된 사람은 몇 명이고, 앞으로 아라한이 될 수행자는 몇 명이나 될까? 불교에서 말하는 깨달음이 '부처나 아라한이 되는 것'을 의미하기에 만일 우리가 '깨달음'을 얻기 위해 불교신행을 한다면 대부분의 불자들은 평생을 헛물켜며 신행생활을 하고 있는 꼴이 될 것이다. 물론 출가수행자의 경우는 다르다. 발심이 투철하고 깨달음으로 가는 정확한 지도(地圖)만 갖고 있다면 부처님 당시에 그랬듯이 수많은 수행자가 아라한이 될 수 있을 것이다. 그러나 세속적 욕망이 강해서 출가할 엄두를 내지 못한 일반인의 경우는 현생에 깨달음을 얻기는커녕 내생에 다시 인간으로 태어나기도 쉽지 않다.

초기불전에서는 윤회하는 생명체가 인간으로 태어나는 것이 얼마나 힘든 일인지에 대해 몇 가지 비유를 들어 설명한다. 먼저 '눈먼 바다거북의 비유'에서는, '대지가 모두 바다로 변했을 때 수명이 무량겁인 눈 먼 바다거북이 백년에 한 번 바다 위로 목을 내밀다가 우연히 그곳을 떠다니던 판자의 구멍에 목이 끼는 확률'보다 '생명체가 윤회하다가 인간으로 태어나는 확률'이 더 낮다고 가르친다.[26] 또, 생명의 세계에서 인간의 수는 마치 손톱 위의 흙과 같이 적고 축생이나 아귀와 같이 인간이 아닌 존재들의 수는 대지의 흙과 같이 많다고 한다.[27] 이런 가르침이 사실이라면 지금 60억으로 추산되는 전 인류 가운데 전생에도 인간이었거나 내생에 다시 인간으로 태어날 자는 거의 없다고 보아야 한다. 인간이 다시 인간의 몸을 받는 것도 이렇게 힘든 일인데, 인간계 이상의 천상에 태어나거나 깨달음을 얻어 성자가 되는 것은 말할 나위도 없을 것이다. 물론 불교의 가르침대로 살아가지 않을 경우에 그렇다는 말이다.

이러한 불교의 윤회관에 의거할 때, '깨달아서 성자가 되는 것' 이전에 내생에 '인간으로 다시 태어나거나 하늘나라[천상]에 태어나는 것'이 재가불자의 1차 신행 목표가 되어야 할 것이다. 다시 말해 '윤회에서 벗어나는 해탈' 이전에 '윤회하는 삶 속에서 향상하는 것'이 불교신행의 현실적인 목표로 먼저 제시되어야 한다는 말이다. 이를 성취하는 방법은 일상생활 속에서 보시와 지계의

---

26) 『잡아함경』, 대정장2 p.108하.
27) 如甲上土 如是衆生 人道者 亦復如是 如大地土 如是非人亦爾: 『잡아함경』, 대정장2, p.114중.

'선업'을 짓는 것이다. 쉽게 풀어서 말하면 남을 도우며 살고[보시], 고결하게 살 경우[지계] 우리는 다시 인간으로 태어나든지 하늘나라에 태어난다[생천]. 성욕, 재물욕, 식욕, 수면욕, 명예욕과 같은 오욕락에 대한 집착이 강해서 출가하지 못한 재가자이기에,[28] 이런 욕망을 모두 끊고 '깨달은 자'인 아라한이나 부처가 되는 것은 거의 불가능하다. 삼귀의하고 오계를 수지한 총명한 재가자라고 하더라도 괴로운 일이 생기면, 갖가지 향이나 꽃이나 음식을 준비하여 천신에게 기복적 기도를 올리게 마련이다.[29] '내세에 다시 태어나지 않을 열반'을 진심으로 추구하는 재가자는 극히 드물며 대부분의 재가자는 내세의 행복을 기원할 뿐이다.[30] 초기불전 도처에서 부처님께서 재가불자를 교화할 때, 해탈의 가르침 이전에 "많이 보시하고, 계를 잘 지키면 하늘나라에 태어난다."는 입문적 가르침, 즉 '시(施), 계(戒), 생천(生天)'의 설법을 먼저 베풀었던 이유가 이에 있을 것이다.

그렇다고 해서 재가자가 성자의 지위에 오르는 것이 전적으로 불가능하다는 말은 아니다. 『잡아함경』을 보면 음욕을 포함하여 오욕락을 누리며 살아가는 재가자라 하더라도 '욕계의 다섯 가지

---

28) 교학의 견지에서 볼 때, 출가와 재가를 구분하는 기준은 '직접적 음행', 즉 '성교'에 있다. 출가자의 자격이 박탈되는 4바라이죄 가운데 ① 살인, ②5전 이상의 투도[재가자의 경우 사형에 처해짐], ③깨닫지 못했는데 깨달았다고 하는 망어죄의 경우 출가자는 물론이고 재가자도 지어서는 안 되는 것이기에 이것이 출가와 재가를 구분하는 기준이 될 수는 없다. 그러나 ④성교의 경우, 재가자에게는 용인될 뿐만 아니라 친지들의 축복 속에서 그 의식이 거행되는데[결혼식], 출가자의 경우는 단 한 번의 성교도 승단에서 추방되는 중죄이기에 ④성교 여부가 출가와 재가를 구분하는 결정적 기준인 것이다.
29) 『대비바사론』, 대정장27, p.605중.
30) 『대지도론』, 대정장25, p.254상.

번뇌[五下分結]' 가운데 유신견(有身見)과 계취견(戒取見)과 의심
(疑心)의 세 가지 번뇌를 끊을 경우 '많아야 일곱 번 욕계에 재생
한 후 색계에 태어나 열반에 드는 성자인 수다원'의 지위에 오를
수 있다고 설명한다.[31] 물론 이것이 쉬운 일은 아니다. 유신견이
란 '내[我, 아]가 있다거나 나에게 속한 것[我所, 아소: 눈, 귀,
코, (고)苦, 락(樂) …]이 있다'는 생각으로 이를 끊었다는 것은
'무아'의 진리를 체득했다는 말이 된다. 계취견이란 '다른 종교에
서 가르치는 규범이나 의식을 옳다고 착각하는 것'이며 의심이란
'불교에 대한 의심'을 의미한다. 이런 세 가지 번뇌가 완전히 사
라진 성자가 수다원이기에 수다원의 지위에 오르는 것이 쉬운 일
은 아닐 것이다. 그러나 재물욕과 명예욕과 음욕과 수면욕과 식욕
의 오욕락을 누리면서 살아가는 재가자라고 하더라도 다시는 추
락하지 않는 '불퇴전의 성자'인 수다원이 될 수 있다는 가르침에
서 우리는 희망을 갖게 된다. 여기에 덧붙여 탐심과 진심과 치심
이 희박해 질 경우는 '한 번만 욕계에 재생한 후 색계에서 열반에
드는 성자인 사다함'의 지위에 오를 수 있으며,[32] 부부생활도 금
하고 욕계의 다섯 가지 번뇌를 모두 끊을 경우 다시는 '욕계에 태
어나지 않고 색계에서 열반에 드는 성자인 아나함'이 될 수 있다
고 한다.[33]

---

31) 婆蹉白仏　復置優婆塞　頗有一優婆夷受習五欲　於此法律得度狐疑不
　　仏告婆蹉　不但一二三乃至五百　乃有衆多優婆夷在於居家　畜養男女　服
　　習五欲　華香嚴飾　於此法律三結尽　得須陀洹　不堕惡趣法　決定正向三菩
　　提　七有天人往生　究竟苦邊: 『잡아함경』, 대정장2, p.247상.
32) 婆蹉白仏　置比丘比丘尼·優婆塞·優婆夷修梵行者　頗有優婆塞受五欲
　　而於此法·律度狐疑不仏告婆蹉　不但一二三乃至五百　乃有衆多優婆塞居
　　家妻子　香華嚴飾　畜養奴婢　於此法·律断三結　貪恚痴薄　得斯陀含　一往
　　一来　究竟苦邊: 위의 책, pp.246하-247상.

　이상 초기불전의 가르침에 의거하여 재가자의 신행목표를 구체적으로 나열해 보았다. 재가불자에게 막연하게 '깨달음'을 그 신행목표로 제시할 것이 아니라, '인간'이나 '천신'으로 재생할 것을 목표로 삼는 '복락의 길', 또는 '수다원', '사다함', '아나함'의 지위에 오르는 '지혜의 길' 가운데 어느 하나를 자신의 수행목표로 삼게 하고 그것을 성취하기 위한 구체적인 신행방법을 가르쳐야 할 것이다. 예를 들어, 만일 어떤 재가불자가 '아나함'을 수행목표로 삼았다면, 그는 먼저 부부생활을 금해야 하고 그에 덧붙여 욕계의 다섯 가지 번뇌인 오하분결, 즉 탐욕과 분노와 유신견과 계취견과 의심이라는 다섯 번뇌 하나하나를 완전히 끊는 수행에 몰두해야 할 것이다.

　지면 관계상 대승불교나 선불교의 수행목표에 대해서는 간략히 언급하겠다. 대승불교의 수행목표는 성불이다. 보살로 살아갈 것을 다짐한 후 3아승기 100겁의 세월 동안 윤회하며 공덕을 축적해야 부처가 된다. 사홍서원에서 보듯이 우리 불교전통에서는 이런 보살도를 수행목표로 설정하고 있다. 그러나 우리는, 이런 보살도를 '진심으로 다짐하는 것'이 아무에게나 가능한 일이 아니라는 점을 명심해야 한다. 자칫하면 공허한 '기어(綺語)'로 그치기 쉽다. 또, 선불교 수행의 경우 그 귀결은 다양하다. '보살'도 있고, '아라한'도 있고, '선불교적인 부처'도 있다. 견성을 했음에도 임종 시에 '내생의 삶'을 서원했다면 그는 '보살'이다. 견성 후 열반한 다음 다시는 태어나지 않을 수행자는 '아라한'이다. 그리고 선불교

---

33) 婆蹉白佛 復置優婆塞 頗有一優婆夷於此法律修持梵行 於此法‧律度狐疑不 佛告婆蹉 不但一二三優婆夷乃至五百 乃有衆多優婆夷於此法律斷五下分結 於彼化生 得阿那含 不復還生此: 위의 책, p.246하.

에서 지향하는 '부처'는 인도불교의 견지에서 볼 때 '부처와 아라
한을 구분하지 않았던 초기불교적 의미의 아라한'이다.34)

Ⅳ. 연령에 따라 차별화된 교육이 실시 되어야 한다.

수년 전, 조계종단에서 티벳의 재가불자 교육실태를 조사한 적
이 있는데, 불교에 대해 깊은 신앙심을 가진 티벳인들임에도 불구
하고 재가자를 교육시키는 별도의 시설이나 제도는 없음을 알 수
있었다. 티벳이나 미얀마와 같은 불교국가의 경우는 재가자들의
삶 자체에 불교가 녹아 있기에, 굳이 재가자를 위해 별도의 불교
교육제도를 마련할 필요가 없었을 것이다. 그러나 억불의 조선시
대 500년간 깊이 뿌리내린 유교 문화의 풍습과 근대화의 이름을
달고 물밀듯이 들어온 서구적 생활방식이 혼재되어 있으며 불교
의 진정한 가르침이 이제 겨우 일반인들에게 알려지기 시작한 우
리나라의 경우는 이들 불교국가와는 사정이 매우 다르다. 우리의
삶과 밀접한 관계를 갖는 출생과 결혼, 장례 등의 통과의례나 제
사의식을 여법하게 만들어 재가불자들에게 보급해야 하고,35) 불

---

34) 김성철, 「선의 깨달음, 그 정체와 문제점」(불교평론, 제18집, 2004년
봄) 참조.
35) 일반인들에게 어색하게 느껴질 수 있는 불교적 의례를 창안하여 보급
하는 것보다, 기존의 의례의 외형은 그대로 두고 그에 대한 의미부여를
점차 불교적으로 바꾸어 주는 것이 불교적 의례를 단시일에 정착시키는
손쉬운 방법일 것이다. 합체존이나 만다라, 짜끄라 등 힌두밀교의 외형
에 불교적인 의미를 부여함으로써 불교밀교가 탄생했듯이….

교적 세계관, 인생관, 가치관, 신행 방법 등을 교육체계로 조직해
내어 재가자에게 가르쳐야 한다.

그런데 우리가 무엇을 누구에게 교육하기 위해서는 그것을 '교
육과정'으로 구현해내어야 한다. 이는 불교의 경우도 마찬가지다.
불교가 재가자에게 효율적으로 가르쳐지기 위해서는 교육과정이
짜여져야 한다. 그런데 불교를 가르치는 일이 인생의 어떤 특정시
기에 국한하여 이루어지는 것이 아니다. '불교교육', 또는 '불교적
교육'은 개인의 탄생 이후, 장성하여 늙어 죽기 직전까지 계속되
어야 한다. 이런 점에서 일반교육학에서 말하는 '평생교육'의 개념
은 불교교육체계의 정립을 위해 좋은 참고가 된다. "평생교육은
개인 및 집단의 삶의 질을 향상시키기 위하여 개인의 평생을 통
하여 개인적, 사회적 직업적 발전을 이룩하는 과정이다"36)라는
정의에서 보듯이 '평생교육'은 그 목적이 세속적이라는 점에서 근
본적으로 '불교교육'과 차별되지만, '개인의 출생부터 사망에 이를
때까지 전 생애에 걸친 교육'37)이라는 점에서 그 시간적 범위가
불교교육과 합치한다. 평생교육에서는 인간의 발달단계에 따라 교
육내용을 유아교육, 아동교육, 청년전기교육, 청년후기교육, 성인
전기교육, 성인후기교육, 그리고 노인교육으로 구분하여 교육목적
과 내용을 다르게 설정하는데,38) 우리가 재가자를 위한 불교교육
체계를 정립하고자 할 때 '평생교육'에서 배워야 할 교훈은 피교
육자의 연령대에 따라 불교교육의 내용을 차별화해야 한다는 점

---

36) R. H. Dave의 정의: 유평수 외, 『교육학개론』, 재동문화사, 1996, p.
49에서 재인용.
37) Lengrand의 정의: 위의 책.
38) 위의 책, pp.408-413.

이다. 불교의 모든 내용을 모든 연령대의 재가불자에게 무차별하게 가르칠 수는 없는 일이다. 예를 들어 유아들에게 '탐욕을 없애기 위해 시체를 관찰하게 하는 부정관'을 가르칠 수는 없다. 인간의 발달단계에 대한 일반교육학의 분류법을 참조하여, 불교적 조망 하에 피교육자의 연령대를 구분하면 다음과 같다.

① 태교 – 결혼 이후 출산 이전
② 영·유아교육 – 출생 이후 언어습득 이전
③ 아동교육 – 언어습득 이후 사춘기 이전
④ 청년전기교육 – 사춘기 이후 고교졸업 이전
⑤ 청년후기교육 – 고교졸업 이후 대학졸업 이전
⑥ 장년기교육 – 대학졸업 이후 정년퇴임 이전
⑦ 노년기교육 – 정년퇴임 이후 사망 이전

앞으로 불교와 교육학의 소양을 모두 갖춘 전문가들에 의해 각 연령대의 재가불자들을 위한 교육과정이 세밀하게 짜여져야 할 것이다. 이 때 우리가 명심해야 할 것은 불교교육이 '불교문화교육이나 불교의식교육'을 넘어서 '피교육자가 불교적 심성을 갖도록 해 주는 교육'이 되어야 한다는 점이다. 다른 종교나 일반 교육체계에는 없는 불교만의 독특한 교육방법을 사용하여 '신속하고 강력하고 정확하게 피교육자의 심성을 변화시키는 교육'이 고안되어야 한다는 말이다. 이는 피교육자의 연령대에 맞추어 다르게 고안되고 제공되어야 한다. 그러면 피교육자의 연령대를 위와 같이 일곱 단계로 구분한 이유와 각 연령대 별로 가르쳐져야 할 불교

교육의 내용에 대해 간략히 소개해 보기로 하자. 이하의 논의 모두는 철저히 불교의 세계관에 의거한 해석이고 제안이다.

①태교 - 결혼 이후 출산 이전(0-1세)

단도직입적으로 말하면 불교적 관점에서 볼 때 태교는 지금의 우리사회나, 일반교육학계에서 생각하는 것만큼 태아의 발육에 큰 영향을 미치지는 않는다. 임산부의 생활이나 마음가짐이 태아에 영향을 미치는 것이 아니다. 거꾸로 임산부의 배속에 지금 어떤 태아가 들어와 있는가에 따라 임산부가 달라진다. 사리불의 어머니가 사리불을 임신한 후 갑자기 총명해졌다는 일화[39]에서 가르치듯이 전생에 지혜와 복덕을 많이 닦은 중음신이 수정란에 결합되어 자궁에 자리 잡으면 그 어머니가 달라진다. 따라서 임신 이후의 태교보다 중요한 것은 임신하기 이전에 좋은 중음신이 자신의 자궁에 들어올 수 있도록 몸가짐과 마음가짐을 바르게 하는 일일 것이다. 또, 『법화경』의 관세음보살보문품에서는 "어떤 여인이 있어서 아들을 낳기를 원하여 관세음보살을 예배하고 공양하면 문득 복덕과 지혜를 갖춘 아들을 낳을 것이며 딸을 낳기를 원하면 곧 단정하고 아름다운 딸을 낳으리니 전생에 심었던 공덕으로 여러 사람에게 사랑과 존경을 받으리라"[40]라고 가르친다. 이와 같은 불전의 가르침에 비추어 볼 때 태교보다 중요한 것은 좋은 중음신을 불러들이는 입태기도(入胎祈禱)다. 앞으로 우리사찰

---

39) 如舍利弗本末経中説 舍利弗舅摩訶倶絺羅 与姊舍利論議不如 倶絺羅 思惟念言 非姊力也 必懐智人寄言母口 未生乃爾 及生長大当如之何 思 惟已生憍慢心 為広論議故出家作梵志:『대지도론』, 대정장25, p.61중.
40) 若有女人設欲求男 礼拝供養観音菩薩 便生福德智慧之男 設欲求女 便生端正有相之女 宿殖德本衆人愛敬:『묘법연화경』, 대정장7, p.57상.

에서 '신혼부부를 위한 입태기도' 의식을 새롭게 개발해도 좋을 것이다. 물론 이런 기도의식에 기복적 기미가 배어있지만 '실수로 임신하고, 낙태가 횡횡하는 지금 우리 사회의 참담한 현실'을 상기하면 이는 '참으로 건전한 기복'이 아닐 수 없을 것이다.

②영, 유아 교육 - 출생 이후 언어습득 이전(1-3세)

동물성에서 벗어나게 하는 규범교육과 사회화 교육. 일반교육과 크게 다르지 않다. 이 때 부모는 자식이 무사하고 건강하게 성장하도록 기도할 수 있다.

③아동 교육 - 언어습득 이후 사춘기 이전(3-13세)

아동기는 언어를 습득한 이후 사춘기 이전까지의 기간이다. 언어능력이 있기에 불교적 세계관, 우주관이 교육될 수 있다. 가능하면 놀이와 동화를 통해 불교적 세계관과 인과응보의 교훈을 가르친다. 또, '하나의 사물을 다양한 측면에서 보고 이를 발표케 함'으로써 반야지혜를 훈련시킨다. 이 때 분석과 토론을 유도함으로써 분별력과 언어구사력을 키워준다. 내가 발에 밟히는 지렁이가 되어 보고, 병아리가 되어 보고, 아픈 친구가 되어 보는 '역할 바꾸기 놀이'를 통해 남의 처지를 이해하는 자비심을 교육시킨다. 아동기는 성(Sex)에 대해 눈을 뜨기 이전이기에 '탐욕'이 그렇게 강하지 못하다. 따라서 탐욕을 대치하는 '부정관' 수행은 시키지 않는다. 또 아동들을 집단적으로 통제하기 위해서라면 몰라도, 별도의 좌선 삼매의 훈련 역시 필요하지 않다. 영유아기 이후 아동기까지, 심리적으로 큰 상처를 받지 않은 아동일 경우 잡념이 없이 항상 삼매에 빠져서 생활하기 때문이다.

④청년전기 교육 - 사춘기 이후 고교졸업 이전(13-19세)

아동기에서와 같이 불교적 우주관과 세계관과 인과응보의 이치에 대해 가르치지만, 독해능력과 이해력을 갖추고 있기에 그림이나 놀이가 아니라 문서와 강의를 통해 이에 대해 보다 자세하게 가르친다. 이 시기의 특징은 성적(性的)인 성숙이다. 성적인 발육과 함께 독립된 개체로서 살아가기 위해 '생존본능'이 발휘되어 탐욕과 분노와 교만이 강력하게 발생하기 시작한다. 정신적으로는 미숙하기에 자기통제를 못하여 '왕따'와 교내폭력이 이 시기에 가장 많이 일어난다. 아동기 이전까지는 가르치지 않았던, 부정관과 자비관과 삼매를 비로소 가르치기 시작한다. 부정관을 통해 음욕을 제어하고, 자비관을 통해 분노를 제어하며 삼매를 통해 잡념을 제어하는 훈련을 한다. 또 잘못을 저질렀을 때 참회기도를 통해 이를 정화하는 방법을 가르친다. 이와 아울러 하나의 사건을 다양하게 해석하는 반야지혜를 훈련시킨다. 이는 분석과 토론과 깊은 사색을 통해 분별력을 키움으로써 터득된다. 이 시기에 출가의 길을 권장하고 출가할 인재를 발굴한다.

⑤청년후기 교육 - 고교졸업 이후 대학졸업 이전(19-25세)

불교전공자가 아닌 경우 청년전기교육과 그 내용은 동일하나 좀 더 심도 있게 교육한다. 그리고 이 때 대학에서 '불교전문인 교육'이 시작된다. 동국대와 위덕대와 금강대 등의 불교계 종립대학 불교학과에 재학 중인 학생이 그 대상이 된다. 불교학과 졸업

생에게 현행의 '포교사'와 차별화 하여 '전법사(傳法師)'라는 이름
의 법사자격을 부여한다. 부전공제를 활용하여 '심리상담', '문화
재관리', '종무행정관리', '정보통신기술', '명상지도', '시민운동'
'사회복지', '유아교육', '불교미술', '불교음악', '문화관광' 등의 특
기를 부여하고 이를 전법사 자격증에 병기한다. 엄격한 관리를 통
해 각종 특기를 가진 전법사를 배출함으로써 졸업 후 불교계에서
실질적으로 이들을 활용할 수 있도록 한다.

⑥장년기 교육 - 대학졸업 이후 정년퇴임 이전(26세-60세)

불교계 밖에서 일반 불자로 살아가는 생활인을 위한 교육프로
그램이 별도로 마련되어야 한다. 이 시기에 재가불자들은 생업에
종사하며 가정살림을 꾸려나가고 자녀를 교육해야 한다. 따라서
이 시기에는 생활 속의 어려움을 불교적으로 풀어나가는 기술을
가르쳐야 한다. 청년기 교육에서 가르쳤던 내용과 함께 불교적 심
리상담, 참회기도, 작복의 생활, 대인관계, 가족관계, 자녀교육 등
의 문제에 대한 불교적 해결방안이 계속 교육되어야 한다.

⑦노년기 교육 - 정년퇴임 이후 사망 이전(60세-사망)

우리나라의 불자들에게 가장 시급하게 교육되어야 할 내용 중
의 하나가 내세관이다. 앞에서 '불교신행의 목표가 제시되어야 한
다'고 말하며, '인간, 천신'이라는 복락의 길과 '수다원, 사다함, 아
나함'이라는 지혜의 길을 나열한 적이 있다. 이와 아울러 '무한한
보살도 후의 성불', 또 '아미타불 염불을 통한 극락왕생' 등이 불
자들에게 제시될 수 있는 내세의 모습이다. 노년기에는 앞에서 해

왔던 교육도 계속 해야 하겠지만, 각 개인으로 하여금 이런 내세 가운데 어느 하나를 선택하게 하고 그것을 성취할 수 있는 방법을 교육시켜야 한다. 평생 지었던 악업을 참회하게 하는 '기도의 삶', 평생 쌓아 온 재산을 남에게 베풂으로써 내생의 행복을 기약하는 '보시의 삶', 내생에 어디서 어떻게 태어나 살아갈 것인지 발원하는 '서원의 삶'을 살도록 교육시키는 것이 노년기의 불자들에게 반드시 가르쳐야 할 내용들이다. 그래야 '사망에 임박하여 개종하는 불자'가 사라질 것이다. 늙고 죽음이 임박할수록 마음이 편안해지는 정도로 우리는 그가 불교 신행을 잘했는지 못했는지 판가름할 수 있다.

Ⅴ. 출가자와 세속을 매개하는 전문 인력이 적극 활용되어야 한다.

다양한 종교지도자들이 있지만 불교의 '스님'이 다른 종교의 지도자와 차별되는 점은 재가신도를 위한 '복전(福田)'의 역할을 한다는 점이다. 『대지도론』에 의하면 우리가 축생에게 보시할 경우 보시물이 백배로 되어 내게 돌아오고, 악인에게 보시할 경우 천 배가 되어 돌아오며, 선인(善人)에게 보시할 경우 십만 배가 되어 돌아오고, 욕심을 떠난 사람에게 보시할 경우 십억만 배가 되어 돌아오며, 수다원 등 사향사과의 성인들에게 보시할 경우 무량한 복이 되어 돌아온다고 한다.[41] 그리고 일반인의 경우는 욕심에서

---

41) 如施畜生得百倍 施悪人得千倍 施善人得十万倍 施離欲人得十億万倍

벗어나 자비를 실천한다고 해도 제법의 실상을 체득하지 못했기에 무량한 복전이 될 수 없는 반면, 성인 가운데 가장 아래 단계인 수다원의 경우는 아직 오욕락에 대한 욕심에서 완전히 벗어나지 못하긴 했어도 제법의 실상을 파악하고 있기에 무량한 복전이 된다고 한다.[42] 이런 가르침을 통해 우리는 '모든 존재의 참모습[제법실상]을 깨닫는 것'이 '욕심을 버리고 자비를 실천하는 것'보다 복전으로서의 자질을 향상시키는 보다 효과적인 방법이라는 점을 알 수 있다. 이런 가르침에 의거할 때 출가한 스님의 가장 바람직한 사회참여 방식은 '자신을 양질의 복전으로 만든 후 재가자의 시주물을 받아주는 것'과 '재가자에게 불교의 가르침을 전해주는 것'이리라. 출가자가 깊이 수행하여 모든 욕심을 버리고 제법의 실상을 파악함으로써 수다원 이상의 복전이 되었을 때 그에게 시주물을 올리는 재가자에게 무량한 복이 돌아간다. 불교적으로 볼 때 '한 그릇의 밥을 남에게 주는 것'보다, '한 그릇의 밥을 시주받음으로써 그 시주자에게 수만 그릇의 밥을 먹을 수 있는 복을 주는 능력을 기르는 것'이 출가자의 이상적인 사회참여 방식이다. 우리사회의 복락이 지금 이렇게 유지되는 것도 복전의 역할을 하는 수많은 수행자들이 우리의 시주를 받으며 함께 살아가기 때문일지도 모른다.

약 20년 전까지만 해도 우리 불교는 사회참여에 소극적이었다. 그러나 '사회의 어두운 구석을 밝히는 것'이 종교의 역할이라는 사회통념에 부응하여 이제는 출가자든 재가자든 많은 불교인들이

施須陀洹等諸聖人得無量福: 『대지도론』, 대정장25, p.582a.
42) 凡夫人雖離欲行慈悲心 不得実法相故 不得作無量福田 須陀洹雖未離欲 分別諸法実相故福無量: 위의 책.

정치, 경제, 복지 등 사회 각 분야의 문제를 해결하기 위해 적극
적으로 활동한다. 많은 사찰에서 사회복지시설이나 병설 유아원을
운영하고 있고, 많은 스님들이 사회적 약자를 돕고 정의를 구현하
는 데 앞장선다. 이러한 사회 참여 활동의 대부분은 원래 재가불
자들이 해야 할 일들이다. 『대지도론』이 대승사상을 피력하는 논
서이긴 하지만 출가자와 재가자의 역할에 대해서는 확연히 구분
한다. 보시를 재보시와 법보시로 나눌 때, 재보시는 출가자가 아
니라 재가자의 임무이며 법보시가 출가자의 임무라는 것이다.[43)]
왜냐하면 출가자가 재보시를 하기 위해 재물을 모으는 과정에서
계를 어길 경우 '복전'으로서의 가치가 훼손되기 때문이다. 물론
어려운 사람에게 물질적 도움을 주는 것은 선한 일이며 누군가가
반드시 해야 할 일이다. 그러나 그것은 원래 재가자가 해야 할 일
이지 출가자의 본분은 아니다.

　『사분율』에 열거된 비구의 250계 중에는 땅을 파서는 안 된다
는 굴지계(掘地戒),[44)] 식물을 함부로 다루어서는 안 된다는 괴생
종계(壞生種戒),[45)] 금전을 비축해서는 안 된다는 수축금은전계(受
畜金銀錢戒),[46)] 상거래를 해서는 안 된다는 판매계(販売戒)[47)] 등
이 있다. 이는 다른 생명을 해치지 않고 승가의 명예를 지키며 세
속적 욕망을 제어하기 위해 만들어진 계목들이다. 그런데 이런 계
목들을 그대로 지키고자 할 경우 출가자의 사회생활은 불가능해

---

43) 仏法有二種施　法施財施　出家人多応法施　在家者多応財施: 위의 책,
　　 p.271중.
44) 『사분율』, 대정장22, pp.641상-중.
45) 위의 책, p.641하.
46) 위의 책, pp.618하-619상.
47) 위의 책, pp.619하-620중.

진다. 그래서 승가의 주변에서 생활하면서 출가자와 세속을 중개해주는 재가자가 필요했으며 율장에서는 이런 재가자를 정인(淨人, kappiyākaraka)이라고 부른다.[48]

우리는 "불교가 사라지는 것은 재가자들이 출가자들에게 올리는 시주물의 양이 부족하기 때문이 아니라 출가자들이 바르게 행동하지 않기 때문이다"[49]라는 부처님의 유훈을 명심해야 한다. 서구의 물질문명, 감각문명이 세계를 주도하면서 수행환경은 점점 열악해지고 있다. 도처에 '청정한 수행'에 장애가 되는 문명의 이기들이 가득하다. 불교가 전통적 수행환경을 보존하면서 대사회적 역할을 다하기 위해서는 전문교육을 받은 재가불자들이 세속적 업무에 적극 활용되어야 할 것이다. 이들은 불교상담, 불교NGO 활동, 신행 안내와 포교, 신도관리, 사찰유지보수, 사회복지업무, 사찰부속유치원운영 등에 직접 뛰어들어 활동하는 '현대의 정인(淨人)'들이다. 그리고 각 종단에서 설립한 종립대학에서 불교를 공부한 재가불자들이 바로 그 역할을 할 수 있을 것이다.

Ⅵ. 참회기도법이 새롭게 개발되어 적극 보급되어야 한다.

앞에서 설명했듯이, 세속에서 살아가는 재가불자의 경우 욕심을 완전히 버리거나 화를 전혀 내지 않고 살아가기는 쉽지 않다. 그

---

48) 佐藤密雄, 崔法慧 訳, 『律蔵』, 東国訳経院, 1994, p.24.
49) 仏涅槃時以法付嘱二部弟子 一者在家 二者出家 勿謂 今由在家弟子不能給施諸出家人 令乏短故正法滅没 但由仁等出家弟子無正行故令正法滅: 『대비바사론』, 대정장27, p.918중.

래서 『대지도론』에서는 재가자의 수계에 대해 융통성 있게 해석한다. 오계를 모두 받아 지키는 것이 바람직하긴 하지만, 다섯 가지 계목을 다 지킬 수 없는 환경에서 살아야 하는 재가자라면, 자신의 처지에 맞게 선택적으로 수계해도 된다. 그래서 오계 가운데 한 가지만 받아 지키는 우바새를 '일분행(一分行) 우바새'라고 부르고, 두세 가지를 받아 지키는 우바새를 '소분행(少分行) 우바새', 네 가지를 받아 지키는 우바새를 '다분행(多分行) 우바새', 다섯 가지 계목 모두를 받아 지키는 우바새를 '만행(滿行) 우바새'라고 부른다.[50] 그리고 만행 우바새 가운데 배우자와의 성생활도 끊기로 다짐한 우바새를 '단음(斷婬) 우바새'라고 부른다. 단음 우바새의 경우는 오계 수계식을 마친 다음에 계사 앞에 나아가서 "저는 이제 제 배우자와 음행을 하지 않겠습니다."라고 맹세한다.[51] 재가 오계에 대한 이와 같은 해석은 『우바새계경』에서도 발견된다.[52]

재가불자 가운데에는 '불음주계' 때문에 아직 수계하지 못했다는 사람이 많이 있다. 그러나 위와 같은 가르침에 의거할 때 수계식 참석을 더 이상 망설일 필요가 없을 것이다. '불음주계' 이외의 네 가지 계만 받아 지니는 '다분행 우바새'로 살아가면 되기 때문이다. 또, 생선회집을 운영하는 사람은 수계식에 참석하여 '불

---

50) 白衣処世 当官理務家業作使 是故難持不悪口法妄語故 作事重故不応作是五戒有五種受 名五種優婆塞 一者一分行優婆塞 二者少分行優婆塞 三者多分行優婆塞 四者満行優婆塞 五者断婬優婆塞 一分行者 於五戒中受一戒 不能受持四戒 少分行者 若受二戒若受三戒 多分行者受四戒 満行者尽持五戒: 『대지도론』, 대정장25, p.158하.
51) 断婬者 受五戒已師前更作自誓言 我於自婦不復行婬 是名五戒: 위의 책.
52) 『우바새계경(優婆塞戒経)』, 대정장24, p.1049상

살생계' 이외의 계만 받으면 된다. 소매업을 하기에 하루에도 여러 번 손님에게 "밑지고 판다."는 거짓말을 해야 하는 상인이라면 '불망어계' 이외의 계만 받으면 될 것이다. 물론 "언젠가는 오계 모두를 지키며 살아가겠다."는 마음속 다짐은 있어야 할 것이다.

이렇게 재가 오계도 제대로 지키기 힘든 것이 지금 우리의 현실이다. 또 살아가면서 금전적인 문제, 친구나 친척과의 불화, 신체적 질병 등 갖가지 우환으로 시달린다. 재가불자들을 교육할 때 불교의 근본도 가르쳐야 하겠지만, 매일 매일의 삶 속에서 겪는 이런 어려움들을 불교적으로 극복하는 방법 역시 구체적으로 제시되어야 할 것이다. 가장 바람직한 것은 부처님이 그랬듯이 '인지(認知)'의 전환을 통해 생활의 어려움을 극복하게 하는 것이리라. 그러나 지혜가 아니라 복덕의 결핍으로 인해 야기된 불행의 경우 인지의 전환만으로는 해결되지 않는다. 자업자득, 인과응보의 가르침에 비추어 볼 때 지금 내가 받고 있는 불행은 모두 과거에 내가 지은 잘못으로 인해 초래된 것이다. 과거 언젠가 내가 '계에서 벗어난 행동을 한 것'이 지금 내가 받는 고통스러운 과보의 원인이다. 따라서 이를 해결하는 불교적인 방법 가운데 하나는 '그런 불행을 야기한 전생의 죄업을 참회하는 것'이다.[53]

현재 내가 겪고 있는 우환이나, 앞으로 내게 닥칠 우환을 막는 불교수행 가운데 가장 손쉽게 할 수 있는 것이 참회기도이다. 『보리도차제론』에서는 청변의 『사택염(思擇炎, *Tarka-jvālā*)』를 인용

---

53) 이렇게 구체적으로 죄를 떠올리고 뉘우치는 행동을 사참(事懺)이라고 한다. 죄에 자성이 없음을 관찰하는 이참(理懺)은 아무나 할 수 있는 참회가 아니다. 대부분의 재가자에게 성취 가능한 참회법은 이참이 아니라 사참이다.

하면서 "내생에 악취에 떨어질 죄를 지은 사람도 제대로 참회할 경우 현생에 골치가 아픈 정도의 과보만 받는다."라고 기술한다.[54] 참회는 전생이나 과거에 지었던 악업의 종자를 말려버린다. 현재 우리나라의 불자들이 봉독하는 『천수경』이나 백팔참회문 등을 통해서도 참회 기도가 이루어지긴 하지만, 참회 기도의 내용이 너무 포괄적이고 막연하다. 『천수경』 봉독의 경우 "살생중죄금일참회(殺生重罪今日懺悔), 투도중죄금일참회, 사음중죄금일참회, … 치암(痴暗)중죄금일참회"라고 외치면서 십불선업(十不善業) 모두에 대한 참회의식을 순식간에 치르기에 자칫하면 건성 '참회'가 되기 쉽다. 108 참회의 경우도 항상 동일한 내용을 봉독하며 참회의식을 치르기에 기계적 수행이 되기 쉽다. 따라서 이러한 일반적, 보편적 참회의식에 덧붙여 각 개인에 따라 달리 행해지는 특수한 참회의식이 개발되어야 한다. 진정한 참회가 이루어지려면, 십선계의 계목 하나하나를 내가 어김으로써 다른 생명체가 받았을 고통을 떠올려야 하고 고결하지 못하게 행동한 자신을 되돌아보면서 스스로 부끄러워해야 하며 다시는 그런 죄를 짓지 않겠다는 진정한 다짐이 이루어져야 한다. 그러기 위해서는, 동일한 참회문을 기계적으로 되풀이하는 것보다는 내가 저질렀던 구체적인 죄목을 떠올리며 그것에 대해 집중적으로 참회하게 하는 것이 나을 것이다.

그러면 어떤 죄목을 참회할 것인가? 앞에서 말했듯이 내가 받는 고통은 모두 과거나 전생에 내가 지었던 악업의 과보이다. 따

---

54) Tsong-Kha-pa, Trs. by The Lamrim Chenmo Translation Committee, The Great Treatise on the Stages of the Path to Enlightenment, Snow Lion Pub., New York, 2000, p.255.

라서 지금 내가 받는 고통이 무엇인지 알면 어떤 계를 범하여 그런 고통이 발생했는지 알 수 있기에 참회할 내용을 정할 수 있다. 예를 들어 병으로 고통 받는 사람은 '전생이나 현생에 내가 지었던 살생죄'를 참회하고 가난으로 고통받는 사람은 '투도죄'를 참회한다.

신라시대에는 점찰법이 유행했다고 한다. 『점찰선악업보경(占察善惡業報経)』에 의하면 주사위와 같이 여러 면으로 된 작은 나무토막 세 개에 각각 십선계의 계목과 그것을 어긴 정도와 그것을 지은 시기 등을 써 넣은 다음 바닥에 굴려서 자신이 전생에 지었던 죄의 내용과 강도 등에 대해 자세히 알아내어 그에 대처하게 하는 수행법이 점찰법이다.55) 말법의 시대가 되면 숙명통이 열린 사람이 전무하기에 이런 점찰법을 통해 전생의 죄업을 알아낸다고 한다.56) 그리고 전생에 죄업을 많이 지은 것으로 점괘가 나오면 깨달음의 수행에 들어가기 이전에 먼저 그 죄업에 대한 참회 수행부터 해야 한다. 전생에 지은 죄업이 중한 사람은 수행에 장애가 많고 마음이 산란하며 사견에 빠지기 쉬워서 깨달음에 이를 수가 없기 때문이다.57) 이러한 점찰법 역시 개개인의 '현실감 있는 참회기도'를 위해 활용될 수 있을 것이다.

참회기도의 또다른 장점은 불자들을 모이고 화합하게 만든다는 것이다. 참선수행이나 교학공부에서는 잘 나고 못난 사람이 드러나고 아래와 위가 정해지기에 그 구성원이 화합하기 쉽지 않다. 그러나 참회기도를 위해 부처님 전에 섰을 때는 모두가 '못난 사

---

55) 『점찰선악업보경(占察善惡業報経)』, 대정장17, p.902중.
56) 위의 책, pp.901중-하.
57) 위의 책, p.903하.

람들'일 뿐이다. 불교에 입문한지 오래 된 사람이든, 갓 입문한 사람이든, 나이가 어리든 나이가 많든, 출가자든 재가자든 '못난 중생'으로 모두 한 마음이 된다.

Ⅶ. 맺는말

불교가 종교로서의 역할을 다하기 위해서는 우리의 삶 전체가 불교를 통해 해석되어야 하고 불교 역시 우리의 삶에 의해 해석 되어야 한다. 재가불자에게 학문불교가 그대로 가르쳐져서는 안 된다. 개개인의 삶에 녹아들 수 있도록 소화되고 풀이된 불교가 가르쳐져야 한다. 불교를 배우고 그에 따라 신행생활을 한 사람이 라면 누구든지, 삶에 대해 남달리 깊고 정확한 통찰을 할 수 있어 야 하고, 그 어떤 종교인보다 높은 도덕성을 갖추어야 하며, 그 누구에게든 마음이 열려 있어야 하고, 사회 어느 분야에서 활동하 든 그곳을 밝히는 소리 없는 등불이 되어야 할 것이다. '불교인' 이라는 말만 들으면 우리 사회의 모든 구성원들이 '너무나 정직하 고, 슬기로우며, 따뜻한 감성을 갖고 있고, 언제 어디서든 밝고 의연하며, 어떤 일에도 흔들리지 않고, 언제나 부지런하고 항상 남을 돕고 겸손하며, 지극히 검소하고 고결한[58] 사람'을 떠올릴 수 있도록 모든 불자들을 교육해내어야 할 것이다.

'석고화 된 불교'가 아니라 '살아있는 불교'가 교육되어야 한다. '사구(死句)'가 아니라 '활구(活句)'가 교육되어야 한다는 말이다.

---

[58] 不妄語, 不偸盜, 般若, 慈悲, 隨處作主, 禪定, 忍辱, 精進, 布施, 下 心, 頭陀, 不邪淫.

여기서 말하는 활구란 '우리의 인식과 행동에 강력한 변화를 일으키는 가르침'이다. 이 시대의 활구를 만들기 위해 불교학자들은 삶과 교학에 대한 유기적 해석을 계속 시도해야 한다. 지금까지 열거했던 내용 하나하나에 대한 전문적인 연구가 이루어지고, 그것이 재가불자의 신행에 직접 사용될 수 있도록 체계적으로 정리되어야 할 것이다. 이 이외에 재가불자의 교육을 위해 앞으로 할 수 있는 일들을 몇 가지 더 예를 들면 다음과 같다.

1. 재가불자 교육용 교재와 함께 교안이 개발되어야 한다. 교안은 교재를 가르칠 때 교사가 참조하는 책이다. 일반불자들에게 불교신행을 가르치고 지도하는 스님이나 포교사, 또는 전법사들이 일관되고 정확하게 불교를 가르칠 수 있도록 교재에 담긴 내용에 대한 구체적인 설명과 효율적인 지도방법을 해설하는 교안이 교재와 함께 이러한 불교지도자들에게 보급되어야 한다.

2. 마치 설문지를 통해 적성검사를 하듯이, 불자 개개인이 의식적으로 견지하는 세계관과 인생관을 검사하는 방법이 개발되어야 한다. 예를 들어 "당신은 자신의 자아가 신체 가운데 어디에 있다고 생각하는가?", "당신은 죽은 후 어떻게 된다고 생각하는가?', '살아가면서 가장 힘든 일이 무엇인가?" 등과 같은 질문을 제시하고 그에 대한 자신의 생각을 고르거나 적게 한다. 이를 통해 개개인의 세계관과 인생관을 파악한 후 유사한 세계관과 인생관을 가진 사람들을 하나의 그룹으로 묶어 '강력한 대기설법적 교육'을 할 경우 보다 효율적인 교육이 될 수 있을 것이다.

3. 아동교육이나 청년전기교육의 경우, 고정관념을 깨 주는 '반야 놀이'를 개발하여 활용한다. 하나의 사물을 제시한 후 그것에 다양한 이름을 붙여보게 만든다. 예를 들어 백묵을 제시하고 그것에 이름을 붙여보게 한다. 백묵 이외에 '조각품', '한약재료', '타악기', '분장용 재료', '잉크흡수기' 등등 여러 가지 이름을 고안해 보게 한다. 이를 통해 피교육자는 하나의 사물에서 다양한 이름과 용도를 추출해 내는 능력을 키우게 된다. 불교적으로 말하면, 하나가 모든 것[一即一切名, 일즉일체명]이라는 화엄적 조망과, 하나에 원래 이름이 없다[一即無名, 일즉무명]는 반야적 조망이 터득되는 것이다. 또, 예를 들어 '내'가 누군지 물을 경우 학생에게는 '교수'이지만 아내에게는 '남편'이고 자식에게는 '아빠'이고 옆집 아줌마에게는 '아저씨'이고 굶주린 사자에게는 '먹이'이고 바퀴벌레에게는 무서운 '괴물'이다. 나[一]에게 모든 이름이 붙을 수 있지만[一切, 일체], 그 어떤 이름도 나의 진정한 이름이 아니다[무(無), 공(空)]. '나'에 대해 이 모든 이름이 붙을 수 있다는 것이 화엄적인 절대긍정의 조망이고, 이 가운데 그 어떤 이름도 나의 이름이 아니라는 것이 반야적인 절대부정의 조망이다. 그런데 이런 조망은 '백묵'이나 '나'뿐만 아니라 그 어떤 세상만물에 대해서도 모두 적용 가능하다. 이와 같은 방식의 교육이 진정한 불교교육이다. 현대심리학의 용어로 말하면 인지(認知) 교육인데 이를 통해 인지의 구성과 인지의 해체 능력을 키운 아동과 청소년은 언제 어디서든 열린 사고로 사물과 사태를 대할 수 있기에 발명가가 되고 사회를 선도하는 지도자의 역할을 할 수 있다. 기억에 의존하는 '지식'은 시간이

흐르면 사라지지만, 고정관념의 해체를 의미하는 반야의 '지혜'
는 영원히 사라지지 않는다. 생각을 쌓은 것이 아니라 허문 것
이기 때문이다. 내생(來生)은 물론이고 성불의 그 날까지 가져
간다. 그리고 이러한 반야교육은 '종교의 티'가 나지 않기에 '강
력한 창의력 교육'으로서 일반교육과정에도 도입될 수 있을 것
이다.

4. 재가불자의 교육에 컴퓨터나 핸드폰과 같은 정보통신기기가 적
극 활용되어야 한다. 불교수행과 불교포교 모두 이러한 정보통
신기기를 통해 이루어질 수 있다. 컴퓨터 영상물을 통해 수행하
는 것은 일종의 밀교 수행이다. 만다라, 무드라, 만뜨라를 통해
수행하는 밀교는 '시청각 자료와 놀이를 통한 불교수행'에 다름
아니다.

모래만다라 그리기   모래만다라 지우기

예를 들어 모래만다라 수행의 경우, 고운 색 모래로 불보살을
모실 장소인 만다라를 그리게 되는데 이때 신앙심도 키워지고 삼
매력도 키워진다. 그리고 여러 날에 걸쳐 정성껏 그렸던 모래 만
다라를 마지막에 지워버림으로써 무상의 진리가 체득된다. 경전을
읽지는 않았지만, '모래 만다라 그리기'라는 일종의 놀이를 통해

불교의 가르침을 체득하는 것이다. 이와 마찬가지로 소리와 형상으로 이루어진 컴퓨터 영상물을 통해 부정관이나 자비관 등의 불교 수행이 가능하다. 정보통신문명의 등장은 제3의 물결59)이라고 명명할 정도로 인류 역사에 획을 긋는 사건으로 현재 우리의 삶을 급변시키고 있다. 우리 사회의 많은 사람이 현실 세계보다 가상세계에서 더 많은 정보를 습득하고, 더 많은 즐거움을 찾고, 더 많은 대화를 하며 생활한다. 앞으로 불교 포교와 수행을 위한 컴퓨터 영상물이 많이 제작되고 보급되어야 이들의 삶 속으로 불교가 스며 들어갈 수 있을 것이다. 또, 극심한 종교적 배타성으로 인해 그 동안 불교 포교에 제약이 많았던 이슬람 문화권에 불교의 씨앗을 뿌리는데도 컴퓨터 영상물이 적극 활용될 수 있을 것이다. 가상세계 속에서 불교 포교의 선봉장이 된 '아바타' 보살은 죽이고 죽여도 다시 살아나기 때문이다.

이 이외에 자비심을 키우기 위한 '자타상환법(自他相換法: 나와 남을 바꿔보기)'이 재미있는 놀이로 개발될 수 있을 것이다. 불교 교육은 '불교의 외형'이 아니라 이렇게 '불교의 본질'을 교육하는 것이어야 한다.

불교는 '해체법'이기에 성별이나 나이, 지능에 관계 없이 누구에게나 교육될 수 있다. 다시 말해 '탐욕, 분노, 어리석음'과 같은 삼독심을 해체하는 것이 그 목표이기에 개인의 지적능력과 무관하게 누구에게나 가르쳐질 수 있다. '욕심내지 않는 것', '화내지

---

59) "이 새로운 문명의 출현은 1만 년 전 농업의 발명으로 시작된 제1의 물결, 그리고 산업혁명에 의해 촉발되어 순식간에 전 세계를 석권한 제2의 물결과 마찬가지로 사회를 밑바닥부터 변혁시키는 대사건이다. 우리는 이러한 두 변혁의 뒤를 이어 닥쳐오는 제3의 물결시대에 살고 있는 것이다.": 엘빈 토플러, 『제3의 물결』, 제1장.

않는 것'은 머리가 좋건 나쁘건 누구나 실천할 수 있다. 오히려 머리가 좋고 능력이 뛰어난 사람일수록 실천하기 힘들 수 있다. 또, 불교에서 말하는 '어리석음'은 '고정관념을 갖는 것'이라고 풀이되며, 고정관념에서 벗어나는 것은 지능과 관계없이 누구에게나 가능한 일이다. 심지어 벌레조차 우리가 모르는 해체의 지혜를 알고 있다. 사과벌레는 자신의 반야를 다음과 같이 일갈한다. "밥이 집이다!" 한 구절 가르치면 돌아서서 잊었다는 주리반특가가 "쓸고 닦자."라는 말을 반복함으로써 아라한이 될 수 있었다는 일화 역시 불교가 해체의 가르침이라는 점을 예증한다. 지식은 쌓아서 성취되지만, 지혜는 부수어서 얻어진다. 우리가 재가불자를 위한 교육체계를 정립하고자 할 때 명심해야 할 것은 '인지와 감성의 해체', 긍정적으로 표현하면 '지혜와 자비를 실질적으로 터득하는 것'이 그 궁극적 목표가 되어야 한다는 점이다.

-『한국불교학』41집, 2005년

제3부
불교 교학의
재 해 석

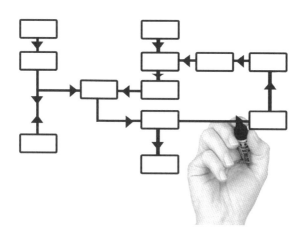

초기불교와 대승불교
- 단절인가, 계승인가?*

요약

대승불전이 석가모니 부처님의 직설인지 여부에 대한 의문은 대승불교의 출현 이후 계속되어 온 문제였다. 무착의『대승장엄경론』에서는 여덟 가지 근거를 들어 대승이 불설이라고 주장하지만,

---

* 2016년 11월 12일 동국대 초허당 세미나실에서 '불교 전래에서 교학의 연속성과 불연속 - 인도불교를 중심으로'라는 주제로 열린 불교학연구회 추계학술대회에서 발표.

현대 불교학의 관점에서 볼 때 그 가운데 어느 하나 타당한 것이 없다. 대승불전은 모두 후대에 창작, 편집된 위경(僞經)으로 부처님의 직설이라고 할 수 없다. 티벳의 경우는 뗄마(gTer Ma)라는 이름의 위경이 계속 출현하여 정경(正經)으로서 역할을 하며 대승불전 역시 뗄마의 일종으로 간주한다. 그런데 현존하는 한역 아함경이나 빠알리 니까야의 경문 역시 부처님의 교설 그대로인 것은 아니다. 이들 초기불전의 가르침이 부처님의 직설에 근접하긴 하지만 아쇼카왕 비문의 기록이나 그 성립시기에 비추어 볼 때 이 역시 부처님의 가르침이라고 확정할 수는 없는 것이다. 이렇게 불교의 근본을 추구해 들어가는 작업은 마치 양파 까기와 같다. 그러나 초기불전에서 그 전거를 찾을 수 있고 사성제의 교리에 어긋나지 않으면 불설로 인정한다는 기준을 세울 경우 대승불전의 가르침 역시 불설로 수용된다. 예를 들어 대승불전의 보살은,『본생담』에 등장하는 석가모니의 전신(前身)을 불자들이 추구해야 할 보편적이고 이상적인 인간상으로 확장한 것이며, 타방불토사상은 초기불전과 아비달마교학의 삼천대천세계설의 논리적 귀결이며, 반야경의 법공사상은 법의 방편성을 가르친 뗏목의 비유와 그 취지를 같이 한다. 또 이들 세 가지 대승교리는 불교의 핵심인 사성제의 가르침과도 어긋나지 않는다. 일반적으로 "껍질을 벗기고 벗겨도 본질이 나오지 않는다."는 부정적 의미에서 어떤 일을 양파에 비유하곤 한다. 그런데 긍정적으로 해석하면 양파의 경우 벗겨지는 껍질들이 모두 양파의 육질(肉質)이고 본질(本質)이다. 대소승의 불전들은 바로 이런 양파와 같으며 현재 동아시아 불교계에서 신봉하는 대승불전들 대부분은 각 시대와 지역과 문화에 부응한 법신불(法身佛)의 대기설법으로 불교의 본질이 담겨 있다.

I. 대승불전은 불설인가?

1. 『대승장엄경론』의 대승불설론에 대한 검토

불교관련 금석문에 근거한 그레고리 쇼펜(Gregory Schopen, 19
47~)의 혁신적 연구[1] 이후, 대승불교는 재가교단에서 출발한 것[2]
이 아니라 대승불전의 창작과 함께 서서히 윤곽을 드러내었다는
사실이 불교학계의 정설로 굳어지고 있다.[3] 또 대승(大乘, Mahāy
āna)이라는 용어는 원래 보살승(菩薩乘, Bodhisattvayāna)을 높여
부르는 말일 뿐이었고,[4] 소승이라는 용어가 출현하고 대승이 그에
대해 대립적인 의미로 사용된 것은 훨씬 후대의 일이었다.[5]

여기에 몇 마디 덧붙인다면 인도불교적 의미에서 '대승'이란
'교단'이 아니라 '이념'이며, '보살' 역시 '신분'이 아니라 대승의

---

1) 이와 관련한 쇼펜의 논문 모음집은 다음과 같다. Gregory Schopen, *Fi
gments and fragments of Mahāyāna Buddhism in India: more colle
cted papers*(Hawaii:University of Hawaii Press, 2005).
2) 이는 平川彰의 학설이었다. '平川彰, 『인도불교의 사상과 역사』, 이호
근 역(서울:민족사, 1991), pp.290-291' 참조.
3) 이에 대해서는 '시모다 마사히로, 「경전을 창출하다. 대승세계의 출현」,
『대승불교의 탄생』, 사이토 아키라 외 저, 이자랑 역(서울:씨아이알, 1
996), pp.35-70' 참조.
4) Jan Nattier, *A few good men: the Bodhisattva path according to t
he Inquiry of Ugra*(Hawaii:University of Hawaii Press, 2003), p.17
2.
5) Ibid., p.174.

불자들이 추구하는 '이상(理想)'이라는 점이다.[6] 대승이 교단이라면 율도 새롭게 제정되어야 하겠지만, 우리나라든 대만이든 티벳이든 대승불교권에서도 출가율은 소위 소승율을 따른다.[7] 동아시아 불교계에서 사용하는 대승계로 『범망경』의 보살계가 있긴 하지만, 『범망경』은 중국에서 찬술된 위경이며,[8] 혹시 대승계로서의 가치를 인정한다고 해도 재가 5계를 받거나 비구 250계 비구니 348계와 같은 출가율을 수지한 후 그에 덧붙여 다시 받는 것이지, 출가자가 대승계만 수계하는 것은 인정되지 않는다. 또 보살이 신분이라면 대승불교권에서 재가자와 출가자는 동일한 보살 신분으로서 평등해야 하겠지만 이는 신분이 아니라 대승불자들의 지향점이고 이상이기에, 남방의 상좌부 불교권에서와 마찬가지로 출가와 재가는 확연히 구분된다.[9]

인도불교적 의미에서의 대승불교는 불탑신앙과 같은 새로운 신행 방식으로 인해 출현한 것이 아니라, 창작의지 가득한 익명의 저자들에 의해 새롭게 편찬된 다양한 불전들에 근거하여 서서히 그 윤곽을 드러내었다. 이렇게 창작된 대승불전들이 한문 불교권에 유입되면서 비로소 동아시아 불교계에서 대승불교교단이 형성되었다.[10] 그런데 대승불전의 가르침이 불교이기 위해서는 초기삼

---

6) '김성철, 「출가자와 재가자의 바람직한 관계」, 『참여불교』(서울:참여불교재가연대, 2003), p.132' 참조.
7) 우리나라의 경우 법장부(法藏部, Dharmaguptaka)의 『사분율(四分律)』에 의해 구족계를 받는다.
8) 望月信亨, 『佛敎經典 成立의 硏究』, 金鎭烈 역(서울:불교시대사, 1995), pp.345-381.
9) 출가와 재가를 구분하는 기준은 '직접적인 음행의 금지와 허용' 여부다. '김성철, 앞의 책' 참조.
10) 시모다 마사히로, 앞의 책, p.48.

장의 가르침과 어긋나지 않아야 하리라. 이런 문제의식에서 일찍
부터 대승의 정당성을 변호하는 논리들이 개발되었다. 무착(無着,
Asaṅga,   4세기 경)의 『대승장엄경론(大乘莊嚴經論)』[11])에서는 다
음과 같은 여덟 가지 이유[12]를 들어서 대승이 불설이라고 주장한
다.[13]

> ① 애초에 예언되지 않았기 때문이다(avyākaraṇāt, 不記). 만일 이것[大
> 乘]이 정법에 장애가 있을 때 나중에 누군가에 의해서 만들어진 것이라면
> 어째서 애초에 당신[世尊]께서 미래의 위험을 예언하시지 않았겠는가?[14]
> ② 함께 나타났기 때문이다(samapravṛtteḥ, 同行). 대승이 성문승 이후가
> 아니라 동시에 나타났다고 알려져 있는데 어떻게 이것[대승]이 불설이 아
> 니라고 생각되겠는가?[15]
> ③ 영역이 아니기 때문이다(agocarāt, 不行). 이와 같이 위대하고 심오한
> 가르침(dharma)은 일반 사상가(tārkika)들의 영역이 아닌데, 외도(tīrthik
> a)의 논서(śāstra)에서는 그런 류의 것이 보이지 않기 때문이다. 이것이 다
> 른 이들에 의해서 설해졌다는 것은 타당하지 않은데, 현재 [대승을] 말하

---

11) 『成唯識論了義燈』 卷1(『大正藏』43, p.666中)이나 『解深密經疏』 卷4
　　(『卍新續藏』21, p.272上) 등에 의하면 미륵(彌勒)이 본송을 지었고 그
　　에 대해서 세친(世親)이 주석했다고 전한다.
12) 산스끄리뜨 원문에서는 총 일곱 문단이지만, 한역본에서는 다섯 번째
　　문단을 둘로 구분하기에[⑤⑥] 여덟 가지가 된다[『大乘莊嚴經論』 卷1
　　(『大正藏』31, p.591上)]. 그러나 이를 그대로 인용하는 『成唯識論』 卷
　　3(『大正藏』31, p.14下-15上)에서는 문단의 수 그대로 일곱 가지로 구
　　분한다.
13) 이하 『대승장엄경론』의 산스끄리뜨 원문은 'http://gretil.sub.uni-goettinge
　　n.de/gretil/1_sanskr/4_rellit/buddh/asmahsbu.htm(검색일자:2016.9.2.)'에
　　서 채취한 것이다.
14) ādāv avyākaraṇāt yady etat saddharmāntarāye paścāt kenāpi utpā
　　ditaṃ ǀ kasmād ādau bhavatā na vyākṛtam anāgatabhayavat.
15) samapravṛtteḥ samakālaṃ ca śrāvakayānena mahāyānasya pravṛtte
　　r upalabhyate na paścād iti katham asyābuddhavacanatvaṃ vijñāyat
　　e.

는 중인데도 그것에 대해 관심을 갖지 않기 때문이다.[16]

④ 성립하기 때문이다(siddheḥ, 成就). [대승이] 설혹 다른 자가 깨달음을 얻어서 설한 것이라고 해도, 그것이 불설이라는 점은 성립한다. 깨달음을 얻어서 그와 같이 설한 자, 그 자가 바로 부처다.[17]

⑤⑥ 존재한다. 비존재라면 없기 때문이다(bhāvābhāve 'bhāvāt, 體非體). [⑤]만일 어떤 대승이건 존재한다면 그것의 존재로 이것[대승]이 불설임이 성립한다. 다른 대승은 없기 때문이다. [⑥]만일 [대승이] 존재하지 않는다면, 그것[대승]이 존재하지 않는 경우에 성문승도 역시 없기 때문이다. 성문승은 불설이고 대승은 아니라고 하는 것은 타당하지 않다. 불승(佛乘) 없이는 부처님들이 나타나지 않기 때문이다.[18]

⑦ 대치(對治)하기 때문이다(pratipakṣatvāt, 能治). 지금 대승을 수행할 경우 모든 무분별지에 의지함에 의해서 온갖 번뇌를 대치하게 된다. 그러므로 [대승은] 불설이다.[19]

⑧ 소리와 다르기 때문이다(rutānyatvāt, 文異). 또한 이것[대승]은 소리 나는 대로의 의미가 아니므로, 그러므로 소리 나는 대로의 의미를 수용하여 불설이 아니라고 알아서는 안 된다.[20]

이런 여덟 가지 이유는 『성유식론』에도 거의 그대로 인용되어 있는데[21] 합리적으로 판단할 때 ①, ②, ③, ⑤, ⑧은 설득력이 없

---

16) agocarān nāyam evam udāro gambhīraś ca dharmas tārkikāṇāṃ gocaraḥ | tīrthikaśāstreṣu tatprakārānupalambhād iti | nāyam anyair bhāṣito yujya te | ucyamāne 'pi tadanadhimukteḥ.

17) siddhe athānyenābhisambudhya bhāṣitaḥ | siddham asya buddhava canatvaṃ | sa eva buddho yo 'bhisambudhya evam bhāṣate.

18) bhāvābhāve 'bhāvād yadi mahāyānaṃ kiṃcid asti tasya bhāva sidd him idam buddhavacanam ato 'nyasya mahāyānasyābhāvāt | atha n āsti tasyābhāve śrāvakayānasyāpy abhāvāt | śrāvakayānaṃ budhava canaṃ na mahāyānam iti na yujyate vinā buddhayānena buddhānā m anutpādāt.

19) pratipakṣatvād bhāvyamānaṃ ca mahāyānaṃ sarvanirvikalpajñānāś rayatvena kleśānāṃ pratipakṣo bhavati tasmād buddhavacanaṃ.

20) rutānyatvāt na cāsya yathārutam arthas tasmān na yathārutārthān usāreṇedam abuddhavacanam veditavyam.

다. 부처님이 불교에 대한 모든 위험을 예언한 것이 아니며[↔①], 현대의 문헌학적 연구 성과에 비추어 볼 때 대승불전은 소위 성문승의 초기불전들보다 후대에 나타난 것이고[↔②], 외도들의 논서에 존재하지 않으며 외도들이 관심을 갖지 않는 이유가 대승이 위대하고 심오하기 때문이라고만은 볼 수 없으며[↔③], 대승이 존재한다는 사실만으로 불설로 봐야 한다면 다른 어떤 허구의 경전도 그것이 존재한다는 사실만으로 불설이 되어야 할 것이고[↔⑤], 대승이 설혹 소리 나는 대로의 의미가 아닌 것이라고 해도 그런 것이 모두 불설일 수는 없기에[↔⑧] 이들 다섯 가지 이유는 대승불설론의 근거일 수 없다.

그러나 일견(一見)하면 이 가운데 ④, ⑥, ⑦은 수용할 수 있을 것 같다. 대승불전이 석가모니 부처가 아닌 다른 어떤 분에 의해 지어진 것이라고 해도 그가 깨달은 자라면 이는 불설로 수용할 수 있으며[④], 성불을 지향하는 대승의 수행이 있었기에 부처가 있게 되고, 부처에게 가르침을 듣는 성문승이 가능하며[⑥], 대승불전에서 설하는 무분별지의 가르침을 통해서 번뇌가 제거되기에 불설에 포함시킬 수 있다[⑦]는 논거는 우선 타당해 보인다.

그런데 ④를 인정하기 위해서는 '대승불설론(大乘佛說論)'의 '불'은 석가모니 부처를 가리키는 고유명사가 아니라 '깨달은 자 모두'를 지칭하는 보통명사여야 하며, 대승불전을 창작한 그 누군가도 모두 부처여야 할 것이다. 즉, 석가모니 부처 이후 수백 년이 지나면서 자신의 정체를 드러내지 않는 '익명의 부처'들이 대거 출현하여 『반야경』, 『무량수경』, 『화엄경』, 『법화경』, 『금강경』, 『능

---

21) 『成唯識論』 卷3(『大正藏』31, p.14下-15上).

erved

가경』, 『능엄경』, 『원각경』, 『범망경』 등의 대승불전들을 저술했다는 말이 된다. 난감하지 않을 수 없다. 또 ⑥에 해당하는 것으로 석가모니 부처의 직설이라고 수용할 수 있는 것은 일반적인 대승불전이 아니라 석가모니 부처의 전생에 대한 통칭인 '보살(Bodhisattva)'의 삶을 모은 『본생담(本生譚, *Jātaka*)』이고 ⑦에 해당하는 대승불전도 석가모니 부처의 직설이 아니라는 점은 분명하다. 그러면 대승의 불설 여부에 대해서 어떻게 판정해야 할 것인가?

2. 티벳불교의 뗄마(gTer Ma)와 위경(僞經)의 문제

현대의 불교학자들은 대승불전의 진위 여부를 놓고 고심을 하지만, 이에 대해 전혀 개의치 않는 사람들이 있다. 티벳의 불교인들이다. 왜냐하면 티벳에서는 지금도 계속 새로운 불전들이 나타나고 있으며, 티벳의 4대종파 가운데 닝마파(rNying Ma Pa, 昔古波[22])의 경우 이러한 불전의 발굴이 바람직한 전통으로 굳어져 계승되고 있기 때문이다. 아울러 새롭게 발굴한 불전들은 위경으

---

22) 티벳불교의 4대 종파 가운데 닝마(rNying Ma)파는 '옛 학파'라는 의미에서 석고파(昔古派), 까규(bKa' brGyud)파는 '말(bKa')로 전승(brGyud)한다.'는 의미에서 구전파(口傳派), 사꺄(Sa sKya)파는 '회색(sKya) 땅(Sa)에 건립한 사원'이라는 의미에서 회토파(灰土派) 그리고 겔룩(dGe Lugs)파의 경우는 '쫑카빠가 창설한 dGa' lDan(도솔천) 사원의 전통(Lugs)을 따른다.'는 원래적 의미에서는 도솔파(兜率派), 변음인 '공덕(dGe)의 체계(Lugs)를 따른다.'는 의미에서는 공덕파(功德派)로 번역할 수 있을 것이다.

로 배척되는 것이 아니라 정전(正典)으로 인정받아 티벳불교인들
의 신행지침서로서 존중된다. 티벳인들은 이런 불전을 뗄마(gTer
Ma: 秘藏經)라고 부른다.[23]

뗄마는 대부분 밀교와 관련된 경전들인데 뗄마 출현의 전통을
창시한 인물은 닝마파의 시조 빠드마삼바바(Padmasambhava, 8C
경)였다. 빠드마삼바바는 티벳의 전통적 샤마니즘인 뵌교(Bon敎)
를 제압하고 삼예 사원을 건립한 후 티벳불교의 초석을 다지면서
수많은 밀교경전들을 제자들의 마음속에 심어 놓았다고 한다.[24]
그리고 수백 명의 이들 제자들이 계속 윤회하면서 티벳의 불교계
를 이끌어 가다가 시절인연이 되면 뗄마를 발견하여 유포시킨
다.[25]

뗄마의 내용은 다음과 같이 세 부류의 것으로 나누어진다. 첫째
는 빠드마삼바바의 가르침이 담긴 것이고, 둘째는 관세음보살의
가르침이 담긴 것, 그리고 셋째는 닝마파의 수행법인 족첸(rDzogs
Chen)[26]의 가르침이 담긴 것이다. 이런 뗄마의 발견자를 뗄뙨(gT
er sTon)[27]이라고 부르는데 이들 세 가지 종류의 뗄마를 모두 발

---

23) 이하 본 절의 내용 중 뗄마와 관련된 내용은 대부분 '김성철, 「대승신
    화와 가상수행 그리고 불교의 미래」, 『인도철학』(서울:인도철학회, 200
    6), pp.19-21'에 근거한다.
24) Tulku Thondup Rinpoche, *Hidden Teachings of Tibet - An Expla
    nation of the Terma Tradition of Tibetan Buddhism* -(Somerville:W
    isdom Publication, 1986), pp.67-68.
25) Ibid., p.71.
26) '위대한 완성(Great perfection)'이라고 번역된다. 청정한 근본지(根本
    智)의 자각을 목표로 삼는 수행법으로 제자를 접화하는 파격적 방식이
    동아시아의 선불교와 흡사하다. 상세한 내용은 다음을 참조하라. Steph
    an Schuhmacher and Gert Woerner Ed., *The Encyclopedia of Easter
    n Philosophy and Religion*(Boston:Shambhala Publications, 1989), p
    p.97-98.

견하는 사람을 대(大)뗄뙨, 한두 가지만 발견하는 사람을 소(小)
뗄뙨이라고 부른다.[28] 새로운 뗄마가 출현했다고 해서 즉각 이를
대중에게 공개하는 것이 아니다. 사람들이 그 뗄마의 가르침을 받
아들일 준비가 되어 있지 않을 수도 있기 때문이다. 그 때 뗄마의
발견자는 공개를 미루고 수년에 걸쳐서 스스로 그 가르침대로 수
행해 보기도 한다.[29]

뗄마는 그 발견 방식에 따라 두 종류로 구분된다. 첫째는 심
(心)-뗄마(dGongs gTer)로 빠드마삼바바가 제자의 마음속에 뗄마
를 심어 놓은 의도 그대로 뗄뙨의 마음속에서 소리나 문자의 형
태로 나타나는 뗄마다.[30] 둘째는 '지(地)-뗄마(Sa gTer)'로 호수나
바위, 허공이나 사찰 등의 물리적 대상을 통해 발견되는 뗄마다.
지-뗄마는 구체적인 경전의 형태로 나타나기도 하지만, 대개는 물
리적 대상에서 보이는 한 두 개의 단어로 이루어져 있는데 이것이
기폭제가 되어 뗄뙨의 마음속에 경전 전체가 떠오르면 이를 그대로
적어서 새로운 경전에 편입시킨다.[31] 대표적인 뗄마로는 널리 알려
진 것은 『사자(死者)의 서(書)』[32] 이외에 『롱첸빠의 종자심(種子心)

---

27) 'gTer(뗄)'은 '보물(treasure)', 'sTon(뙨)'은 '목격자, 증언자(spectator,
    one who can demonstrate)'를 의미한다.
28) Tulku Thondup Rinpoche, Ibid, p.71.
29) Francesca Fremantle, *Luminous Emptiness: Understanding the Tibe
    tan Book of the Dead*(Boston: Shambhala Publications, 2001), p.19.
30) Ibid, p.17.
31) Ibid, p.17.
32) Bar Do Thos gRol(바르도퇴돌): 원명을 그대로 번역하면 '[죽음과
    탄생의] 둘 사이(Bar Do)에서 청문한(Thos) 해탈(gRol)'이다. 이를 발견한
    뗄뙨은 닝마파의 까르마 링빠(Karma gLing Pa, 1326-1386)다. W.Y. Evan
    s-Wentz ed. *The Tibetan Book of the Dead*(Oxford:Oxford Univers
    ity Press, 2000), p.I.

』33), 『귀한 뗄마의 보고(寶庫)』34) 등이 있다.

　그런데 이렇게 뗄마와 같은 방식으로 새로운 불전이 나타나는
것은 비단 티벳에만 국한되는 일이 아니었다. 『출삼장기집(出三藏
記集)』을 보면 중국의 양무제(梁武帝, 464-549) 때 뗄마와 유사
한 방식으로 송출한 불전에 대한 얘기가 실려 있는데 졸가리만
모아쓰면 다음과 같다.

　　제나라 말에 태학박사(太學博士) 강필(江泌)이라는 사람의 딸이 8, 9세쯤
　되었을 때 가끔가다가 눈을 감고 고요히 앉아서 경전을 암송해내었다. 사
　람들은 이를 보고 천상에 올라간 것이라거나 신에게서 받는 것이라고 말
　하였는데 그 말뜻이 통하여 예전에 익힌 것과 같았다. 다른 사람에게 시켜
　서 이를 받아쓰게 하다가 갑자기 멈추곤 했는데, 열흘 정도가 지나면 이어
　서 다시 예전처럼 경전을 암송했다. …… 부모가 결혼을 시키려하자 완강
　하게 거부하였고 나중에 출가하여 승법(僧法)이라는 비구니가 되어 청원
　사(靑園寺)에 머물렀다. 천감 4년(505년) 3월에 사망한 후 이 경전들을 모
　아보니 총 20여 권에 달했다. 그 외숙인 손질(孫質)이 이를 참된 경전으로
　삼아서 풀이를 하고 교화에 사용하였으며 모두 필사하였다. 이미 책으로
　만들었으니 반드시 세상 어딘가에 있을 것이다. … 과거의 예를 보면 이런
　일이 전혀 없는 것은 아니지만 그 뜻이 부처님의 가르침에 맞지 않고 스님
　의 번역이 아니기에 취할 것과 버릴 것을 가리지 않고 모두 함께 '의심스
　러운 경전[疑經]' 목록에 포함시킨다.35)

33) kLong Chen sNying Thig(롱첸링틱): 닝마파의 뗄띈인 직메링빠('Jigs
　　Med gLing Pa, 1730-1798)가 발견함. 족첸(rDzog Chen)의 가장 심오
　　한 비밀 가르침을 담고 있다. Tulku Thondup & Harold Talbott ed.,
　　*Masters of Meditation and Miracles: Lives of the Great Buddhist
　　Masters of India and Tibet*(Boston:Shambhala, 1996). p.xiii.
34) Rin Chen gTer mDzod(린첸뗄죄): 잠괸꽁튈('Jam mGon Kong sPru
　　l, 1813-1899)이 닝마파 전통에서 내려오는 뗄마들을 모아서 책으로
　　묶은 것. John Powers and David Templeman, *Historical Dictionary
　　of Tibet*(Lanham:Scarecrow Press, 2012), p.337.
35) 『出三藏記集』 卷5(『大正藏』55, pp.40上-中).

강필의 딸이 8, 9세가 되었을 때, 가끔 눈을 감고 고요히 앉아서 경전을 암송했는데 그 분량이 20여 권에 달했고 이를 모두 '의심스러운 경전' 목록에 기록했다는 것이다. 티벳불교에서 뗄마가 출현하는 과정과 유사하다. 승법 비구니가 아홉 살에서 열여섯 살이 될 때까지 송출한 불전은 총 21종, 35권인데 그 경명이 모두 『출삼장기집』에 실려 있다.[36]

현대 우리나라에서도 뗄마와 같은 방식으로 출현하여 유포되고 있는 경전이 있다. 금타(金陀, 1898-1948) 화상이 삼매 중에 얻었다는 용수(龍樹, Nāgārjuna, 150-250년경)의 『보리방편문(菩提方便門)』[37]이다. 금타 화상은 전남 곡성의 태안사에 주석하셨던 청화(靑華, 1924-2003) 스님의 은사였다. 청화 스님은 『보리방편문』과 관련한 법문에서 『보리방편문』의 출현 과정에 대해 "『보리방편문』의 연원은 금타대화상(金陀大和尙)이 과거 현재 미래를 다 보는 깊은 선정삼매 가운데, 제2의 석가라 하는 용수보살로부터 현대 지성적인 시대에 알맞은 가장 고도한 수행법으로 전수 받으신 것입니다."[38]라고 소개한 바 있다. 이 역시 티벳의 뗄마와 같이

---

36) 송출 연대와 나이 그리고 경명을 나열하면 다음과 같다: 499년(9세) 『보정경(寶頂經)』, 『정토경(淨土經)』, 『정정경(正頂經)』, 『법화경(法華經)』, 『승만경(勝鬘經)』 ; 500년(10세) 『약초경(藥草經)』, 『태자경(太子經)』, 『가야바경(伽耶波經)』 ; 501년(12세) - 『바라내경(波羅帷經)』, 『우루빈경(優婁頻經)』 ; 502년(13세) - 『익의경(益意經)』, 『반야득경(般若得經)』, 『화엄영락경(華嚴瓔珞經)』 ; 504년(15세) - 『출승사자후경(出乘師子吼經)』 ; 505년(16세) - 『유타위경(踰陀衛經)』, 『아나함경(阿那含經)』, 『묘음사자후경(妙音師子吼經)』 ; 이 이외에 『우담경(優曇經)』, 『묘장엄경(妙莊嚴經)』, 『유마경(維摩經)』, 『서칠세경(序七歲經)』을 열거한다.

37) 청화, 『보리방편문 해설』(곡성:성륜사, 2001).

삼매 속에서 얻어진 경전이다.

티벳불교계에서는 닝마파의 시조 빠드마삼바바에 의해 시작되어 천여 년에 걸쳐 출현해 온 뗄마들뿐만 아니라, 『시륜(時輪)딴뜨라(Kālacakra Tantra)』와 같은 밀교경전들은 물론이고 모든 대승불전들을 뗄마로 간주한다. 즉 밀교경전, 반야계 경전, 유식계 경전들 모두 천상이나 용궁에 비장되어 있다가 시절인연이 도래하여 뗄뙨들에 의해 발견된 뗄마들이라는 것이다.[39]

현대의 문헌학적 시각으로 볼 때 뗄마들은 모두 위경이 아닐 수 없다. 그렇다면 대승불교 2,000년의 역사는 위경 위에 건립된 허구의 역사인가? 『마하반야바라밀경』, 『화엄경』, 『법화경』, 『능가경』, 『대반열반경』, 『유마경』, 『능엄경』, 『원각경』 등의 대승불전은 모두 폐기해야 할 무가치한 불전들인가? 대승불교의 역사를 모두 허물고, 초기불전에 근거하여 불교를 다시 시작해야 할 것인가? 사실 겉으로 드러내지는 않지만 현대의 일부 불교 학자와 불자들 중에 이런 의식을 갖고 있는 사람이 적지 않다. 이들 대승불전들과 대승불교에 대해서 어떻게 평가해야 옳을까?

3. 불설과 비불설, 어떻게 판정할 것인가?

대승비불설(大乘非佛說)에 대한 반론 가운데 하나는 "그러면 현존하는 초기삼장은 불설 그대로인가?"라는 반문이다. 아쇼까왕 비문을 보면 불전에서 선별한 일곱 가지 법문[40]을 불교 신행의

---

38) '기도발' 홈페이지. http://www.kidobal.com(검색일자:2016.9.25.).
39) Stephan Schuhmacher and Gert Woerner Ed., op.cit., pp.59-60.
40) ①Extracts from the Discipline, ②the Noble Way of Life, ③the Fe

지침으로 추천하고 있기에 이들 불전들은 석가모니 부처님의 직
설로 추정되는데, 현존하는 빠알리(Pāli) 니까야(Nikāya)에서 해당
경전을 정확히 지목하기 힘들 뿐만 아니라, 경율론 삼장이나 5부
니까야와 같이 현존하는 초기삼장의 분류방식이 아쇼까 왕 당시
에 존재했을 것 같지 않다고 한다.[41] 또 동아시아의 대승불교권에
서 아함경과 율이 정리된 형태로 한역된 것은 서력기원 후 5세기
이후의 일이며 남방 상좌부에서 5부 니까야와 율이 정비된 시기
역시 5세기가 지난 다음일 뿐만 아니라 한역 아함경과 빠알리 니
까야를 비교해 보면 전자가 더 고층에 속한 것으로 보인다.[42] 따
라서 대승도 부처의 직설이 아니지만, 현존하는 빠알리 니까야나
한역 아함경 역시 부처님의 교설을 그대로 담고 있다고 볼 수는
없을 것이다. 이렇게 불교의 근본을 추구해 들어가는 과정을 양파
까기에 빗댈 수 있을 것이다. 껍질을 벗기고 벗겨도 알맹이를 찾
을 수 없는 양파.

 불교가 이렇게 양파와 같아서 그 알맹이를 찾을 수 없다면, 석
가모니 부처님의 가르침을 따른다고 할 때 무엇에 의지해야 할
것인가? 분명한 것은 초기불전들이 대승불전에 비해 석가모니 부
처님의 가르침에 더 근접해 있다는 점이다. 따라서 대승불전의 교
리가 불교이기 위해서는 무엇보다 먼저 그 근거를 초기불전에서

ars to Come, ④the Poem on the Silent Sage, ⑤the Discourse on t
he Pure Life, ⑥Upatisa's Questions, ⑦Advice to Rahula. 'S. Dham
mika, *THE EDICTS OF KING ASHOKA*(KANDY SRI LANKA:B
UDDHIST PUBLICATION SOCIETY, 1993)' 가운데 MINOR ROC
K EDICTS 참조.
41) 渡辺照宏, 『經典成立論』, 金無得 譯(서울:경서원, 1983), pp.28-29.
42) 위의 책, p.31 ; 서성원, 『초기·부파불교연구』(서울:법경스님논문집발
간모임, 2004).

찾을 수 있어야 할 것이다.

　일반적으로 불교의 특징은 '제행무상, 제법무아, 열반적정'의 삼법인에 있다고 하며 이를 불설, 비불설의 판정 기준으로 사용하기도 한다. 필자는 '삼법인'이 아니라 '사성제'를 그런 기준으로 삼아야 한다고 생각한다. '고, 집, 멸, 도'의 사성제에는 불교적인 현상론[苦]과 번뇌론[集], 해탈론[滅]과 수행론[道] 등 불교 전반이 요약되어 있는데, 삼법인에는 이 가운데 현상론인 고성제[제행무상, 제법무아]와 해탈론인 멸성제[열반적정]만 담겨 있기 때문이다. '탐, 진, 치 삼독의 번뇌'를 의미하는 집성제와 '팔정도 혹은 계정혜 삼학의 수행'을 의미하는 도성제에도 다른 종교에서 볼 수 없는 불교 고유의 특징이 있다. 이 두 가지 성제(聖諦)를 누락시킬 경우 불교의 핵심이 그대로 드러나지 않는다. 따라서 초기불전에 실린 가르침이든 대승불전의 가르침이든 그 내용이 사성제의 취지에 부합한다면 불자들의 신행지침이 될 수 있을 것이다. 즉 사고(四苦) 팔고(八苦)의 고성제를 이해[解]하고, 집성제인 탐진치의 번뇌를 끊고[斷], 멸성제인 열반을 체득하고[證], 도성제인 팔정도 혹은 계정혜 삼학을 닦는[修] 내용이 실린 가르침이라면 불교에 포함시킬 수 있을 것이다.

　이상의 논의를 정리해 보자. 어떤 대승불전이든 그 가르침이 불교이기 위해서는 '초기 불전에서 그 근거를 찾을 수 있어야'하며, 아울러 '그 내용이 사성제의 취지에 부합해야'할 것이다. 『아비달마구사론』의 용어를 빌리면[43] 전자는 교증(教證, āgamatas) 후자는 이증(理證, yuktitas)이라고 부를 수 있을 것이다. 그러면 대승

---

43) 『阿毘達磨俱舍論』(『大正藏』29, p.104中).

불교의 대표적인 교리 가운데 '육바라밀의 보살도', '타방 불국토의 우주론', '반야계 경전의 법공 사상'의 세 가지를 소재로 삼아 이런 기준에 부합하는지 검토해 보자.

II. 초기불전과 아비달마교학에서 찾아 본 대승불교 교리

1. 『본생담』의 보살과 대승 보살들의 육바라밀

석가모니 부처의 전생이야기 모음집인 『본생담(*Jātaka*)』은 남방 상좌부의 빠알리 경장(Sutta Piṭaka) 가운데 『잡부니까야(*Kuddaka Nikāya*)』에 속한 정전(正典)으로 부처의 전생과 관련하여 500여 편의 예화가 실려 있다. 『본생담』의 주인공인 '보살(Bodhisattva)'은 석가모니 부처 1인의 전생만을 가리키는 단어였다. 『본생담』을 비롯한 경전과 율전의 내용을 취합한 불전문학류의 경전인 『태자서응본기경(太子瑞應本起經)』 서두에서는 보살로서 살았던 석가모니의 전생에 대해 다음과 같이 묘사하고 있다.

> 세세생생 힘들고 괴로워도 수고스럽게 여기지 않았으며 마음을 비우고 고요함을 좋아하여 조작도 짓지 않고 욕심도 내지 않았다. 나의 것을 덜어내어 남에게 베풀고[보시], 지극한 정성으로 계를 지켰으며[지계], 나를 낮추어 천대받는 것을 참았고[인욕], 용맹스럽게 정진하였으며[정진], 마음을 한 곳에 모아서 생각하고[선정], 성스러운 지혜를 정밀하게 공부하였다[반야]. 자애의 마음은 천하를 살려내고, 대비의 마음으로 상치와 재앙

을 없앴으며, 근심 있는 자를 위로하고, 중생을 길렀으며, 괴로운 사람을 구제하고, 부처님들을 따르고 받들었으며, 진인(眞人)을 특별하게 생각하였으니 그동안 쌓은 공덕은 글로 이루 다 표현할 수 없을 정도다.[44]

석가모니 부처의 전생 보살은 세세생생 윤회하면서 보시, 지계, 인욕, 정진, 선정, 반야의 육바라밀을 행하고 자비를 실천하였으며, 이타행을 하고 부처님들을 따르고 받드는 삶을 살았다는 것이다. 불전문학류의 경전들은 물론이고 『본생담』 도처에서 전생 보살의 육바라밀을 말한다.

그런데 아비달마문헌에 의하면 육바라밀은 비단 석가모니 부처뿐만 아니라 모든 부처님들의 공통된 수행 덕목이기도 하다. 『아비달마대비바사론』에서는 "한 분의 부처님이 3아승기겁 동안 육바라밀을 닦아서 거의 모두 원만하게 성취했기에 무상(無上)의 바르고 완전한 깨달음을 증득하는 것과 같이 '다른 부처님들[餘佛]'도 역시 그러하기 때문에 평등한 것이다."[45]라고 쓰고 있으며 이는 『아비달마구사론』에도 그대로 인용되어 있다.[46] 여기서 말하는 '다른 부처님들'은 초기불전에도 등장하는 연등불(燃燈佛)이나 비바시불(毘婆尸佛), 가섭불(迦葉佛)과 같은 과거불을 의미할 것이다.[47] 따라서 아비달마교학에서 말하는 육바라밀은 아직 일반 불

---

44) 『佛說太子瑞應本起經』 卷上(『大正藏』3, p.472下).
45) 『阿毘達磨大毘婆沙論』 卷17(『大正藏』27, p.85上), "如一佛於三無數劫 修六波羅蜜多得圓滿故 證得無上正等菩提 餘佛亦爾故 名平等."
46) 『阿毘達磨俱舍論』 卷12(『大正藏』29, p.352下).
47) 『阿毘達磨大毘婆沙論』 卷178(『大正藏』27, p.893上)에 "도솔천에 있는 법을 좋아하는 무량한 보살들[菩薩衆]을 교화한다."거나 "법을 좋아하는 보살들[菩薩]이 언제나 그곳에 가득하여 보처보살이 밤낮에 걸쳐 쉬지 않고 이들을 위하여 항상 설법한다."는 구절이 있다. 여기서 말하는 '보살들'은, 『대정신수대장경』에서 아함부(阿含部)의 경전[『증일아함

자들의 보편적 실천덕목은 아니었다.

　그러나 대승불전에서 육바라밀은 모든 보살들이 성불을 지향하며 배워야 할 보편적인 실천 덕목으로 그 외연이 확장된다. 『소품반야바라밀경』의 경문을 인용해 보자.

> 아난이여! 만일 보살이 아뇩다라삼먁삼보리를 얻고자 한다면 마땅히 육바라밀을 배워야 한다. 왜 그런가? 아난이여! 바라밀들은 보살들(諸菩薩)의 어머니여서 능히 부처님들(諸佛)을 탄생시키기 때문이다. 만일 보살이 육바라밀을 배우면 마땅히 아뇩다라삼먁삼보리를 얻을 것이다. 따라서 나는 육바라밀로 그대에게 거듭 부촉하느니라. 왜 그런가? 바로 이 육바라밀이 삼세의 모든 부처님들의 한량없는 가르침의 보고(寶庫)이기 때문이니라.[48]

　여기서 보듯이 아난(阿難, Ānanda)을 포함하여 성불을 지향하는 모든 '보살들'에게 '육바라밀'의 실천이 권유된다. 즉 『본생담』에서 고유명사였던 '보살'이 대승불전에서는 보통명사로 전의(轉意)하며, 초기불전과 아비달마문헌에서 '석가모니의 전생 보살'의 실천덕목이었던 '육바라밀'이 반야계 경전을 비롯한 대승불전에서는 '발심한 모든 보살들'의 실천덕목으로 확장되는 것이다. 즉, 대승불전의 보살도는 그 연원을 초기불전인 『본생담』에 둔다.

　초기불전에서 말하는 석가모니 부처의 삶은 두 종류로 구분된다. 하나는 정반왕의 아들로 태어나 29세에 출가하여 35세에 성도한 후 80세에 열반에 드신 '현생의 삶'이고, 다른 하나는 『본생

경』 제외]과 비담부(毘曇部)의 경전 가운데, '보통명사'로서의 보살을 의미하는 유일한 예로[CBETA검색] 대승불교적인 보살사상의 단초일 수 있다.

48)『小品般若波羅蜜經』卷9(『大正藏』8, p.578上).

담』에서 보듯이 보살로 살아간 '전생의 삶'이다. 불교를 소승과
대승으로 구분할 때 출가하여 구도자의 길을 간 싯다르타 태자의
현생을 닮고자 하면 소승이고, 보살로 살아간 전생의 삶을 닮고자
하면 대승인 것이다. 즉, 대승불전의 보살도는 초기불전인 『본생
담』의 논리적 귀결이며 발전적 계승이다.

2. 삼천대천세계설(三千大千世界說)과 타방불국토

과거칠불의 예에서 보듯이 다불사상은 초기불전에도 있었다. 그
러나 이는 타방의 불국토가 아니라 삼천대천세계 내에서 시간을
달리하여 존재하는 부처들이었다. 이와 달리 대승불전에서는 우리
가 사는 이 우주 바깥에 다른 불국토가 있고, 그곳을 주관하는 타
방의 부처들이 있다고 설한다. 예를 들어 동방 묘희국에는 아촉불
이 있고, 남방의 환희국에는 보상(寶相)여래가 있으며, 서방의 극
락정토에는 아미타불이 있고, 북방의 연화장엄세계에는 미묘성불
(微妙性佛)이 있다.[49] 그러면 이런 타방 불국토의 근거를 초기불
전과 아비달마교학에서 찾아보자.

초기불전인 아함부에 속하는 『장아함경』의 『세기경(世記經)』「
염부제주품(閻浮提州品)」[50]이나 『대루탄경(大樓炭經)』[51], 『기세경
(起世經)』[52], 『기세인본경(起世因本經)』[53]에 실린 불교의 우주론

49) 『佛說觀佛三昧海經』 卷9(『大正藏』15, p.689上) ; 『金光明經』 卷2(『
大正藏』16, p.345中).
50) 『長阿含經』 卷18(『大正藏』1, pp.114中-下).
51) 『大樓炭經』 卷1(『大正藏』1, p.277上).
52) 『起世經』 卷1(『大正藏』1, pp.310中-下).
53) 『起世因本經』 卷1(『大正藏』1, pp.365中-下).

을 종합하여 요약하면 다음과 같다.

> "하나의 태양과 달이 4천하를 비추는데 그와 같은 태양과 달이 1,000개
> 모이면 하나의 소천세계(小千世界)가 된다. 이런 1,000개의 세계에는 1,0
> 00개 달, 1,000개의 해, 1,000명의 수미산왕, 4,000곳의 작은 섬, 4,000곳
> 의 큰 섬 … 1,000곳의 사천왕천, 1,000곳의 도리천 … 1,000곳의 타화자
> 재천, 1,000곳의 마라천, 1,000곳의 범천이 있다. … 이런 소천세계는 마
> 치 주라(周羅)[54]와 같다. 그렇게 주라와 같은 소천세계가 1,000개 있으면
> 하나의 중천세계(中千世界)가 되며, 중천세계가 1,000개 있으면 이를 삼
> 천대천세계(三千大千世界)라고 부른다. 이런 삼천대천세계는 동시에 성립
> 했다가 동시에 파괴된다. …… 이것이 '하나의 부처님 나라(一佛刹)'로 중
> 생이 사는 곳이다.

  여기서 '하나의 태양과 달이 비추는 4천하'가 '태양계의 지구'를
의미한다고 볼 때, 태양과 달이 1,000개 모인 소천세계란 '1,000
개의 별'이 모인 곳이라고 풀이할 수 있다. 또 이런 소천세계가
다시 1,000개 모이면 중천세계이고, 중천세계가 다시 1,000개 모
이면 삼천대천세계라고 부른다는 것이다. 따라서 삼천대천세계란
별이 10억 개 모인 곳으로 온갖 중생들이 살아가는 '하나의 부처
님 나라[一佛國土]'다.
  그런데 이런 삼천대천세계 역시 무상(無常)하기에 성립과 파괴
를 되풀이 한다. 즉 성(成), 주(住), 괴(壞), 공(空) 네 단계의 과

---

54) '주라(周羅)'는 상투를 의미하는 산스끄리뜨어 'cūḍā'의 음사어다. 『起
世因本經』(『大正藏1』, p.365下)에서는 주라에 대해 다음과 같이 설명
한다. "주라(周羅)라는 것은 수나라 말로 상투(髻)다. 외국인들이 정수
리 위에서 [머리칼을] 묶은 것으로, 어릴 때 긴 머리를 상투로 만드는
것이 허락된다(周羅者 隋言髻也 外國人頂上結 少許長髮為髻)." 현대
천문학에서 말하는 '나선은하(螺線銀河)'의 모습을 가리키는 것일 수 있
다.

정을 계속 되풀이하는 것이다. 『아비달마구사론』에 의하면 이런 네 단계는 각각 20겁(劫)이 걸리며, 삼천대천세계의 성, 주, 괴, 공은 총 80겁에 걸쳐 일어난다.[55] 삼천대천세계가 파괴되기 시작하는 괴겁(壞劫)의 시기가 되면 욕계의 최하부인 지옥부터 텅 비기 시작하여 마지막에는 색계의 초선천인 범천의 세계까지 텅 비어 중생이 없는 기세간(器世間)만 남게 되는데 이렇게 유정세간이 모두 사라지기까지 19겁이 걸린다.[56] 그 후 마지막 1겁 동안에 화염이 일어나 범천 이하의 기세간 전체가 재도 남기지 않고 사라진다.[57] 이때 죄가 없는 자들은 대개 그곳의 범천 이상의 세계에 태어난다고 한다.

그런데 여기서 의문이 생긴다. 욕계의 '지옥, 아귀, 축생계, 인간계, 육욕천'과 색계의 '범천'까지 기세간이 모두 파괴될 때 죄의 과보를 아직 다 받지 않은 자들은 어디에 태어날까? 『대루탄경』이나 『아비달마구사론』, 그리고 대승의 영향이 깊게 밴 한역 『증일아함경』[58] 등에서는 이에 대해 '다른 곳의 부처님 나라[他方佛國]'에 있는 악도에 태어난다고 설명한다.[59] 일반적인 초기삼장에서는 '타방 불국토'에 대한 언급을 볼 수 없지만, "삼천대천세계가

---

55) 『阿毘達磨俱舍論』(『大正藏』29, pp.62中-下).
56) 『阿毘達磨俱舍論』(『大正藏』29, pp.62下-63上).
57) 『阿毘達磨俱舍論』(『大正藏』29, p.63上).
58) 한역 삼장 중 『증일아함경』의 경우 아함부의 초기불전에 속하지만, 타방 불국토도 거론하고(『大正藏』2, p.736下) 대승이라는 용어도 사용하며(『大正藏』2, p.550上) 육바라밀에 대한 가르침도 실려 있는 점(『大正藏』2, p.645中)에서 보듯이 대승불교의 영향을 많이 받은 불전이다.
59) 『大樓炭經』卷1(『大正藏』1, p.309下), "是時 有罪者未竟者 復生他方佛國天下惡道中."; 『增壹阿含經』卷30(『大正藏』2, p.736下), "設彼地獄眾生罪未畢者 復移至他方刹土."; 『阿毘達磨俱舍論』卷12(『大正藏』29, p.62下), "諸有地獄定受業者 業力引置他方獄中."

파괴되는 괴겁의 시기에 아직 죄의 과보를 더 받아야 할 중생은 어떻게 될까?"라는 의문에 대한 자연스러운 귀결로, 일부 초기불전과 아비달마문헌에서 타방불국토와 타방불 이론이 출현했던 것이다.[60]

3. 뗏목의 비유와 『반야경』의 법공

『반야심경』에서는 외견상 초기불전의 가르침 전체를 부정하는 듯이 보인다. "색, 수, 상, 행, 식의 일체가 공성(空性)이고 공성이 바로 일체인데, 공성에는[空中] 오온도 없고[無色 無受想行識], 십이처도 없으며[無眼耳鼻舌身意 無色聲香味觸法], 십팔계도 없고[無眼界 乃至 無意識界], 십이연기의 유전문도 없고 환멸문도 없으며[無無明 亦無無明盡 乃至 無老死 亦無老死盡], 사성제도 없고[無苦集滅道], 지식도 없으며 도달도 없다[無智亦無得]"고 한다. 그야말로 초기불전과 아비달마교학 전체를 파기하는 듯한 내용이다.

그런데 이런 반야계 경전들의 교화 대상은 불교 초심자들이 아니었다. 『마하반야바라밀경』에서 영취산에 모여 설법을 듣는 대중들은 아라한이 된 5,000명의 비구들[61]과 사성제를 체득한 비구니,

---

60) 여기서 한 가지 문제가 더 남는다. 『무량수경』에서 보듯이 타방불토 사상은 발보리심과 염불에 의해 타방불토에 태어난다는 타력신앙이다. 이는 초기불전에서 말하는 자업자득의 업 이론과 어긋나지 않을까? 그러나 아비달마교학의 육인오과설(六因五果說) 가운데 '변행인(遍行因)→등류과(等流果)', '동류인(同類因)→등류과'의 인과론으로 이에 대해 해명할 수 있다. 이에 대한 논의는 다음을 기약한다.

61) 그 가운데 아난 존자만이 수다원의 지위에 있었다. 『摩訶般若波羅蜜

우바새, 우바이 500명과[62] 다라니와 온갖 삼매를 체득하고 5신통이 열린 보살들[63]이었다고 쓰고 있다. 교화 대상에 대한 이러한 묘사는 『대반야경』이나 『소품반야바라밀』 등 반야계 경전 어디에서도 대동소이하다. 즉 반야계 경전의 가르침은 불교 초심자가 아니라 석가모니 부처님의 가르침을 통해서 성인(聖人)의 지위에 오른 대중들을 위해 설시된 것이었다. 다시 말해 반야계 경전에서는 오온, 십이처, 십팔계, 사성제, 십이연기 등의 교법에 의지해서 수행을 하여 최소한 수다원 이상의 지위에 오른 성인(聖人)들을 교화의 대상으로 삼았다. 따라서 『반야심경』에서 "공성에는 오온, 십이처, 십팔계, 사성제, 십이연기 등이 없다."고 선언하는 것은, 이런 법들에 의해서 불교 수행의 목표점에 도달한 성인들에게, 불교적 지혜인 공성의 궁극에서는 그런 법들조차 버려야 한다는 점을 가르치기 위한 것이었음을 알 수 있다. 왜냐하면 그런 법들은 수행의 목표가 아니라 단지 수단일 뿐이기 때문이다.

그런데 법에 대한 이런 태도는 반야계 경전에 처음 등장하는 혁명적 가르침이 아니었다. 초기불전에 실린 '뗏목의 비유'와 그 취지를 같이 한다. 부처님은 자신의 가르침인 '법(Dharma)'을 강을 건너는 데 사용하는 뗏목에 비유한다. 이를 축약하여 인용하면 다음과 같다.

經』(『大正藏』8, p.217上), "共摩訶比丘僧大數五千分 皆是阿羅漢 … 唯阿難在學地得須陀洹."
62) 『摩訶般若波羅蜜經』(『大正藏』8, p.217上), "復有五百比丘尼 優婆塞 優婆夷等 皆得聖諦."
63) 『摩訶般若波羅蜜經』(『大正藏』8, p.217上), "復有菩薩摩訶薩――皆得 陀羅尼及諸三昧行 …"

"어떤 사람이 길을 가다가 큰물을 만났는데 이쪽 물가는 수상쩍고 위험하지만 저쪽 물가는 안전하고 위험이 없다고 하자. 그래서 그 사람은 … 뗏목을 만들었다. 저쪽 물가로 건너간 다음에 그는 다음과 같이 생각할 수 있다."'이 뗏목이 나에게 참으로 유용했다. 왜냐하면 … 나는 이 뗏목에 의지해서 … 건너왔기 때문이다. 이 뗏목을 머리에 이거나 등에 지고서 그 어디든 내가 가려는 곳으로 가는 것이 좋겠다.' "비구들이여 그대들은 어떻게 생각하느냐? 그 사람이 그렇게 하면, 뗏목에 합당한 일을 하는 것이겠는가?" "아닙니다. 세존이시여." "그러면 그 사람은 뗏목에 합당한 일을 하기 위해서 어떻게 해야 할까? 그 사람은 …"'이 뗏목은 나에게 참으로 유용했다. … 이 뗏목을 마른 땅으로 끌고 가든지, 물에 그대로 두어 가라앉게 하든지 하고서 내가 가려는 곳으로 가야 하겠다.'라고 생각한다. "이렇게 할 경우 그는 뗏목에 대해 합당한 일을 하는 것이리라. 비구들이여, 이와 마찬가지로 나는 '법(Dahrma)'이 강을 건너기 위한 …… 뗏목에 비교된다고 가르쳤다. 법이 뗏목에 비교된다는 가르침대로 이해한다면, 그대는 '법'조차 버려야 하거늘 하물며 '법이 아닌 것'은 어떠하겠는가?[64]

  위험한 이쪽 물가를 벗어나기 위해서 뗏목을 이용했는데 저쪽 물가에 도달한 후에, 뗏목에 대한 고마운 마음에 이를 머리에 이고 가든지, 등에 지고 간다면 이는 어리석은 일일 것이다. 이와 마찬가지로 부처님의 가르침, 즉 법에 의지하여 깨달음의 피안에 도달했는데, 계속 그런 법에 집착하는 것은 옳지 않다. 뗏목을 타고서 강을 건너서 피안에 도달한 사람이 뗏목에서 내려서 피안에 올라야 하듯이, 깨달음의 피안에 도달한 사람은 그 수단이었던 법에 대한 집착을 버려야 할 것이다. 『반야심경』에서 오온 등의 법들을 부정하는 경문은 바로 이 점을 역설하고 있다. 반야계 경전 가운데 하나인 『금강반야바라밀경』에는 이런 교훈이 "그대들 비

───────────────

64) 『中阿含經』 卷54(『大正藏』1, p.764下) ; *Alagaddupama Sutta*, MN. Ⅰ,p.130(PTS本).

구들은 내가 법을 뗏목과 같다고 비유한 것을 알 것이다. 법도 오히려 버려야 하거늘 하물며 비법(非法)이랴?"라고 축약되어 있다.[65]

초기불전에서는 분명히 궁극에는 법에 대한 집착조차 버릴 것을 가르쳤는데,[66] 부처님 열반 후 500여 년이 흐르면서 다양한 부파들이 난립하여 제각각 자파에서 구성한 법의 체계에 대한 집착으로 시시비비 논쟁을 벌였다. 용수의 『중론』에서는 그 당시 불교의 타락에 대해 다음과 같이 묘사한다.

> 부처님께서 열반하신 후 500년이 지난 상법(像法)의 시대에 사람의 근기가 아둔해져서 갖가지 법들에 대해 깊이 집착하였다. 십이연기, 오온, 십이처, 십팔계 등에서 확고한 특징을 추구하니 부처님의 뜻은 모르고 오직 문자에만 집착하였다.[67]

이는 부처님의 가르침인 '법[Dharma]'을 '깨달음의 피안에 이르기 위한 뗏목'과 같은 수단, 또는 방편으로 간주했던 초기불전

---

65) 『金剛般若波羅蜜經』(『大正藏』8, p.749中).
66) 아비달마 문헌에서도 "강을 건넌 후 뗏목을 버려야 한다."는 비유를 거론한다. 『阿毘達磨大毘婆沙論』卷97(『大正藏』27, p.503中)에서는 이 비유가 "반열반(般涅槃)에 들 때 무루도(無漏道)조차 버리는 것"을 의미한다고 해석하며, 『阿毘達磨俱舍論』卷28(『大正藏』29, p.149下)에서는 '더 이상 희구하지 않는 삼매[無願三昧]'에서 "4성제의 16행상 가운데 열반의 상(相)과 유사한 '공(空)과 비아(非我)'를 제외한 12행상을 버리는 것"을 의미한다고 해석한다. 그러나 아비달마불교의 이런 해석들은 '색(色) 등의 오온(五蘊)이 그대로 공성(空性)이고, 공성이 그대로 오온임'을 역설하고[『般若心經』], '공도 없고 공 아닌 것도 없으며[非空非不空], 자아도 옳지 않고 무아도 옳지 않음'[非我非無我]을 역설하는[『摩訶般若波羅蜜經』卷6(『大正藏』8, p.263上)] 반야계 경전의 공(空)사상만큼 철저하지는 못하다.
67) 『中論』卷1(『大正藏』30, p.1下).

의 취지에서 멀리 벗어난 일이었다. 『반야심경』을 포함한 반야계 경전에서, "공성에는 오온, 십이처, 십팔계, 사제제, 십이연기 등 의 법들이 없다."고 선언한 것은 법에 대한 소승불교도들의 잘못 된 태도를 시정하기 위한 것이었다. 즉 부처님께서 법을 설하신 원래의 취지를 일깨우기 위한 것이었다. '법'이 부처님의 가르침이 긴 하지만, 그것이 궁극일 수는 없으며 뗏목과 같은 수단이고 방 편일 뿐이다. 궁극적인 깨달음, 공성의 피안에 도달했으면 가르침 의 뗏목, 즉 법의 뗏목에서 내려서 공성의 언덕에 올라야 한다. 오온의 뗏목에서도 내리고, 십이처의 뗏목에서도 내리고, 십팔계 의 뗏목에서도 내리고, 사성제의 뗏목에서도 내리고, 십이연기 등 등 모든 법들의 뗏목에서도 내려서 공성의 피안에 올라야 한다. 그것이 법을 대하는 올바른 태도이고 부처님의 참뜻이다. "뗏목에 서 내려라! 뗏목에서 내려라! 피안에 도달하면 법의 뗏목에서 내 려라!" "공성에는 오온도 없고, 십이처도 없으며, 십팔계도 없고, 십이연기의 유전문도 없고 환멸문도 없으며, 사성제도 없고, 지식 도 없으며 도달도 없다"는 『반야심경』의 선언은 초기불전의 취지 를 도외시한 채 목적과 수단이 전도되어 법에 집착하는 부파불교 도들의 잘못된 태도를 바로 잡기 위해서 외친 불교 회복의 구호 였다.

III. 대승불교는 양파의 껍질과 같은 불 교의 본질이다.

지금까지 간략히 검토해 보았듯이 대승불교의 대표적인 교리인 보살사상, 타방불토사상, 반야경의 법공사상 모두 초기불전에 그 연원을 둔다. 보살사상은 『본생담』의 보살이 대승불자들의 보편적 신행 방식으로 확장된 것이며, 타방불토사상은 삼천대천세계의 공간론과 성주괴공(成住壞空) 시간론의 논리적 귀결이며, 반야경의 법공사상은 법[Dharma]의 방편성을 가르친 뗏목의 비유와 그 취지를 같이 한다. 또 초기불전의 핵심교리인 고, 집, 멸, 도의 사성제에 대응시키면 보살사상은 수행의 길인 도성제를 대승적으로 확장한 것이고, 타방불토사상은 불교의 세계관인 제행무상의 고성제에 대한 전 우주적 표현이며, 반야경의 법공사상은 수행의 목표인 멸성제를 심화시킨 것에 다름 아니었다. 대승불교의 대표적인 교리 세 가지 모두 그 근거나 취지가 초기불전의 가르침에서 벗어나거나 어긋나지 않는다. 초기불전에서 경전적 근거를 찾을 수 있을 뿐만 아니라 논리적으로도 타당하다는 말이다.

이런 분석의 토대 위에서 본고 제I장, 제3절에서 들었던 양파의 비유에 대해 다시 생각해보자. 귤이나 포도와 같은 과일은 알맹이를 먹기 위해서 껍질을 깐다. 그러나 양파는 알맹이를 먹는 채소가 아니다. 전체가 껍질로만 이루어져 있기에 어떤 껍질이든 내 손에 닿는 부분을 먹으면 된다. 일반적으로 "껍질을 벗기고 벗겨도 본질이 나오지 않는다."는 의미에서 어떤 일을 양파에 비유하곤 한다. 그러나 "불교는 양파와 같다."고 비유할 때 그 의미는 이와 다르다. 양파의 경우 벗겨지는 껍질들이 모두 양파의 육질(肉質)이다. 껍질이 본질(本質)인 것이다. 2,500여 년에 걸쳐 전승되고, 편집되고, 재해석되고, 재창출된 대소승의 불전들은 바로 이런 양파와 같다. 따라서 어떤 대승불전이라고 하더라도 그 세계관이 초기불전의 근본 가르침에서 벗어나지 않으면서 나의 인지(認知)와 정서(情緒)를 불교적으로 정화시키고 향상시킨다면 불설로서 수용할 수 있다는 말이다.

　방편시설(方便施設), 대기설법(對機說法), 응병여약(應病與藥)의 방식으로 설시된 석가모니 부처님의 근본 가르침 역시 양파의 심부를 구성하는 하나의 껍질이었다. 그 외피를 다시 아비달마교학의 껍질이 감쌌고 이어서 반야중관, 유가행유식, 밀교의 외피가 계속 뒤를 이으면서 대승의 기치를 건 수많은 불전들이 편집되고 창출되었다. 그 내용이 불교의 본질에서 벗어난 이론이나 경전들은 자연도태 하듯이 솎아지고 폐기되었을 것이다. 그러나 『반야경』, 『화엄경』, 『법화경』, 『대반열반경』, 『무량수경』, 『해심밀경』, 『능가경』, 『원각경』, 『능엄경』, 『범망경』, 『천수경』 등 현재 동아시아 불교계에서 신봉하는 대승불전들 모두는 각 시대와 지역과 문화에 부응한 법신불(法身佛)의 대기설법이었다. 양파의 껍질과 같이 불교의 본질이 담겨 있다.

- 『불교학연구』 제50권, 불교학연구회, 2017년

참고문헌

1. 원전자료

- *Alagaddupama Sutta*, MN. I (PTS本).
- 『金剛般若波羅蜜經』(『大正藏』8).
- 『金光明經』 卷2(『大正藏』16).
- 『起世經』 卷1(『大正藏』1).

- 『起世因本經』 卷1(『大正藏』1).
- 『大樓炭經』 卷1(『大正藏』1上).
- 『大乘莊嚴經論』 卷1(『大正藏』31上).
- 『摩訶般若波羅蜜經』(『大正藏』8).
- 『佛說觀佛三昧海經』 卷9(『大正藏』15).
- 『佛說太子瑞應本起經』 卷上(『大正藏』3).
- 『成唯識論』 卷3(『大正藏』31).
- 『成唯識論了義燈』 卷1(『大正藏』43).
- 『小品般若波羅蜜經』 卷9(『大正藏』8).
- 『阿毘達磨俱舍論』(『大正藏』29).
- 『阿毘達磨大毘婆沙論』 卷17(『大正藏』27).
- 『長阿含經』 卷18(『大正藏』1).
- 『中論』 卷1(『大正藏』30).
- 『中阿含經』 卷54(『大正藏』1下).
- 『增壹阿含經』 卷30(『大正藏』2).
- 『出三藏記集』 卷5(『大正藏』55).
- 『解深密經疏』 卷4(『卍新續藏』21).

2. 사전류

- John Powers and David Templeman, *Historical Dictionary of Tibet*, Lanham:Scarecrow Press, 2012.
- Stephan Schuhmacher and Gert Woerner Ed., The Encyclopedia of Eastern Philosophy and Religion, Boston:Shambhala Publications, 1989.

3. 단행본

• 渡辺照宏, 『經典成立論』, 金無得 譯, 서울:경서원, 1983.

• 望月信亨, 『佛敎經典 成立의 硏究』, 金鎭烈 역, 서울:불교시대사, 1995.

• 서성원, 『초기·부파불교연구』, 서울:법경스님논문집발간모임, 2004.

• 청화, 『보리방편문 해설』, 곡성:성륜사, 2001.

• 平川彰, 『인도불교의 사상과 역사』, 이호근 역, 서울:민족사, 1991.

• Francesca Fremantle, Luminous Emptiness: Understanding the Tibetan Book of the Dead, Boston:Shambhala Publications, 2001.

• Gregory Schopen, Figments and fragments of Mahāyāna Buddhism in India: more collected papers, Hawaii:University of Hawaii Press, 2005.

• Jan Nattier, A few good men: the Bodhisattva path according to the Inquiry of Ugra, Hawaii:University of Hawaii Press, 2003.

• S. Dhammika, THE EDICTS OF KING ASHOKA, KANDY SRI LANKA:BUDDHIST PUBLICATION SOCIETY, 1993.

• Tulku Thondup Rinpoche, Hidden Teachings of Tibet - An Explanation of the Terma Tradition of Tibetan Buddhism

-, Somerville:Wisdom Publication, 1986.

• Tulku Thondup & Harold Talbott ed., Masters of Meditation and Miracles: Lives of the Great Buddhist Masters of India and Tibet, Boston:Shambhala, 1996.

• W.Y. Evans-Wentz ed. The Tibetan Book of the Dead, Oxford:Oxford University Press, 2000.

4. 논문류

• 김성철, 「출가자와 재가자의 바람직한 관계」, 『참여불교』제14호, 서울:참여불교재가연대, 2003, pp.128-145.

• 김성철, 「대승신화와 가상수행 그리고 불교의 미래」, 『인도철학』제21호, 서울:인도철학회, 2006, pp.5-35.

• 시모다 마사히로, 「경전을 창출하다. 대승세계의 출현」, 『대승불교의 탄생』, 사이토 아키라 외 저, 이자랑 역, 서울:씨아이알, 1996.

5. 웹사이트

• http://gretil.sub.uni-goettingen.de/gretil/1_sanskr/4_rellit/buddh/asmahsbu.htm(검색일자:2016.9.2.)

• http://www.kidobal.com(검색일자:2016.9.25.)

대승신화와 가상수행, 그리고 불교의 미래*

Ⅰ. 종교신화 – 진실인가 허구인가?

1. 몇 가지 힌두신화

가네샤

---

* 2006년 6월 9일 '인도의 신화와 종교'를 주제로 열린 인도철학회 춘계 학술대회에서 발표.

인도인들에게 가장 사랑받는 신을 꼽으라면 '지혜의 신' 가네샤 (Gaṇeśa)를 들 수 있을 것이다. 가네샤는 사람의 몸에 코끼리의 머리를 하고 있으며 상아 하나는 부러져 있는데 팔은 넷이고[1] 무쉬깜(Mooshikam) 또는 무샤끄(Mooshak)라고 불리는 '쥐'를 타고 다닌다. '코끼리의 머리'는 '성실함'과 '슬기로움'과 '분별력'을 상징하고, '하나만 남은 상아'는 '이분법의 허구를 타파하는 능력'을 상징한다. 네 개의 손 가운데 하나는 마치 불상의 '시무외인(施無畏印)' 과 같은 모습으로 신앙인을 향해 펴서 들고 있는데 이는

가네샤, 가나빠띠

'축복'과 '귀의'와 '보호'를 의미한다. 나머지 세 개의 손으로는 각각 '도끼'와 '채찍'과 '연꽃'을 들고 있는데, 도끼는 '모든 욕망과 고통의 단절'을 의미하기도 하고 '장애의 타파', '진리와 정의의 촉구'를 의미하기도 한다. '세속에 대한 집착과 욕망에서 벗어나게 해 주는 도구'를 의미하는 채찍은 '가네샤신과 신앙자를 묶어주는 끈'이기도 하다. 그리고 연꽃은 '신앙자가 체득해야 할 최고의 종

---

1) 가네샤는 대개 네 개의 팔을 가진 것으로 알려져 있지만, 6, 8, 10, 12, 14개의 팔을 가진 가네샤상이 조성되기도 한다.

교적 목표인 아뜨만'을 상징한다.[2] 가네샤의 '탈 것'인 쥐 무쉬깜은 '비밀스러운 것에 대한 지혜'와 '어둠과 같은 무지'의 상반된 의미를 모두 상징한다.

가네샤는 힌두교의 삼신 중 하나인 파괴의 신 쉬와(Śiva)의 아들인데 '쉬와-뿌라나(Śiva-Purāṇa)'에서는 가네샤가 코끼리의 머리를 하게 된 유래에 대해 다음과 같이 설명한다.

> 쉬와의 부인인 빠르와띠가 집에서 목욕을 하려고 했는데 주변에 시종이나 문지기가 하나도 없었다. 그래서 그녀는 자기 몸에 바르려고 준비해 두었던 '심황 반죽(turmeric paste)'으로 어린 아이 상을 하나 만들어 생명을 불어넣었다. 그래서 가네샤가 탄생하였다. 빠르와띠는 가네샤에게 자기가 목욕하는 동안 아무도 집에 들여보내지 말도록 분부하였고 가네샤는 어머니의 지시를 충실히 따랐다. 그러던 중 외출했던 쉬와가 돌아와 집으로 들어가려 했는데 가네샤는 이를 막았다. 쉬와는 자신을 저지하는 낯선 소년의 무례함에 격노하여 평소 갖고 다니던 무기인 삼지창(Triśūla)으로 가네샤의 머리를 베어버렸다. 빠르와띠는 집밖으로 나와 자기 아들의 시체를 보고는 분노와 슬픔에 빠졌다. 그래서 쉬와에게 즉각 가네샤를 살려내라고 애원했다. 그러나 삼지창의 힘이 너무나 강력해서 가네샤의 머리를 아주 멀리 날려버렸기 때문에 아무리 찾으려 해도 그 머리를 찾을 수 없었다. 그 때 브라만신은 얼굴을 북쪽으로 향하고 있는 생명체를 발견하면 그 목을 베어 가네샤의 몸에 붙이라고 권하였다. 쉬와는 천상의 병사들인 가나(Gaṇa)를 풀어서 그런 생명체를 잡아오게 했다. 병사들은 얼굴을 북쪽으로 향하고 잠들어 있는 코끼리를 발견하여 잡아왔고, 그 머리를 베어 가네샤의 몸에 붙이자 가네샤는 소생하였다. 그때부터 가네샤는 '가나의 주인'이라는 의미에서 가네빠띠(Gaṇepati)라고 불렸다.

태양력으로 대개 8월20일-9월15일 경에 해당하는 힌두력

---

2) http://en.wikipedia.org/wiki/Ganesha(2005/05/15채취)

바드라빠다(Bhādrapada)월이 되면 지금도 인도 전역에서는
가네슈 차뚜르티(Ganesh Chaturthi)라는 가네샤 축제가 열리
며 수많은 힌두신자들이 열광하며 가네샤신에 대해 신앙을
바치고 그 자비와 은혜에 대해 감사의 기도를 올린다.

하누만

노동과 봉사의 신 하누만(Hanu
man) 역시 인도인들에게 사랑받는
신 가운데 하나이다. 원숭이 모습
을 한 하누만은 바람의 신 '와유
(Vāyu)'의 아들로, 사람의 몸에 원
숭이 꼬리를 갖는 와나라(Vanara)
종족 출신인데 비쉬누의 화신인
라마(Rama)의 부인 시타(Sītā)를
악마 라바나(Ravaṇa)에게서 구출
하는데 큰 공훈을 세운 것으로 알

하누만

려져 있다. 원래 이름은 마루띠(Māruti)였지만, 어린 시절 태양을
보고서 잘 익은 과일로 착각하여 따먹으려고 하다가 이를 본 인
드라신이 던진 금강저(Vajra)에 맞아 '뺨(hanu)'에 난 상처를 '갖
고(mat)' 있기에 하누만(Hanuman)이라고 불린다고 한다. 하누만
은 덕성, 강인, 성취, 겸손, 용기의 화신으로 신앙된다. 인간도 제
대로 실천할 수 없는 신애와 범행을 지키기에 성자로서 숭상된다.
하누만의 탄생일이 끼어 있는 짜이뜨라월은 태양력으로 3월22일-

4월20일 경인데 이 때 '하누만 자얀띠'라는 이름의 축제가 인도 전역에서 벌어지면 이른 아침부터 하누만 사원에는 군중들이 모여든다. 신앙자는 하누만상에서 붉은 신두르(sindoor)[3]를 찍어내어서 자신의 이마에 표식을 그린다.[4]

쉬와링감

힌두사원 중 많은 곳에서 파괴의 신 쉬와(Śiva)의 상징인 남근 모습의 쉬와링감이 예배되는 것을 볼 수 있다. 『쉬와뿌라나』나 『깐나싸뿌라나』 등 힌두문헌들에서는 이러한 쉬와링감 예배의 기원에 대해 각양각색으로 설명하는데, 『마하바라따』의 「사웁띠까빠르와(Sauptikaparva)」에서는 다음과 같이 설명한다.

> 태초에 브라만(Brahman)신은 쉬와(Śiva)신을 신뢰하여 세계를 창조하라고 명하였다. 쉬와는 창조의 힘을 획득하기 위해서 고행에 들어갔는데, 쉬와를 기다리다 지친 브라만은 쁘라자빠띠(Prajāpati)를 만들어서 세계를 창조하게 하였다. 창조에 필요한 힘을 획득한 후 돌아온 쉬와는 자신에게 부여되었던 사명이 모두 허사가 되었음을 알게 되었으며, 세계창조를 위해서 터득한 위대한 힘도 쓸모없어지고 창조의 도구인 자신의 남근(Liṅga)도 필요 없게 되었다고 생각되어서 음경을 뽑아 높이 던져버렸다. 시와신의 거대한 남근은 땅바닥에 떨어지면서 위를 향해 곧게 섰다. 그리고 쉬와는 낙담하여 '절멸의 무용'을 추기 시작했다. 그러나 쉬와의 남근에 대해 예배를 올리던 신들의 요청으로 결국 쉬와는 분노의 불길을 물속으로 흘

---

3) 신두르는 기혼녀의 머리염색을 의미하기에 엄밀히 말해 바른 표현은 아니다. 힌두교인들이 이마에 그리는 표식은 빈디(bindi)라고 부른다.: http://en.wikipedia.org/wiki/Sindoor(2006/05/15).
4) http://en.wikipedia.org/wiki/Hanuman(2006/05/15)

려버리게 되었으며 그 이후 쉬와링가에 대한 기도가 널리 퍼지게 되었다.[5]

쉬와링감을 모신 힌두사원에서는 링감에 우유나 물과 같은 차가운 액체를 흘려주는데 이는 '파괴의 춤'으로 인해 열로 들뜬 쉬와신을 식혀주기 위한 의식이라고 한다.

힌두사원에 모셔진 쉬바링감에 우유와 차를 붓는 사람들

2. 종교신화는 허구인가?

예수나 마호메트, 공자나 노자와 같은 종교 성인들은 역사적으로 실재하는 인물들이기에 그들의 가르침을 신봉하며 종교생활을 하는 것은 별로 이상해 보이지 않는다. 그러나 역사적 생존인물이

5) http://www.vepachedu.org/manasanskriti/sivaratri.html(2006/05/16)

라고는 도저히 생각되지 않는 가네샤나 하누만에게 기도를 올리
고, 돌덩어리에 불과한 둥글고 길쭉한 링감을 쉬와신의 상징으로
간주하며 제사를 지내는 행위를 우리는 어떻게 보아야 할까? 힌
두교는 그야말로 허무맹랑한 미신에 불과한 것일까?

아함이나 니까야와 같은 초기불전의 이본(異本)들을 면밀히 비
교분석함으로써 '불교의 근본 가르침'과 '역사적 부처'의 참모습을
탐구해온 근현대의 불교학자 대부분에게 이러한 힌두교의 종교관
은 문자 그대로 '황당하게' 생각될지도 모른다. 그러나 정승석의
다음과 같은 설명에서 우리는 위와 같은 허구적 신화에 근거한
힌두교가 어째서 인도에서 계속 살아 숨 쉴 수 있는지 짐작하게
된다.

> 고대 인도인들에게 현실 자체는 신뢰할 만한 것이 못 된다. 현실을 가상공
> 간에 옮겨 놓을 때, 무상한 현실은 영원한 진실이 된다. 가상공간의 현실,
> 즉 가상현실은 현실보다 더 신뢰할 수 있는 권위를 확보한다. 무상한 현실
> 이 가상공간 속에서는 종교적 이상과 염원의 틀에 의해 재편됨으로써 불
> 변의 진리를 반영하는 현실로 바뀌는 것이다. 이 점에서 인도의 가상현실
> 은 일상의 현실 공간에서 종교적 이상을 활성화하고 실현하는 데 기여하
> 는 실효를 발휘한다.[6]

힌두교인들의 종교적 이상과 염원은 신화의 가상으로 재구성되
어 구체적 현실 속에서 그 종교적 효력을 발휘하게 된다는 것이
다. 우리가 어떤 종교에 몰입하는 중요한 목적 가운데 하나는 그
종교로 인해 나의 인지(認知)와 심성(心性)에서 일어나는 '종교적

---

6) 정승석, 「인도의 가상 현실과 종교적 전통」, 『종교연구』 제22집, 2001,
   p.85.

효력'이다. 소위 '합리와 과학의 눈'으로 조명할 때 힌두교의 신화
는 모두 가상이며, 거짓이다. 그러나 폐기되어야 할 거짓이 아니
라, 힌두교도들에게 그 종교적 이상과 염원을 가르치는 '위대한
가상'이다. 이러한 힌두신화의 가상은 20세기의 성자라고 불리는
마하트마 간디(Mahatma Gandhi, 1869-1948)를 탄생시켰다.

　기독교의 경우 다양한 교파가 현존하지만 대부분의 교파에서
마치 수학의 공리(axiom)와 같이 간주하는 교리로 '메시아사상',
'신성과 인성을 공유한 예수', '삼위일체', '원죄와 구원론' '예수의
십자가 대속(代贖)과 부활', '예수 재림이론', '천국과 지옥의 내세
관' 등을 들 수 있는데,7) 이 역시 힌두신화와 마찬가지로 신화이
며 가상이다. 그러나 슈바이처(Albert Schweitzer)와 테레사수녀
(Mother Teresa)를 탄생시킨 '유용한 가상'이다.

　허공에 떠 있는 둥근 달이 아폴로 우주선이 착륙하고 닐 암스
트롱(Neil Alden Armstrong)이 걸었던 둥근 흙덩어리에 불과하다
는 사실을 알지만, 지금도 많은 사람들이 정월 대보름이 되면 촛
불을 켜고 달을 향해 소원을 빌며 기도를 올린다. 한 편의 드라마
가 모두 허구인 줄 알지만, 그를 보면서 마음 졸이고 울고 웃고
한다. 이와 마찬가지로 그 어떤 종교든 내가 믿는 종교에서 제공
하는 신화가 모두 가상이고 허구인 줄 알지만, 그 가상에 열광하
면서 눈물을 흘리며 자신을 변화시킨다.

　힌두신화는 우리에게 종교의 본질에 대한 깊은 통찰을 제공한
다. 종교의 본질은 종교가 제공하는 신화의 진위에 있는 것이 아
니라 그 종교신화가 나에게 일으키는 효력에 있다. 종교신화의 본

---

7) http://en.wikipedia.org/wiki/Christianity(2006/05/16).

질은 그 '의미'를 통해 우리의 '존재'를 변화시키는 데 있다.

Ⅱ. 대승신화의 가치와 대승의 기원

대승불교의 특징에 대해 다양한 규정이 가능할 것이다. 그러나 앞에서 힌두신화를 통해 본 종교의 본질과 관련하여 조명해 보면, 가장 중요한 점은 '신화적 방식으로 불교를 가르친다는 점'이라고 생각된다. 물론 『해심밀경』이나 『능가경』과 같은 대승경전은 생명과 세계를 분석한 대승적 교학을 많이 담고 있지만, 『화엄경』이나 『법화경』, 『무량수경』에서는 '신화'의 '가상'을 통해 메시지를 전달한다.

1. 몇 가지 대승신화

화엄신화

총34품(또는 39품)으로 이루어진 『화엄경』은 법신불에 대해 설하는 문수경(文殊經)과 보살도를 설하는 보현경(普賢經)으로 나누어지는데, 60화엄의 경우 제1, 2, 3, 4, 5, 25, 26, 28, 29, 30, 32품은 문수경에 해당하고, 제6, 7, 8, 11, 12, 13, 14, 17, 18, 21, 22, 23, 24, 31, 33품과 제34 「입법계품」은 보현경에 해당한다.[8] 문수경은 화엄의 철학적 우주관을 담고 있고 보현경에는 화엄의 종교적 실천행이 실려 있다.

---

8) 李道業, 『華嚴經思想硏究』, 민족사. 1998, p.44-45.

『화엄경』에서는 우리가 사는 이곳이 정토라고 설한다. 그러나 사람들은 이를 모르고 살아간다. 우리가 살고 있는 이 세상은 기세간(器世間)과 중생세간(衆生世間)과 지정각세간(智正覺世間)의 세 가지로 구분되는데, 기세간이란 지구나 우주와 같은 물리적 세계를 의미하고 중생세간은 그런 물리적 세계에서 살고 있는 유정류의 세계를 가리키며, 지정각세간은 불보살의 세계이다. 이 세 가지 세계는 오버랩(Overlap)되어 있지만 아직 깨닫지 못한 우리는 기세간과 중생세간만 체험할 뿐이다. 아직 깨닫지 못한 인간의 눈에는 중생세간 중 그나마 인간계와 축생계, 기세간 중 그나마 수미산[地球, 지구]과 허공과 물리적 우주만 보일 뿐이다. 우리는 우리가 전생, 또는 그 이전의 어떤 생에 지었던 업의 과보로 받은 세계에서 인간이라는 중생으로 살아갈 뿐이다. 아직 무명에 쌓여 있는 우리는 불보살의 세계인 지정각세간을 보지 못한다.

그러나 우리가 깨닫게 되면, 우리 주위의 모든 것이 휘황찬란한 보석이었고, 온 우주가 부처의 몸이 되어 깨달음을 가르치고 있었음을 알게 된다. 또 온 산천이 생명을 갖는 존재로 다시 살아난다. 해와 달이 노래하고 밤과 낮이 노래하고 산과 들이 노래한다.[9] 지정각세간인 화장장엄세계가 그 모습을 그대로 드러내게 되는 것이다.

우리가 사는 화장장엄세계는 대위광태자(大威光太子)[10]의 보살행으로 만들어진 곳이다. 화장장엄세계는 세간과 오버랩 되어 있다. 더 엄밀히 말하면 우리의 마음에서 무명의 때를 벗길 때 드러

---

9) 「世主妙嚴品」에서, 인격화된 자연, 즉 日光보살, 月光보살, 主夜신 主晝神 등이 부처님의 공덕을 찬탄하는 것을 볼 수 있다.
10) 60화엄에서는 普莊嚴童子로 번역됨.

나는 우리가 사는 세간 그 자체다. 중생의 업이 초래한 과보의 세
계를 담고 있으면서, 그와 동시에 도처에서 깨달음의 진리가 울려
퍼지는 곳이 화장장엄세계이다.

화장장엄세계는 법신불인 비로자나불의 전신인 대위광보살이
미진수의 부처를 가까이하며 발했던 대원(大願)과 무량억겁에 걸
친 보살행으로 청정하게 꾸며진 곳이다.11) 비로자나부처의 몸은
그대로 이 우주가 되었다. 그 몸과 음성은 온 우주에 편재하며,12)
그 몸에 난 털끝 하나로 온 우주를 모두 담을 수 있고,13) 털구멍
하나 속에 모든 중생이 살고 있으며,14) 온 우주에 편재하는 몸으
로 갖가지 중생의 근기에 맞게 설법을 베풀고,15) 한마디 말로써
무량한 이치를 가르친다.16) 또 매 찰나마다 한없는 진리의 가르
침을 주고,17) 털구멍에서 뿜어지는 찬란한 광명은 우리의 온갖
고통을 모두 소멸시키고 세간의 번뇌를 다 없앤다.18) 이러한 곳
이 바로 비로자나불의 법신 그 자체인 화장장엄세계인 것이다.19)

---

11) 復告大衆言諸佛子此華藏莊嚴世界海　是毘盧遮那如來　往昔於世界海
微塵數劫修菩薩行時　一一劫中　親近世界海微塵數佛　一一佛所　淨修世
界海微塵數　大願之所嚴淨:『大方廣佛華嚴經』, 大正藏10, p.39.
12) 其身充滿一切世間　其音普順十方國土　譬如虛空具含衆像　於諸境界無
所分別　又如虛空普遍一切　於諸國土　平等隨入: 위의 책, pp.1c-2a.
13) 一一毛端　悉能容受一切世界而無障碍　各現無量神通之力敎化　調伏一
切衆生身　遍十方而無來往: 위의 책, p.2a.
14) 汝應觀佛一毛孔　一切衆生悉在中　彼亦不來亦不去: 위의 책, p.8b.
15) 佛身周遍等法界　普應衆生悉現前　種種敎門常化誘　於法自在能開悟:
위의 책, p.7c.
16) 一法門中無量門　無量千劫如是說　一切甚深廣大義　如來一句能演
說: 위의 책, p.10a.
17) 佛於一一刹那中　普雨無邊大法雨: 위의 책, p.15a.
18) 如來一一毛孔中　悉放光明滅衆患　世間煩惱皆令盡　此現光神所入
門　一切衆生癡所盲　惑業衆苦無量別　佛悉鐲除開智照　如是破暗能觀
見: 위의 책, p.18a.

법화신화

소승불교시대, 부파불교시대의 '보살'과 '부처'는 석가모니 부처만을 의미했다. '보살'이란 『본생담』에 등장하는 석가모니부처의 전신을 지칭하는 고유명사일 뿐이었다. 석가모니 부처 이외에 연등불이나 가섭불 등 과거불(過去佛)에 대해 설하는 경전이 있긴 하지만, 성불이 부파불교시대 수행자의 현실적 수행목표는 아니었다. '아라한'이나 '연각(緣覺)'만이 수행의 최고 목표였다.

그런데 『법화경』의 부처는 이렇게 낮고 편협한 수행관을 갖는 소승불교들을 향해서 부처의 지견(知見)을 "열어주고, 보여주고, 알려주고, 그 길에 들게 한다[開示悟入]." 아라한이라는 소승수행의 목표만을 성취하고서 더이상 수행할 것이 없다고 생각하는 수행자는 '교만한 수행자'일 뿐이다. 그래서 『법화경』의 드라마에서는 일불승(一佛乘)의 설법에 앞서 이러한 '교만한 대중' 오천 명을 퇴장시킨다. 그 후 사리불을 시작으로 하여 영산회상에 모인 대중들에게 차례로 성불의 수기가 내려진다.

사리불의 경우 무량무변불가사의 겁(劫)이 지난 어느 미래세에 천만 억의 부처님을 공양하며 보살도를 행한 후 '화광(華光)'이라는 이름의 여래가 될 것이라는 수기를 받는데,20) 이 때 그 자리에 모여 있던 모든 대중들은 너무 기뻐서 펄쩍펄쩍 뛴다(心大歡

---

19) 이상 '김성철, 「화엄사상에 대한 현대적 해석」, 『불교문화연구』, 불교 사회문화연구원, 2003'에서 발췌.

20) 舍利弗 汝於未來世 過無量無邊 不可思議劫 供養若干千萬億佛奉持 正法 具足菩薩所行之道 當得作佛 號曰 華光如來應供正遍知明行足善 逝世間解無上士調御丈夫天人師佛世尊: 대정장8, 『묘법연화경』, p.11b.

喜踊躍無量, 심대환희용약무량).21)

이어서 마하가섭에게는 삼백만억 부처님을 공양한 후 광명(光明)이라는 이름의 여래가 될 것이라는 수기가 내려진다. 또 수보리는 삼백만억 나유타 부처님을 공양한 후 명상(名相)이라는 이름의 여래가 될 것이며, 부루나는 무량한 아승지 겁이 지나면 성불하여 법명(法明)이라는 이름의 여래가 될 것이고, 아난은 62억 부처님을 공양한 후 성불하여 산해혜자재통왕(山海慧自在通王)이라는 이름의 여래가 될 것이라고 수기가 내려지고, 반역자 제바달다에게조차도 무량겁 이후에 성불하여 천왕(天王)이라는 이름의 여래가 될 것이라는 수기가 내려진다. 이 이외에도 교진여, 라후라, 2000인의 성문들을 비롯하여 최초의 비구니인 마하파사파제(摩訶波闍波提)와 야수다라(耶輸陀羅)에게도 성불의 수기가 내려진다. 또, 앞으로 『법화경』의 한 글자, 한 구절만이라도 읽는 자는 미래 언젠가 반드시 성불할 것이라는 수기가 내려진다.22)

『법화경』에서는 이러한 '수기설화'에, '불난 집(三車火宅, 삼거화택: 제3장)', '가난한 아들(長者窮子, 장자궁자: 제4장)', '초목(三草二木, 삼초이목: 제5장)', '가짜 도성(化城寶處, 화성보처: 제7장)', '옷 속 보석(貧人繫珠, 빈인계주: 제8장)', '상투 속 보석(契中明珠, 계중명주: 제14장)', '의사의 아들(良醫病子, 양의 병자: 제16장)' 등 총 일곱 가지 비유를 간간이 부가함으로써 과거 소승의 가르침은 모두 일불승을 위한 방편이었다는 점을 밝히기도 하고 누구나 성불할 수 있다는 용기를 심어주기도 한다.

『법화경』 후반부에서는 『법화경』의 수지독송의 공덕과 전법의

---

21) 위의 책, p.16b.
22) 위의 책, pp.20c-30c.

공덕에 대해 설명하고(제17, 18, 19장), 그 유통을 부촉한다(제21, 22장). 그리고 「약왕보살본사품」과 「묘엄보살품」과 「관세음보살품」을 통해 보살행의 귀감을 제시하면서(제23, 24, 25장) 법화신화의 드라마는 막을 내린다.

법화신화에서는 성불의 수기를 통해 깨달음의 교만을 경계하고 갖가지 비유를 통해 회삼귀일(會三歸一)하는 일불승을 가르친다.

극락신화

서방 극락정토의 모습과 왕생의 방법에 대해 설하는 불전 가운데 대표적인 것으로 『무량수경』과 『관무량수경』과 『아미타경』을 들 수 있는데 이 셋을 합하여 정토삼부경(淨土三部經)이라고 부른다. 이러한 정토계 경전에서 가르치는 서방 극락정토는 법장비구의 서원(誓願)과 보살행에 의해 만들어진 것이다.

지금부터 무수겁 전 세자재왕부처님(世自在王如來)이 계실 때, 한 국왕이 있었는데 세자재왕부처님의 설법을 듣고 보리심을 내어 왕위를 버리고 법장이라는 이름의 스님이 되었다.[23] 성불의 발원을 한 법장비구는 48가지 서원을 하게 되는데 그 중 일부를 소개하면 다음과 같다.

> 1. 내가 부처될 적에 그 나라에 지옥과 아귀와 축생이 있으면 정각을 얻지 않겠습니다.

---

23) 爾時次有佛　名世自在王如來應供等正　覺明行足善逝世間解無上士調御丈夫天人　師佛世尊　時有國王　聞佛說法心懷悅豫　尋發無上正眞道意 棄國捐王行作沙門　號曰法藏:『無量壽經』, 大正藏12, p.267a.

4. 내가 부처될 적에 그 나라 중생들의 모습이 한결같지 않고 잘나고 못난 구별이 있으면 정각을 얻지 않겠습니다.

5. 내가 부처될 적에 그 나라 중생들이 숙명통을 얻어 백천억 나유타 겁의 옛일을 알지 못하면 정각을 얻지 않겠습니다.

10. 내가 부처될 적에 그 나라 중생들이 모든 번뇌를 여의는 누진통을 얻지 못하고 망상을 일으켜 자신에게 집착하는 분별이 있으면 정각을 얻지 않겠습니다.

11. 내가 부처될 적에 그 나라 중생들이 정정취에 머물러 반드시 멸도(열반)에 이르지 못하면 정각을 얻지 않겠습니다.

18. 내가 부처될 적에 그 나라 중생(人, 天)들이 내 나라에 태어나기 위해 지극한 마음으로 신심과 환희심을 내어 내 이름을 내지 열 번 불러 내 나라의 태어날 수 없으면 정각을 얻지 않겠습니다.

48. 내가 부처될 적에 다른 세계의 보살들이 내 이름을 듣고 제1, 제2, 제3 법인을 성취하지 못하고 또한 모든 부처님이 구한 불퇴전의 경지에 이를 수 없으면 정각을 얻지 않겠습니다.[24]

　그 후 자신이 만들 불국정토를 장엄하기 위해 무수한 보살행을 하여 드디어 성불하게 되고 애초 발심할 때 품었던 48원 역시 그대로 실현되어 서방에 극락정토가 만들어진 것이다. 법장비구의 보살행으로 만들어진 극락정토는 온갖 보석으로 만들어진 곳이고, 그 어떤 괴로움도 없는 곳이며, 이승을 하직할 때에 지극한 마음으로 아미타불의 이름을 열 번만 부르면 그곳에 태어날 수 있을 정도로 왕생하기 쉬운 곳이고, 성불이 보장되는 곳이다. 법장비구가 아미타부처님이 되어 극락정토가 만들어지고 난 후 이제 10겁이 지났다고 한다.[25] 그리고 법장비구의 보살행으로 만들어진 서

24) 위의 책, pp.267c-269b.
25) 佛告阿難 法藏菩薩 今已成佛現在西方 去此十萬億刹 其佛世界名曰 安樂 阿難又問 其佛成道已來爲經幾時 佛言 成佛已來凡歷十劫: 위의 책, p.270a.

방 극락정토는 세자재왕부처님께서 보여주신 210억 곳의 불국토의 모습에서 취사선택하여 장엄된 곳이다.

2. 대승신화의 종교적 효력

이상으로 『화엄경』과 『법화경』과 『무량수경』에 담긴 세 가지 대승신화에 대해 소개하였는데, 문제는 이들 대승경전들이 모두 불멸 후 수백 년 지난 후 만들어진 경전이라는 점이다. 현대학자들은 『화엄경』의 경우 대략 서력기원~100년 사이에 편찬된 것으로 추정하고,26) 「법화경」의 경우 대략 서력기원 전 100년~서력기원 후 100년 사이에 편찬되었을 것으로 추정하며,27) 『무량수경』의 경우, 서력기원 후 1세기에는 북인도에 이미 아미타불신앙이 있었지만28) 그 경전은 대략 서력기원 후 4세기 말경에 현재의 모습을 갖추었을 것으로 추측한다.

'대승비불설(大乘非佛說)'은 현대에 새롭게 제기된 문제가 아니다. 남방불교 전통에서는 대승불전을 '후대에 편찬된 불교문학' 정도로 평가하며, 동아시아의 대승불교전통 내에서도 대승의 불설 여부에 대한 논란이 있었음은 익히 알려진 사실이다.29) 대승불전

---

26) 中村元, 석원욱 역, 『화엄사상론』, 운주사, 1988.

27) 望月良晃, 혜학 역, 『법화사상』, 경서원, 1997.

28) 平川彰, 이호근 역, 『인도불교의 역사』 상권, 민족사, 1989.

29) 이증(理證)과 교증(敎證)을 통해 마나식과 아뢰야식의 존재를 논증하려는 동아시아의 유식학(김동화, 『유식철학』, 보련각, pp.79-84 및 pp.103-113)이 그 한 예이다. 또, 원효의 경우도 『판비량론』을 통해, '대승불설을 증명하는 현장의 추론식'을 비판한 후 새로운 추론식을 제시한다(김성철 『원효의 판비량론 기초 연구』, 지식산업사, 2003, pp.189-212).

이 전통적 삼장 속에 포함되지 않았다는 점은 분명하다.30) 그렇다면 역사적, 문헌학적으로 붓다의 설법이 아닌 것으로 판명된 대승경전은 모두 폐기하여야 할 것인가? 대승비불설과 대승불교신행 간에 접점은 전혀 없는 것일까?

앞에서 우리는 몇 가지 '황당한' 힌두신화를 소개한 후 "종교의 본질은, 종교가 제공하는 신화의 진위에 있는 것이 아니라 그 종교신화가 나에게 일으키는 효력에 있다."고 결론을 내린 바 있는데, 이런 종교관에 근거할 때 대승신화의 가치는 새롭게 살아난다. 대승불전의 본질은 그 내용의 '진위'가 아니라 그 신화가 우리에게 제공하는 '효력'이다. 『화엄경』의 경우 '문수경'에서 노래하는 '중중무진(重重無盡)한 화장장엄법계'의 신화를 떠올릴 때 '연기'와 '공성'의 의미가 보다 깊이 있게 체득되고, '보현경'에서 노래하는 보살행의 신화를 수용할 때 이타심(利他心)이 강화된다. 『법화경』에서 가르치는 '성불 수기(授記)'의 신화를 믿을 때, '깨달았다는 교만'은 제거되고, 성불을 향한 '종교적 자긍심'이 자라난다. 정토삼부경에서 설하는 '극락왕생의 신화'를 가슴에 담을 때, 지고지난(至高至難)한 불교수행의 길에서 우리는 안심할 수 있다. 이러한 '대승불전의 신화'가 우리의 '감성'과 '인지(認知)'를

---

30) '인도불교관련 금석문이나 유물'을 통해 인도불교사에 대해 새롭게 조망하고 있는 Gregory Schopen이 말하듯이, 우리가 초기불전이라고 부르는 니까야나 아함의 경우도 서력기원전 29-17년 이전의 자료에서는 그 성립을 확증하는 단서를 찾을 수 없긴 하지만(Gregory Schopen, Bones, Stones, and Buddhist Monks - Collected papers on the Archaeology, Epigraphy, and Texts of Monastic Buddhism in India, University of Hawai'i Press, Honolulu, 1997, pp.26-27 참조), 대승전통 내에서 대승의 불설 여부에 대한 논의들이 많았다는 점에 비추어 볼 때, 대승불전이 현재의 우리가 생각하는 방식의 '붓다의 직설'과 '전승'에 근거한 것이 아니라는 점은 분명하다.

변화시키는 힘은 '초기불전이나 아비달마의 수행체계' 이상으로
강력할 수 있다.

3. 티벳의 뗄마(gTer Ma) 전통에서 말하는 대승의 기원

대승신화가 혹 소설과 같은 허구의 창작품이라고 하더라도 우
리의 감성과 인지를 강력하게 변화시킨다는 점에서 초기불전 이
상의 가치를 지닐 수 있다. 대승불교를 포함하여 대부분의 종교에
서 중요한 것은 '진실'이 아니라 '효력'이기 때문이다. 더욱이 지
금도 계속 새로운 불전들을 발굴하고 제작하고 있는 티벳의 '뗄마
(gTer Ma, 秘藏經)'전통은 대승불전의 진위를 따지는 현대학자들
의 논의를 무색하게 만든다.

티벳불교의 4대종파 가운데 가장 오래된 종파인 닝마파(rNying
-Ma派, 古派)에서 가장 활발하게 '뗄마' 불전을 제작해 왔다. 닝
마파는 티송데챈(Khri Sroṅ lDe brTsan, 742-797)왕에게 초청되
어 삼예(Bsam Yas) 대사원을 건립한 인도의 밀교승 빠드마삼바
바(Padmasambhava)를 시조로 삼는다. 빠드마삼바바와 그의 배우
도반(配偶道伴)이었던 여(女)수행자 예세초개(Ye Shes mTsho rG
yal)에 의해 닝마파 내에 '뗄마' 전통이 창시된다.[31] 비장경(秘藏
經)으로 번역되는 '뗄마'는 금강승경전인데, '지(地)-뗄마'와 '심
(心)-뗄마'의 두 가지로 나누어진다. 바위틈이나, 허공, 호수, 사

---

[31] Tulku Thondup Rinpoche, Hidden Teachings of Tibet - An Expla
nation of the Terma Tradition of Tibetan Buddhism -, Wisdom Pu
blication, 1986, p.60.

찰 등에서 발견된 상징적 문자가 계기가 되어 그 전체가 수행자에게 회상되는 금강승경전을 '지-뗄마'라고 부르고, 깊은 삼매경에서 수행자의 마음속에 떠올라 발견되는 금강승경전을 '심-뗄마'라고 부른다. '지-뗄마'의 경우 경전 전체가 직접 발견되기도 하지만, 대부분의 뗄마는 깊은 수행을 통해 마음속에서 발견된다.[32]

빠드마삼바바는 특수한 능력을 통해 수많은 금강승경전들을 자신의 제자들 가운데 수행이 깊은 사람들의 '근본마음' 속에 비장해놓았는데,[33] 이렇게 마음속에 뗄마를 간직하고서 윤회하는 수백 명의 수행자를 '뗄뙨(gTer sTon)'이라고 부른다. 뗄뙨들은 계속 윤회하다가 인연이 무르익었을 때 깊은 삼매 속에서 뗄마를 발견하여 유포시킨다.[34] 뗄마의 내용은 '빠드마삼바바의 가르침'과 '관세음보살의 가르침'과 '족첸(rDzogs Chen)[35]의 가르침'의 세 가지로 대별된다. 닝마파에서는 이런 세 가지 뗄마를 모두 발견하는 뗄뙨을 '대(大)-뗄뙨'이라고 부르고, 이 중 한두 가지만 발견하는 뗄뙨을 소(小)-뗄뙨이라고 부르는데[36] 대-뗄뙨은 극소수에 불과하다고 한다.[37]

---

32) 위의 책, p.61.
33) 위의 책, pp.67-68.
34) 위의 책, p.71.
35) rDzogs Pa Chen Po: 닝마파의 근본 가르침. Padmasambhava와 Vimalamitra에 의해 티벳에 전해진 수행법으로 '위대한 완성(Great perfection)'이라고 번역된다. 상주하는 순정무구의 근본지를 자각하는 것을 목표로 삼는다: Stephan Schuhmacher and Gert Woerner Ed., The Encyclopedia of Eastern Philosophy and Religion, Shambhala, 1989, pp.97-98(족첸 수행에 대한 개론서로 Longchen Rabjam, The Practice of Dzogchen, Snow Lion, 1989, Dalai Lama, Dzogchen, Sow Lion, 2000 등이 있다).
36) Tulku Thondup Rinpoche, 앞의 책, p.71.
37) 위의 책, p.72.

우리가 잘 아는 『사자(死者)의 서(書)』(Bar Do Thos gRol) 역시 이런 방식으로 발견된 뗄마 중 하나이다.[38] 닝마파의 뗄마 전통에서는 『시륜(時輪)딴뜨라』(Kālacakra Tantra)와 같은 금강승문헌, 반야사상이나 유식사상을 담은 대승불전들 모두, 인간계에서 사라져 하늘이나 용궁에 비장되어 있다가 발견된 뗄마들이라고 설명한다.[39]

이러한 뗄마 제작의 전통을 수용할 때, 시대와 지역에 맞는 새로운 불전들이 얼마든지 출현할 수 있으며, 이렇게 나타난 경전들은 '위경'이 아니라 정당한 불전의 자격을 갖고 불교신행을 위해 유용하게 쓰일 수 있다.[40] 동아시아 불교계에서 수백 년간 애독되어 왔지만 현대학자들에 의해 위경으로 의심되어 온 『원각경』, 『능엄경』, 『금강삼매경』, 『범망경』 역시 폐기되어야 할 가짜 불전이 아니라 동아시아의 지역적, 시대적 특수성 속에서 재창출된 진정한 대승불전으로 수용될 수 있다. 동아시아에서 창출된 이러한 불전들은 인도에서 창출된 다른 대승불전들과 동등한 가치를 갖는다.

Ⅲ. 금강승의 가상수행과 불교의 미래

1. 티벳 금강승의 가상수행

---

38) Stephan Schuhmacher and Gert Woerner Ed., 앞의 책, p.368.
39) 위의 책, pp.59-60.
40) 청화스님의 스승인 금타화상이 삼매 중에 용수보살로부터 전수받았다는 『보리방편문』 역시 이런 뗄마의 일종이라고 볼 수 있다.

　앞에서 "신화적 방식으로 불교를 가르친다."는 점이 대승불교의 특징이며 대승신화에서 제공하는 종교적 가상은 "수행자의 심성을 강력하게 변화시키는 효력을 갖는다."는 점에서 가치가 있다고 말한 바 있다. 그런데 '신화적 가상을 통한 불교수행'이라는 대승불전의 교화 방식을 더욱 강력하게 진전시킴으로써 성립된 불교가 있다. 그것이 바로 밀교라고 불리는 '금강승(金剛乘: Vajrayāna)'이다. 앞에서 '뗄마' 전통을 통해 보았듯이 금강승에서는 '신화적 가상'을 창출해내기도 하지만, 그 수행에도 '신화적 가상'을 적극 활용한다.

　금강승의 기원에 대해서는 학문적으로 논란이 많지만, 그 종교적 상징물이나 의식 용구 가운데 많은 것들은 힌두밀교나 티벳의 뵌교(Bon po)에서 유래한다. 예를 들어 '성교상(性交像)'인 '합체존(合體尊)'의 경우, 힌두밀교에서는 남존(男尊)을 쉬와(Śiva), 여존(女尊)을 성력(性力)인 샤끄띠(Śakti)로 간주한 후 이들의 성교를 '세계창조'와 결부시키는데, 금강승에서는 동일한 외형의 합체존을 빌려와 남존(Yab)을 '자비 방편', 여존(Yum)을 '반야 지혜'를 상징한다고 새롭게 의미를 부여하고 성교의 오르가즘을 '깨달음의 대락(大樂)'에 대비시킨다. 금강승에서는 불교 밖에서 유래한 종교의식이나 존상에 대해 '대승신화'를 덧붙임으로써 독특한 수행법과 의례를 개발해 내었다.

　소승과 대승의 경우 양자의 수행 목표와 교학 모두 다르지만, 금강승의 경우 교학적 토대나 수행목표를 대승과 공유한다. 금강승의 교학적 토대는 대승불교사상인 중관(中觀)과 유식(唯識)에 있으며, 그 수행목표 역시 대승과 마찬가지로 성불(成佛)이다. 금강승이 대승과 차별되는 점은 그 수행방법에 있다. 대승과는 비교되지 않는 다종다양한 수행방법을 갖는다는 점에서 금강승은 '방편승(Upāyayāna)'이라고 불리기도 한다.[41] 또 금강승에서는 스스로를 '과승(果乘: Phalayāna)', 대승을 '인승(因乘: Hetuyāna)'이라고 부르기도 한다. '인승'이란 보살행의 '인(因)'을 통해 불과를 얻는다는 의미이고 '과승'이란 수행의 '결과(果)'인 부처의 '법신'과 '보신'과 '화신'의 삼신(三身)을 수행의 '인(因)'으로 삼는다는 의미이다.[42] 금강승에서는 '불과(佛果)'라는 결과 그대로가 수행방법으로 사용된다. 그러나 이러한 금강승의 길이 누구에게나 열려 있는 것은 아니다. 대승교학에 근거하여 '보리심(菩提心: Bodhicitta)'[43]을 익히고 지관(止觀)의 수행을 통해 공성(空性)의 의미에 대해 충분히 파악한 수행자에 한해 금강승 수행에 들어갈 자격이 부여된다.

그런데 금강승의 갖가지 수행 '방편'들은 모두 '가상(仮像)'을 이용한다는 점에서 독특하다. 예를 들어 닝마파의 '족첸(rDzogs Chen)' 수행이나 까규파 '마하무드라(Mahāmudra)' 수행을 하기 위해서는 '예비수행(sNgon 'Gros)'으로 '귀의 예배(sKyabs 'gro)', '금강존 진언(Vajrasattva Mantra)', '만다라(Maṇḍala) 공양', '구루 요가(Guru Yoga)'의 네 가지 수행 각각을 10만 번 되풀이 할

---

41) Reginard A. Ray, *Secret of the Vajra World*, Shambhala, 2001, p. 91.

42) H. H. Dalai Lama, Tsong kha pa, Jeffrey Hopkins, *Tantra in Tibet*, Snow Lion Publication, p.105.

43) '보리심'을 문자 그대로 풀이하면 '깨닫고자 하는 마음'이지만, 여기서 말하는 깨달음은, '깨달음'이라는 '인지(認知)'가 아니라 '자비심'이라는 '감성'과 관계된다. '보다 많은 중생을 제도하기 위해서 성불을 지향하는 것'이기에 '보리심'은 '자비심'이다.

것이 요구되는데[44] 이들 수
행에 모두 '가상'이 도입된
다.

'귀의예배(sKyabs 'gro)'
수행의 경우 귀의의 대상이
실재하는 것처럼 허공중에
영상을 만들어 떠올린 후
'삼귀의'를 암송하면서 10만
번 절을 하게 된다.[45]

'금강살타 진언(Vajrasatt
va Mantra)' 수행의 경우,
먼저 자신의 머리 위에 백

Vajrasattva

색의 '금강살타'가 가부좌 하고 앉아 있는 모습을 떠올린다. 금강
저(rDo rJe, Vajra)를 든 금강살타의 오른손은 가슴 중앙의 심장
부에 위치하고 종(Dril Bu, Ghanta)을 든 왼손은 허벅지 위에 위
치한다.[46] 그리고 금강살타의 가슴에는 'HUM'자가 그려져 있다.
수행자는 이런 금강살타의 가슴 중앙에서 밝은 빛이 흘러나오는
모습을 떠올린다. 그리고 윤회의 세계 밖에서 지혜존(Jñānasattva)
들을 모셔오는 모습을 떠올린다. 이런 지혜존들은 모든 방향에서
마치 눈송이가 내리듯이 모여들어서 금강살타와 융합된다. 이런

---

44) 이 네 가지 예비 수행은 티벳의 4대종파가 공유하는 수행인데, 겔룩
파의 경우 '정수(淨水) 공양' 등 몇 가지 의식을 추가한다.: Lama Yesh
e, Becoming Vajrasattva, Wisdom, 2004, p.283.
45) Reginard A. Ray, 앞의 책, p.182.
46) 기물로서의 '금강저(rDo rJe, Vajra)'는 자비방편을 상징하고, '종(Dril
Bu, Ghanta)'은 반야지혜를 상징한다.

관상(觀想)과 동시에 수행자는 "OM VAJRASATTVA SAMAYA
M ANUPALAYA, VAJRASATTVA TVENOPA TISHTHA …"
로 시작되는 '금강살타 진언'을 암송한다. 이 진언을 암송하면서,
흰빛의 '감로수(Amṛta)'[47]가 금강살타 가슴의 'HUM'자에서 흘러
나와 자신의 몸 아래부터 스미듯이 채우기 시작하여 정수리까지
채우는 모습을 떠올린다. 그리고 이 감로수가 넘쳐서 낙수처럼 주
위에 떨어지다가 시내가 되고, 급기야 '지혜의 강물'이 되어 자신
의 악행과 어리석음을 모두 정화하는 모습을 떠올린다. '금강살타
진언' 수행을 통해 수행자는 자신의 번뇌를 모두 씻어낸다.[48] 이
상과 같은 수행이 어느 정도 성취되었을 때, 자칫하면 자만심에
빠질 수 있다. 그래서 다음과 같은
'만다라 공양'의 수행이 이어진다.
'만다라 공양'을 하기 위해서는 '황
금색의 쌀', '보석', '동전', 또는 '재
산을 의미하는 갖가지 모형', 또는
'하늘이나 땅, 해와 달과 별, 나무'와
같은 '자연물의 상징', '수행자의 마
음' 등 유형무형의 공양물을 준비해
야 하고 이와 함께 구리나 놋쇠로
만들어진 '만다라 모양의 둥근 접시'

만다라 공양

를 준비해야 한다. 그리고 수행자는 진언을 외우면서 공양물을 접
시에 담아 불보살에게 바치는 시늉을 되풀이한다. 이런 상징적 행
위를 되풀이함으로써 수행자는 자신의 소유물에 대한 태도를 점

---

47) '불사(不死)의 지혜'를 의미한다.
48) 위의 책, pp.185-186.

차 바꾸게 된다. 이러한 의식(儀式)을 통해 이기심이 제거되고, 자비심이 자라난다. 물론 이런 행위가 실제 자신의 재산을 바치는 것이 아니라 상징적인 행위이긴 하지만, 수행자의 마음에는 보시의 공덕이 쌓이게 된다고 한다.[49]

　전생에 어린아이 때 흙장난을 하다가 부처님을 보고서 흙 공양을 올린 공덕으로 내생에 왕이 되었다는 아쇼카왕 설화[50]에 비추어 보면, 이러한 "가상의 '만다라 공양'이 공덕이 된다."는 신념이 티벳인들의 창작만은 아닐 것으로 생각된다. 이러한 세 가지 수행을 모두 끝낸 수행자는 예비수행의 마지막 네 번째 단계인 '구루 요가(Guru Yoga)' 수행에 들어간다. 앞의 세 가지 예비수행을 통해 '가르침을 받아들일 수 있는 단단한 빈 그릇'과 같이 된 수행자는 스승(Guru⑤)이 집금강(執金剛, 金剛手, Vajradhara)보살의 모습으로 자신의 정수리 위에 앉아 있는 형상을 떠올린다. 구루와 관계된 진언을 암송하고 축복의 '감로수(Amṛta⑤)'가 텅 빈 그릇

집금강보살

과 같은 자신의 몸을 채운다고 관상하면서 스승의 지혜로운 마음과 하나가 되기를 희구한다.[51]

---

49) 위의 책, pp.187-189.
50) 『阿育王傳』, 대정장50, p.99a.
51) Reginard A. Ray, 앞의 책, pp.189-190.

이상과 같은 네 가지 예비수행을 마친 수행자는 본격적인 금강 승 수행인 생기차제(生起次第, sKyed Rim)와 구경차제(究竟次第, rDzogs Rim)수행에 들어가는데[52] 그 목적은 우리에게 내재한 참 된 불성을 발견하여 하나가 되는 것이며, 그 구체적 방법은 부처 의 삼신인 법신, 보신, 화신을 성취하는 명상을 하는 것이다.[53]

먼저 생기차제의 수행에 들어간다. 수행자는 우리의 '세속적 죽 음'을 '대열반의 법신'으로 관상한다. 그 결과 수행자는 '맑은 빛 으로 가득한 허공'과 같은 법신을 성취한다.[54] 이러한 법신의 상 태가 지속되다가 어느 순간 마치 맑은 하늘에 갑자기 나타난 구 름과 같이 '색을 띤 작은 형상'이 나타나게 된다. 이것은 수행자 가 섬기는 주존불(主尊佛)을 상징하는 '종자 문자(Seed Syllable)' 이기도 하지만, 수행자의 내적인 의식 그 자체이기도 하다. 이는 '바르도(Bar do)'의 중음신에 해당하는 '보신'의 모습이며 이 때 수행자는 "이것이 바로 진정한 나 자신이다."라는 자긍심을 갖는 다. 이 보신의 상태가 지극한 행복의 상태이긴 하지만, 수행자는 여기서 마음을 더 진전시켜서 "다른 모든 중생을 위해 살아가겠 다."고 서원했던 '보리심'을 떠올린다. 이 때 '종자 문자'는 '투명 한 무지개 빛의 금강살타(Vajrasattva)'의 모습으로 변한다. 바로 이 금강살타가 복덕과 지혜를 모두 갖춘 화신으로 우리의 참된 몸이다. 수행자는 자기 자신이 바로 이 화신불이라고 관상하면서,

---

52) 티벳의 4대종파 중 까규, 사꺄, 닝마파에서는 예비수행 직후 생기차제 수행에 들어가지만, 겔룩파의 경우는 몇 가지 불존수행을 더 거친 후 생기차제 수행에 들어간다: Bruce Newman, A Beginner's Guide to Ti betan Buddhism, Snow Lion, 2004, p.148.

53) Lama Yeshe, Introduction to Tantra, Wisdom, 2001, p.118.

54) 위의 책, pp.119-121.

윤회 속에서 무한히 이어져온 '탄생'의 과정이 바로 이러한 화신 성취의 과정이었다는 생각을 떠올린다. 그리고 수행이 끝난 후에 도 자기 자신이 그대로 부처라는 점을 확신해야 한다.[55]

 이상과 같은 생기차제 수행이 끝나면 구경차제(rDzogs Rim) 수행으로 들어간다. 생기차제 수행은 구경차제 수행을 위한 리허설일 뿐이었다. 생기차제의 수행은 우리의 구상적 생각, 일상적 생각을 약간 느슨하게 만드는 수행일 뿐이다. 그러나 이를 통해 우리의 마음을 충분히 훈련하여 맥관의 중심에서 '신체 내부의 열기(熱氣)'인 '뚬모(gTum Mo)'[56]를 발생시킬 정도가 되었을 때, 마치 죽음의 순간에 그렇듯이 중앙 맥관에 '기(氣)'가 모두 녹아 들게 하면, 우리의 참마음에서 맑은 지혜가 솟아오르게 되고, 이 때 우리는 '무지개 빛의 환신(幻身)'을 시현(示顯)할 수 있게 된 다. 이 '무지개 빛의 환신'은 자유자재로 물리적 육체에서 이탈할 수도 있고 되돌아올 수도 있다.[57] 이런 방식으로 부처의 법보화 (法報化) 삼신(三身) 모두를 성취하는 것이 금강승 수행의 최종 목표가 된다. 수행의 정도는 수행자에 따라 차이가 많지만, 그 목 표에 도달한 수행자가 많다고 한다.[58]

 이상, 금강승의 '예비수행(sNgon 'Gros)'과 '생기차제(sKyed Rim)' 및 '구경차제(rDzogs Rim)' 수행에 대해 간략히 소개하였는 데, 이 모든 수행의 공통점은 '가상(仮像)'을 이용한다는 데 있다.

---

55) 위의 책, pp.121-123.
56) '분노모(忿怒母)'라고 직역되지만, 대개 '내적 열기(熱氣)'라고 의역하는데, 호흡조절과 관상수행 통해 성취된다고 한다(Bruce Newman, 앞의 책, p.175). 되며 자신의 몸을 태울 정도의 열을 낼 수 있다고 한다 (Stephan Schuhmacher and Gert Woerner Ed., 앞의 책, p.386).
57) Lama Yeshe, 앞의 책, p.132.
58) 위의 책, p.136.

'무념, 무상' 또는 '간화(看話)'나 '묵조(黙照)'를 수행법으로 삼고 있는 선불교의 견지에서는 '망상'이라고 일거에 비판될 수 있는 '가상'을 오히려 적극적으로 활용하여 수행자의 마음을 변화시킨다는 데에 금강승 수행의 특징이 있다. '종교적 가상'을 통한 훈련을 되풀이함으로써 '마음의 변화'가 강력해질 때 수행자의 '몸'에서도 변화가 일어나며, 심지어 물리적 세계를 변화시킬 수 있는 힘을 갖게 된다고 한다.[59] 소위 '종교적 기적'을 일으킨다는 것이다. 추운 히말라야 눈 속에서 열기를 내뿜는 '뚬모' 수행자에 대한 얘기나 '무지개 빛 금강신'을 성취한 수행자에 대한 얘기는 티벳 불교와 관련된 현대 서적[60]에서 간혹 보이는 내용이긴 하지만, 우리가 티벳 불교에서 얻을 수 있는 교훈은 이러한 '기적'이 아니라, 불교 수행에 '가상'을 이용한다는 점이다. 금강승 수행의 궁극에서는 가상인 '의미'가 실질적 '존재'를 변화시킨다. '가짜'를 통해 '진짜'에 변화가 오는 것이다. '가짜'가 '진짜'이고 '진짜'가 '가짜'이다.

2. 현대의 가상문화와 불교의 미래

가상의 시대가 시작되었다. 아날로그(Analog)적인 자연 공간 속에서 사는 시간보다, 컴퓨터와 핸드폰이 제공하는 '디지털(Digital)의 가상공간' 속에서 사는 시간이 점점 더 많아진다. 핸드백이나 운동화, 의류와 같은 생필품의 실질적 쓰임보다 그 위에 덧붙여진

---

59) 위의 책, p.132.
60) 비키 메킨지, 세등 역, 『나는 여성의 몸으로 붓다가 되리라』, 김영사, 2003.

'브랜드(Brand)의 가상'을 얻기 위해서 더 많은 비용을 지불한다. 동물적 생존을 위한 투쟁은 지구상에서 점차 사라지고, 전 인류는 가상의 투쟁인 '스포츠의 경쟁'에 열광한다.

그리고 이러한 가상들은 물리적인 '존재 공간'이 아니라 정신적인 '의미 공간' 속에서 일어나는 일이라는 점에서 '신화의 가상'과 그 활동영역을 공유한다. "일이 없으면 잡념이 많아진다."는 속설을 증명이라도 하듯이 과학기술문명의 발달로 인해 '의식주'의 생산에 투입되는 노동의 양이 적어지면서, '가상 산업'의 영역이 급격히 확대되고 있으며 그 종류도 다양해지고 있다. 영화, 연예, 오락, 놀이, 예술, 여행 산업 등 기존의 문화산업 역시 각광을 받고 있지만 과거에는 듣도 보도 못했던 새로운 직종들이 계속 나타나고 있다. 향기를 파는 '아로마(Aroma) 산업', 인터넷 공간 속의 '아바타(Avatar) 산업', '발 마사지', '이벤트(Event) 산업' ···. 이들 산업 모두 의식주와 관계된 생필품을 판매하는 것이 아니라, '가상'을 팔고, '신화'를 팔고, '의미'를 팔고 '느낌'을 판매한다.

골프장을 건설하고 놀이공원을 만들고, 낚시터나 경마장, 스포츠 스타디움을 만들기 위해서는 대규모로 자연을 파괴해야 한다. 그러나 CD 한 장과 손가락만 있으면 컴퓨터 앞에서 골프도 치고 낚시도 하고 정글을 탐험할 수 있다. 누구를 만나고자 할 경우 자동차를 타고 어디 멀리까지 갈 필요가 없다. 이불 속에 누워서 하루 종일 핸드폰을 귀에 대고 노닥거린다. 혹은 컴퓨터 앞에 앉아 친구와 화상으로 대화한다.

우리의 생존과 관계된 물리적 공간도 점점 가상공간과 닮아간다. 온실재배 기술의 발달로 계절에 관계 없이 언제나 모든 과일과 채소를 먹을 수 있다. 자연과 단절된 삶이다. 헬스클럽에서 러닝머신 위를 달린다. 현실과 무관한 운동이다. 그러나 다람쥐처럼 쳇바퀴를 돌리기에 넓은 공간이 필요 없다. 환경 친화적 운동이다.

최근 출판계에서 신화와 관련된 책자의 매출이 급증하고, 영화와 연예 산업이 흥성하며, 청소년들이 옷이나 신발을 구매할 때 '브랜드(Brand)'에 집착하고, 부유층들이 '명품(名品)'에 탐닉하는 이유도 현대문명의 이러한 '가상 트렌드(Trend)'와 무관하지 않을 것이다.

과학기술의 발달이 극을 달리는 '개명(開明)'한 이 시대에 우리는 다시 케케묵은 '고대(古代)'와 조우한다. '신화(Myth)'의 시대가 시작되고 있는 것이다. 현대의 '가상 트렌드'로 인해 사람들은 점점 더 가상에 친밀감을 느끼고 가상에 익숙해진다. 어느새 우리의 삶에서 '가짜'가 '진짜' 행세를 하고 '진짜'는 '가짜'가 되어버렸다.

이렇게 대부분의 삶이 '가상' 속에서 이루어지고 있고, 오감을 자극하는 문명의 이기들이 가득한 이 시대에는 선불교와 같은 방식의 '분별을 끊는 수행'보다는, 일정한 수행지침에 따라 '분별을 몰고 가는' 금강승의 수행이 효과적일 수 있다고 생각된다. 라마 예세(Lama Thubten Yeshe, 1935-1984)[61] 역시 다음과 같이 말한다.

---

61) 1985년 스페인 부부의 아들로 환생하여 현재 Lama Tenzin Ösel이라는 이름으로 인도 내의 티벳 승원에서 생활하고 있다: http://www.fpmt.org/teachers/yeshe/ 및 http://www.fpmt.org/teachers/osel/ 참조.

현대사회는 매우 빠르게 돌아가고 에너지로 가득하다. … 따라서 우리가 우리의 삶에서 긍정적인 그 무엇을 하기를 원한다면 최소한 우리가 얽매여 있는 혼란스럽고, 물질적인 에너지 정도 만큼만이라도 강력한 방법이 필요하다. 철학 사상의 경우, 그것이 아무리 웅대하다고 하더라도 우리를 현대의 이러한 재난으로부터 나오게 해 줄 만큼 강력하지 못하다. … 우리에게 필요한 것은 활력적인 '그 무엇', 강력한 '그 무엇', 즉각적인 '그 무엇'이다. … 이런 '그 무엇'은 바로 딴뜨라이며 특히 '뚬모' 수행을 완성하는 것이다.[62]

라마 예셰

　하루가 다르게 새로운 문명의 이기들이 출현하여 우리의 감관을 '요란하게' 자극하고 있는 현대사회이기에, 감관을 차단하고 생각을 멈춘 후 화두에 집중하는 좌선(坐禪) 수행보다, 감관을 열고 생각을 떠올리되 그 생각을 일정한 방식으로 조정하는 금강승의 수행이 용이할 것으로 생각된다. '한 곳에 부동자세로 앉아있는 것'보다, '일정한 경로를 따라 걸어가는 것'이 쉽듯이 ….

　어떤 생각을 떠올림으로써 마음에 변화를 일으키는 '가상수행'이 금강승의 시대에 처음 나타난 것은 아니다. 초기불전에서 가르치는 '부정관(不淨觀)'이나 '자비관(慈悲觀)' 등도 일종의 '가상수행'이다. '부정관'은 삼독심 가운데 탐심이 많은 수행자에게 권유되는 수행법으로, 정좌한 후 자신의 몸이 시체가 되어 썩어가는 모습을 떠올리든지 자신이 몸을 지탱하고 있는 흰 뼈와 해골을 떠올리는 수행이며, '자비관'은 분노심이 많은 수행자에게 권유되

---

62) Lama Yeshe, 앞의 책, p.133.

는 수행법으로 모든 중생이 행복하기를 기원하는 수행인데 '수행
자 자신 → 부모 → 스승 → 형제 → …'와 같이 자신에게 가까
운 사람으로부터 시작하여 동서남북사유상하(東西南北四維上下)
의 육도중생 일체에 이르기까지 그 대상을 넓혀가면서 자비의 기
원을 방사(放射)한다. 부정관 수행에서 시체를 떠올리거나, 백골
을 떠올리는 것, 그리고 자비관 수행에서 일체 중생을 하나하나
떠올리는 것 모두, 티벳의 금강승과 그 방식을 같이하는 '가상수
행'이다.63)

   대승신화가 그렇고 티벳의 금강승이 그렇듯이, 또 초기불전의
자비관이나 부정관 수행이 그렇듯이 '가상'은 우리의 심성을 강력
하게 변화시키는 힘을 갖는다. 박물관 속의 불교가 아니라 살아
숨 쉬는 불교가 되기 위해서는 시대와 지역에 따라 새로운 수행
법이 계속 창출되어야 하며, '가상의 시대'인 현대와 미래의 불교
에서는 이러한 '가상수행'이 많이 개발되고 보급되어야 할 것이다.

---

63) 이런 '가상 수행'은 운동선수들의 경기력 향상을 위한 '이미지 트레이
   닝(Image training)'과 유사하다.

화엄사상에 대한
현대적 이해*

Ⅰ. 화장장엄세계의 성립신화

『화엄경』에서는 우리가 사는 이곳이 정토라고 설한다. 그러나 사람들은 이를 모르고 살아간다. 『화엄경』에서는 이 정토를 화장장엄세계, 또는 연화장세계라고 부른다. 온갖 꽃과 보석으로 휘황찬란하게 장식된 세계란 뜻이다.

화장장엄세계는 서방에 있다는 아미타불의 극락정토와 그 구조가 다르다. 천만 억 불국토를 지난 곳에 존재하는 서방의 아미타 정토에서는 무한한 수명(無量壽, amitāyus)을 갖고 무한한 광명

---

* 2003년 11월 4일, 동국대 경주캠퍼스 원효관 4층 강당에서 불교사회문화연구원과 전자상거래연구소가 공동 주최한 '불교의 화엄세계와 유비쿼터스 정보 기술' 세미나에서 발표한 논문.

(無量光, amitābha)을 뿜는 부처님이신 아미타부처님께서 직접 설법을 하고 계신다. 그러나 화장장엄세계에서는 부처님의 몸이 그대로 이 세계가 되었다. 우리는 고요한 광명(寂光)의 부처님인 비로자나불, 대일여래의 털구멍 속에 살고 있으며 그 모든 털구멍에서 비로자나부처님은 깨달음의 세계를 노래하고 계신다.

모든 현상을 마음의 흐름으로 설명하는 불교 유식학에서는 부처의 몸에는 세 가지가 있다고 말한다. 부처가 깨달은 진리인 법신(法身)과 부처의 영성(靈性, Spirit)인 보신(報身)과 부처의 육체인 화신(化身)이 그것이다. 아직 부처의 몸으로 무르익지는 않았지만 우리에게도 이런 세 가지 몸이 있다. 법신은 모든 존재의 본질인 공성이며, 보신은 우리의 영혼 또는 중음신에 해당하고, 화신은 중음신과 결합된 수정란에서 발아한 후 생장하여 老病死하는 우리의 육체다. 우리가 부처가 될 때 우리는 법신인 공성을 깨닫고, 우리의 영혼은 3아승기겁 동안 쌓은 무량한 공덕을 갖춘 부처의 보신이 되며, 우리의 육체는 32가지 대인(大人)의 모습을 갖춘 부처의 화신으로 성숙한다. 지금부터 2500여 년 전 인도의 카필라성에서 태어나신 후 80세에 열반하신 석가모니 부처님은 화신으로 활동하셨고 영적인 세계인 서방극락정토의 아미타부처님은 영적인 부처님, 즉 보신으로 활동하고 계시며 화장장엄세계인 비로자나부처님은 진리의 부처님, 즉 법신으로 우리가 그 몸 속에 살고 있다.

부처의 법신인 화장장엄세계의 모습은 우리가 그 속에 살고 있음에도 불구하고 아직 깨닫지 못한 사람의 눈에는 보이지 않는다. 그러나 우리의 업식(業識)을 깰 때 부처의 털구멍 하나 속에 과

거의 모든 불국토의 모습이 담겨 있고,[1] 부처의 털구멍 하나 속에서 모든 중생이 살고 있으며,[2] 그 털구멍에서 뿜어져 나온 광명은 우주에 가득 퍼져 끝없는 설법으로 중생을 교화하고[3] 우리의 모든 번뇌가 사라지게 하는 화장장엄세계가 직관된다.[4]

화엄교학에서는 우리가 살고 있는 이 세상을 기세간(器世間)과 중생세간(衆生世間)과 지정각세간(智正覺世間)의 세 가지로 구분한다. 기세간이란 지구나 우주와 같은 물리적 세계를 의미하고 중생세간은 그런 물리적 세계에서 살고 있는 유정류의 세계를 가리키며, 지정각세간은 불보살의 눈에 비친 세계이다. 이 세 가지 세계는 오버랩(overlap) 되어 있지만 아직 깨닫지 못한 우리는 기세간과 중생세간만 체험할 뿐이다. 아직 깨닫지 못한 인간의 눈에는 중생세간 중 그나마 인간계와 축생계, 기세간 중 그나마 수미산[地球]과 허공과 물리적 우주만 보일 뿐이다. 우리는 우리가 전생, 또는 그 이전의 어떤 생에 지었던 업의 과보로 받은 세계에서 인간이라는 중생으로 살아갈 뿐이다. 아직 무명에 쌓여 있는 우리는 불보살의 세계인 지정각세간을 보지 못한다.

그러나 우리가 깨닫게 되면, 우리 주위의 모든 것이 휘황찬란한 보석이었고, 온 우주가 부처님의 몸이 되어 깨달음을 가르치고 있었음을 알게 된다. 또 온 산천이 생명을 갖는 존재로 다시 살아난다. 해와 달이 노래하고 밤과 낮이 노래하고 산과 들이 노래한다.[5] 지정각세간인 화장장엄세계가 그 모습을 그대로 드러내게

---

1) 過去所有諸國土 一毛孔中皆示現: 『大方廣佛華嚴經』, 大正藏10, p.6b.
2) 汝應觀佛一毛孔 一切衆生悉在中: 같은 책, p.8b.
3) 世尊光明無有盡 充遍法界不思議 說法教化度衆生: 같은 책, p.16b.
4) 如來一一毛孔中 悉放光明滅衆患 世間煩惱皆令盡: 같은 책, p.18a.
5) 「世主妙嚴品」에서, 인격화된 자연, 즉 日光보살, 月光보살, 主夜신 主

되는 것이다.

그러면 이런 화장장엄세계는 누가 만들었을까? 언제 어떻게 성립되었을까?

고대 인도의 바라문교 성전인 Veda에는 갖가지 창조신화가 등장한다. 마치 목수와 같이 각종 재료를 갖고 이 세계를 만들었다는 창조신 위슈바까르만(Viśvakarman), 무에서 유가 창조되었음을 노래하는 무유아가(無有雅歌), 황금의 알에서 이 세계가 전개되었다는 금태신(金胎神, Hiraṇyagarbha)의 노래, 태초의 유일자 뿌루샤(Puruṣa)의 몸이 변하여 이 세계가 되었다는 뿌루샤 찬가 등등…. 또, 셈족의 종교인 이슬람교와 기독교와 유대교의 신화(myth)에서는 조물주 야훼가 이 세계를 만들었다고 가르친다.

일반적으로, 불교에서는 우리와 세계, 즉 중생세간과 기세간 모두는 각 중생의 업력(業力)에 의해 형성되었다고 본다. 그리고 업의 근원은 우리의 마음이기에, 모든 것은 우리 마음이 만든 것이다.[6] 유식학의 언어로 표현하면, '각 개인의 아뢰야식[藏識, 장식]에 내장되었던 업의 종자가 과보의 싹을 틔우고 꽃을 피운 것'이다.

한편, 불전 중 『무량수경』이나 『관무량수경』 등 정토계 경전에서 말하는 서방 극락정토는 법장비구의 서원(誓願)과 보살행에 의해 만들어진 것이다. 지금부터 무수겁 전 세자재왕부처님(世自在王如來)이 계실 때, 한 국왕이 있었는데 세자재왕부처님의 설법을 듣고 보리심을 내어 왕위를 버리고 법장이라는 이름의 스님이 되

畵神 등이 부처님의 공덕을 찬탄하는 것을 볼 수 있다.

6) 若人欲了知 三世一切佛　應觀法界性　一切唯心造: 『大方廣佛華嚴經』, 앞의 책, pp.102a-b.

었다.[7] 성불의 발원을 한 법장비구는 48가지 서원을 하게 되는데 그 중 일부를 소개하면 다음과 같다.

> 1. 내가 부처될 적에 그 나라에 지옥과 아귀와 축생이 있으면 정각을 얻지 않겠습니다.
> 4. 내가 부처될 적에 그 나라 중생들의 모습이 한결같지 않고 잘나고 못난 구별이 있으면 정각을 얻지 않겠습니다.
> 5. 내가 부처될 적에 그 나라 중생들이 숙명통을 얻어 백천억 나유타 겁의 옛일을 알지 못하면 정각을 얻지 않겠습니다.
> …
> 10. 내가 부처될 적에 그 나라 중생들이 모든 번뇌를 여의는 누진통을 얻지 못하고 망상을 일으켜 자신에게 집착하는 분별이 있으면 정각을 얻지 않겠습니다.
> 11. 내가 부처될 적에 그 나라 중생들이 정정취에 머물러 반드시 멸도(열반)에 이르지 못하면 정각을 얻지 않겠습니다.
> …
> 18. 내가 부처될 적에 그 나라 중생(人,天)들이 내 나라에 태어나기 위해 지극한 마음으로 신심과 환희심을 내어 내 이름을 내지 열 번 불러 내 나라의 태어날 수 없으면 정각을 얻지 않겠습니다.
> …
> 48. 내가 부처될 적에 다른 세계의 보살들이 내 이름을 듣고 제1, 제2, 제3 법인을 성취하지 못하고 또한 모든 부처님이 구한 불퇴전의 경지에 이를 수 없으면 정각을 얻지 않겠습니다.[8]

그 후 자신이 만들 불국정토를 장엄하기 위해 무수한 보살행을 하여 드디어 성불하게 되고 애초 발심할 때 품었던 48원 역시 그

---

7) 爾時次有佛　名世自在王如來應供等正　覺明行足善逝世間解無上士調御 丈夫天人　師佛世尊　時有國王　聞佛說法心懷悅豫　尋發無上正眞道意　棄 國捐王行作沙門　號曰法藏:『無量壽經』, 大正藏12, p.267a.
8) 같은 책, pp.267c-269b.

대로 실현되어 서방에 극락정토가 만들어진 것이다. 법장비구의
보살행으로 만들어진 극락정토는 그 어떤 괴로움도 없는 곳이고,
임종시에 지극한 마음으로 아미타불의 이름을 열 번만 부르면 그
곳에 태어날 수 있을 정도로 왕생하기 쉬운 곳이며, 열반이 보장
되는 곳이다. 법장 비구가 아미타부처님이 되어 극락정토가 만들
어지고 난 후 이제 10겁이 지났다고 한다.[9] 그리고 법장비구의
보살행으로 만들어진 서방 극락정토는 세자재왕부처님께서 보여
주신 210억 곳의 불국토의 모습에서 취사선택하여 장엄된 곳이
다.

　이 우주에는 수많은 불국정토가 있다. 아미타불의 서방 극락정
토와 같이 그런 불국정토들은 모두 그 곳을 주재하시는 부처님의
무수겁에 걸친 전생 보살행에 의해 장엄된 곳들이다. 그런데 우리
가 사는 바로 이곳에도 정토가 존재한다. 그것이 바로 비로자나불
의 화장장엄세계이다. 아미타불의 극락정토는 법장비구의 보살행
으로 만들어진 곳이지만, 우리가 사는 화장장엄세계는 대위광태
자[10]의 보살행으로 만들어진 곳이다. 화장장엄세계는 세간과 오
버랩되어 있다. 더 엄밀히 말하면 우리의 마음에서 무명의 때를
벗길 때 드러나는 우리가 사는 세간 그 자체다. 중생의 업이 초래
한 과보의 세계를 담고 있으면서, 그와 동시에 도처에서 깨달음의
진리가 울려 퍼지는 곳이 화장장엄세계이다. 『화엄경』「비로자나
품」에 기술된 화장장엄세계의 성립신화는 다음과 같이 요약된다.

---

9)　佛告阿難 法藏菩薩 今已成佛現在西方 去此十萬億刹 其佛世界名曰安
　　樂 阿難又問 其佛成道已來爲經幾時 佛言 成佛已來凡歷十劫: 같은 책,
　　p.270a.
10)　60화엄에서는 普莊嚴童子로 번역됨.

이 세계에 있는 티끌의 수를 제곱한 것만큼의 수의 겁(劫) 이전에 보문정
광명(普門淨光明)이라는 이름의 세계해(世界海)가 있었는데, 그 세계 중
에 다시 승음(勝音)이라는 이름의 세계가 있었다. 그리고 승음세계 가운데
청정광명이라는 이름의 향수바다가 있고 그 바다 가운데에 화염보장엄당
(華焰普莊嚴幢)이라는 이름의 수미산이 있으며, 그 산 위에 마니화지륜
(摩尼華枝輪)이라는 이름의 큰 숲이 있고, 이 숲 동쪽에 염광명이라는 이
름의 큰 성이 하나 있었다. 또, 그 성에 희견선혜(喜見善慧)라는 왕이 있
었는데, 그 왕의 아들이 바로 비로자나부처님의 전신(前身)인 대위광태자
(大威光太子)였다.11) 그 당시 최초의 겁 동안 열 분의 여래가 그 곳에 출
현하셨는데, 그 중 첫 부처님의 명호는 일체공덕산수미승운불(一切功德山
須彌勝雲佛)이었다. 대위광보살은 이 부처님의 광명을 보고 전생에 쌓
았던 선근 공덕으로 열 가지 능력을 갖게 된다.12) 그 후 자신의 아버지
인 희견선혜왕과 함께 일체공덕산수미승운불의 설법을 들은 대위광보
살은 일체공덕수미승운불이 전생에 모았던 온갖 법의 광명을 갖추게
된다. 모든 법이 평등하게 모이는 삼매지혜의 광명, 모든 법이 다 초발
심 속에 들어가 머무는 지혜의 광명, 시방법계에 두루하게 담긴 광명을
청정한 눈으로 아는 광명, 모든 부처님의 가르침과 바다와 같은 대원을
아는 광명 등등13)

11)『大方廣佛華嚴經』, 앞의 책, pp.54a-b.
12) 大威光太子 見佛光明已 以昔所修善根力故 卽時證得十種法門 何謂
爲 十 所謂 證得一切諸佛 功德輪三昧 證得一 切佛法 普門陀羅尼 證
得廣大方便藏 般若波羅蜜 證得調伏一切衆生 大莊嚴大慈 證得普雲音
大悲 證得生無邊功德 最勝心 大喜 證得如實覺悟一切法大捨 證得廣大
方便 平等藏大神通 證得增長信解力大願證得普入一切智 光明辯才門:
같은 책, p.54c.
13) 時彼如來 爲欲調伏諸衆生故 於衆會道場海中 說普集一切三世佛 自
在法修多羅 世界微塵數修多羅 而爲眷屬 隨衆生心 悉令獲益 是時 大
威光菩薩 聞是法已 卽獲一切功德須彌勝雲佛 宿世所集法海光明 所謂
得一切法聚 平等三昧智光明 一切法悉入最初菩提心中住智光明 十方法
界普光明藏 清淨眼智光明 觀察一切佛法 大願海智光明 入無邊功德海
清淨行智光明 趣向不退轉 大力速疾藏智光明 法界中無量變化力 出離
輪智光明 決定入無量功德 圓滿海智光明 了知一切佛決定解 莊嚴成就

그 당시 사람의 수명은 2소겁이나 되지만 부처의 수명은 50억 세밖에 안 되어 일체공덕산수미승운불께서는 곧 열반에 들고 그 후 바라밀선왕장엄왕이라는 이름의 부처님이 정각을 이룬다.14) 대위광태자는 이런 모습을 보고 다시 염불삼매와 대지력법연다라니와 갖가지 중생에 수순하여 조복시키고 해탈케 하는 대비심과 乃至 일체불법청정장이라는 지혜의 광명 등을 갖추게 된다.15) 그 후 이 부처님은 대위광태자에게 앞으로 부처가 되어 많은 중생이 의지해 살 곳을 만들게 될 것이라고 수기를 준다.16) 두 번째 부처이신 바라밀선왕장엄불이 열반에 든 후 얼마 지나지 않아 대위광태자는 전륜성왕위를 물려받는다. 대위광전륜성왕은 그 후 출현한 最勝功德海라는 이름의 세 번 째 부처님으로부터도 앞으로 부처가 되어 미혹한 중생들의 의지처가 될 곳을 만들게 될 것이라는 수기를 받는다.17) 그리고 보안연화안당(普聞蓮華眼幢) 부처님이 출현했을 때, 대위광보살은 인간으로서의 목숨을 마치고 수미산 정상에 있는 궁전에 태어나 천왕이 되어 그 법문을 듣고 삼매를 얻는다.18)

이와 같은 방식으로 갖가지 공덕을 모은 대위광보살이 성불하자 드디어 화장장엄세계가 만들어지게 되는 것이다. 화장장엄세계

海智光明 了知法界無邊佛 現一切眾生前 神通海智光明 了知一切佛 力無所畏 法智光 明: 같은 책, p.55c.

14) 彼大莊嚴劫中 有恒河沙數小劫 人壽命二小劫 諸佛子 彼一切功德須彌 勝雲佛 壽命五十億歲 彼佛滅度後有佛出世 名波羅蜜善眼莊嚴王 亦於彼摩尼華枝輪大林中 而成正覺: 같은 책 p.56b.

15) 爾時 大威光童子 見彼如來 成等正覺 現神通力 即得念佛三昧 名無邊海藏門 即得陀羅尼 名大智力法淵 即得大慈 名普隨眾生 調伏寂脫 即得大悲 名遍覆一切境界雲 即得大喜 名一切佛功德海威力藏 即得大捨 名法性虛空 平等清淨 即得般若波羅蜜 名自性離垢 法界清淨身 即得神通 名無礙光普隨現 即得辯才 名善入離垢淵 即得智光 名一切佛法清淨藏 如是等十千法門 皆得通達: 같은 책, p.56b

16) 善哉功德智慧海 發心趣向大菩提 汝當得佛不思議 普爲眾生作依處: 같은 책, p.57a.

17) 善哉福德大威光 汝等今來至我所 愍念一切眾生海 發勝菩提大願心 汝爲一切苦眾生 起大悲心令解脫 當作群迷所依怙: 같은 책, p.57b.

18) 復有佛出 號名稱普聞蓮華眼幢 是時大威光 於此命終生須彌山上 寂靜寶宮 天城中 爲大天王 名離垢福德幢: 같은 책, p.57c.

는 법신불인 비로자나불의 전신인 대위광보살이 미진수의 부처님을 가까이 하며 발했던 대원(大願)과 무량억겁에 걸친 보살행으로 청정하게 꾸며진 곳이다.[19] 비로자나부처의 몸은 그대로 이 우주가 되었다. 그 몸과 음성은 온 우주에 편재하며(ubiquitous),[20] 그 몸에 난 털끝 하나로 온 우주를 모두 담을 수 있고,[21] 털구멍 하나 속에 모든 중생이 살고 있으며,[22] 온 우주에 편재하는 몸으로 갖가지 중생의 근기에 맞게 설법을 베푸시고,[23] 한 마디 말로써 무량한 이치를 가르치신다.[24] 또 매 찰나마다 한없는 진리의 가르침을 주시고,[25] 털구멍에서 뿜어지는 찬란한 광명은 우리의 온갖 고통을 모두 소멸시키고 세간의 번뇌를 다 없앤다.[26]

불국사 비로자나불

---

19) 復告大衆言諸佛子此華藏莊嚴世界海　是毘盧遮那如來　往昔於世界海微塵數劫修菩薩行時　一一劫中　親近世界海微塵數佛　一一佛所　淨修世界海微塵數　大願之所嚴淨: 같은 책, p.39.
20) 其身充滿一切世間　其音普順十方國土　譬如虛空具含衆像　於諸境界無所分別　又如虛空普遍一切　於諸國土　平等隨入: 같은 책, pp.1c-2a.
21) 一一毛端　悉能容受一切世界而無障碍　各現無量神通之力敎化　調伏一切衆生身　遍十方而無來往: 같은 책, p.2a.
22) 汝應觀佛一毛孔　一切衆生悉在中　彼亦不來亦不去: 같은 책, p.8b.
23) 佛身周遍等法界　普應衆生悉現前　種種敎門常化誘　於法自在能開悟: 같은 책, p.7c.
24) 一法門中無量門　無量千劫如是說　一切甚深廣大義　如來一句能演說: 같은 책, p.10a.
25) 佛於一一刹那中　普雨無邊大法雨: 같은 책, p.15a.
26) 如來一一毛孔中　悉放光明滅衆患　世間煩惱皆令盡　此現光神所入門　一切衆生癡所盲　惑業衆苦無量別　佛悉蠲除開智照　如是破暗能觀

이러한 곳이 바로 비로자나불의 법신 그 자체인 화장장엄세계인 것이다.

총34품(또는 39품)으로 이루어진 『화엄경』은 법신불에 대해 설하는 문수경(文殊經)과 보살도를 설하는 보현경(普賢經)으로 나누어지는데, 60화엄의 경우 제1, 2, 3, 4, 5, 25, 26, 28, 29, 30, 32품은 문수경에 해당하고, 제6, 7, 8, 11, 12, 13, 14, 17, 18, 21, 22, 23, 24, 31, 33품과 제34 입법계품은 보현경에 해당한다.[27] 문수경에서는 비로자나부처님의 전신인 대위광보살의 서원과 공덕으로 장엄된 화장장엄세계의 모습과 비로자나부처님의 신력이 묘사되고, 보현경에서는 십주(제11품), 십행(제17품), 십회향(제21품), 십지(제22품) 등과 같이 성불을 위한 보살의 수행법이 상세하게 설명된다. 그리고 마지막 입법계품에서 선재동자가 등장하여 53선지식을 방문하며 보살행을 물은 후 마침내 불보살과 동등한 지위에 오르는 것으로 『화엄경』의 드라마, 화엄의 신화(myth)는 막을 내린다.

Ⅱ. 화장장엄세계에 대한 합리적 해석

1. 화엄신중의 세계

보리수 아래서 깨달음을 얻으신 석가모니 부처님께서는 7일 간격으로 다른 나무 아래로 자리를 옮기며 4주 동안 묵묵히 해탈삼

見: 같은 책, p.18a.
27) 李道業, 『華嚴經思想研究』, 민족사. 1998, p.44-45.

매를 즐기셨다고 한다. 화엄경은 부처님의 이런 4주간의 침묵에 대한 신화적 기록이다. 보리수 아래 앉아 계신『화엄경』의 부처님은 미소 띤 채 침묵하지만, 땅과 나무, 강과 바다, 불과 바람, 밤과 낮, 해와 달 등[28] 온갖 자연물이 살아나고 육욕천에서 색계 제4선천에 이르기까지 온갖 하늘나라의 천신들과 보현보살, 보덕지광보살, 보명사자보살 등 온갖 보살들이 일어나 부처님의 깨달음을 찬탄한다.

『금강경』에서는 아상(我相, ātma-samjñā), 인상(人相, pudgala-samjñā), 중생상(衆生相, sattva-samjñā), 수자상(壽者相, jīva-samjñā)을 버리라고 설한다. 이 중 중생상은 '살아있는 존재'라는 생각이다. 나[我]랄 것도 없고, 개체[人]랄 것도 없지만, 우리는 살아있지도 않다는 것이다. 이전까지는 산과 돌, 바람과 물, 해와 달은 모두 무정물이고 짐승과 사람은 모두 살아있는 유정류인 줄 알았는데,『금강경』에서는 유정류가 살아있다는 생각도 착각이라고 가르친다. 반야 지혜의 끝에서는 살았다거나 죽었다는 관념이 해체된다. 엄밀히 분석할 경우 그 어떤 것에 대해서도 "살았다."는 말을 못 붙인다는 의미이다. 그런데 '그 어떤 것도 살아있지 않다'는 판단은 '모든 것이 살아 있다'는 판단과 마찬가지로 '살아있음'의 의미를 해체시킨다. "살아있는 것도 있고, 살아있지 않은 것도 있다."는 이분적 세계관을 벗어나게 해 준다는 점에서 이 두 판단은 그 역할이 같은 것이다. 무아의 극단에서 모든 것이 내 몸[同體, 동체]이라는 자각과 함께 큰 자비심[大悲, 대비]이 샘솟듯이, 그 어떤 것도 살아있지 않다[無衆生相, 무중생상]는 조망의

---

28) 地神, 樹神, 河神, 海神, 火神, 風神, 主夜神, 主晝神, 日天子, 月天子 등.

극단에서, 거꾸로 모든 우주만물이 살아나 숨을 쉬고 춤을 춘다. 땅도 살아나고, 산도 살아나고, 나무도 살아나고, 강도 살아나고, 불과 바람, 밤과 낮, 해와 달 등 모든 것이 살아난다. 수많은 화엄신중은 이렇게 다시 살아난 자연물들인 것이다. 자연물은 물론이고 우리 주변의 모든 사물은 원래 살아있었다.

화엄신중은 '의인화된 자연물'이 결코 아니다. 산신(山神)이나 칠성신(七星神) 등에 대해 '의인화된 자연물'이라든지, '인격을 부여받은 자연물'이라고 규정하는, '합리적 사유'의 배후에는 '물리적 환원주의'(Physical reductionism)가 진하게 깔려 있다. 모든 것을 과학적, 합리적, 객관적으로 설명하고자 하는 현대의 로고스중심주의(Logocentricism)는 만고불변의 진실이 아니라 다만 이 시대에 잠깐 유행하는 또 다른 '신화'(myth)일 뿐이다. 진실은 공(空)과 무아(無我)뿐이다. 그 어떤 이론이라고 하더라도 모두 어떤 전제 위의 허구다. 우리가 '살아있음'과 한 치도 더하지도 덜하지도 않은 동등한 타당성을 갖고 땅과 산, 강과 바다, 해와 달 역시 '살아있다'. 왜냐하면 우리는 '살아있지도 않은 우리'에 대해 "살아있다."고 생각하기 때문이다. 무아와 공의 가르침에 근거할 때, 『화엄경』에서 땅과 산, 강과 바다, 해와 달이 모두 살아나 소리 높여 부처님을 찬양하는 것은 비유도 아니고 상상도 아니다. 우리 앞에 항아리가 있다는 생각과 동등한 타당성을 갖는 '사실'이다.

2. 화장장엄세계의 구조

80권본 『화엄경』의 「세주묘엄품」(世主妙嚴品)에서 묘사하는 화
장장엄세계, 다시 말해 법신불인 비로자나불의 모습에 대한 설명
중 대표적인 것을 소개하면 다음과 같다.

a. 온 우주에 편재하며 교화하는 비로자나불

> 그 몸은 일체 세간에 가득 차고 그 음성은 시방 국토에 두루 퍼진다(ubiqu
> itous). 비유하면, 허공이 갖가지 물건들을 담고 있지만 그에 대해 분별을
> 내지 않는 것과 같다.29)
> 부처님의 몸은 법계 전체에 가득 차 있어서 온갖 중생에게 그 모습을 나타
> 내어 갖가지 가르침으로 교화한다.30)
> 여래의 엄청난 지혜의 광명이 시방의 온 국토를 두루 비춤으로써 그 곳에
> 사는 모든 중생들이 다 부처님을 보게 되고 갖가지 방식으로 교화된다.31)
> 부처님은 매 찰나마다 엄청난 진리의 비를 온 세상에 내림으로써 모든 중
> 생의 번뇌를 소멸시키신다.32)

b. 비로자나불의 털구멍이나 털끝, 또는 빛살 하나에 온 우주가
담긴다.

> 온 몸의 털끝 하나하나에 모든 세계를 담지만, 서로 걸림이 없으며, 그 각
> 각의 털끝이 무한한 신통력을 발휘하여 모든 중생을 교화한다.33)

29) 其身充滿一切世間　其音普順十方國土　譬如虛空具含衆像　於諸境界無
　　所分別:『大方廣佛華嚴經』, 앞의 책, p.1c.
30) 佛身周遍等法界　普應衆生悉現前　種種敎門常化誘: 같은 책, p.7c.
31) 如來廣大智慧光　普照十方諸國土　一切衆生咸見佛　種種調伏多方
　　便: 같은 책, p.10a.
32) 佛於一一刹那中　普雨無邊大法雨　悉使衆生煩惱滅: 같은 책, p.15a.
33) 一一毛端　悉能容受一切世界而無障礙　各現無量神通之力　敎化調伏一
　　切衆生: 같은 책, p.2a.

과거의 모든 나라들이 부처님 털구멍 하나 속에 모두 나타나 보인다.[34)]
여래는 항상 엄청난 광명을 뿜어내는데 그 빛살 하나하나에 무한수의 부처님이 있어서 중생을 교화한다.[35)]
과거, 현재, 미래의 무량겁에 걸쳐 이룩되고 무너졌던 갖가지 일들이 부처님의 털구멍 하나 속에서 모두 나타날 수 있다.[36)]
부처님의 털 구멍 하나 속에 모든 중생이 살고 있는데 그들 역시 오고감이 없다.[37)]

c. 한 찰나 속에 무량겁이 들어간다.

모든 부처님은 이 세계에 가득 차는 묘한 음성으로 과거 무량겁의 세월 동안 설법했던 내용 전체를 단 한 마디의 말로 다 가르치신다.[38)]
부처님의 광명은 그 크기가 허공과 같아 모든 중생 앞에 두루 그 모습을 나타내고, 백천만겁에 걸쳐 존재했던 모든 불국토가 한 찰나의 시간에 모두 분명히 나타난다.[39)]

이러한 비로자나부처님의 몸은 그대로 지정각세간인 화장장엄세계이면서 바로 법계(法界)이기도 하다.

그리고 『화엄경』에서 설하는 이러한 법계의 연기적(緣起的) 구조는 지엄(智儼, 602-668)에 의해 십현문(十玄門)이라는 이름으로 정리된 바 있다.[40)] 지엄은 『화엄일승십현문』에서 먼저 일(一)

34) 過去所有諸國土 一毛孔中皆示現 此是諸佛大神通: 같은 책, p.6b.
35) 如來恒放大光明 一一光中無量佛 各各現化衆生事: 같은 책, p.6c.
36) 三世所有無量劫 如其成敗種種相 佛一毛孔皆能現: 같은 책, p.8b.
37) 汝應觀佛一毛孔 一切衆生悉在中 彼亦不來亦不去: 같은 책, p.8b.
38) 諸佛遍世演妙音 無量劫中所說法 能以一言咸說盡: 같은 책, p.8a.
39) 光明遍照等虛空 普現一切衆生前 百千萬劫諸佛土 一刹那中悉明現: 같은 책, p.13c.
40) 智儼, 『華嚴一乘十玄門』, 大正藏45, pp.515-518.

과 십(十)이라는 수를 예로 들어 법계연기에 대해 설명한 후, 십현문이라는 이름 아래 그 의미에 대해 조망한다.

1. 동시구족상응문(同時具足相應門: 이는 서로 응하여 앞과 뒤가 없음에 의한 설명): 한 걸음이 가능하면 모든 걸음을 걸어 결국 목표점에 도달하게 되듯이 하나의 사물이 성립할 때 일체 만물이 동시에 성립한다.

2. 인다라망경계문(因陀羅網境界門: 이는 비유에 의한 설명): 온 우주를 덮은 인다라망의 구슬들이 서로서로 비추는 것과 같이 곳곳의 미진들은 각각 온 우주를 반영한다.

3. 비밀은현구성문(祕密隱顯俱成門: 이는 조건에 의한 설명): 달의 이쪽에서 본 보름달과 저쪽에서 보이는 반달이 동시에 성립되어 있듯이 사물의 다양한 측면이 동시에 함께 이룩되어 있다.

4. 미세상용안립문(微細相容安立門: 이는 모습에 의한 설명): 미세한 먼지 속에 무량한 불국토가 다 들어가 있어도 걸림 없이 모두 수용한다.

5. 십세격법이성문(十世隔法異成門: 이는 시간에 의한 설명): 한 찰나 속에 온 시간대가 들어 있으나, 그럼에도 불구하고 과거 속의 과거, 현재, 미래, 현재 속의 과거, 현재, 미래, 미래 속의 과거, 현재, 미래, 그리고 바로 지금 이 순간의 열 가지 시간대가 제 각각 성립되어 있다.

6. 제장순잡구덕문(諸藏純雜具德門: 이는 행위에 의한 설명): 모든 것이 보시라고 볼 수 있고 모든 것이 인욕이라고 볼 수 있듯이 하나의 행동에 대해 다른 모든 행동의 의미를 부여할 수

있다.

7. 일다상용부동문(一多相容不同門: 이는 이치에 의한 설명): 모든 국토가 한 국토 속에 들어가고, 모든 중생의 몸이 한 중생의 몸 속에 들어가지만 모두와 하나 각각은 파괴되지 않고 제 모습을 지킨다.

8. 제법상즉자재문(諸法相卽自在門: 이는 작용에 의한 설명): 초발심 보살이 바로 부처님이라고 하듯이, 하나의 법을 획득하면 모든 법을 획득한다.

9. 유심회전선성문(唯心迴轉善成門: 이는 마음에 의한 설명): 마음 그 자체는 청정하거나 부정한 것이 아니기에 마음먹기에 따라 여래도 되고 중생도 된다.

10. 탁사현법생해문(託事顯法生解門: 이는 지혜에 의한 설명): 한 가지 대상에 대해서도 무한한 해석이 가능하다.[41]

이런 십현문은 ①교(敎)와 의(義), ②이(理)와 사(事), ③해(解)와 행(行), ④인(因)과 과(果), ⑤인(人)과 법(法), ⑥경(境)과 위(位), ⑦사(師)와 제(弟), ⑧주(主)와 반(伴) 및 정(正)과 의(依), ⑨체(體)와 용(用) 및 역(逆)과 순(順), ⑩근기(根機)와 시현(示現)의 십문에 대한 조망이다. 다시 말해 ①교와 의 등의 열 가지 쌍[42]은 상기한 십현문적인 관계를 갖는다. 이런 열 가지 쌍 각각의 뜻은 다음과 같이 풀이된다.

---

41) 此中以事卽法故 隨擧一事攝法無盡: 같은 책, p.518c.
42) 一者敎義 二理事 三解行 四因果 五人法 六分齊境位 七法智師弟 八 主伴依正 九逆順體用 十隨生根欲性: 같은 책.

① 가르침(敎)과 의미(義)[43]

② story(事)와 이치(理)[44]

③ 이해(解)와 수행(行)[45]

④ 불과(佛果)와 보살의 인행(因行)[46]

⑤ 행원, 지혜, 자애, 대비 등의 개념들(法)과 그런 개념들이 인격
   화된 보살(人)[47]

⑥ 온갖 보살신중과(境) 그 역할(位)[48]

⑦ 가르치는 자(師)와 가르침을 받는 자(弟)[49]

⑧ 설법의 주인(主)과 설법의 청중(伴)[50]

⑨ 주체(體)와 작용(用) 또는 역행(逆)과 순행(順)[51]

⑩ 중생의 근기(根機)와 그에 응하여 나타나는 가르침(示現)[52]

동시구족상응문의 경우, ①하나의 가르침(敎)으로 모든 의미(義)
를 드러내고, ②선재동자의 구법 story(事) 그 자체가 화엄의 보살
행(理)을 가르치고, ③『화엄경』을 봉독하고 이해하는 것(解) 그

---

43) 所言 敎義者 敎卽是通相別相三乘五乘之敎 卽以別敎以論別義 所以
    得理而忘敎 若入此通宗而敎卽義 以同時相應故也: 같은 책.
44) 第二 理事者 若三乘敎辨卽異事顯異理 如諸經擧異事喩異理 若此宗
    卽事是理 如入法界等經文是體 實卽是理相彰卽是事: 같은 책.
45) 第三 解行者 如三乘說 解而非行 如說人名字而不識其人 若通宗說者
    卽行卽解 如看其面不說其名而自識也 相顯爲行 契窮後際爲解: 같은
    책.
46) 第四 因果者 修相爲因契窮爲果: 같은 책.
47) 第五 人法者 文殊顯其妙慧 普賢彰其稱周 明人卽法也: 같은 책.
48) 第六 分齊境位者 參而不雜各住分位 卽分齊境位: 같은 책.
49) 第七 法智師弟者 開發爲師相 相成卽弟子: 같은 책.
50) 第八 主伴依正者 擧一爲主餘卽爲伴 主以爲正伴卽是依: 같은 책.
51) 第九 逆順體用者 卽是成壞義也: 같은 책.
52) 第十 隨生根欲性者 隨緣常應也 如涅槃經云 此方見滿餘方見半 而月
    實無虛盈: 같은 책.

자체가 그대로 수행(行)이고, ④불과(佛果)가 그대로 보살의 인행(因行)으로 사용되고, ⑤보살이 갖춘 덕목(法)이 그대로 그 인격화(人)되었으며, ⑥온갖 보살 신중(境)이 동시에 참여하지만, 그 역할(位)이 분명히 나뉘어져 있고, ⑦가르치는 자(師)와 가르침을 받는 자(弟)가 의존적으로 공존하며, ⑧누구 하나가 說主(主, 正)가 되면 나머지는 청중(伴, 依)이 되고, ⑨주체(體)와 작용(用), 역행(逆)과 순행(順)이 모두 포괄되어 있으며, ⑩그 어떤 중생이라고 해도 그 근기(根機)에 맞는 가르침이 베풀어진다(示現).

이런 식으로 '①교(教)와 의(義)' 등의 십문(十門)을 십현문 각각에 대해 적용하면 총 100가지 조망이 도출될 수 있다. 이런 조망은 화엄종의 초조(初祖) 두순(杜順)에게서 시작되어 제2조인 지엄(智儼)에 의해 십현문, 십문으로 체계화 된 이후, 제3조인 법장(法藏)에게 계승된다. 그리고 신라의 의상이 저술한 『화엄일승법계도』에 그대로 반영된다.

십현, 십문의 100문적 조망은 일즉일체다즉일(一卽一切多卽一)의 상즉적(相卽的) 조망과 일중일체다중일(一中一切多中一)의 상입적(相入的) 조망으로 요약된다. 일중일체는 상(相)의 측면에서 본 화장장엄세계의 모습이고, 일즉일체는 이(理)의 측면에서 본 화장장엄세계의 모습이다.[53]

3. 상즉상입의 의미에 대한 과학적 해석

화엄종의 제4조 징관(澄觀, 738-838)은 부처님이 가르치신 세

---

53) 같은 책, p.514b.

계, 즉 법계(法界)를 사법계(事法界), 이법계(理法界), 이사무애법
계(理事無碍法界), 그리고 사사무애법계(事事無碍法界)의 4종류로
나눈다.[54] 전자에서 후자로 갈수록 그 조망이 점점 심오해진다. 『
화엄경』에서 묘사하는 화장장엄세계, 또는 지엄이 말하는 십현문
의 세계, 또는 일중일체 일즉일체인 상즉상입의 세계는 4법계(四
法界) 중 마지막의 사사무애법계를 가리킨다. 사사무애란 문자 그
대로 현상(事)과 현상(事)이 서로 걸림이 없는 것을 의미한다. 티
끌 하나 속에 온 우주가 들어와도 걸림이 없고, 한 찰나에 무량겁
이 들어와도 걸림이 없다. 시간적으로든 공간적으로든 만물이 상
즉상입한다.

  그러면 이런 사사무애법계, 십현문에 의해 묘사된 세계는 구체
적으로 무엇을 의미하는 것일까? 사사무애법계의 의미에 대해 인
식론적, 존재론적, 수행론적, 가치론적 접근 등이 모두 가능하다.

  나는 학생에 대해 교수이고, 아버지에 대해 아들이고, 아들에
대해 아버지이고, 부인에 대해 남편이고 … 호랑이에 대해 고깃덩
어리이고, 바퀴벌레에 대해 괴물이 되듯이, 상황(緣, 연)에 따라
나(一)는 모든 존재(一切, 일체)가 될 수 있다[존재론적 접근]. 내
눈에 보이는 컵의 모양은 옆에서 보면 네모지고, 위에서 보면 둥
글고, 눈 앞에 대고 보면 벽이 되고, 멀리 떨어지면 점이 되며,

---

54) 『반야심경』의 가르침을 예로 들어 이에 대해 설명하면 다음과 같다:
    ①事法界: 색, 수, 상, 행, 식의 오온의 세계, 즉 현상세계. ②理法界:
    공의 세계, 즉 진리의 세계. ③理事無碍法界: '색불이공 공불이색 색즉
    시공 공즉시색 수상행식역부여시'라고 설하듯이 五蘊不離空, 空卽五蘊
    인 세계, 즉 현상과 진리간의 갈등이 사라진 세계. ④事事無碍法界: 색
    이 공이고, 수가 공이고, … 식이 공이기에, 색이 수이고 수가 행이 식
    인 세계(색=공, 수=공, ∴ 색=수 等), 즉 현상과 현상간의 갈등이 사라
    진 세계.

더 멀리 떨어지면 허공이 되고, 빙글빙글 돌리면 원이 되듯이, 상황(緣)에 따라 이 하나의 컵(一)은 그 어떤 모양(一切)이든 가질 수 있다[인식론적 접근]. 처음 보살의 마음을 낸 순간(一)이 바로 정각(一切)을 이룬 순간이다[수행론적 접근]. 보살의 모든 행동(一切)은 다 보시행(一)이고, 보살의 모든 행동은 다 인욕행이며, … 보살의 모든 행동은 다 지계행이다[가치론적 접근].

사사무애의 의미에 대해 이렇게 다양한 조망이 가능하지만, 이 자리가 정보통신기술과 불교의 화엄사상을 비교하는 자리이기에 본고에서는 논의의 범위를 좁혀 우리가 살고 있는 물리적 세계만을 소재로 삼아 그에 대해 조망해 보기로 하겠다.

『화엄경』「세주묘엄품」에서는 부처님의 지혜광명과 그 음성과 그 몸이 온 우주에 편재한다(Ubiquitous)고 설한다. 그런데, 부처님의 음성과 몸만 아니라, 우리의 음성과 몸 역시 편재적 성격을 갖고 있다. 우리 모두 부처님이기 때문이다. 내 입을 통해 나온 소리는 지금 이 강당 안에 가득 차 있다. 내 소리가 편재하기 때문에 지금 이 강당 그 어디에 앉아 있는 사람이라고 하더라도 그의 귓구멍 속 고막을 때리는 내 소리를 들을 수 있다. 이 강당 안 그 어디에 녹음기를 놓더라도 내 목소리가 녹음될 수 있다. 내 몸의 모습 역시 지금 이 강당 안에 편재한다. 그래서 그 어디에 앉아 있는 사람이라고 하더라도 자신의 망막 스크린에 얼룩진 나의 모습을 볼 수 있는 것이다. 사실 우리가 무엇을 본다고 할 때, 눈 밖에 있는 사물을 그대로 보는 것이 아니다. 우리는 각자 자신의 동공 속 망막에 맺힌 영상만 볼 수 있을 뿐이다. 그리고 그 망막에 맺힌 영상은 검은 눈동자 한가운데 뚫린 작은 구멍을 통해 들어간 빛발이 만들어 낸 것일 뿐이다. 우리가 아무리 광활한 풍경을 바라봐도 우리는 단지 100원짜리 동전 크기의 우리의 망막을 볼뿐이다. 세상은 돈짝 만하다. 아니, 더 조그만 먼지크기로 압축되어 있다. 동공에 뚫린 바늘구멍 속으로 온 세상이 모두 빨려 들어가는 데서 볼 수 있듯이.

지금 이 강당 안에 있는 모든 사람들의 모습은 이 강당 안에 편재한다(Ubiquitous). 칠판이든, 백묵이든, 의자든, 교탁이든 지금 이 강당 안에 있는 모든 사물들의 모습은 이 강당 안에 편재한다. 지금 이 강당에서 나는 모든 소리는 이 강당 안에 편재한다. 지금 이 강당 밖에서 나는 소리도 모두 이 강당 안에 편재한다. 지금 이 강당에 뚫린 창 밖의 풍경 역시 이 강당 안에 편재한다. 지금 이 강당 밖 저 하늘 위 태양에서 뿜어지는 전자파는 이 강당 안에 편재한다. 지금 온 우주에서 쏟아지는 전자파는 이 강당 안에 편재한다. 지금 KBS, MBC, SBS 방송국에서 송출한 모든 전파는 이 강당 안에 편재한다. 지금, 전 세계의 모든 방송국에서 송출한 전파는 모두 이 강당 안에 편재한다. 지금 우리 국민이 갖고 있는 핸드폰의 전파 모두는 이 강당 안에 편재한다. 그들이 내는 소리와 영상 모두가 이 강당 안에 편재한다.

이 강당 안에는 나의 목소리도 꽉 차 있고, 나의 모습도 꽉 차 있고, 청중 모두의 모습도 꽉 차 있고, 온 우주의 전파도 꽉 차 있고, 전 세계 모든 방송국에서 송출한 전파도 꽉 차 있고, 전 인류가 쏘아대는 핸드폰의 전파도 꽉 차 있다(Ubiquitous). 이 강당 안의 그 어떤 점을 잡아도 그 점 속에는 이 세상 모든 것들이 다 들어가 있다. 티끌 만한 공간 속에 온 우주의 정보가 다 들어가

있다. 『법성게』에서 말하듯이 먼지 한 톨 크기의 공간에 온 우주
가 담겨 있는 것이다(一微塵中含十方, 일미진중함시방). 그리고
온 우주공간은 그런 티끌 만한 공간들이 가득하다. 따라서 그 각
각의 티끌 만한 공간 낱낱이 모두 온 우주를 담고 있다(一切塵中
亦如是, 일체진중역여시). 그러나 그 어떤 것도 서로 부딪치지 않
는다(事事無碍, 사사무애). 이는 비유가 아니라 사실이다. 다시 『
화엄경』 중의 한 구절을 보자.

> 온 몸의 털끝 하나하나에 모든 세계를 담지만, 서로 걸림이 없으며, 그 각
> 각의 털끝이 무한한 신통력을 발휘하여 모든 중생을 교화한다[55]

이렇게 털끝 만한 공간 속에 온 우주가 담겨 있는 화장장엄세
계의 구조는 제석천의 그물인 '인다라망'에 비유된다. 삼계 중 욕
계의 삼십삼천, 즉 도리천 중앙에 거주하는 천주(天主)인 석제환
인(釋帝桓因, Sakra-Devānām-Indra: 신들의 주인이신 인드라)
의 그물은 입체적 그물이다. 그리고 그 그물 매듭 하나마다 마니
구슬이 달려 있다. 마니구슬은 그 표면이 거울과 같이 반짝이기
때문에 사방(四方), 사유(四維), 상하(上下)의 시방(十方)의 모습
이 그 표면에 모두 비쳐 보인다. 그런데 무수한 마니구슬들이 인
다라 그물의 매듭마다 매달려 있기에 어느 한 구슬의 표면을 보
면 다른 모든 구슬들의 모습들이 비쳐 보인다. 그리고 다른 구슬
들 각각의 표면에도 모든 구슬들이 비쳐 보인다. 각각의 구슬에는
다른 모든 구슬이 나타나지만, 그 어떤 구슬도 이동하지 않는다.

---

55) 一一毛端 悉能容受一切世界而無障礙 各現無量神通之力 敎化調伏一
   切衆生: 『大方廣佛華嚴經』, 앞의 책, p.2a.

어느 한 구슬에 검은 점을 찍으면 그와 동시에 다른 모든 구슬에
도 검은 점이 나타난다.56) 마치 거울 두 장을 마주 대었을 때와
같이 구슬들간의 상호조영(相互照影)은 무한히 이어진다. 그리고
허공을 가득 채우고 있는 마니구슬 각각의 크기는 무한소로 수렴
한다. 그 무한소의 한 점에 무한대의 우주가 반영된다.57) 이것이
사사무애법계(事事無碍法界)의 물리적 모습이다.

물리적 현상 중에 편재성을 갖는 것에는 소리, 빛, 전파, 냄새
등이 있다. 타심통(他心通)58)과 텔레파시의 예에서 보듯이 우리의
의식도 편재한다. 내가 아무리 몰래 그 어떤 생각을 해도 그 의식
의 파장은 온 우주에 퍼진다. 말하지 않아도 남이 내 마음을 다
안다. 말하지 않아도 내가 남의 속마음을 다 짐작한다. 내가 세속
에 내려오지 않고 평생을 토굴 속에서 수행을 해도, 내 마음의 파
장이 우리 온 국민을 정화한다.

소리와 빛, 냄새와 같이 편재성을 갖는 것들은 우리 삶 속에서
정보전달 수단으로 사용된다. 모든 것이 자신이 갖고 있는 정보를

---

56) 此帝網皆以寶成 以寶明徹遞相影現涉入重重 於一珠中同時頓現 隨一
 卽爾 竟無去來也 今且向西南邊 取一顆珠驗之 卽此一珠能頓現一切珠
 影 … 點西南邊一珠者 一珠著時卽十方中皆有墨點 旣十方一切珠上皆
 有墨點 故知十方一切珠卽是一珠也: 杜順, 『華嚴五敎止觀』, 大正藏45,
 p.513b.

57) 라이프니츠의 Monad 역시 인드라망에 달린 구슬과 같이 온 우주를
 반영한다: 'Thus, although each created Monad represents the whole
 universe, it represents more distinctly the body which specially perta
 ins to it, and of which it is the entelechy; and as this body express
 es the whole universe through the connexion of all matter in the pl
 enum, the soul also represents the whole universe in representing thi
 s body, which belongs to it in a special way'.(Theod. 400.): *Monad
 ology* 62.

58) 六神通 중 하나로 남의 마음을 읽는 신통력.

송신하지만 우리는 우리의 오관과 의식으로 포착 가능한 것들만 수신한다. 눈은 무지개 빛 가시광선만 수신하고, 귀는 일정한 주파수의 소리만 수신하며, 코는 공기를 타고 퍼지는 일정한 강도의 냄새만 수신한다.

비둘기의 회귀   백구의 귀환   연어의 귀향

　88올림픽 개막식 때 잠실스타디움에서 풀어져 각각 집으로 회귀하는 비둘기, 대전으로 팔려간 지 3개월 만에 진도로 돌아온 진돗개 백구, 강원도 남대천에서 방류되어 동해로 나간 후 대서양에서 살다가 산란기가 되어 남대천 그 강물로 다시 돌아오는 연어. 생물학에서는 이들의 회귀 현상에 대해 아직 명확한 설명을 하지 못한다. 그러나 '모든 것이 편재한다는 화엄의 이치'에 의거할 경우 이들의 회귀는 쉽게 설명된다. 비둘기든, 백구든, 연어든 그 각각이 살던 곳의 정보는 온 세상에 편재한다. 따라서 '자기가 살던 곳의 정보의 양'이 커지는 방향으로 이동하면 자신이 살던 곳에 도착하게 된다. 잠실스타디움의 관중들이 날린 수천 마리의 비둘기들의 경우 무리 지어 그 상공을 몇 바퀴 선회한 후 흩어지는 것을 볼 수 있는데, 이는 자신이 살던 집의 정보의 양이 커지는 방향이 어느 쪽인지 확인하는 작업이다. 그 후 각각의 비둘기는 자신의 집이 있으리라 예상되는 방향으로 뿔뿔이 흩어진다.

온 세상이 송신한다. 그러나 우리는 우리의 감관이 포착 가능한 것만 수신한다. 눈과 귀, 그리고 우리의 뇌는 수신기의 역할을 한다. 무선수신기이다. 눈은 빛을 통신수단으로 사용하고, 귀는 소리를 통신수단으로 사용한다. 그러나 이제 정보통신사회가 되면서 신통력의 세계가 열렸다. 천안통(天眼通)[59]과 천이통(天耳通)[60]의 세계가 열렸다. TV, PDA(Personal Digital Assistants), 핸드폰의 중개를 통해.

Ⅲ. 화엄신화와 정보통신사회

가상의 시대가 시작되고 있다. 거의 모든 학생들이 하루 종일 컴퓨터 속의 가상 공간 속에서 살아간다. 가상공간은 우리의 삶에서는 있을 수 없는 일들이 일어나는 무중력의 공간이다. 글씨가 구름이 되고, 구름이 노란 단풍잎이 되어 바람에 날아간다. 가상공간 속에서는 오감 중 눈과 귀만 이용해 모든 것을 체험하고, 손가락이 모든 행위를 대신한다. 손가락을 움직여 가상공간 속의 나의 대리인, 나의 아바타를 걷게 하고, 손가락을 까딱거려서 가상공간 속에서 기기묘묘한 체험의 세계를 전개시킨다. 우리 모두 스티븐 호킹이 되었다. 하루 종일 의자에 앉아 손가락만 옴찔거려도 온갖 것을 경험할 수 있다.

컴퓨터 밖의 삶도 가상적이다. 우리는 계절에 관계없이 언제나 모든 과일과 채소를 먹을 수 있다. 자연과 단절된 삶이다. 우리는

---

59) 六神通 중 하나로 멀리 떨어진 곳에서 일어나는 일을 보는 신통력.
60) 六神通 중 하나로 멀리 떨어진 곳에서 나는 소리를 듣는 신통력.

헬스클럽에서 러닝머신 위를 달린다. 현실과 무관한 운동이다. 그러나 다람쥐처럼 쳇바퀴를 돌리기에 넓은 공간이 필요 없다. 환경 친화적 운동이다. 골프장을 건설하고 놀이공원을 만들고, 낚시터나 경마장, 스포츠 스타디움을 만들기 위해서는 대규모로 자연을 파괴해야 한다. 그러나 CD 한 장과 손가락만 있으면 컴퓨터 앞에서 골프도 치고 낚시도 하고 정글을 탐험할 수 있다. 누구를 만나고자 할 경우 자동차를 타고 어디 멀리까지 갈 필요가 없다. 이불 속에 누워서 하루 종일 핸드폰을 귀에 대고 노닥거린다. 혹은 컴퓨터 앞에 앉아 친구와 화상으로 대화한다. 수선을 피우지 않기 때문에 환경 오염도 적어진다. 정보통신기술은 지극히 환경 친화적인 기술이다. 그리고 이는 화엄적 기술이다. 다음은 인터넷 상의 한 사이트에서 채취한 시(詩)이다.

「인드라망」
– 하이퍼텍스트 형식으로 쓰여진 '앤드류 스톤'의 시 –

얽힌 그물 인터넷은 그대로가 제석천의
구슬 그물 인드라망 자취 없는 그림자요
단말기 앞 우리들은 무량무한 Web에 맺혀
온 세계를 반영하는 오색 영롱 구슬이니
시간이든 공간이든 그 무엇도 그 누구도
단말기 앞 우리들을 갈라놓지 못한다네
컴퓨터를 부팅하고 전진하세 시도하세
어디든지 도달해서 그 누구든 만나보세
온 세계에 펼쳐 있는 인드라망 구슬들은
낱낱마다 온 세상의 모든 것을 담고 있네.61)

---

61) The IndraNet / Hyper Poetry by Andrew Stone / The InterNet is

여기에 인용하면서 재현하지는 못했지만, 몇몇 단어에 대해 저
자는 하이퍼텍스트(hypertext) 형식[62]의 링크를 달아 해설을 붙이
고 있는데, 인터넷만 화엄적인 것이 아니라 하이퍼텍스트라는 문
서형식 역시 화엄적이다. 하이퍼텍스트에서는 그 텍스트 상의 어
떤 지점을 클릭하면 그와 링크된 엄청난 양의 정보들이 중중무진
하게 나타난다. 마치 먼지 만한 공간 속에 시방의 모든 불국토가
들어가는 중중무진(重重無盡, 끝없는 반복)한 인다라망경계와 같
이. 우리는 이제 컴퓨터 단말기와 인터넷 없이 생활할 수 없다.
신통력과 같은 과학기술과 가상적(假想的) 콘텐츠가 조합되어 영
위되는 환경 친화적 문명인 정보통신문명을 거부하고 역사의 흐
름을 과거로 되돌릴 수는 없다.

정보통신기술은 가상을 만들어내는 기술이다. 가상은 현실적 힘
을 갖는다. 가상은 우리를 변화시킬 수 있다. 가상은 우리를 타락
시킬 수도 있지만, 우리를 향상시킬 수도 있다.

종교 역시 가상이다. 힌두교를 신봉하는 인도인들은 코끼리 머
리에 사람의 몸을 한 가네샤(Ganeśa)신을 가장 좋아한다. 가네샤
는 자기 아버지인 시바(Śiva)신이 그 목을 자른 후, 지나가던 코

---

just a hollow shadow of the IndraNet / Each being is a pearl in th
e infinite web / There is no time or space separating any of us /
Go ahead, and try it! Reach in and touch someone / The omnipres
ent IndraNet folds all dimensions into one /(http://www.stone.com/
Indranet.html).

62) 마치 먼지 만한 공간 속에 시방의 모든 불국토가 들어가는 重重無盡
(끝없는 반복)한 인다라망경계와 같이, 하이퍼텍스트 형식의 문서에서는
그 문서상의 어떤 지점을 클릭하면 그와 링크된 엄청난 양의 정보들이
중중무진하게 나타난다.

끼리의 목을 붙여놓았기에 그런 모습을 하고 있다고 한다. 힌두교의 원숭이사원에 가면 스리랑카에서 인도를 한걸음에 건너서 비쉬누(Viṣṇu)신인 라마(Rama)의 부인을 구출했다는 원숭이 신 하누만(Hanuman)이 모셔져 있다. 이 모두가 가상이다. 그러나 모든 힌두교도들은 이런 신들에게 눈물을 흘리며 기도를 올린다. 힌두교의 가상은 20세기 최고의 성자 마하트마 간디(Mahatma Gandhi, 1869-1948)를 만들어 내었다. 힌두교 이외에 기독교와 유대교와 신도와 이슬람교등 다른 모든 종교 역시 제 각각의 가상을 갖고 있다. 모든 종교에서 제공하는 가상이 선한 것만은 아니다. 어떤 종교적 가상은 사람을 옹졸하고 사악하게 만들기도 한다. 종교로 인해 수많은 전쟁을 치러 온 인류의 역사가 이를 예증한다.

다른 모든 종교적 가상들과 비교할 때 화엄신화에서 말하는 보살도는 우리를 지독하게 선하고 자비롭고 지혜롭게 만들어 주는 가상이다. 성불 한 후 자신이 머물게 될 불국정토를 장엄하기 위해 보살은 무량겁에 걸쳐 무한한 공덕을 축적한다. 온 우주가 부처님의 몸이기에 내 종교 남의 종교의 구분이 있을 수 없다. 그 어떤 종교인이라고 하더라도 그가 진솔할 경우 부처님의 털구멍에서 방사되는 진리의 가르침을 발견할 수 있다.

현대의 정보통신 기술은 각 개인 개인을 비로자나부처님의 털구멍 앞에 앉혀 놓았다. 온갖 중생이 그 곳에 들어 있고, 온갖 나라가 그 곳에 들어 있는 부처님의 털구멍과 같은 컴퓨터 단말기, PDA 앞에 앉아 우리는 전 세계를 만난다.

『화엄경』의 내용은 크게 두 가지로 나누어진다. 하나는 이 세계의 연기적 구조에 대한 신화적 해석이고, 다른 하나는 성불을 향한 보살의 신화다. 앞에서 전자를 문수경 후자를 보현경이라고 부른 바 있다.

정보통신의 세계 역시 두 가지 측면을 갖는다. 하나는 컴퓨터와 인터넷, 그리고 무선통신이라는 기술에 의해 이룩된 인드라망 구조이고, 다른 하나는 그런 인드라망의 매듭마다 놓여진 단말기에서 쏟아져 나오는 컨텐츠들이다. 정보통신기술의 인드라망 구조는 화엄의 문수경에서 묘사하는 사사무애법계의 구조를 닮아 있다. 단말기 앞에 앉아 있는 우리들은 전 세계와 교통한다. 보리수 아래를 떠나지 않고 도리천과 야마천과 도솔천에 오르시는 부처님과 같이. 우리들은 점점 더 전지적으로 되고(Omniscient) 전능해진다(Omnipotent). 또, 양자 모두 각각의 구조를 통해 컨텐츠를 제공한다는 점에서 닮아 있다. 그러나 비로자나부처님의 털구멍에서는 우리의 탐욕과 분노를 잠재우고 우리를 지혜롭게 해 주는 컨텐츠가 뿜어져 나온다. 십신(十信), 십주(十住), 십행(十行), 십회향(十廻向), 십지(十地)와 같이 우리를 보살과 같이 살아가게 해 주는 컨텐츠가 방사된다. 우리는 어떤 것이 가상임을 알면서도 그 가상에 푹 빠질 수 있다. 결코 죽지 않을 영화주인공의 위기를 보고 가슴 졸이고, 울고 웃고 하듯이…. 그 Story를 다 아는 춘향전을 열 번 백 번 재탕해도 항상 재미를 느끼게 되듯이…. 가상은 우리를 변화시키는 힘을 갖는다. 화엄신화에서 제공하는 보살도의 컨텐츠는 우리를 고결하고 성스럽게로 만들어 주는 위대한 가상이다.

-『불교문화연구』 제4권, 2003년

『관음현의』의 여래성악설에
대한 비판적 검토*

국문초록

여래성악설은 지의(智顗)의 『관음현의』에서 '연인(緣因)과 요인(了因)에 대해 종합적으로 검토[料簡緣了, 요간연료]'하면서 등장하는데 "연인으로서의 불성과 요인으로서의 불성에 악이 있다."라는 이론이 여래성악설이다. 즉 여래성(불성) 가운데 '인(因)으로서

---

* 2015년 3월 28일 동국대 만해관에서 불교학연구회 주최로 열린 2015년 봄 논문 발표회에서 발표.

의 불성'에 악이 있다는 것으로 『유마경문소』나 『법화현의』, 『마하지관』, 『삼관의』와 같은 지의의 다른 저술은 물론이고 『유마경』, 심지어 아비달마이론과 본생담에서도 그 맹아를 찾을 수 있다. 지의가 숙독했을 것으로 짐작되는 진제 역 『아비달마구사석론』에서는 불교수행의 길에서 보살은 난(煖), 정(頂), 인(忍), 세제일법(世第一法)의 사선근(四善根) 가운데 정(頂)의 단계까지만 소승과 함께하며 그 이상은 오르면 안 되는데, 왜냐하면 인(忍)의 경지 이후가 되면 삼악도(三惡道)에 떨어지지 못하기 때문이라는 것이다. 또 본생담에서는 석가모니의 전신인 보살이 악을 행하여 악도에 떨어졌지만 보살행을 했다는 일화를 찾을 수 있다. 따라서 여래성악설을 '과위(果位)인 여래'의 불성에 있는 악(惡)'이 아니라 '인위(因位)인 보살'의 연인불성과 요인불성에 있는 악이라고 이해할 때 이는 『관음현의』만의 독특한 사상이 아니다. 또 『관음현의』에서 "여래가 성악을 끊지 않는다."고 하지만 이때의 성악은 모든 중생이 보살의 단계에서 짓는 악, 즉 '이 세상에 있는 악 그 자체'이기도 하다. 이는 '인위(因位)의 보살'로서 짓는 악이기에 연인불성의 악이고 요인불성의 악이기도 하다. 그러나 '여래성악'을 '여래성의 악'이 아니라 '여래에게 있는 성(性)으로서의 악'이라고 이해하게 되면 다른 저술에 실린 지의(智顗)의 불성론은 물론이고 그 당시의 일반적인 불성 이론과도 어긋난다. '과위(果位)의 여래'의 불성, 즉 과불성(果佛性, 보리)과 과과불성(果果佛性, 대열반)에 악이 있을 수 없기 때문이다. 그런데 『관음현의』 후반부에서는 "여래가 오역죄(五逆罪)를 짓고 비도(非道, 악)를 행하여 불도(佛道)에 통달한다."고 설명하는데, 이는 『유마경』의 해당경문에서 주어로 사용된 보살, 또는 성문을 여래로 대체한 것으로 여래용악설(如來用惡說), 여래행악설(如來行惡說)이라고 부를 수 있으며 이 점이야말로 『관음현의』의 특성이라고 말해야 할 것이다.

Ⅰ. 『관음현의』의 저자와 여래성악설의 문제

천태학의 교리 가운데 여래성악설(如來性惡說)만큼 학문적 시비를 일으킨 이론이 없을 것이다. 여래성악설은 성악불성론이라고도 불리는바, 문자 그대로 "불성에 악이 있다."라는 이론이다. 좀 더 정확히 표현하면 "불성에는 악도 있다."라는 이론이다. 흔히 '불심'이라고 할 때 '자비심'을 떠올리기에, "불성에 악이 있다."라는 천태의 성악불성론은 이를 처음 접하는 사람에게는 일견(一見) 충격적이지 아닐 수 없을 것이다.

천태 지의(智顗, 538-597)는 『묘법연화경』의 총 28품 가운데 제25품인 「관세음보살보문품」만을 분리하여 별도로 강의하면서 『관음의소(觀音義疏)』와 『관음현의(觀音玄義)』라는 두 가지 해설서를 남겼다. 전자는 「관세음보살보문품」의 경문을 낱낱이 풀이한 주석서이고, 후자는 그 제명(題名)을 해석하면서 천태 교학의 전체 구도 속에서 '관세음보살이라는 존격(人)'과 '보문이라는 교화 방식(法)'의 특징에 대해 설명한 문헌이다. 두 문헌 모두 지의의 제자 장안 관정(章安 灌頂, 561-632)이 정리하여 기록한 것인데,1) 이 가운데 『관음현의』에 여래성악설이 등장한다.

여래성악설의 출현 이후 천태교단 내에서도 그 정당성을 둘러싸고 논란이 일어났다. 형계 담연(荊溪 湛然, 711-782)은 이를 긍정하였으며[2] 『관음현의기(觀音玄義記)』의 저자 사명 지례(四明 知禮, 960-1028)는 성악불성론을 십계오구설(十界互具說)과 연관시키면서 천태교학의 최고의 사상으로 간주하였다. 그러나 산가파(山家派)와 산외파(山外派)가 대립이 일어나면서 지의가 저술한 『청관음경소(請觀音經疏)』에서 말하는 이독(理毒)[3]을 '불성(理)의 악(毒)'을 의미하는 성악(性惡)이라고 해석해야 하는지 여부가 논란이 되었다.[4]

일본에서도 이런 논란이 있었는데 에도(江戸) 시대 중기에 화엄종의 보적(普寂, 1707-1781)은 성악법문의 비윤리성을 문제 삼아 천태 지의가 그런 이론을 설할 리가 없으며, 성악설은 형계 담연이나 사명 지례의 창작일 것이라고 주장하였다.[5] 근대불교학이 시작되면서 이에 대해 샤쿠세이탄(釋淸潭)[6]과 코오노슈우켄(河野秀顯)[7]이 반박한 바 있으며,[8] 오타니(大谷)대학의 안도토시오(安藤俊雄, 1909-1973)는 1953년 발간한 『천태성구사상론(天台性具思想論)』이라는 저술[9]과 1956년 발표한「성구설(性具說)의 근본

1) 『觀音玄義』(『大正藏』34,p.877上) ; 『觀音義疏』(『大正藏』34, 921上)
2) 湛然, 『止觀輔行傳弘決』(『大正藏』46, 296上)
3) 『請觀音經疏』(『大正藏』39,p.968上)
4) 佐藤哲英, 『續·天台大師の研究』(京都: 百華苑, 1981),p.413.
5) 佐藤哲英, 「觀音玄義並びに義疏の成立に關する研究」, 『印度学仏教学研究』5卷 1号(東京: 日本印度學佛教學研究會, 1957),p.11.
6) 1960년에 발간된 『佛教』라는 잡지 '18의 5'에 실려 있다(앞의 책,p.21, 尾註4).
7) 1913년에 발간된 『無盡燈』이라는 잡지 '18의 8'에 실려 있다(앞의 책, p.21, 尾註5).
8) 佐藤哲英, 앞의 논문,p.11.

정신(根本精神)」이라는 논문10)에서 여래성악의 원리를 천태교학의 최고의 결실이라고 극찬하였다.11) 그런데 류코쿠(龍谷)대학의 사토테츠에이(佐藤哲英, 1902-1984)가 『관음현의』의 저자와 성악불성론의 창안자에 대해 이의를 제기하면서 수차례에 걸쳐 양자 사이에 논쟁이 이어졌다.12) 우리나라의 경우 차차석은 "성악설이 천태를 대표하는 사상이라고 인정하는 입장에 서 있다."고 밝히면서 여래성악설의 윤리성과, 논리구조, 그리고 지향점에 대해 논의한 후 여래성악설은 중도실상의 세계를 지향하면서 중생을 제도하려는 대승보살의 비원이 반영된 것이라고 긍정적으로 평가한 바 있다.13)

『관음현의』의 여래성악설을 창안한 인물이 누구인지 알기 위해서 무엇보다 중요한 것은 여래성악설이 지의의 다른 사상과 조화를 이룰 수 있는지 판별하는 일일 것이다.14) 설혹 여래성악설이

---

9) 安藤俊雄, 『天台性具思想論』(京都: 法藏館, 1953)

10) 安藤俊雄, 「性具説の根本精神」, 『東海仏教』 2號(名古屋: 東海印度学仏教学会, 1956)

11) 佐藤哲英, 앞의 논문,p.10.

12) 佐藤哲英, 「天台性法門の創唱者 - 請観音経疏の作者について」, 『印度学仏教学研究』 9卷 2号(東京: 日本印度學佛教學研究會, 1961),pp.67-72. ; 安藤俊雄 「如来性悪思想の創設者 - 潅頂説への反論」, 『大谷学報』(京都: 大谷大学大谷学会, 1964),pp.1-22. ; 佐藤哲英, 「性悪思想の創唱者は智顗か潅頂か」, 『印度学仏教学研究』 제28호 (東京: 日本印度學佛教學研究會, 1966),pp.47-52.

13) 차차석, 「천태 성악설의 윤리성 탐구」, 『韓國佛教學』 52집(서울: 한국불교학회, 2008),pp.5-32.

14) 이런 취지에서 이루어진 연구로 '大窪康充, 「如來性惡思想」, 『印度学仏教学研究』 40卷 1号(東京: 日本印度學佛教學研究會, 1991),pp.71-73'이 있는데, 양자 사이의 논쟁을 간략히 소개한 후 안도토시오(安藤俊雄)를 지지하면서 여래성악설을 十界互具說 등 性具思想과 연관시킨다.

관정의 창안이라고 해도, 그 내용과 논리가 지의의 다른 이론들과 상충하지 않는다면 여래성악설은 천태학을 떠받치는 하나의 기둥으로 인정받을 수 있을 것이다. 그러나 여래성악설 가운데 지의의 사상과 다른 무엇이 보이든지, 불교교리 전반에 비추어 보아 어긋나는 것이 있든지, 혹은 지의나 관정 이후, 천태 교단이나 현대 학자들에 의해 이루어진 여래성악설에 대한 해석에서 왜곡이 보인다면 천태사상사 전반에 대해 다시 검토할 필요가 있을 것이다.

본고에서는 지례의 『관음현의기』나 그 영향을 받은 후대의 해석을 배제하고 『관음현의』에 실린 소위 '여래성악설'만을 소재로 삼아 교학적 문제점을 짚어가면서 그 진정한 의미를 드러내고자 하였다. 이를 위해 먼저 『관음현의』 전체의 구성에서 여래성악설이 차지하는 위치, 그리고 그 의미에 대해 개관해보기로 하겠다.

II. 『관음현의』의 구성과 여래성악설의 의미

1. 『관음현의』의 구성과 여래성악설의 위치

지의의 저술에서는 경전의 특징을 다섯 단계로 설명하는데 이를 오중현의(五重玄義)라고 부른다. 먼저 경전의 제목에 대해 풀이하고[I.釋名(석명)], 다음에는 경전의 본체를 드러낸 후[II.출체(出體_, 변체(辨體)], 경전의 핵심 사상을 밝히고[III.명종(明宗),

종치(宗致)], 경전의 효용에 대해 논의한 후[Ⅳ.변용(辯用), 변역용
(辯力用), 논용(論用), 현용(顯用)], 다른 가르침과 비교하여 그 위
상을 판단한다(Ⅴ.교상(敎相), 판교상(判敎相), 판교(判敎)].15) 『관
음현의』에서도 이렇게 오중현의에 의해 「관세음보살보문품」의 특
징에 대해 설명하는데 이 가운데 경전의 제목을 풀이하는 'Ⅰ.석
명'의 장(章)이 내용의 거의 대부분을 차지한다.16) 'Ⅰ.석명'장을
중심으로 그 구성과 내용을 소개하면 다음과 같다.17)

Ⅰ.석명(釋名) - '관세음보살보문품'이라는 제목에 대하여 풀이함
　1.통석(通釋) - '관세음보살'이라는 인(人)과 '보문'이라는 법을 합하여 풀
　　이함
　　⑴열명(列名) - 각 교법의 성격을 분석하는 일반적 틀인 十義18)를 열
　　　거함
　　⑵차제(次第) - 십의(十義)의 순서와 교법에 따른 증감에 대해 설명
　　　a.약관(約觀) - 십의에 순서를 매긴 이유에 대한 설명
　　　b.약교(約敎) - 교법에 따라 십의에 증감이 있는 이유에 대한 설명
　　　　ⅰ.통의(通義) - (모든 교법이 십의를 구족한다)
　　　　ⅱ.별론(別論) - 화엄, 삼장 … 법화, 열반 등 교법에 따른 십의의
　　　　　증감

15) 五重玄義에서 위에 소개한 다섯 항목 각각의 명칭은 智顗의 『仁王護
　國般若經疏』(『大正藏』33), 『妙法蓮華經玄義』(『大正藏』33), 『觀無量壽
　佛經疏』(『大正藏』37), 『阿彌陀經義記』(『大正藏』37), 『維摩經玄疏』(『大
　正藏』38), 『金光明經玄義』(『大正藏』39), 『請觀音經疏』(『大正藏』39), 『
　觀音玄義』(『大正藏』34)에서 추출한 것이다.
16) 전체의 약 5/6 정도의 분량이다.
17) 『觀音玄義』에 대한 知禮의 주석서인 『觀音玄義記』(『大正藏』34,pp.89
　2上-921上)와 작자미상의 『觀音玄義記會本科文』(『卍續藏』35,pp.1-20)
　을 참조하여 제작하였다.
18) 十義란 교법의 성격을 분석하기 위한 열 가지 틀로 '①人法, ②慈悲,
　③福慧, ④眞應, ⑤藥珠, ⑥冥顯, ⑦權實, ⑧本迹, ⑨緣了, ⑩智斷'이다.

⑶해석(解釋) - 십의에 의해 '관세음보살보문'의 의미를 간략하게 풀이
함

⑷요간(料簡) - 십의로 본 '관세음보살보문'의 의미에 대한 종합적 검토

a.①인법(人法) - '관세음'이라는 인(人)과 '보문'이라는 법의 의미에
대한 문답

b.②자비(慈悲) - 관세음보살의 대비(大悲)와 대자(大慈)에 대한 문답

c.③복혜(福慧) - 관세음보살의 '발고(拔苦)의 혜'와 '여락(與樂)의 복'
에 대한 문답

d.④진응(眞應) - 관세음보살의 진신(眞身)과 응신(應身)에 대한 설명

e.⑤약주(藥珠) - '약과 같은 진신'과 '주와 같은 응신'의 역할에 대한
설명

f.⑥명현(冥顯) - 숨거나(冥) 나타나서(顯) 중생을 이롭게 하는 36가
지 방식

g.⑦권실(權實) - 관세음보살의 실지(實智)와 권지(權智)에 대한 설명

h.⑧본적(本迹) - 관세음보살의 근본(本)과 행화(行化, 迹)에 대한 설
명

i.**⑨연료(緣了) - 연인(緣因)인 불성과 요인(了因)인 불성에 대한 설
명**

j.⑩지단(智斷) - 보리(菩提)인 지덕(智德)과 열반인 단덕(斷德)이 다
르지 않다

2.별석(別釋) - '관세음보살'이라는 인(人)과 '보문'이라는 법을 나누어 풀
이함

⑴명관세음(明觀世音) - '관세음'에 대해 밝힘

a.통석(通釋) - 앞의 설명과 같다[경((境), 지(智) 및 능(能)과 소(所)
가 원융(圓融)]

b.별석(別釋)

ⅰ.사의경지(思議境智) - 이내(理內)와 이외(理外)를 나누어 경(境)
과 지(智)에 대해 분별

ⅱ.불사의경지(不思議境智) - 관세음보살의 경과 지는 4실단(悉檀)
의 가명(假名)이다

⑵명보문(明普門) – '보문'에 대해 밝힘
　　a.통도명문(通途明門) – 문에 대한 6가지 일반적인 해석과 보문
　　b.별석보문(別釋普門) – 보(普)의 10가지 특수한 의미에 대한 해석
Ⅱ.출체(出體) – 법신(理, 이)과 결합한 영지(智: 반야)가 경전의 본체
Ⅲ.명종(明宗) – '감응'이 경전의 핵심 사상
Ⅳ.변용(辯用) – 법신의 실지(實智)와 응신의 권지(權智)가 항상 작용
Ⅴ.교상(教相) – 근기에 차별을 두지 않는 원교상(圓教相)

여기서 보듯이 지의는 「관세음보살보문품」이라는 제명 전체를 풀이하면서(1.통석) 먼저 불교 내의 여러 교법들의 성격을 분석할 때 사용하는 틀을 十義라는 이름으로 열거한다(1.통석, ⑴열명). 십의는 '①인법, ②자비, ③복혜, ④진응, ⑤약주, ⑥명현, ⑦권실, ⑧본적, ⑨연료, ⑩지단'의 열 가지인데, 이렇게 순서가 정해진 이유(1.통석, ⑵次第, a.약관)와, 교법에 따라서 십의에 증감이 있는 이유에 대해 설명한다(1.통석, ⑵차제, b.약교). 물론 엄밀히 말하면 불교의 모든 가르침이 십의를 다 갖추고 있지만(1.통석, ⑵차제, b.약교, ⅰ.통의), 분별하여 설명하면 화엄돈교(華嚴頓教)의 경우 '①인법~⑥명현'까지의 여섯만 설하며, 삼장교(三藏教)에서는 '①인법~③복혜'의 셋만 설하고, 방등교(方等教)나 반야교(般若教) 역시 화엄돈교와 마찬가지로 '①인법~⑥명현'의 여섯만 설하며, 법화교는 '①인법~⑧본적'까지 여덟만을 설한다. 열반교의 경우도 근기가 예리한 자에게는 법화교와 마찬가지로 '①인법~⑧본적'까지 여덟만 설하지만, 근기가 둔한 자에게는 '①인법~⑩지단'까지 열 가지 뜻을 모두 설한다(1.통석, ⑵차제, b.약교, ⅱ.별론).19)

_____

19) 앞의 책,pp.878上-878中.

『관음현의』의 저자는 이상과 같이 십의의 순서와 의미, 그리고 교법에 따른 증감에 대해 충분히 설명하고, 십의에 따라서 '관세음보살보문품'의 제명을 풀이한 후 그 요점을 다시 다음과 같이 정리한다(1.통석, ⑶해석).

①인법 – 관세음이 인(人)이고, 보문이 법이다.
②자비 – 큰 위신력으로 요익케 하는 것이 자이고, 사중(四衆)을 가엾이 여기는 것이 비다.
③복혜 – 19가지 응신(應身)으로 설법하는 것이 지혜이고, 한때의 예배로 무량무변의 이익을 얻는 것이 복덕이다.
④진응 – 위신력을 갖추고 지혜가 계합한 자재한 법신이 진신(眞身)이며, 보문으로 신통력을 나타내는 몸이 응신(應身)이다.
⑤약주 – 온갖 국토를 다니며 중생을 제도하는 것은 약수왕(藥樹王)의 몸이고, 두렵고 어려울 때 무외(無畏)를 베푸는 것은 여의주왕(如意珠王)의 몸이다.
⑥명현 – 복을 헛되이 버리지 않게 하는 것이 숨은(명) 이익이고, 33신을 나투는 것은 드러난(현) 이익이다.
⑦권실 – 부처의 몸을 나타내는 것이 실지(實智)이고, 다른 몸을 나타내는 것은 권지(權智)다.
⑧본적 – 관세음보살이 본이고, 다른 몸은 적이며, 대위신력은 본이고 방편력은 적이다.
⑨연료 – 관세음보살의 이름을 듣거나 관세음보살보문품을 듣는 것은 요인(了因)이고, 공덕이 적지 않은 것은 연인(緣因)이다.
⑩지단 – "그 음성을 관한다."라고 할 때의 관(觀)이 지(智)이고, 모두 해탈을 얻고 갖가지로 중생을 조복하며 8만4천 가지로 발심하는 등의 이익이 단(斷)이다.[20]

그리고 저자는 이상과 같이 '열 가지 뜻(十義)'으로 '관세음보살

---

20) 『觀音玄義』(앞의 책,p.881上).

보문'에 대해 설명한 것을 '요간(料簡, 종합적 검토)'이라는 제목 아래 다시 하나하나 검토하는데, 그 가운데 아홉 번째 항목인 '요간연료(料簡緣了)'에 여래성악설이 등장하는 것이다(1.통석, (4)요간, i.⑨연료).[21]

2. 오종불성론과 여래성악설의 의미

지의는 불성을 '부처의 씨앗(佛種, 불종)'이나 '여래의 씨앗(如來種, 여래종)'이라고도 부른다. 식물의 씨앗이 무르익으면 싹이 되고 나무가 되듯이, '여래의 씨앗'인 불성이 성숙하면 부처가 된다. 지의는 이러한 불성을 정인불성(正因佛性)과 요인불성(了因佛性)과 연인불성(緣因佛性)의 세 가지로 구분한다. 성불의 과(果)를 지향하는 보살의 인위(因位)에서 정인은 문자 그대로 '올바른 인(因)'이며, 요인은 '인지(認知)로서의 인', 연인은 '행위(行爲)로서의 인'이라고 풀이할 수 있을 것이다. 일반적으로 정인불성으로는 진성(眞性), 요인불성으로는 지혜, 연인불성으로는 만선(萬善)을 든다.[22] 세상의 '참된 성품(진성)'에 근거하여 상구보리의 지혜를 추구하고 하화중생의 온갖 선행(만선)을 쌓아서 성불하는 것이 대승불교의 수행론이기 때문이다. 그런데 이런 통념과 달리 『관음현의』의 '요간연료(料簡緣了, 연인과 요인에 대한 종합적 검토)'는 다음과 같은 문답으로 시작한다.

---

21) 앞에 소개한 『觀音玄義』 科文 가운데 진한 글씨에 밑줄 친 부분이다.
22) 智顗는 『維摩經文疏』에서 이러한 이해를 '감정에 부합하여 밝힌 의미 (附情明義)'이며 '분별적으로 밝힌 의미(約思議明義)'라고 격하시킨다. 『維摩羅結經文疏』(『卍續藏』18,p.666中).

　　[성불의 인(因)인] 연인(緣因)과 요인(了因)에 대해 검토한다. 묻는다. 연
　　인[으로서의 불성]과 요인[으로서의 불성]에는 원래 성덕(性德)인 선(善)
　　이 있고 성덕인 악(惡)도 있지 않겠는가? 답한다. [선과 악을] 모두 다 갖
　　추었다. 묻는다. 일천제(一闡提)와 부처는 어떤 선과 악을 끊었는가? 답한
　　다. 일천제는 수선(修善)을 모두 끊었지만 다만 성선(性善)은 남아 있는데,
　　부처는 수악(修惡)을 모두 끊었지만 다만 성악(性惡)은 남아 있다.[23]

　여기서 말하는 연인(緣因)은 '연인으로서의 불성'이고 요인(了
因)은 '요인으로서의 불성'이다. 그런데 일반적인 상식과 다르게
이러한 연인불성과 요인불성은 선뿐 아니라 악도 갖추고 있다는
것이다. 여기서 저자는 선과 악을 수선(修善)과 수악(修惡), 성선
(性善)과 성악(性惡)으로 구분하는데, 수선과 수악은 '후천적인 선
과 악'이고, 성선과 성악은 '불성에 내재하는 선과 악'이라고 풀이
할 수 있다. 즉 일천제는 "후천적인 선행을 완전히 끊었지만 불성
에 내재하는 선은 남아있고, 부처는 후천적인 악을 완전히 끊었지
만 불성에 내재하는 악은 남아 있다."라는 것이다. 다시 말해 "불
성에는 선과 악이 모두 남아 있다."라는 것이다.
　그런데 '후천적인 악'의 의미로 쓰인 '수악'이라는 용어는 천태
의 저술 가운데 『관음현의』에만 등장하고[24] '수선'의 경우 『법화
현의』나 『금광명경문구』나 『마하지관』 등 천태의 저술에서 보이
긴 하지만, '후천적인 선'이 아니라 "선을 닦는다."라는 뜻으로 사

---

23) 『觀音玄義』(앞의 책, p.882下).
24) 智顗의 저술 중 『維摩經文疏』(『卍續藏』18, p.498下)에 "思惟修惡翻禪
　　皆是因也"라는 문장에서 修惡이라는 용어가 보이긴 하지만, 이는 "思
　　惟修 惡翻禪 皆是因也(思惟修를 禪이라고 잘못[惡] 번역한 것이 모두
　　그 원인이다.)"이라고 띄어 읽어야 하기에 '修惡'과 무관하다.

용되며,25) '성악'은 천태의 저술 가운데 『마하지관』에만 1회 등장하는데 이 역시 '선성(善性), 악성(惡性), 무기성(無記性)의 삼성(三性) 가운데 하나'라는 의미로 그 의미가 '불성의 악'과는 무관하다.26) 요컨대 상기한 『관음현의』의 인용문에서 사용되는 '수선, 수악, 성선, 성악'이라는 네 가지 술어(術語, technical term) 가운데 지의의 다른 저술에서도 동일한 의미로 사용되는 것은 성선 하나뿐이다.27)

어쨌든 상기한 인용문에서 연인불성과 요인불성은 선과 악을 모두 갖추었다고 선언한 후 여래성악설에 대한 구체적인 설명이 이어지는데, 여래성악설의 의미와 문제점을 보다 분명히 하기 위해서 불성의 종류에 대한 그 당시의 논의를 검토해보자.

『대반열반경』이 동아시아에 번역, 소개된 이후 불성에 대한 논의가 활발히 이루어졌는데, 양(梁)의 3대법사(三大法師) 가운데 개선사(開善寺)의 지장(智藏, 458-522)과 장엄사(莊嚴寺)의 승민(僧旻, 467-527), 그리고 삼론학파(三論學派)에서는 불성을 '정인불성(正因佛性), 연인불성(緣因佛性), 요인불성(了因佛性), 과불성(果佛性), 과과불성(果果佛性)'의 다섯으로 구분하였다. 이들 각각이 무엇을 의미하는지에 대해서는 의견이 같지 않았다. 개선사 지장은 정인불성을 심(心), 연인불성을 십이인연(十二因緣)으로 보았는데28) 장엄사 승민의 경우 정인불성을 중생, 연인불성을 육바

---

25) 『妙法蓮華經文句』(『大正藏』34,p.13中) ; 『金光明經文句』(『大正藏』39,p.63下) ; 『摩訶止觀』(『大正藏』46,p.18下) ; 『維摩詰經三觀玄義』(『卍續藏』55,p.677下)
26) 『摩訶止觀』(『大正藏』46,p.113中). 여기서 말하는 性惡은 '佛性의 惡'이 아니라 '善, 惡, 無記'의 三性 중의 惡이다.
27) 이는 『觀音玄義』의 내용 가운데 적어도 여래성악설에는 灌頂의 加筆이 있을 수 있다는 점을 추정케 하는 문헌적 증거일 수도 있다.

라밀로 보았고,29) 삼론학파에서는 정인불성을 비인비과(非因非果)
로 보았다.30) 그러나 요인불성이 지혜(智慧), 과불성이 보리(菩
提), 과과불성이 대열반(大涅槃)이라는 점에서는 이들 모두 의견
을 같이하였다.31) 이를 표로 비교하면 다음과 같다.

학파 5인	지장32)	승민33)	삼론학파
정인 (正因)	심(心)	중생	비인비과(非因非果)
연인 (緣因)	십이인연	육바라밀	십이인연
요인 (了因)	지혜	지혜	지혜
과 (果)	보리	보리	보리
과과 (果果)	대열반	대열반	대열반

지의(智顗)나 관정(灌頂) 역시 이런 오종불성을 숙지하였지만34)
천태학에서 불성을 논할 때는 이 가운데 앞의 세 가지인 '정인불
성, 연인불성, 요인불성'에 국한하였고 이를 3종불성(三種佛性)이
라고 불렀다. 그 이유는 이 세 가지가 '보살이 갖춘 불성'으로 '성
불의 인(因)'이 되는 '부처의 씨앗(佛種, 불종)', '여래의 씨앗(如

---

28) 『大乘三論略章』(『卍續藏』54,p.843上).
29) 앞의 책.
30) 『大乘玄論』(『大正藏』45,p.37下-38上).
31) 김성철, 「三論學의 佛性論 – 立破自在한 無依無得의 中道佛性論 –
」, 『동아시아에서 불성 여래장 사상의 수용과 변용』 금강대학교 개교10
주년 기념 제1회 한국 중국 일본 국제학술대회(논산: 금강대학교 불교
문화연구소, 2012),p.52에서 인용.
32) 『大乘三論略章』(X54),p.843上.
33) 이는 다음과 같은 '『大般涅槃經』(T12),p.775中'의 경문에 근거한다.:
"衆生佛性亦二種因 一者 正因 二者 緣因 正因者謂諸衆生 緣因者謂六
波羅蜜
34) 『妙法蓮華經玄義』(『大正藏』33,p.732上) ; 『觀音玄義』(앞의 책,p.889
上)

來種, 여래종)'이고, 뒤의 두 가지인 '과불성과 과과불성'은 그 결과인 '부처가 갖춘 불성'이기 때문일 것이다. 여기서 주목할 것은 오종불성 가운데 앞의 3종불성에 대해서는 의견이 갈리지만, 과불성을 보리, 과과불성을 대열반으로 본다는 점에서 지의는 이들과 의견을 같이 하였다.[35] 그런데 '요간연료(料簡緣了: 연인과 요인에 대한 종합적 검토)'라는 제목과 그 첫머리에 실린 문답에서 보았듯이 『관음현의』의 여래성악설에서 "불성에 악이 있다."라고 할 때의 '불성'은 '정인, 연인, 요인, 과, 과과'의 다섯 가지 불성 가운데 연인불성과 요인불성이다. 『관음현의』의 여래성악설을 분석할 때 결코 간과해서는 안 될 점이다. 이에 덧붙여 문답이 계속되는데 여래성악설의 골자를 추출하여 나열하면 다음과 같다.[36]

ⓐ 연인불성(緣因佛性)과 요인불성(了因佛性)에는 악도 있다.
ⓑ 일천제(一闡提)는 수선(修善)을 모두 끊었지만 성선(性善)은 존재한다.
ⓒ 부처는 수악(修惡)을 모두 끊었지만 성악(性惡)은 존재한다.
ⓓ 성선(性善)과 성악(性惡)은 법문(法門)이기에 훼손하거나 파괴할 수 없다.
ⓔ 일천제는 성선을 통달하지 못하기에 선에 물들어 수선을 일으킬 수 있다.

---

35) 위의 책.
36) 저자는 여래성악설을 설명하던 중 '다른 사람'의 이론을 소개하고 그 문제점을 지적하는데, 이는 다음과 같다. "地論師나 攝論師의 아뢰야식 이론에 의하면, 佛地가 되었을 때 無記無明이 모두 끊어져서 다시는 惡이 생하지 않는다. 따라서 부처가 惡으로 상대를 교화하고자 한다면 신통을 지어서 惡을 일으켜야 할 것이다. 그러나 '신통을 짓는 것(作神通)'은 '마음을 내는 것(作意)'이고 부처가 마음을 내어 악을 일으킨다면 이는 외도와 다름없기에 옳은 이론이 아니다."『觀音玄義』(앞의 책, pp.882下-883上). 이는 知禮의 『觀音玄義記』(『大正藏』34,p.905下)에 의거한 풀이다.

ⓕ 부처는 악에 통달하였기에 악에 물들지 않고 수악이 일어날 수 없다.

ⓖ 부처는 악에 대해 자재하기에 악의 법문(法門)을 사용하여(用, 용) 중생을 제도한다.

ⓗ 일천제는 성덕(性德)의 선을 끊지 않았기에 조건을 만나면 선을 발휘한다.

ⓘ 부처는 성악을 끊지 않았기에 조건을 만나면 자비의 힘으로 아비지옥에 들어가 온갖 악사(惡事)와 동화되어 중생을 교화한다.

ⓙ 여래는 성악을 끊지 않아서 악을 일으킬(起, 기) 수 있지만 해탈한 마음이라서 물들지 않으며 惡의 한계가 진실의 한계임을 통달한다.

ⓚ [여래는] 도(道)가 아닌 것을 행하여 불도를 통달한다.

ⓛ [여래는] 능히 오역죄(五逆罪)의 모습으로 해탈을 얻을 수 있지만 속박되지도 않고 해탈하지도 않는다.[37]

이상의 내용 가운데 일천제를 제외하고 여래 혹은 부처에 대한 설명만 간추리면, "연인불성과 요인불성에는 악이 있다. 부처는 수악은 끊었지만 성악은 있으며, 악에 대해 통달했기에 악에 물들지 않고, 악을 이용하여(用), 또는 일으켜서(起) 중생을 제도한다."는 것이다. 여기서 말하는 수악은 '후천적인 악'을 의미하는 반면, 성악은 '불성의 악' 또는 '악 그 자체'다.

Ⅲ. 여래성악설의 정합적(整合的) 이해를 위한 모색

---

37) 『觀音玄義』(앞의 책, pp.882下-883上).

1. 지의의 저술에서 찾아본 여래성악설

앞에서 봤듯이 여래성악설은 '교법의 성격을 분석하는 틀'인 십의(十義) 가운데 '연인(緣因)과 요인(了因)'에 의해서 「관세음보살보문품」을 종합적으로 검토하는 항목(料簡緣了, 요간연료)'에서 등장하는데, 먼저 5종 불성 가운데 "연인불성과 요인불성에 악이 있다."는 점을 표명한 후 그와 관련된 문답이 이어지면서 여래성악설이 점차 윤곽을 드러낸다. 그런데 "연인불성과 요인불성에 악이 있다."는 이론은 『관음현의』만의 독특한 이론이 아니었다. 지의의 『유마경문소(維摩經文疏)』, 「불도품(佛道品)」38)에도 『관음현의』의 여래성악설을 상기하게 하는 내용이 실려 있는데 이는 다음과 같다.

> 십이인연의 세 가지 비도(非道)가 바로 세 가지 불성이다. …… 왜 그런가? 고도(苦道)의 7가지 지분이 바로 정인불성(正因佛性)이며, 번뇌도(煩惱道)의 3가지 지분이 요인불성이고, 업도(業道)의 2가지 지분이 연인불성이다. ……『대반열반경』에서는 다음과 같이 말한다. 무명(無明)과 유애(有愛), 이 두 가지의 중간에 생사(生死)가 있으며 중도(中道)라고 이름한다.39) 중도란 것은 정인불성이다. 만일 무명을 돌려서 명(明)이 된다면 미혹 때문에 해탈이 있는 셈이다. 이는 요인불성(了因佛性)의 뜻이다. 만일 악행을 돌려서 선행이 된다면 이는 악 때문에 선이 있는 셈이다. 이는 연인불성의 뜻이다. 따라서 세 가지 비도의 이치가 세 가지 불성의 이치라는

---

38) 지의는 晉王 廣(隋 煬帝)의 요청으로 『淨名玄義』를 찬술하여 증정한 후, 천태산에 들어가 『유마경현소』를 저술하였고 『유마경문소』의 「불도품」까지 저술한 후 천화하였고 그 이후의 주석은 章安 灌頂이 완성한다. 湛然, 『維摩經略疏』(『大正藏』38,p.562下) ; 安藤俊雄, 「如来性悪思想の創設者 - 灌頂説への反論」, 앞의 책,p.5.
39) 『大般涅槃經』(『大正藏』12,p.768上).

점을 알아라. 그래서 『유마경』에서 "비도를 행하여 불도를 통달한다."고
설하는 것이다.[40]

십이연기의 12지분들을 '혹(惑)→ 업(業)→ 고(苦)'의 3도(三道)
로 묶을 때, '①무명(無明)과 ⑧애(愛), ⑨위(取)'의 3지분은 혹
(惑, 번뇌), '②행(行)과 ⑩유(有)'의 2지분은 업(業), '③식(識), ④
명색(名色), ⑤육입(六入), ⑥촉(觸), ⑦수(受)'와 '⑪생(生), ⑫노사
(老死)'의 7지분은 고(苦)에 속한다. 그런데 고도(苦道)에 속한 7
지분은 정인불성(正因佛性), 번뇌도(煩惱道, 혹)에 속한 3지분은
요인불성(了因佛性), 업도(業道)에 속한 2지분은 연인불성(緣因佛
性)이라는 것이다. 십이연기에 대한 삼세양중인과적(三世兩重因果
的)인 해석에서 보듯이 고도(苦道)의 7지분은 인(因)이 아니라 과
(果)이기에 선도 악도 아닌 무기(無記)의 것이지만, 번뇌도의 3지
분과 업도의 2지분은 선일 수도 있고 악일 수도 있다. 따라서 요
인불성에도 악이 있을 수 있고, 연인불성에도 악이 있을 수 있다.
"십이연기가 바로 불성이다."라는 생각은 『대반열반경』을 전거로
삼는데,[41] 십이연기의 12지분들을 위와 같이 '정인불성, 요인불
성, 연인불성'의 삼종불성으로 구분하는 것은 지의(智顗)의 착안
이었고 이는 『법화현의』,[42] 『마하지관』,[43] 『삼관의』[44] 등 지의의
다른 저술에도 거의 그대로 실려 있다.

삼종불성과 관련하여 위에 인용한 『유마경문소』가 다른 저술들
과 차별되는 독특한 점은 "미혹 때문에 해탈이 있다."라거나 "악

---

40) 『維摩羅結經文疏』(『卍續藏』18,p.662下).
41) 『大般涅槃經』, 앞의 책,p.768中-下.
42) 『妙法蓮華經玄義』, 앞의 책,p.700上.
43) 『摩訶止觀』, 앞의 책,p.126下.
44) 『維摩詰經三觀玄義』(『卍續藏』55,p.677中).

때문에 선이 있다."라거나 "세 가지 비도(非道)의 이치가 세 가지 불성의 이치다."라고 말하면서 "비도를 행하여 불도를 통달한다."라는 『유마경』의 경문45)을 연관시킨다는 점이다. 이는 앞의 제Ⅱ장 말미에서 열거했던 『관음현의』 여래성악설의 골자 가운데 "ⓚ [여래는] 도(道)가 아닌 것을 행하여 불도를 통달한다."와 유사한 내용이다. 천태 지의의 다른 여러 저술에서도 십이연기를 불성이라고 간주하면서 '혹(惑)→ 업(業)→ 고(苦)'의 3도를 연인불성 및 요인불성과 연관시켰지만, '악'이나 '비도'라는 용어를 노골적으로 사용했다는 점에서 위에 인용한 『유마경문소』의 내용은 지의의 다른 저술에 비해 『관음현의』 여래성악설에 보다 더 근접한다.

2. 여래성악설의 연원 -『유마경』, 아비달마교학, 『본생담』

불성 가운데 연인불성과 요인불성에 악이 있을 수 있다는 이론은 『관음현의』만의 독특한 이론은 아니었다. 본고 제Ⅱ장 중간에 인용했던 '요간연료(Ⅰ.석명, 1.통석, (4)요간, j.연료)' 항목의 서두에 실린 "부처는 수악(修惡)을 모두 끊었지만 다만 성악(性惡)은 남아 있다."라는 문장은, 안도토시오(安藤俊雄)가 말하듯이 『관음현의』에서만 보이는 것인데,46) 앞 절에서 보았듯이 이때의 '성악'을 연인불성의 악'과 '요인불성의 악'이라고 간주할 경우 독특한 이론일 것도 없고 교학적으로 아무런 문제도 일으키지 않는다. 즉,

---

45) 『維摩詰所說經』(『大正藏』14,p.549上).
46) 安藤俊雄, 앞의 책,p.16.

여래성악을 '여래성(如來性)의 악' 또는 '불성의 악'이라고 해석할
경우 문제가 되지 않는다는 것이다. 『유마경』에서도 다음과 같이
설한다.

> 유마힐이 문수사리에게 물었다. 어떤 것들이 여래의 씨앗(如來種, 여래종)
> 인가? 문수사리가 말했다. 유신(有身)이 종(種)이 되고, 무명과 유애(有愛)
> 가 종이 되며, 탐에치(貪恚癡)가 종이 되고, 4전도(四顚倒)가 종이 되며,
> 5개(五蓋)가 종이 되고, 6입(六入)이 종이 되며 …… 10불선도(十不善道)
> 가 종이 된다. 요약하여 말하면 62견(六十二見)과 일체의 번뇌가 모두 부
> 처의 씨앗(佛種, 불종)이다.47)

　탐진치의 번뇌와 십불선도의 악행 등이 모두 '여래의 씨앗(여래
종)'이라는 것이다. 지의(智顗)에 의하면 여기서 말하는 '여래의
씨앗'은 '불성'의 이명(異名)이며48) '부처의 씨앗(불종)' 역시 불성
과 동의어다. 따라서 "불성에 악이 있다."라는 여래성악사상은 이
렇게 '번뇌와 악행이 모두 여래종이고 불종'이라는 『유마경』의 경
문에 근거를 둔 것일 수 있다. 뿐만 아니라 아비달마교학에서도
성악불성론에 부합하는 가르침을 찾을 수 있다. 지의도 숙독했을
진제(眞諦, 499-569) 역의 『아비달마구사석론(阿毘達摩俱舍釋論)
』에서는 다음과 같이 설명한다.

> 게송에서 말한다. 인(忍)의 단계가 되면 악도에 떨어지지 않는다. 풀이하
> 여 말한다. 만일 인의 단계에서 물러나더라도 다시 악도에 들어가는 일은
> 없다는 뜻이다. 이미 악도의 번뇌(惑, 혹)와 업을 짓는 것에서 멀리 벗어났
> 기 때문이다. …… 이런 난(煖)과 정(頂)의 두 선근(善根)을 돌이켜서 성문

---

47) 『維摩詰所說經』(『大正藏』14,p.549上-中).
48) 『維摩羅結經文疏』(『卍續藏』18,p.663上).

(聲聞)의 종성(種性)으로부터 일어나 대정각(大正覺)을 이를 수 있으며 이
와 같은 뜻은 있다. 그러나 만약 인(忍)을 얻고 나면 이런 뜻은 없다. 어떤
이유에서 그럴 수 없는가? 갖가지 악도에 태어나는 일을 이미 넘어섰기
때문이라는 것이다. 보살들은 남들의 이익을 만들어 내는 것을 자신의 중
요한 일로 삼기 때문에 고의로 온갖 악취(惡趣)로 가서 태어날 수 있다.
그러나 이런 종성(種性)은 돌이킬 수 없기에 이런 뜻이 없다.49)

　　설일체유부(說一切有部)의 수행론에 의하면 사성제(四聖諦) 가
운데 고성제(苦聖諦)에 대한 통찰인 사념처(四念處) 수행이 무르
익으면 '난(煖)→ 정(頂)→ 인(忍)→ 세제일법(世第一法)'으로 이
어지는 사선근(四善根) 수행에 들어간다. 고, 집, 멸, 도의 사성제
를 삼계 가운데 하계(下界)인 욕계와 상계(上界)인 색계, 무색계
와 연관시켜서 개념적으로 사유하는 수행이다. 그리고 이러한 사
선근의 수행이 완성되면 수행자는 사성제를 직관하는 견도(見道)
에 들어가고 그 후 수도(修道)를 닦아 감성을 정화한 후 무학도
(無學道)인 아라한의 지위에 오른다. 그런데 위의 인용문에서 보
듯이 사선근 가운데 첫 두 단계인 난(煖)과 정(頂)의 선근(善根)
까지는 대승의 보살도로 전향한 후 대정각(大正覺)을 이루어 부
처가 될 수 있지만, 셋째 단계인 인(忍)의 선근에 오르면 보살도
로 전향할 수 없다고 한다. 그 이유는 인의 단계가 되면 더 이상
악도에 태어날 수 없기 때문이라는 것이다. 성불을 하여 대정각을
이루기 위해서는 지옥, 아귀, 축생의 3악도(三惡道)에 태어날 수
도 있어야 한다. 그곳에서 고통받는 중생을 도와주기 위해서다.
그리고 이런 삼악도에 태어나려면 위의 인용문에서 보듯이 [고의

49) 『阿毘達磨俱舍釋論』(『大正藏』29, p.272下).

로] '악도에 태어나게 하는 번뇌(惑, 혹)와 업'을 지어야 한다. 그러나 인(忍)의 단계가 되면 그런 번뇌나 업을 짓지 않는다. 이렇게 심지어 아비달마교학에서도 보살도에서는 악을 행할 수 있다고 보았다. 물론 그 동기는 악도에 태어나 다른 중생들에게 이익을 주기 위한 것이다. 『아비달마구사석론』에서 불성이라는 말을 쓰지는 않았지만, "보살도에서 악을 행한다."는 것은 "불성에 악이 있다."는 말과 그 뜻이 다르지 않다. 불성은 '성불의 인(因)'이며 보살도는 '성불을 위한 인행(因行)'이기 때문이다.

보살의 행악(行惡)과 관련한 일화는 초기불전 가운데 보살 사상의 토대가 된 『본생담(本生譚)』에서도 찾을 수 있다. 『생경(生經, Jātaka)』에 실린 예화 가운데 하나인 「불설수우경(佛說水牛經)」에서는 다음과 같이 설한다.

> 부처님께서 비구들에게 말씀하셨다. 그 때 물소의 왕이 누구인지 알고 싶은가? 내가 바로 그였다. [내가 전생 언젠가에] 보살이었을 때 죄(罪)에 떨어져서(墮罪, 타죄) 물소로 태어났는데 물소들 가운데 왕으로 항상 인욕(忍辱)을 행하였고 자비희사(慈悲喜捨)의 네 가지 평등심을 닦아 결국 부처가 되었다. 그 나머지 물소의 무리들은 지금의 비구들이다.50)

여기서 말하는 '보살'은 석가모니 부처의 전생을 가리키는 고유명사다. 물소(水牛)들에게 흙과 돌멩이를 던지며 괴롭히는 원숭이(獼猴, 미후)에 대해 묵묵히 인욕하면서 언젠가 그 과보를 받을 것이라고 예측했던 일화를 얘기한 후, 부처는 위와 같은 인연담(因緣譚)을 설한다. 석가모니 부처가 전생에 보살일 때 물소로 태

---

50) 『生經』(『大正藏』3, p.94上).

어난 것은 죄에 떨어졌기(墮罪, 타죄) 때문인데, 물소로 살아가면
서도 인욕의 보살행을 시현했다는 것이다. 보살일 때 "죄에 떨어
졌다."는 것은 "악을 행했다."는 말이다. 보살도에서는 악을 행하
여 악도에 태어나기도 한다.

　이상에서 보듯이 여래성악설을 "불성에 악이 있다."는 이론으로
이해하고, 불성을 '보살에게 갖추어진 부처의 씨앗'이라고 이해할
경우 여래성악설은 『본생담』의 가르침이나 아비달마교학의 수행
론과도 어긋나지 않으며 지의(智顗)의 『유마경문소(維摩經文疏)』
는 물론이고 『유마경』에서도 그 원형을 찾을 수 있다.

　그런데 이렇게 이해하기 위해서는 '여래성악'을 '여래성(如來性)
의 악'이라고 끊어 읽어야 한다. 지의가 해석하듯이 불성이 여래
종(如來種)이고51) 여래성이기52) 때문에 '여래성의 악'은 '불성의
악'이다. 그리고 '악을 갖출 수 있는 불성'은 '정인, 연인, 요인,
과, 과과'의 오종불성53)가운데 비인비과(非因非果)인 '정인불성(正
因佛性)'도 아니고, 부처가 체득한 대보리의 '과불성(果佛性)'이나
대열반의 '과과불성(果果佛性)'이 아니라 보살의 단계에서 갖춘
'연인불성(緣因佛性)'과 '요인불성(了因佛性)'이어야 한다.

3. "여래에게 성(性)으로서의 악(惡)이 있다."는 오

---

51) 『維摩羅結經文疏』, 앞의 책,p.663上.
52) 『維摩詰經三觀玄義』(『卍續藏』55,p.678上).
53) 『觀音玄義』, 앞의 책, p.880下. "大經云 非因非果名佛性者 即是此①
　　正因佛性也 又云 是因非果名為佛性者 此據性德②緣③了皆名為因也
　　又云 是果非因名佛性者 此據修德緣了皆滿 了轉名般若 緣轉名解脫 亦
　　名菩提④果 亦名大涅槃⑤果果 皆稱為果也." 여기서 보듯이 智顗는 ①
　　正因佛性, ②緣因佛性, ③了因佛性, ④果佛性, ⑤果果佛性의 五種佛性
　　을 숙지하고 있었다.

해

그러나 여래성악을 '여래성(如來性)의 악'이 아니라 '여래의 성악'으로 이해할 경우 교학적으로 여러 가지 문제가 발생한다. 자고(自古)로 천태교학 가운데 여래성악설이 논란거리가 된 이유는 바로 이에 있었다. 일본학자들은 여래성악사상이란 "성(性)으로서 악을 자기 속에 갖추고 있다고 하는 사상"54)이라거나 "부처에게도 성(性)으로서의 악이 있는 것"55)이라거나 "부처는 … 악의 본질(性惡)은 본구(本具)하고 있다."56)는 것이라고 말한다. 일반적으로 여래성악사상을 "여래는 성으로서의 악을 갖추고 있다."는 긍정적 문구로 풀이하는 것이다. 예부터 여래성악사상의 지지자들은 이같이 이해하면서 이를 천태학의 대표적 성구사상(性具思想)으로 간주하였다. 그러나 앞 절에서 보았듯이 『관음현의』 '요간연료(料簡緣了)' 항목의 서두에서는 '여래'가 아니라 '여래의 인(因)', 그 중에서도 '연인(緣因)과 요인(了因)'에 성덕(性德)으로서의 선과 악이 갖추어져 있다고 말한다. "여래의 연인과 요인에 성(性)으로서의 악이 있다."는 말과 "여래에게 성(性)으로서의 악이 있다."는 말은 다르다. 『관음현의』를 보면 "성(性)으로서의 악을 끊지 않았다[성악부단(性惡不斷)57), 부단성악(不斷性惡)58)]."와 같

54) 安藤俊雄, 『天台学－根本思想とその展開』(京都: 平樂寺書店, 1982 [초판 1968]),p.387
55) 타무라시로우(田村芳朗), 『천태법화의 사상』, 이영자 옮김 (서울: 민족사, 1990[초판 1989]),p.103
56) 大野榮人, 『天台止觀成立史の硏究』(京都: 法藏館, 1994),pp.679-680.
57) 『觀音玄義』(『大正藏』34,p.882下).
58) 위의 책,p.883下.

이 '끊지 않음(부단).'이라는 부정적 표현이 대부분이다.59) 그런데 앞에서 보았듯이 현대의 일본학자들은 이런 부정적 표현을 "부처에게도 성(性)으로서의 악이 있"다(田村芳朗)거나 "악의 본질(성악)을 본구本具하고 있다."(大野榮人)는 긍정적 의미로 해석한다. 그러나 '여래가 성악을 끊지 않았다.'는 말이 '여래가 성악을 갖추고 있다.'는 말과 동치(同値)일 수는 없다.60) '성악'의 의미가 무엇인가에 따라서 "성악을 끊지 않았다."는 표현이 의미하는 바는 완전히 달라지기 때문이다.

먼저 성악을 '불성으로서의 악'이라고 볼 경우 "여래에게 성악(性惡)이 있다."는 표현은 "여래에게 불성으로서의 악이 있다."는 의미가 될 것이다. 그런데 앞에서 소개했던 5종 불성 가운데 여래에게 갖추어진 불성은 과불성(果佛性)인 보리와 과과불성(果果佛性)인 대열반이다. 정인불성과 연인불성과 요인불성의 삼종불성은 과위(果位)의 부처가 아니라 인위(因位)의 보살이 구비한 불성이다. 보살의 불성인 연인불성이나 요인불성에는 악이 있을 수 있지만 정인불성은 물론이고 과불성과 과과불성에는 악이 있을 수

---

59) 긍정적 표현은 "다만 성악은 남아 있다(但性惡在)."와 "성악이 존재하기에 不斷이다(以有性惡故名不斷)."의 두 가지뿐인데 이런 표현이 "여래에게 性으로서의 惡이 있다."는 것을 뜻해야 하는 것만은 아니다. "이 세상에 악 그 자체가 남아 있다(또는 존재한다)."고 해석할 수도 있다.

60) '여래가 성악을 끊지 않았다.'고 할 때 성악은 ①'보살행에서의 악'인 '연인불성의 악'일 수도 있고 ②'세상에 있는 악 그 자체'일 수도 있고 ③'여래의 성으로서의 악'일 수도 있다. '성악'이 이 가운데 무엇을 의미하는지에 대해서는, 『관음현의』의 다른 문장이나 천태의 다른 저술과 비교하여 더 면밀히 분석해 보아야 하며 본고에서 앞으로 이에 대해 상세히 논의할 것이다. 그러나 '여래가 성악을 갖추고 있다.'고 할 경우 이는 이 가운데 ③에만 해당되는 해석이다.

없다. 즉 과위의 여래에게는 성악이 있을 수 없다.

앞에서 보았듯이 십이연기에서 '혹→ 업→ 고'의 3도(三道)에 대응시키면 정인불성은 고도(苦道)에 해당하며 고는 선이나 악이 아니라 무기성의 것이다. 또 과불성은 부처가 체득한 보리이기에 악일 수 없으며 과과불성 역시 부처의 대열반이기에 악일 수 없다. 따라서 '불성으로서의 악'은 '연인불성이나 요인불성의 악'으로 인위(因位)의 보살에게만 있는 것이지 여래에게 있는 것이 아니다. 과위(果位)의 여래에게는 불성으로서의 악이 있을 수 없다. 그렇다고 해서 여래에게 일반적인 악이 있을 수도 없다. 여래는 수악(修惡)을 완전히 끊었기 때문이다. "여래(또는 부처)가 성악(性惡)을 끊지 않았다."고 할 때의 '성악'은 '여래가 갖춘 불성으로서의 악'이 아니라 무언가 다른 의미를 가져야 할 것이다.

4. 여래라고 해도 법문(法門)으로서의 악을 끊을 수 없다.

앞에서 분석해 보았듯이 『관음현의』에서 '요간연료(料簡緣了)'는 전체 구성으로 볼 때 '관세음보살의 연인(緣因)과 요인(了因)'에 대해 논의하는 항목이며, '불성과 선, 악의 관계'에 대한 것인데, "[불성 가운데] 연인과 요인은 선과 악을 모두 갖추었다."는 점을 표명하는 첫 구절 이후의 문답들은 모두 관세음보살이 아니라 '부처와 성선(性善), 성악(性惡)의 관계'에 대한 것이다. 그런데 '부처는 수악(修惡)을 끊었지만 성악은 남아 있고, 일천제는 수선(修善)을 끊었지만 성선(性善)은 남아있다.'는 문답이 오간 후 이어지는 다음과 같은 구절에서 우리는 『관음현의』에서 말하는 성선과 성악의 의미에 대한 새로운 해석 가능성을 찾을 수 있다.

> 묻는다. 성선과 성악은 어째서 끊을 수 없는가?
> 답한다. '性으로서의 선과 악'은 다만 '선과 악의 법문(法門)'일 뿐이다. 성(性)은 바꿀 수 없다(不可改, 불가개). 삼세에 걸쳐서 아무도 훼손할 수 없으며 또 자르거나 파괴할 수 없다. 비유한다면 다음과 같다. 마(魔)가 비록 불경을 태워도 어찌 성선(性善)의 법문을 사라지게 할 수 있겠는가? 설사 부처가 악의 족보를 태워버려도 악의 법문이 사라지게 할 수 없다. 진시황(秦始皇)이 분서갱유를 하는 것과 같으니 어찌 능히 선악을 끊어 사라지게 만들겠는가?[61]

성선과 성악을 없애지 못하는 이유는 성선은 '선의 법문', 성악은 '악의 법문'이기 때문이라는 것이다. 상식적으로 생각할 때 절대로 없애지 못하는 선과 악은 '선 그 자체'와 '악 그 자체'일 것이다. 부처와 같이 아무리 훌륭한 성인(聖人)이 태어나도 이 세상에 있는 악 그 자체가 사라지지 않으며, 마왕(魔王)이나 진시황과 같이 아무리 극악한 악인이 나타나도 이 세상에 있는 선 그 자체를 모두 없애지 못한다. 따라서 '악의 법문'이나 '선의 법문'은 법계의 구성요소인 선법과 악법, 즉 '선 그 자체'와 '악 그 자체'를 의미한다. 성선과 성악이 바꿀 수 없는(불가개) 선과 악이라면, '선 그 자체'와 '악 그 자체'이어야 한다. 지의의 다른 저술에 실린 '성(性)'의 의미에 대한 설명을 보면 이런 추정이 충분히 가능함을 알 수 있다. 『마하지관(摩訶止觀)』에서 지의는 '제법(諸法)의 정체에 대한 열 가지 통찰'인 십여시(十如是) 가운데 '여시성

61) 『觀音玄義』(『大正藏』34, p.882下).

(如是性)'에 사용된 '성(性)'의 의미를 세 가지로 구분하는데 이는
다음과 같다.

> 여시성(如是性)이란 다음과 같다. 성(性)은 내(內)에 의거하며[62] 모두 세
> 가지 뜻을 갖는다. ①첫째는 바뀌지 않음(不改, 불개)을 성(性)이라고 부른
> 다. 『무행경(無行經)』에서는 부동성(不動性)이라고 칭하는데 성(性)은 곧
> 바뀌지 않음(不改)의 뜻이다. ②또 성(性)은 성질과 종류의 뜻이다. 부분과
> 부분이 같지 않고 각각을 바꿀 수 없다(不可改). ③또 성(性)은 실성(實性)
> 이다. 실성은 이성(理性)이어서 지극히 진실하여 허물이 없으니 불성의 다
> 른 이름이다.[63]

성(性)에는 ①'바뀌지 않음(不改)'과 ②'성질과 종류(性分種類,
성분종류)'와 ③'실성(實性)인 불성'의 세 가지 뜻이 있다는 것이
다. 앞의 인용문에서 보았듯이 『관음현의』에서 말하는 '성선과 성
악'은 '법문으로서의 선과 악'이며 바꿀 수 없는(불가개) 선과 악
이다(①, ②). 이는 '인위(因位)의 보살이 갖춘 불성'이면서 '이 세
상에 있는 법으로서의 선과 악'이라는 의미다. 그리고 '일천제도
끊지 못하는 성선(性善)'과 '부처도 끊지 못하는 성악(性惡)'을
'이 세상에 있는 선법과 악법 그 자체'라고 이해할 때 천태의 다
른 저술은 물론이고 일반적인 불교 이론과도 어긋나지 않는다.

IV. '여래성의 악'에 근거한 여래의 용악(用惡)과 행
악(行惡)

---

62) 諸法에 대한 十如是에서 性과 相을 비교할 때 性은 內에 依據하며,
   相은 外에 依據한다. 智顗, 『法界次第初門』(『大正藏』46, p.690中). "性
   以據內 相以據外."
63) 『摩訶止觀』, 앞의 책, p.53上.

　지금까지 『관음현의』의 '요간연료(料簡緣了)'에 쓰인 성악(性惡)의 의미에 대해 분석해 보았다. 제목이 시사하듯이, 성악을 '보살이 갖춘 불성' 가운데 '연인(緣因)불성이나 요인(了因)불성에 있는 악'이라고 이해할 경우, 『유마경문소(維摩經文疏)』와 같은 천태의 다른 저술은 물론이고 『유마경』에서도 그 단서를 찾을 수 있으며 심지어 아비달마교학이나 본생담의 보살관에서도 그 맹아를 찾을 수 있다. 성불을 지향하며 인행(因行)을 하는 보살의 단계에서는 악을 짓기도 하기 때문이다. 이때 여래성악(如來性惡)은 '여래성의 악'이라고 읽어야 하며 '여래종(如來種)의 악'이나 '불종(佛種)의 악'이라고 바꾸어 쓸 수도 있다.

　또 "부처(혹은 여래)는 성악을 끊지 않았다(혹은, 끊을 수 없다)."는 표현의 경우도, 여기서 말하는 성악을 '이 세상에 존재하는 악 그 자체'라고 이해하면 전혀 문제 될 것이 없다. 『관음현의』의 저자가 말하듯이, 진시황이 분서갱유를 해도 '선 그 자체'를 없애지 못하고, 부처가 악의 족보를 없애도 '악 그 자체'를 없앨 수 없다는 것 역시 너무나 당연한 일이기 때문이다. 여기서 성악은 '연인불성이나 요인불성에 있는 악'이면서 '이 세상에 존재하는 악 그 자체'이기도 하다. 『대반열반경』의 가르침에서 보듯이 일천제를 포함한 모든 중생에게 불성이 있기에, 모든 중생은 성불을 지향하는 보살이며 중생이 짓는 모든 악은 연인불성과 요인불성의 악이라는 추론이 가능하기 때문이다. 다시 말해 '중생이 짓는 모든 수악(修惡)'은 '연인불성과 요인불성의 성악(性惡)'이기도 하다.

　『관음현의』의 성악을 보살에게 있는 '연인불성이나 요인불성의

악'으로 이해하거나, '이 세상에 있는 악 그 자체'라고 이해할 경
우 여래성악설이 특이한 이론이랄 것도 없다. "불성 가운데 보살
이 갖춘 인불성(因佛性)에 악도 있다."는 이론일 뿐이다. 그러나
여래성악을 '여래의 성악', 즉 '여래가 갖춘 불성으로서의 악' 또
는 '여래가 갖춘 성으로서의 악'이라고 해석할 경우 이는 과불성
(果佛性)에 악이 있다는 말이 되기에 그 당시의 불성 이론에도
어긋날 뿐만 아니라 앞의 제Ⅱ장 제2절에서 검토해보았던 『유마
경문소』나 지의의 다른 저술에 실린 불성이론과도 어긋난다.

그런데 『관음현의』의 특징은 여래성악설이 아니라 소위 '여래용
악설(如來用惡說)' 또는 '여래행악설(如來行惡說)'에 있다. '요간
연료'의 후반부에 실린 다음과 같은 설명을 보자.

> 부처가 비록 성악을 끊지는 않았지만 악에 대해 통달할 수 있다. 악에 대
> 해 통달했기에 악에 대해서 자유자재하다. 따라서 악에 물드는 바가 되지
> 않으며 수악(修惡) 역시 일어날 수 없다(修惡不得起, 수악부득기). 따라서
> 부처에게는 영원히 다시 악이 없다. 부처는 자유자재하기에 갖가지 惡의
> 법문을 널리 이용하여(廣用諸惡法門, 광용제악법문) 중생을 교화하고 제
> 도한다. 종일토록 그것을 쓰지만 종일토록 물들지 않는다.[64]

여래가 '성악(性惡)', 즉 '악의 법문'을 이용하여 중생을 교화하
고 제도한다는 것이다. 불전에서는 대표적인 악으로 십악(十惡)을
든다. '살생(殺生), 투도(偸盜), 사음(邪婬), 망어(妄語), 악구(惡
口), 양설(兩舌), 기어(綺語), 탐(貪), 진(瞋), 사견(邪見)'의 열 가
지다. 부처는 이런 악을 이용하여 중생을 교화하고 제도하기도 한

다는 것인데, 만일 그렇다면 이는 교화와 제도를 위한 악이기에, '악에 물들어 일으키는 수악(修惡)'이 아니라 '선교방편의 가악(假惡)'이다. 그 외형만 악의 모습을 띨 뿐이지 실제로는 선이다. 이를 '여래용악설(如來用惡說)'이라고 명명할 수 있을 것이다. 또 다음과 같은 설명을 보자.

> 여래는 성악을 끊지 않아서 다시 능히 악을 일으킬 수 있다(性惡不斷 還能起惡, 성악부단 환능기악). 비록 악을 일으키지만 이는 해탈한 마음이라서 물듦이 없고 악의 한계가 진실의 한계라는 점을 통달한다. 능히 오역죄(五逆罪)의 모습으로 해탈을 얻지만 속박되지도 않고 해탈하지도 않으며, 비도(非道)를 행하여 불도를 통달한다.[65]

"여래가 악(惡, 비도)을 행하여 불도를 통달한다."는 것으로 이를 '여래행악설(如來行惡說)'이라고 부를 수 있을 것이다. 그런데 이 문장 가운데 "능히 오역죄(五逆罪)의 모습으로 해탈을 얻지만 속박되지도 않고 해탈하지도 않"는다거나 "비도(非道)를 행하여 불도를 통달한다."는 문장은 『유마경』에서 인용한 것으로 전자는 제8장인 「제자품(弟子品)」, 후자는 제3장인 「불도품」에 실려 있다. 이를 순서대로 인용하면 다음과 같다.

> 수보리여, 만일 먹는 것에 대해 평등할 수 있는 자라면 제법에 대해서도 역시 평등하며 …… 이와 같이 걸식을 행하면 비로소 밥을 먹을 수 있습니다. 수보리여, 만일 음욕과 분노와 우치를 끊지도 않았지만 함께 하지도 않으며 ……… 우치와 갈애를 소멸하지 않았지만 지혜와 해탈을 일으키고, 오역죄의 모습으로 해탈을 얻지만 해탈하지도 않고 속박되지도 않으며, 사

성제를 보지도 않지만 보지 않는 것도 아니며 …… 그대를 공양하는 자가 삼악도에 떨어지며 …… 모든 중생에 대해 원한의 마음을 품고, 부처님들을 비방하고, 법을 훼손하며, 승가에 동참하지 않고, 결코 열반에 들지 않는다면, 그대가 만일 이와 같이 한다면 그 때는 밥을 먹어도 좋습니다.[66] - 제8 「제자품」

그 때에 문수사리가 유마힐에게 물었다. "보살은 어떻게 佛道에 통달합니까?" 유마힐이 말했다. "만일 보살이 비도(非道)를 행한다면 그것은 불도에 통달하는 것입니다." 다시 물었다. "어떻게 보살이 非道를 행합니까?" 대답하여 말하였다. "보살이 오무간죄(五無間罪)를 지어도 번뇌의 분노가 없으며 지옥에 이르러서도 죄의 더러움이 없으며 축생계에 이르러서도 무명이나 교만 등의 허물이 없으며 …… 六道에 들어가는 모습을 보이지만 그 인연을 끊고, 열반의 모습을 보이지만 생사를 끊지 않습니다. 문수사리여! 보살이 능히 이와 같이 비도(非道)를 행할 수 있으면 이것이 불도에 통달하는 것입니다."[67] - 제3 「불도품」

   앞에 인용한 「제자품」에서 유마거사는 수보리의 발우에 밥을 가득 채워준 후 "…… 부처님들을 비방하고, 법을 훼손하고, 승가에 동참하지 않"아야 밥을 먹을 수 있다는 충격적 발화를 한다. 불제자로서 수용하기 힘든 말을 듣고 망연자실해 있는 수보리에게 유마거사는 "모든 말이 꼭두각시와 같으니" 문자에 집착하지 말라고 훈계한다. 이는 실제로 "부처를 비방하고, 법을 훼손하고, 승가에 동참하지 말라."는 것이 아니라 "심지어 그런 말을 듣더라도 그런 말이나 문자 따위에 집착하지 않아야 한다."는 가르침인 것이다.

---

66) 『維摩詰所說經』, 앞의 책, p.540中.
67) 『維摩詰所說經』, 앞의 책, p.544下.

뒤에 인용한 「불도품」에서 유마거사는 문수보살에게 하화중생의 방법에 대해 가르치면서 "보살이 비도(非道)를 행하면 佛道에 통달한다."고 말한다.

그런데 『관음현의』에서는 『유마경』에서 이런 두 문장을 인용하면서 '성문(聲聞, 수보리)'이나 '보살(菩薩, 문수)'이 아니라 '여래'를 그 의미상 주어로 삼는다. 맥락에 왜곡이 일어나는 것이다. 『유마경』「제자품」에서 수보리의 분별을 타파하기 위해 예로 든 "[수보리 당신이] 능히 오역죄의 모습으로 해탈을 얻지만 속박되지도 않고 해탈하지도 않는다."는 파격의 말이 "여래는 능히 오역죄의 모습으로 해탈을 얻지만 속박되지도 않고 해탈하지도 않는다."는 주장으로 바뀌고, 「불도품」에서 문수에게 내린 "보살이 비도(非道)를 행한다면 불도에 통달한다."는 하화중생의 지침이 "여래는 비도를 행하여 불도에 통달한다."는 주장으로 바뀌는 것이다. 두 문장 모두 의미상 그 주어가 여래로 대체되어 있는 것이다. 소위 '여래행악설(如來行惡說)'이 다. 바로 이점에 『관음현의』만의 특징이 있다. 다시 말해 여래성악설이 아니라, 여래용악설과 여래행악설을 제시한다는 점에서 『관음현의』는 독특하다. 그리고 이때의 악은 선교방편의 가악(假惡)이며, 이런 가악을 사용하고(用) 행하여 중생을 제도하는 여래는 구원성불(久遠成佛)하여 정법명여래(正法明如來)였던[68] 관세음보살인 것이다. 십일

석굴암 십일면관음보살상

면관음에서 좌면(左面)의 분노상(瞋相, 진상)에서 보듯이[69] 관세음보살은 가악(假惡)을 행하기도 한다.

『관음현의』 '요간연료(料簡緣了)'에서 말하는 여래성악(如來性惡)은 '여래의 성악'이 아니라 '여래성의 악'이고 '불성의 악'이다. 다시 말해 '연인불성(緣因佛性)이나 요인불성(了因佛性)의 악(惡)'이다. 또 이는 '이 세상에 존재하는 악 그 자체'이기도 하다. 앞으로 이런 해석의 토대 위에서 사명 지례(四明 知禮) 이후 여래성악설을 십계호구설(十界互具說)과 연관시키는 이론들을 재검토할 필요가 있을 것이다. 또 위에서 보았듯이 여래행악설과 관련하여 『유마경』의 경구를 채용하면서 왜곡이 일어난다는 점, 또 앞의 제Ⅱ장 제2절에서 논의했듯이 성선(性善), 성악(性惡), 수선(修善), 수악(修惡)이라는 용어 가운데, 지의의 다른 저술에서 『관음현의』에서와 같은 용례로 사용된 것은 성선 하나뿐이라는 점 등에 비추어 볼 때 『관음현의』의 저자가 누구인지에 대해서도 다시 검토할 필요가 있을 것이다. 또 『관음현의』의 저자와 여래성악설의 창안자를 놓고 일본학계에서 이루어진 안도토시오(安藤俊雄)와 사토테츠에이(佐藤哲英) 간의 논쟁에서 안도토시오가 제시했던 사상적 논거에 대해서도 그 타당성을 다시 면밀히 검토할 필요가 있다. 이에 대한 연구는 후일로 미룬다.

---

68) 『觀音玄義』, 앞의 책, p.891下.
69) 『佛說十一面觀世音神呪經』(『大正藏』20, p.150下).

참고문헌

『生經』(大正藏3)

『大般涅槃經』(『大正藏』12)

『維摩詰所說經』(『大正藏』14)

『阿毘達磨俱舍釋論』(『大正藏』29)

『仁王護國般若經疏』(『大正藏』33)

『妙法蓮華經玄義』(『大正藏』33)

『觀音玄義』(『大正藏』34)

『觀音義疏』(『大正藏』34)

『觀音玄義記』(『大正藏』34)

『妙法蓮華經文句』(『大正藏』34)

『觀無量壽佛經疏』(『大正藏』37)

『阿彌陀經義記』(『大正藏』37)

『維摩經玄疏』(『大正藏』38)

『維摩經略疏』(『大正藏』38)

『請觀音經疏』(『大正藏』39

『金光明經玄義』(『大正藏』39)

『金光明經文句』(『大正藏』39)

『大乘玄論』(『大正藏』45)

『摩訶止觀』(『大正藏』46)

『止觀輔行傳弘決』(『大正藏』46)

『法界次第初門』(『大正藏』46)

『維摩羅結經文疏』(=『維摩經文疏』)(『卍續藏』18)

『觀音玄義記會本科文』(『卍續藏』35)
『大乘三論略章』(『卍續藏』54)
『維摩詰經三觀玄義』(『卍續藏』55)

김성철, 「三論學의 佛性論 - 立破自在한 無依無得의 中道佛性論 -」, 『동아시아에서 불성 여래장 사상의 수용과 변용』 금강대학교 개교10주년 기념 제1회 한국 중국 일본 국제학술대회, 논산: 금강대학교 불교문화연구소, 2012.

타무라시로우(田村芳朗), 이영자 옮김, 『천태법화의 사상』, 서울: 민족사, 1990.

大野榮人, 『天台止觀成立史の研究』, 京都, 法藏館, 1994.

佐藤哲英, 『續·天台大師の研究』, 京都, 百華苑, 1981.

佐藤哲英, 『天台大師の研究』, 京都, 百華苑, 1961.

安藤俊雄, 『天台学-根本思想とその展開』, 京都, 平樂寺書店, 1982(초판 1968).

安藤俊雄, 『天台性具思想論』, 京都, 法藏館, 1953.

차차석, 「천태 성악설의 윤리성 탐구」, 『韓國佛敎學』 52집, 서울: 한국불교학회, 2008.

大窪康充, 「如來性惡思想」, 『印度学仏教学研究』 40卷 1号, 東京: 日本印度學佛敎學研究會, 1991.

佐藤哲英, 「性惡思想の創唱者は智顗か灌頂か」, 『印度学仏教学研究』 제28호, 東京: 日本印度學佛敎學研究會, 1966.

佐藤哲英, 「天台性惡法門の創唱者 - 請観音経疏の作者につい

て」,『印度学仏教学研究』9卷 2号, 東京: 日本印度學佛敎學研究會, 1961.

佐藤哲英, 「觀音玄義並びに義疏の成立に關する研究」,『印度学仏教学研究』5卷 1号, 東京: 日本印度學佛敎學研究會, 1957.

安藤俊雄, 「如来性悪思想の創設者 ― 潅頂説への反論」,『大谷学報』, 京都: 大谷大学大谷学会, 1964.

安藤俊雄, 「性具説の根本精神」,『東海仏教』2號, 名古屋: 東海印度学仏教学会, 1956.

독각행자 영산회상도 - 익명의 불교도
獨覺行者　靈山會上圖　Anonymous Buddhist

좌보처(左補處)
다윈, 뉴턴, 아인슈타인 칸트, 공자 …

우보처(右補處)
소크라테스, 노자, 마르크스, 라이프니츠, 맹자, 헤겔 …

- 해인사 영산회산도(보물1273호), 김성철 고안, 유지원 제작

무란 무엇인가?*

Ⅰ. 무와 더불어 사는 우리

무(無)란 무엇인가? 참으로 난감한 질문이다. 우리의 언어가 마치 그림이 사물을 모사하듯이 대상과 일대일 대응관계를 갖는다

---

* '우리말로 철학하기' 모임에서 『우리말 철학사전』 발간을 위해 의뢰하여 작성, 발표한 논문.

고 생각할 경우, "무란 무엇인가?"라는 질문을 포함하여 무에 대한 그 어떠한 논의도 무의미한 작업이 될 것이다. 왜냐하면 '무'라는 말은 지시할 그 어떤 대상도 갖고 있지 않기 때문이다. 그러나 많은 철학적 문헌에서 우리는 무와 관계된 다양한 표현을 접한다. "무에서 유가 발생한다."거나 "무가 생산된다."는 표현은 물론이고 심지어 "인간은 무를 분비한다."거나 "무가 무화한다."는 시적인 표현까지 눈에 띤다. 모사적(模寫的) 언어관에서 벗어날 경우 우리는 논리적 오류를 두려워하지 않고 무에 대해 자유로운 논의를 벌일 수 있을 것이다.

  철학적 논의의 장(場)뿐만 아니라 일상 생활에서도 우리는 무를 함의(含意)하는 다양한 표현을 하며 살아가고 있다. "이 책상 위에는 컵이 없다.", "그는 욕심이 없는 사람이다." 등과 같은 표현에 등장하는 '없음(無)'이라는 단어는 물론이고, "고래는 어류가 아니다.", "찔레꽃은 붉은색이 아니다."라는 부정표현에서 쓰이는 '아님(非)'이라는 단어에도 무의 의미가 내포되어 있다. 고래에는 어류라는 일반자(Universal)가 없으며 찔레꽃에는 붉음이라는 일반자가 없다는 식으로 '아님(非)'은 '없음(無)'으로 환원될 수 있기 때문이다. 또, 이렇게 부정적 계사(Copula)를 쓴 표현 이외에도 "욕심을 버린다.", "방안을 깨끗이 치운다."는 문장에서 쓴 '버린다'와 '치운다'는 동사는 욕심을 없애고, 쓰레기를 없앤다는 의미이기에 역시 무의 의미를 내포하고 있다.

  이것뿐만이 아니다. 내가 벽에 걸린 그림을 바라보다가 시선을 거두고 시계를 바라보는 순간에 '벽에 걸린 그림의 모습'과 '그림을 바라보는 행위' 모두 없어져 버린다. 즉, 우리의 주의력이 이

동함에 따라 이전에 주시하던 사물은 무화(無化)된다. 또, 팔짱을 낀 손을 풀 때건, 눈을 감을 때건, 읽고 있던 책을 덮을 때건, 손가락을 재빠르게 이동하며 컴퓨터 자판을 두드릴 때건 우리는 이전의 행동을 무화하고 다음의 행동으로 돌입하게 된다.

　나뭇잎이 가을바람에 흔들려 떨어질 때, 가지 끝에 매달렸던 나뭇잎의 모습은 사라지고 만다. 지난 봄에 만발했던 붉은 진달래는 계절의 변화와 함께 어디론가 사라지고 말았다. 모두 무화된 것이다. 오디오에서는 매 순간의 곡조를 무화하며 새로운 곡조를 토해 낸다.

　또 무는 철학과 종교의 원천이 되기도 한다. 우리는 죽음을 두려워한다. 나와 가까웠던 사람이 이제는 죽어 사라지고 말았다. 즉, 존재의 세계에서 무화된 것이다. 타인의 죽음은 나를 슬프게 하고, 언젠가 닥칠 나의 죽음은 나를 공포로 몰아넣는다. 여기서 무는 두려움의 대상으로 우리를 엄습한다. 이러한 무는 우리에게 경이감을 일으키기도 한다. 태어나기 이전에 나는 어디에 있었을까? 아니면 아예 없었을까? 죽음 이후에 나는 어떻게 될 것인가? 이 세상이 생기기 이전은 도대체 무엇일까? 어째서 이 모든 것은 없지 않고 있는 것일까? 무는 수많은 사람으로 하여금 종교적, 철학적 의문에 몰두하게 만든 원동력이기도 하다.

　이렇게 무는 우리의 말이나 행동, 철학적 종교적 상념, 이 세상의 풍경 모두에 도사리고 있는 것이다. 우리는 항상 무와 더불어 살아간다.

Ⅱ. 무는 어떻게 논의되었나?

1. 서구사상의 무

고대 그리스 엘레아 학파의 시조 파르메니데스(Parmenides, 서력 기원전 5-6세기)는 일체는 오직 존재로 충만되어 있다고 선언하였다. 우리의 삶을 이루고 있는 일체에서 무의 영역을 제거해 버린 것이다. 파르메니데스의 이런 조망은 사유와 존재를 동일시한 그의 세계관에 기인한다고 볼 수 있다. 우리의 사유란 언제나 '무엇'에 대한 사유이다. 그리고 '무엇'이란 존재, 즉 유(有)이다. 따라서 일체에 대한 파르메니데스의 사유의 영역에는 무가 개입될 여지가 없었을 것이다. 파르메니데스의 선언 이래 서구인들은 오랜 기간 동안 무에 대해 긍정적 가치를 부여하지 않았다. 무로부터 모든 것을 창조해 낸 신이란 무를 갖지 않은 절대적 유라고 규정했던 중세의 기독교 신학자들은 완전성의 결여라는 점에서 무란 원죄의 개념과 관계된다고 보았기에 기독교적 세계관 하에서 살아가던 중세의 서구인들에게 무란 공포의 대상이 되기까지 하였다.

그러나 이렇게 무에 대한 논의 자체를 기피해 왔던 서구철학사에서 우리는 가끔 무에 대해 적극적 가치를 부여한 사상가, 종교가를 만날 수 있다. 그 대표적인 인물이 마이스터 에크하르트(Meister Eckhart, 1260-1328)이다. 에크하르트의 부정신학에서는 우리가 신과 일치할 수 있는 길로 무심(無心, disinterest)의 길을 제시한다. 무심이란 애착이나 슬픔, 명예나 비방에 흔들리지 않는 절대무(nothingness)의 마음으로, 전통적 기독교에서 지고의 가치

로 간주하던 사랑보다 이전의 것이라고 에크하르트는 말한다. 에크하르트가 말하는 무심의 자리에서 신은 인간에게 그 본질적 모습을 그대로 내어준다. 무심에서 인간은 신성(神性, Godhead)과 만나는 것이다. 신성이란 신의 본성을 의미하며, 신의 창조주로서의 존재방식은 물론 사랑이란 존재방식 등 모든 것을 초월한 절대무(絶對無, nothingness)의 자리이다. 그리고 신이 자신의 모습을 부여하여 인간을 창조한다고 말할 때, 그런 신의 모습에는 이런 절대무의 신성까지 포함된다. 따라서 신에 의해 창조된 인간 자신의 영혼 내부에서 일상적인 자아의 자기중심적 존재 방식이 깨질 때 인간은 신의 본질인 신성에 이르게 되고 신과 하나임을 자각하게 되는 것이다. 이러한 신성의 자리, 절대무의 자리에 설 때 인간은 자유로운 참된 자기 자신이 될 수 있다[西谷啓治(니시타니케이지, 1900-1990), 『宗敎とはなにか』] 여기서 에크하르트가 말하는 무심으로서의 절대무, 신성으로서의 절대무는 감성적무, 종교적 무라고 규정할 수 있을 것이다.

그 후 헤겔(Hegel)에 이르러 비로소 무에 대한 체계적 논의가 시작된다. 헤겔은 변화를 유(有)와 무(無)의 변증법적 종합에 의해 설명한다. 헤라클레이토스(Herakleitos)의 말과 같이 만물은 유전한다. 단 한 순간도 머물러 있지 않다. 이러한 만물의 변화는 무에서 유로 진행되기도 하고 유에서 무로 진행되기도 한다. 우리는 무에서 유로 진행되는 변화를 발생이라고 부르고, 유에서 무로 진행되는 변화를 소멸이라고 부른다. 유와 무가 두 계기로 작용하여 발생하고 소멸하는 생성(Becoming)의 세계가 전개된다. 헤겔이 생성의 한 계기로 간주하는 무란, 그가 변증법적 구도 하에 분

석하고 있는 다른 모든 개념들과 마찬가지로 절대정신을 향한 변
증법적 운동을 구성하는 하나의 요소로서 기능할 뿐이었다. 그러
나 "순수한 무는 순수한 존재와 같다."라는 언명에서 우리는 유무
의 대립을 떠난 무, 즉 절대무에 대한 헤겔의 직관을 감지할 수
있다.

파르메니데스   에크하르트   헤라클레이토스   헤겔   니시타니케이지

　서구철학사에서 무의 문제가 전면에 부각된 것은 실존주의 철
학에 이르러서이다. 하이데거(Heidegger)는 우리가 태어나기 이전
과 죽은 이후는 무라는 전제 위에서 자신의 철학을 시작한다. 하
이데거의 초기저작에서 무는 인간의 죽음과 관계된 개념으로 우
리는 불안을 통해 그런 무와 대면하게 된다. 그러나 후기저작에서
하이데거는 무에 대해 새로운 두 가지 의미를 부여한다. 무는 존
재를 은폐하는 작용과 함께 존재를 드러내는 작용을 한다. 즉, 존
재를 망각케 하고 존재를 자각시키는 상반된 작용을 모두 갖는
것이 무인 것이다. 우리가 일상적 삶 속에서 존재자에 몰두할 때
우리는 존재를 망각하게 된다. 이를 하이데거는 냉소적 의미에서
니힐리즘(Nihilism)이라고 부른다. 반대로 "도대체 왜 존재자가 있
고 무는 없는가?"라는 경이감에 사로잡힐 때 우리는 무와의 대비

를 통해 존재를 자각하게 된다. 사르트르(Sartre)
가 평하듯이 하이데거에서 무란 우리가 살아가는
이 세계에 그 윤곽을 부여하는 역할을 하는 것이
다. 무의 배경 위에서 존재는 비로소 그 경이로운
모습을 확연히 드러낸다. 이와 함께 개별적 존재
자(seiendes)에 대한 탐구를 넘어서 무와 대립된

하이데거

'존재(Sein)'에 대한 탐구로서의 진정한 형이상학
의 길이 열리게 된다. 하이데거에 있어서 무란 인
도사상에서와 같이 철학적 탐구의 궁극에 위치하
는 절대적 원리로 도입된 것이 아니라, 우리에게
존재에 대한 인식을 환기시킴으로써 신에 의해
창조되었다고 믿어지는 구상적 세계에 대한 우리

사르트르

의 인식에 생명을 불어넣어 주는 보조개념으로 사용되었다고 볼
수 있다.

　하이데거의 존재론을 비판적으로 계승한 사르트르(Sartre)는 현
존재로서의 인간, 즉 대자(對自)존재의 정체를 규명하기 위해 무
에 대해 치밀하게 분석한다. 먼저 사르트르는 무의 위상에 대해
검토한다. 사르트르는 무는 존재에 후속한다고 말한다. 왜냐하면
우리가 무에 대해 서술하기 위해서는 반드시 먼저 존재를 거론해
야 하기 때문이다. 따라서 무는, 헤겔이 보듯이 존재의 상호보족
적(相互補足的) 개념도 아니고 하이데거가 말하듯이 세계를 공중
에 매달고 있는 환경과 같은 것이 아니라, 존재의 세계 내부에 위
치한다. 그러면 세계의 내부에서 무는 어디에 위치하는가? 사르트
르는 존재를 사물적 존재인 즉자(卽自)존재와 의식적 존재인 대자

(對自)존재로 양분하면서 우리가 접하는 무화 작용은 능동성을 결여한 즉자존재나 무 그 자체에 있을 수 없기에, 남은 하나의 대안인 대자존재, 즉 우리의 의식 내부에 무가 위치한다고 논증한다. 이렇게 대자존재, 즉 우리의 의식 내부에 위치하는 무, 보다 엄밀히 말하면 우리의 의식과 동일시되는 무는 우리에게 반성적 사유와 자유의지를 가능케 한다. 만일 우리의 반성적 사유가 무가 아니라 유(有)라면 그런 사유를 인식하는 제2의 사유가 요구되고, 다시 제2의 사유를 인식하는 제3의 사유가 요구되어 논의는 무한소급하고 만다. 이러한 무한소급의 오류에 빠지지 않기 위해 우리의 사유는 무(無)이어야 한다. 그리고 이것이 바로 대자존재로서의 우리의 의식이다. 또, 대자존재로서의 우리의 의식은 내부의 결핍인 무를 채우기 위해 세계를 향해 자신의 행위를 끊임없이 의도하며 미래를 향해 던져댄다(企投). 사르트르의 실존주의는 지극히 인간적이다. 사르트르가 말하는 무는 초월적, 절대적 무가 아니라 일상적 인간의 자유의지를 근거지우기 위해 설정된 무로 우리 모두의 의식 내부에 위치하는 평범한 무이다.

2. 인도사상의 무

철학의 3대 발흥지인 유럽과 중국과 인도 중에서 무에 대한 논의가 가장 활발하게 이루어진 곳은 단연 인도이다. 주지하듯이 서구 대수학의 발전에 지대한 기여를 한 숫자 '0'을 발명(또는 발견)하여, 무를 수학적 사고의 영역에 도입한 민족은 인도인들이었다. 윤회와 인과응보의 이론을 공유하고 해탈을 지향하는 인도인들의 종교 역시 포괄적인 의미에서 '무의 종교'라고 명명될 수 있을 것이다.

서구에서와 달리 인도에서 무에 대한 논의가 적극적으로 이루어진 이유는 무엇일까? 이는 인도인과 서구인들의 내세관의 차이에 기인한다고 볼 수 있을 것이다. 대부분의 인도인들은 모든 생명체는 전생과 현생과 내생에 걸쳐 무한한 삶을 반복하며 윤회한다고 보았다. 이러한 생사관(生死觀)에 입각할 경우 우리가 태어나기 이전과 죽음 이후의 세계는 무가 아니라, 지금의 이 삶과 동일한 유의 세계인 것이다. 어떻게 살건 누구나 반드시 다시 태어난다는 신념을 갖고 있을 경우 무에 대해 논의하는 것은 그다지 공포스러운 일이 아니다. 인도의 종교인들은 죽음이 두려운 것이 아니라, 무한히 다시 태어나 고통스러운 삶을 되풀이해야 한다는 사실만이 두려울 뿐이었다. 따라서 인도인들은 그렇게 윤회하는 삶에서 벗어날 수 있는 길을 모색하였고, 그 결과 궁극적으로는 유(有)가 아니라 무(無)를 지향하는 무의 종교를 탄생시키게 되던 것이다. 무의 종교에서는 모두 해탈을 지향하지만, 그 때 말하는 해탈의 의미와 그에 대한 접근방식의 차이로 인해 무에 대한 다양한 해석이 출현하게 된다.

고대 인도인들의 철학적, 종교적 직관이 집대성되어 있는 『우빠니샤드(*Upaniṣads*)』의 주인공들은 우주의 주재자인 브라만(Brahmans, 梵)과 개별적 자아의 심층부에서 발견되는 진정한 자아인 아뜨만(Ātmans, 我)의 동일성[梵我一如, 범아일여]에 대한 체험을 지상(至上)의 종교적 목표로 삼으면서, 브라만이나 아뜨만은 우리의 구성적 사유에 의해 설명될 수 없으며, 그 정체는 다만

"~이 아니다, ~이 아니다(neti neti⑤)."라는 부정적 형식으로 표현될 수밖에 없다고 주장하였다. "눈이 눈을 볼 수 없듯이 아뜨만은 아뜨만을 보지 못한다."거나 "그는 보이는 자가 아니라 보는 자이며, 그는 들리는 자가 아니라 듣는 자이며, 생각된 자가 아니라 생각하는 자이다."와 같은 『우빠니샤드』의 경구에서는 브라만이나 아뜨만을, 궁극적 실재로서 존재하긴 하지만 인식의 차원에서는 무(無)인 절대자로 묘사하고 있다.

그러나 불교에서는 우빠니샤드적인 해탈관을 비판하며 무에 대한 사유를 보다 철저히 밀고 나간다. 불교에서는 우빠니샤드에서 말하는 아뜨만, 나의 모든 행위를 주관하는 영원한 단독자(常·一·主宰)로서의 아뜨만(我)은 우리의 심신(心身) 그 어디에도 없다는 의미에서 무아(無我, Anātman⑤)의 교리를 설하는 것이다. 불교의 무아설에서 말하는 '무(無)'에는 "인식되지 않는 것은 존재하지도 않는다."는 비판적 의미가 내재되어 있다. 나라고 생각할 수 있는 모든 것, 즉 나의 몸(色)이나 느낌(受), 생각(想), 의지(行), 마음(識) 중 그 어떤 것도 변하지 않는 것은 없다. 나이기 위해서는 자기동일성이 유지되어야 한다. 그러나 지금까지 내가 나라고 생각했던 모든 것은 변화하기에 그 어디에도 나는 없으며, 그 어떤 것도 내가 아니다. 여기서 쓰인 '없다'거나 '아니다'라는 말에는 비판적 의미가 강하게 담겨 있다. 책상 위에 꽃병이 있다거나 없다는 의미의 없음이 아니며, "나는 신이 아니라 사람이다."라는 말에서 쓰이는 아님과 같은 의미의 아님이 아니다. 우리의 일상적 삶을 지탱해주고, 우빠니샤드적 종교관에서 궁극적 실재로 간주하던 '나(아뜨만)'는 사실은 공허한 개념이란 뜻에서 무아라고 말하는 것이다. 무아설의 무에는 없다거나 아니라는 뜻보다 '틀렸다'라는 뜻이 강하게 담겨 있다. "자아가 있다는 생각은 틀렸다."는 의미에서 무아인 것이다. 무아설의 부정은 있는 것을 없애는 것이 아니라, 없음에도 불구하고 있다고 착각하는 것을 시정하는 부정이다. 그래서 무아설의 진정한 취지에 비추어 본다면 자아가 '있다'는 생각은 물론이고, 일반적 의미의 '없다'는 생각도 모두 틀린 것이다. 이렇게 일상적 자아와 종교적 자아의 실재성을 비판하는 불교의 무아설은 "모든 것이 얽혀서 발생한다."는 연기설(緣起說)과 엮어져 불교적 윤회관과 우주관, 윤리관과 종교관을 구성한다. 그리고 이러한 비판적 의미를 갖는 무는, 용수(龍樹, Nāgārjuna Ⓢ, 150-250경)에서 시작하는 중관학파(中觀學派, Mādhyamika Ⓢ)와, 후대 중국의 선종(禪宗)에 의해 적극적으로 활용된다.

인도의 여러 학파 중 무에 대해 가장 활발한 논의를 벌인 것은 니야야-와이셰시까(Nyāya-VaiśeṣikaⓈ) 학파이다. 다원적(多元的) 실재론자인 이들은 자신들의 세계관과 종교관의 진실성을 입증하기 위해 무의 실재성을 주장하게 된다. 이들에게 있어서 무란 다른 사물과 마찬가지로 우리의 감관이나 추리를 통해 인식되는 실재이다. 이들은 모든 괴로움이 사라진 해탈의 경지와, 잡다한 차별의 현상 세계가 가능하기 위해서는 무가 실재해야 한다고 믿었던 것이다. 이들은 무의 종류를 네 가지로 나눈다. 그리고 감각의 세계건, 관념의 세계건, 초월적 세계건 거기서 논의되는 무는 이 네 가지에서 벗어날 수 없다고 보았다. 무는 "A는 B가 아니다 (A is not B)"와 "A에는 B가 없다(A is not in B)"는 두 가지 인식에 의해 발생한다. 전자는 ①'호환적인 무(互換的 無, anyonyā

bhāva⑤)'라고 불리며 이런 무의 존재로 인해 모든 사물과 사태
는 차별의 모습을 나타낼 수 있는 것이다. 그리고 후자는, 첫째
A에서 B가 사라진 이후의 무로 ②'소멸 후의 무(dhvaṃsābhāva
⑤)', 둘째 A에 B가 등장하기 이전의 무로 ③'발생 전의 무(prāga
bhāva⑤)', 셋째 A에 B가 아예 없는 무로 ④'궁극적인 무(atyantā
bhāva⑤)'의 세 가지로 세분된다. 이에 대해 예를 들어 설명하면
다음과 같다. '호환적인 무'는 소는 말이 아니다, 또는 말은 소가
아니라고 할 경우 소에는 말이 없고, 말에는 소가 없음을 의미하
며 이로 인해 말은 소와 다르고 소는 말과 다른 '차별'이 가능한
것이다. '소멸 후의 무'는 존재하던 항아리가 깨진 후의 파편만
남은 시간대에 항아리가 없음을 의미하며 모든 괴로움이 사라진
해탈 역시 아뜨만에 괴로움이 없는 것이기에 이에 해당한다. '발
생 전의 무'는 항아리가 만들어지기 이전의 점토반죽에 항아리가
아직 없음을 의미한다. '궁극적인 무'는 책상 위에 항아리가 없는
경우의 항아리의 무를 의미한다. 니야야-와이셰시까 철학에서는
무란 이 네 가지뿐이라고 말하며 이 모두 우리의 감관이나 추리
에 의해 인식되는 실재라고 주장하는 것이다.

3. 중국사상의 무

중국사상 중 무에 대해 가장 심도 있는 논의를 벌인 사상을 꼽
으라면 누구나 서슴없이 도가사상(道家思想)을 들 것이다. 도가사
상에서 말하는 무는 세 가지로 분류될 수 있다. 첫째는, 우리의
일상에서 만나는 무로 이를 상대적 무라고 해석할 수 있을 것이

다. 이런 무에 대해 『도덕경』에서는 다음과 같이 말한다; "유와 무는 서로를 낳고, 어려움과 쉬움은 서로 이루어지며, 길고 짧음은 서로를 나타내고 …"노자, 『도덕경』, 제2장). 여기서 말하는 무는 있음에 대한 단순한 없음을 의미한다. 그러나 이어지는 구절에서 "그러므로 성인은 무위의 일에 처하여 말없이 교화를 행한다." 라고 했을 때의 무위의 무는 그런 유와 무의 대립에서 떠나 있음을 의미하는 무로 초월적, 종교적 의미를 갖는 절대적 무이다. 셋째는 "무명(無名)은 천지의 시작이요 유명(有名)은 만물의 어머니이다."(제1장)라거나 "천하만물은 유에서 생하고 유는 무에서 생한다"(제40장)는 경구에서 말하는 무로 우리에게 인식되는 존재 전체를 산출한 근원으로서의 무이다. 이렇게 『도덕경』에서는 인간과 세계의 근저에 무를 설정한다. 그런데 인간과 세계의 근저로서의 무는 부동의 허무가 아니라, 세계를 향해 무한한 작용을 산출하는 무이다. 이 때 무는 도(道)라고 불린다. 그래서 "도는 언제나 무위이기에 하지 못할 것이 없다."(제37장)라거나 "도는 하나를 낳고 하나는 둘을 낳고 둘은 셋을 낳고 셋은 만물을 낳는다." (제42장)라고 선언하는 것이다. 『도덕경』에서 말하는 무위의 경지, 또는 도는 인간과 세계의 토대가 되기도 하지만, 우리가 지향해야 할 철학적, 종교적 목표이기도 하다. 그러나 이는 여타의 학문과 같이 지식의 습득에 의해 도달되는 것이 아니다. 『도덕경』에서는 다음과 같이 말한다; "학문을 배우면 나날이 늘어나고, 도를 닦으면 나날이 줄어들거니와, 줄이고 또 줄이면 무위에 이르게 되고 무위에 이르게 되면 하지 못함이 없다."(제48장). 자신이 견지하던 모든 세속적 관념과 감정이 수도(修道)와 함께 점차 세척됨으로써 우리는 조작을 떠나 있는 그대로(無爲自然)의 도에 이르게 된다는 것이다. 그 결과 우리는 우리의 삶 속에서 응용이 자유자재한 현인으로 다시 태어나게 된다. 도가의 무는 무한을 산출한다.

  유가철학 중에는 북송의 주돈이(周敦頤, 1017-1073)의 『태극도설(大極圖說)』에서 우리는 무를 만날 수 있다. 주돈이는 이 세상 만물의 발생과정을 무극이태극(無極而太極), 음양정동(陰陽靜動), 오행(五行), 남녀건곤(男女乾坤), 만물화생(萬物化生)의 다섯 단계에 걸쳐 설명하는데 여기서 보듯이 그 시발점인 태극 이전에 [道家的 해석] 무극, 즉 '궁극으로서의 무'를 위치시킨다. 무극이 음양오행과 묘합하여 남녀건곤으로 분화를 거듭한 후 만물이 화생하게 된다는 『태극도설』의 만물 발생론은 주역의 세계관과 도가사상이 결합함으로써 이루어진 '무(無)의 창조론'이다.

  선문답의 역동성에서도 우리는 무의 사상을 만날 수 있다. 인도에서 수입된 대승불교는 도가적 사유와 결합하여 지극히 중국화된 불교인 선종을 탄생시키게 된다. 기독교적 언어로 표현하면 선종은 철저한 우상파괴의 종교이다. 단하천연(丹霞天然, 738-824)은 깨달음의 경지를 표출하기 위해 공경과 예배의 대상이었던 목불(木佛)을 불구덩이 속에 던져버린다. 또, "부처를 만나면 부처를 죽이고 조사를 만나면 조사를 죽여라."(『臨濟錄(임제록)』, 제13장)고 하는 임제(臨濟, ?-866)의 말에서 볼 수 있듯이 궁극의 경지에서 선사들은 심지어 자신들의 스승이나 교조인 부처조차 무화(無化)시킨다. 궁극의 경지에서는 눈에 보이는 우상뿐만 아니라 마음 속의 우상까지도 철저히 파괴하며 부처의 가르침이 담긴 경전조차 찢어버린다. 선종의 첫 스승인 달마(達摩, ?-528)가 중국에 도래한 의의를 묻는 제자에게 조주(趙州, 778-897)는 뜰 앞의 잣나무를 가리킨다. 부처의 정체를 묻는 제자의 질문에 대해 선사(禪師)들은 마른 똥막대기, 또는 삼베 세 근이라고 대답한다. 동문서답과 같은 이런 대답들은 제자에게 의문을 일으킨 사고 방식을 파괴해 버리는 역할을 한다. 즉, 질문자의 세계관과 인생관을 무화(無化)시킨다. 그리고 그러한 파괴는 변증법적으로 진행된다. 살아 있으면 죽이고 죽어버리면 살리고 살아나면 다시 죽인다. 산 것을 죽이는 것도 파괴이지만 죽은 것을 살리는 것도 파괴이다. 그래서 조주는 개에게도 불성(佛性)이 있느냐는 제자의 물음에 대해 때로는 무(無)라고 대답하고 때로는 유(有)라고 대답한다. 불성에 대한 고정관념은 무라는 언어로 파괴하고, 제자가 그런 무라는 대답에 고착될 경우 이를 다시 유라는 언어로 파괴한다. 여기서 무나 유는 다만 비판의 도구로 쓰일 뿐 의미를 갖는 말이 아니다. 선종의 스승들은 기상천외한 행동이나 답변을 통해, 제자들을 종교적 번민으로 몰고 간 세계관과 인생관을 무화시켜 줌으로써 제자의 의문을 해소시킨다. 이런 점에서 우리는 선종을 '무화의 종교'라고 규정할 수 있을 것이다.

Ⅲ. 무는 어떻게 조성되는가?

무란 어떻게 조성(造成)되는 것일까? 앞에서 예를 들었듯이 우리 주변에는 도처에 무가 널려 있다. "지갑에 돈이 없다.", "계절이 바뀌었다.", "마음을 비운다."와 같은 일상적 표현에도 무의 의미가 내재하고, "이 세상은 무로부터 창조되었다."거나 "무는 존재를 자각케 한다."는 종교적 철학적 표현에서도 우리는 거침없이 무라는 용어를 사용한다. 그러면 이렇게 다양한 무가 조성되는 과정에 어떤 공통점은 없을까? 일반적으로 어떤 사물이 조성될 경우 두 가지 조건이 필요하다. 예를 들어 한 알의 씨앗이 밭에 뿌려져 싹을 만들어 낼 경우 그 싹에 대해 씨앗은 직접 조건이 되고 그 밖의 토양과 비료와 햇빛과 공기와 수분 등은 간접조건이 된다. 지금 씨앗과 싹의 예에서 보듯이 어떤 사물이 발생하거나 만들어지기 위해서는 그것의 재료가 되는 직접조건과 그 재료를 변화시킨 간접조건이 필요하다. 그러나 무가 조성되는 경우 직접조건이 결여되어 있다. 즉, 무의 재료가 된 선행하는 그 어떤 것이 존재할 수 없기에 무는 단지 간접조건에 의해서만 만들어진다. 우리가 "책상 위에 꽃병이 없다."라고 할 경우, 아니 말로 표현하기 이전에도 꽃병이 없는 빈 책상을 보았을 경우, 그 '비어 있음', 즉 '꽃병의 없음'을 만들어 낸 것은 '책상'과 '꽃병'이다. 여기서 책상과 꽃병은 무를 만들어낸 두 가지 간접조건이다.

이렇게 무와 관계된 표현을 사용할 경우 반드시 두 가지 사태가 관여한다. 무란 '어디'에 '무엇'이 없어야 비로소 성립된다. 인도내의 종교적 철학적 학파 중 무에 대해 가장 방대하고 정밀한 논의를 벌였던 니야야(Nyāyaⓢ) 학파에서는 이 중 '어디'를 바탕(anuyoginⓢ, 隨伴者)이라고 부르며 '무엇'을 주제(pratiyoginⓢ, 關與者)라고 부른다.

비단 물질적인 것뿐만 아니라 심리적이건 정신적이건 추상적이건 그 어떤 상황이라고 하더라도, 무 개념이 조성될 경우 이런 두

가지 조건의 관여는 필수적이다. 예를 들어 '그 사람은 욕심이 없다'고 욕심의 무를 표현할 때 '그 사람'은 그런 무의 바탕에 해당되고 '욕심'은 무가 된다. '이념이 없는 사회'라고 말할 경우 이념이 주제가 되고 사회가 바탕이 된다. 일반자로서의 무, 즉 무일반(無一般)을 언급하는 경우에도 '우리의 인식의 장(場)'이 바탕이 되고 '존재일반'이 주제가 된다. 우리의 인식의 장에서 존재일반이 사라진 것이 바로 무일반이다. 니야야 학파에서 말하는 해탈의 경우도 '자아인 아뜨만'(바탕)에 '괴로움'(주제)이 없는 상태를 의미한다.

니야야적 견지에서 볼 때 주제와 바탕이 관여되지 않는 무는 그 자체로서는 공허한 개념이다. 사물의 세계에서건 관념의 세계에서건 무 개념이 조성되기 위해서는 주제와 바탕이라는 두 가지 사태의 관여가 필수적이라는 니야야적 조망은 상식의 차원에서는 일견 타당한 듯하다.

Ⅳ. 무는 어떻게 분류되는가?

우리는 항상 무를 접하며 생활한다. 많은 철학자와 종교가들은 우리의 일상생활에서 채득된 무 개념을 도입하여 자신들의 철학체계와 종교체계를 구축한다. 이렇게 우리가 접하는 무, 철학자와 종교가들이 말하는 무는 그 조성 양태에 따라 다음과 같은 세 가지로 분류될 수 있다. 첫째는 1)'세계 내의 무'로 만물의 변화 및 차별과 함께 하는 무이다. 둘째는 2)'세계 밖의 무'로 존재하는 세계 전체와 대비된 무이다. 셋째는 3)'세계 밑의 무'로 세계의 성립

근거이기도 하고 우리가 체득해야 할 종교적 지향점이기도 하다. 1)세계 내의 무는 세계의 변화를 야기하는 ⑴'시간 속의 무'와 세계의 차별을 야기하는 ⑵'사유 속의 무'로 구분될 수 있으며, 2)세계 밖의 무는 존재론적 무, 3)세계 밑의 무는 형이상학적 무라고 규정될 수도 있을 것이다. 그러면 그 각각의 성격에 대해 논의해 보자.

1. 세계 내의 무

⑴ 시간 속의 무

일상생활에서 우리는 유와 무를 모두 체험한다. 또, 우리는 유가 그대로 유로 지속되는 것도 체험하고 무가 그대로 무로 지속되는 것도 체험하며, 유가 무로 변화되거나 무가 유로 변화되는 것도 체험한다. 일상생활에서는 '유'와 '무', '지속'과 '변화' 모두 실재하는 것으로 우리에게 나타나 보인다.

그러나 반성적 사유의 돋보기를 현상을 향해 근접시킬 때 우리는 모든 것이 부단히 생멸하며 변화한다는 사실을 자각하게 된다. 변화란 헤겔(Hegel)이 말하는 생성(Becoming)이다. 생성은 두 방향으로 진행된다. 유에서 무로 그리고 무에서 유로. 즉, 있던 것이 없어지고 없던 것이 있게 된다. 전자는 소멸이라고 불리고 후자는 발생이라고 불린다. 우리가 일상생활에서 접하는 개별적인 사물의 경우 그 발생과 소멸은 시간을 달리하여 일어난다. 도공의 손에 의해 만들어짐으로써 발생한(生) 항아리는 일정기간 사용되

다가 어느 순간 파괴됨으로써 소멸한다(滅). 생성이 특칭명제(特
稱命題)로 발화될 때 이렇게 발생과 소멸은 다르고 유와 무는 다
르다. 그러나 헤라클레이토스(Herakleitos)적인 관점에서 모든 것
이 생성 변화한다고 말할 때 발생과 소멸은 서로 다른 시간대에
위치하는 것이 아니다. 이전의 모든 것이 소멸하는 순간은 이후의
모든 것이 발생하는 순간이다. 한순간을 놓고 과거와 미래 중 어
디에 비중을 두고 조망했느냐에 따라 우리는 동일한 순간에 대해
소멸의 순간이라고 명명하기도 있고 발생의 순간이라고 명명하기
도 한다. 생성이 전칭명제(全稱命題)로 발화될 때 발생의 순간은
곧 소멸의 순간인 것이다. 유로 되는 순간이 곧 무로 되는 순간이
다. 따라서 유는 곧 무이다. 헤겔이 '순수한 존재(有)는 순수한 무
(無)'라고 말하듯이.

　우리가 살아가는 이 세계에서 정지된 것은 아무 것도 없다. 만
물은 부단히 변화하며 우리의 생각과 행동 역시 한 순간도 머물
러 있지 않다. 우리가 변화를 소멸의 측면에서 조망할 때 모든 현
상은 매 순간 무화된다. 힌두교에서 말하는 시간의 신(神)인 깔라
(Kāla⑤)가 매 순간 존재를 삼키고 있기에, 또 파괴의 신(神)인
쉬바(Śiva⑤)가 매 순간 존재를 부수고 있기에 우리는 한 번 들어
갔던 강물에 두 번 다시 발을 적실 수가 없는 것이다. 불교적으로
말해 "지어진 모든 것은 무상하다(諸行無常, sarve saṃskārā anit
yāḥ⑤)".

　우리가 일상생활에서 접하는 잡다한 사건들은 어떤 것은 매 순
간 무화(無化)되고 어떤 것은 일정기간 지속되는 듯이 보인다. 그
러나 보다 엄밀히 분석해 보면 우리가 어떤 사물이나 사태에 대

해 변화하지 않고 지속한다고 생각하는 것은 우리의 인식능력의 한계로 인한 착각임을 알 수 있다. 변화의 정도가 우리의 인식에 포착되지 않을 만큼 미세하기에 우리는 어떤 사물이나 사태가 지속한다고 착각하는 것이다. 벽시계의 초침(秒針)은 매 순간 변화하지만 시침(時針)은 정지해있는 것처럼 보인다. 그러나 나중에 시침의 달라진 위치를 보고 우리는 시침 역시 매 순간 이동하며 그 위치를 변화시키고 있었음을 추측하게 된다. 벽시계만이 아니라 나를 포함한 이 세상 만물이 그렇다. 지금은 웅장해 보이는 건물도 세월이 지나면 다 무너지고 만다. 지금은 활력에 넘치는 나의 몸뚱이도 세월이 지나면 늙고 병들게 된다. 이 세상 만물은 매 순간 낡아가고 있고 우리는 매 순간 늙어가고 있다.

그런데 이런 변화에는 두 가지가 있다. 하나는 내가 관계한 변화이고 다른 하나는 나와 무관한 변화이다. 강물은 나와 무관하게 흘러가고 있고, 계절은 나와 무관하게 그 색조를 달리한다. 하늘의 태양은 나와 무관하게 떠오르고, 창밖의 눈발은 나와 무관하게 휘날린다. 그러나 한편에서 나는 지금 신속한 손놀림으로 글자판을 두드리고, 가끔 고개를 들어 창밖을 바라보며, 일어나서 걸어가고, 밥 먹고, 숨 쉬면서 변화를 만들어낸다. 내가 만들어 낸 것이건 나와 무관하게 만들어진 것이건 모든 것은 매 순간 무화되며 변화한다. 니야야(Nyāya⑤)적 언어로 표현하면 '현재의 순간'이라는 바탕(anuyogin⑤)에 '과거 순간의 사물이나 사태'라는 주제(pratiyogin⑤)가 언제나 존재하지 않게 된다. 우리는 매 순간 '소멸 후의 무(dhvaṃsābhāva⑤)'를 접하며 살아간다.

그런데 내가 관계하며 무화하는 것은 다시 두 가지 종류로 나누어질 수 있다. 나의 의지에 의해 만들어내는 무와 나의 의지와 관계없이 만들어지는 무이다. 물론 칸트(Kant)의 생각과 같이 우리의 자유의지는 이성에 의해 논증될 수 없다. 그러나 우리에게 자유의지가 있다고 가정할 경우 그런 자유는 우리의 삶에서 어떤 방식으로 작용할까? 다시 말해 우리의 의지에 의해 이루어지는 무화는 언제, 어떤 방식으로 나타날까? 사르트르(Sartre)가 말하듯이 우리의 의식은 매 순간 선택하며 살아가는 것일까? 그렇지 않다. 나의 행동이라고 하더라도 반사적 행동은 마치 당구공이 궤도를 그리며 굴러가듯이 나의 의지와 관계없이 기계적으로 진행된다. 또 나의 의지와 관계없이 나의 마음속에서는 여러 가지 잡념과 감정들이 끊임없이 떠오른다. 내 방의 창문이 예기치 못한 바람에 불현듯 흔들리듯이 나의 마음속에서는 갖가지 상념들이 불현듯 떠오른다. 모두 내가 어쩌지 못하는 풍경일 뿐이다. 이렇게 내가 반사적으로 행동할 때, 또 내 마음속에서 갖가지 상념들이 출몰할 때 이전의 행동과 이전의 상념은 무화되며 이때의 무는 나의 의지와 관계없이 조성된다. 따라서 내가 기계적으로 행동하면서 만들어지는 무, 내 마음속에서 잡념과 감정이 떠오르면서 만들어지는 무는 나와 관계된 무이긴 하지만 나의 의지와 관계없이 조성된 무이다. 이런 무가 만들어지는 것은 예기치 못하게 일어난다는 점에서 외부세계의 변화와 차이가 없다. 이렇게 외부세계에서 일어나는 변화의 흐름과 나의 마음속에서 시시각각 변화하며 솟아나는 잡념과 감정의 흐름에 둘러싸여 있는 내가 그런 흐름에 실려 반사적으로 반응하는 경우 나의 행동이나 생각은 외부의 사물들과 마찬가지로 기계적으로 진행될 뿐이다. 그때 나는 다만 그런 변화와 흐름을 주시할 수 있을 뿐이다. 우리는 언제나 자유로운 것이 아니다. 우리는 매 순간 우리의 미래를 선택하는 것이 아니다. 나의 자유의지는 그런 기계적 흐름에 개입하여 그 흐름의 방향을 조정할 때에 한해 발현된다. 가끔 일어나는 나의 이런 개입의 순간에 한해 나의 의지에 의한 무화가 일어난다. 이때만이 자유의 순간이다. 나의 자유의지와 관계된 무화는 이렇게 불연속적으로 발생한다. 자유란 우리의 의식 내에서 간헐천과 같은 방식으로 작용한다. 우리에게 자유의지가 있다고 가정할 경우, 우리는 매 순간 무화되는 세계 속에서 가끔 무화하며 살아가고 있는 것이다.

⑵ 사유 속의 무

무는 우리의 사유 속에 갖가지 개념(concept)이 출현하는 과정에서도 관여한다. 플라톤이 말하는 형상(eidos, form)이나 이데아(idea), 서구 중세의 보편논쟁의 소재가 된 보편자(universal), 불교를 포함한 인도철학에서 말하는 일반자(sāmanyaⓈ)와 같은 술어(術語)들은 그것이 쓰이는 맥락만 다를 뿐 모두 개념의 이명(異名)에 다름 아니다.

그러면 이런 개념은 어떻게 우리의 삶 속으로 들어오는 것일까? 우리의 사유가 어떤 사물이나 사태에서 공통성을 추출하여 개념을 만들어내는 것일까, 아니면 상주(常住)하는 개념으로 인해 사물의 정체가 규정되는 것일까? 후자와 같은 견해를 갖는 경우 그 세계관은 실새론으로 귀결되며 전자와 같은 견해를 갖는 경우 그 세계관은 관념론적 경향을 보이게 된다. 인도의 경우 다원론적 실재론인 니야야 철학에서는 개념의 실재성을 주장하며 개념은 마치 개별적, 감각적 사물과 같이 실재하며 그 자체가 우리에게 직접 지각된다고 보았던 반면 불교논리학에서는 개념이란 개별적 사물이 갖는 효력의 공통성에 의거하여 우리의 사유에 의해 추상된 것이라고 생각하였다(Dharmakīrti, *Pramāṇavārttika*, 第1章). 불교논리학에서는 개념이란 실재하는 것이 아니라 순간적 추리의 소산이라고 보았던 것이다. 그러나 양 학파 모두 우리의 언어는 개념에 의해 이루어졌다는 점에서는 견해를 같이한다. 순수 감각의 세계라고 하더라도 그 내용을 타인에게 전달하기 위해서는 언어화된 개념을 사용해야 한다. 그리고 이렇게 개념을 확정하는 과정에서 무가 작용한다.

예를 들어 우리가 '소'라는 말을 하거나 생각을 떠올릴 경우 '소'가 아닌 것들이 제외된다. 어떤 막대를 길다고 규정하는 순간 그와 동시에 길지 않은 것이 배제된다. 달리 표현하면 소에는 소 아닌 것들이 없으며, 긴 것에는 길지 않은 것이 없다. 따라서 소라는 생각을 떠올릴 경우 소 아닌 것들이 무화되며, 길다고 말을 할 경우 길지 않음이 무화된다. 이렇게 다른 개념을 배제함으로써 하나의 개념이 확정되는 원리를 불교논리학에서는 '다른 것의 배제(anyāpoha⑤)'라고 말하며, 이렇게 다른 개념을 무화함으로써 조성되는 무는 니야야적 분류법을 적용할 경우 '호환적인 무(互換的 無, anyonyābhāva⑤)'라고 말할 수 있다.

하나의 사물에 대해 단 하나의 개념만 부여되는 것이 아니다. 예를 들어 우리가 지금 하나의 '도자기'를 대하고 있을 때, 그 도

자기에 대해 도자기라는 개념과 함께, '물질', '예술작품', '골동품', '존재자'라는 개념도 부여될 수 있다. '도자기'라는 개념을 떠올릴 때 그것과 무관한 '새'나 '바람'과 같은 개념들도 배제되고 무화되지만 그것과 유적(類的), 종적(種的)으로 그물 망처럼 얽혀 있는 다른 개념들 역시 우리의 사유 속에서 무화된다. 그리고 그런 개념과 결부된 유(類)와 종(種)의 위계(位階), 외연과 내포는 그런 개념을 창출해 낸 문화와 개인에 따라 다종다양하다.

개념의 존재에 대해 실재론적 태도를 보이건 관념론적 태도를 보이건, 또 그 개념의 외연과 내포, 또 그와 결부된 개념들의 위계가 어떠하건, 하나의 개념이 우리의 사유 속에 출현하기 위해서는 다른 개념에 대한 무화가 발생한다는 점은 모든 개념에 공통적이다. '인간'이라는 개념에는 인간이 아닌 것들이 무화되어 있고, 붉음이라는 개념에는 붉음이 아닌 것이 무화되어 있다. 어떤 사물이나 사태에 개념이 부여되는 과정에서 무화가 일어나기에 이 세계는 이렇게 다양한 차별의 모습을 보일 수 있는 것이다.

2. 세계 밖의 무

앞에서 논의했듯이, 모든 것이 매 순간 변화할 때 소멸과 함께 조성되는 무, 또는 우리의 사유가 어떤 사물에 대한 개념을 확정할 때 다른 개념을 배제함으로써 조성되는 무는 우리가 살아가는 세계 내의 무이다. 그러나 이 세계 밖에도 거대한 무가 도사리고 있다.

일반적으로 우리는 지금 내가 사는 존재의 세계는 나의 탄생과 함께 시작되었고 내가 죽은 후에는 사라질 것이라고 생각한다. 타인의 경우 그가 탄생하기 이전에 그는 나에 대해 무였고, 죽은 이후에도 나에 대해 무이듯이, 나 역시 내가 탄생하기 이전에는 무였고 죽은 이후에도 무일 것이라고 생각하는 것이다. 그래서 우리에게 죽음에 대한 공포가 발생한다. 죽음은 '나'와 함께, '존재하는 모든 것'이 사라지는 최대의 상실이다. 죽음의 순간에 나의 온몸은 마비되고 모든 감각은 문을 닫는다. 우주를 파괴한다는 겁화(劫火)가 닥치지 않더라도 나의 죽음의 순간은 온 우주가 파괴되는 순간이며, 한 사람을 죽이는 것은 하나의 세계를 파괴하는 것이다.

우리가 이렇게 죽음을 직시할 때 사형수 도스토예프스키(Dostoevsky)가 보았듯이 하잘것없던 우리 주변의 모든 것들이 생생한 신비의 모습으로 우리에게 다가온다. 이 때 우리에게는 "도대체 왜 존재자가 있고 무는 없는가?"라는 라이프니츠(Leibniz)의 의문이 떠오르게 되며, 키에르케고오르(Kierkegaard)와 하이데거의 불안이 시작되며, "부모에게서 태어나기 이전의 나의 정체(父母未生前本來面目)는 도대체 무엇일까?"라는 선승(禪僧)의 화두가 우리 모두의 가슴속에서 공명(共鳴)하게 되는 것이다.

도스토예프스키

라이프니츠

키에르케고오르

 우리가 접하는 타인의 죽음은 마치 한 떨기 꽃이 질 때 조성되는 무와 다름없는 세계 내의 무이다. 그러나 나의 죽음은 세계 밖의 무이다. 이 세계에 사는 한(限) 나는 나의 죽음을 체험한 적도 없고 체험할 수도 없기 때문이다. 누군가가 사후 세계의 체험을 말하는 경우에도 그것이 체험인 이상 그 사람의 세계 내에서 이루어진 것이다. 모든 것이 변화하면서 조성되는 세계 내의 무는 내가 대면할 수 있는 무이다. 그러나 죽음과 함께 찾아오는 무, 즉 세계 밖의 무는 그 누구도 대면한 적이 없고 대면할 수도 없는 무이다. 그래서 공자는 죽음에 대해 물을 때, "삶에 대해서도 잘 모르는데 죽음에 대해 어떻게 알 수 있겠냐?"(『논어』, 「선진편」)고 반문했던 것이다. 부조리한 이 세계에서 부조리의 극한에 위치한 것이 바로 죽음이 야기하는 무인 것이다.

 이렇게 죽음 후에 우리는 무로 돌아갈 것이라고 생각할 경우 죽음은 거대한 상실이다. 아니 절대적 상실이다. 무로서의 죽음은 대부분의 사람들에게 공포를 야기한다. 이와 반대로 죽음은 탈출구가 되기도 한다. 어느 시인이 말하듯이 우리는 세계의 감옥에 갇혀 있는 무기수(無期囚)이다. 오직 죽음만이 우리를 이 세계의 고통에서 벗어나게 한다. 죽음은 이렇게 양면성을 지니고 있다. 그러나 "개똥밭에 굴러도 이승이 낫다."라는 속담에서 보듯이 대부분의 사람들에게 무(無)로 채색된 죽음은 공포로 다가온다.

 죽음과 동일시되는 세계 밖의 무는 우리에게 공포를 야기하며 우리를 철학적, 종교적 사유에 침잠하게 만든다. 하이데거는 이런 죽음과의 대면, 즉 세계 밖의 무와의 대면을 통해 우리는 일상적 삶의 굴레를 벗고 존재에 대해 자각하게 된다고 말한다. 이때 현존재(Dasein)로서의 철학자의 눈에 비친 구상적 세계의 모든 것은 새로운 모습으로 나타난다. 일상의 모든 것이 경이롭다. 하이데거는 이를 고흐(Gogh)나 쎄잔느(Cezanne)와 같은 위대한 예술가들의 눈에 비친 세계라고 말한다. 이 때의 경이로움은 세계 밖의 무와 대비됨으로써 자각되는 존재의 기미를 회복한 존재자들의 경이로움이다. 죽음은 우리에게 철학적, 종교적 의문을 불러일으키는 세계 밖의 무이다.

Gogh, The Starry Night (1889)   Cezanne, Landscape near Paris (1876)

3. 세계 밑의 무

그러면 죽음 이후 우리는 무로 돌아가는 것이라는 생각은 확실한 것일까? 그렇지 않다. 죽음 후에 내세가 있다는 생각과 마찬가지로 이 역시 일종의 믿음일 뿐이다. 엄밀히 말하면 나의 죽음뿐만 아니라 타인의 죽음도 확실한 사실이 아니다. 우리가 "누군가가 죽었다."라고 말할 때 여기서 말하는 '누구'는 도대체 무엇을 의미하는가? 누군가가 죽어 무로 돌아갔다고 보기 위해서는 그 '누구'의 자기동일성(Self-identity)이 보장되었어야 한다. 즉, 그가 살아있었어야 죽을 수가 있는 것이다. 다시 말해 '살아있음'의 의미가 확실하게 규정이 되어야 그에 대비된 '죽음'이 있을 수 있는 것이다. 그러면 '살아 있음'은 도대체 무엇을 의미하는가? 현대의학에서는 1년 정도가 지나면 나의 몸을 이루고 있던 물질의 거의 대부분은 새롭게 섭취한 물질로 대체된다고 말한다. 그렇다면 무엇이 나의 자기동일성을 보장해 줄 것인가? 나의 마음인가? 나의 마음 역시 시시각각 변한다. 기억인가? 세친(世親, Vasubandhu, 320-400경)이 말하듯이 기억 역시 불변의 것이 아니라 '과거의 반응이 지금 이 순간 새롭게 되풀이되는 것'일 뿐이다(『구사론(俱舍論)』, 「파집아품(破執我品)」). 그래서 기억에 착오가 생기고 망각이 있을 수 있는 것이다. 기억도 무상하다. 이렇게 우리의 몸과 마음은 매 순간 무화되고 있다. 우리의 몸을 만든 물질도 완전히 새롭게 생긴 것이 없지만, 죽음 이후에도 나의 몸을 이루고 있던 물질은 완전히 사라지는 것이 아니라 점차 흩어질 뿐이다. 마음 역시 마찬가지다. 우리의 몸과 마음이 지속한다는 생각에 토대를 두고 말하는 '삶'이라는 것은 엄밀히 말해 자의적으로 구성된 개념이다. 나의 죽음의 경우 이전에 내가 만난 적도 없고 앞으로 내가 만날 수도 없다. 우리가 무로서의 죽음을 만난다는 것은, 마치 빛과 어둠이 공존할 수 없듯이, 논리적 모순이다. 그리고 남의 죽음의 경우도 그의 삶의 자기동일성이 보장되지 않기에 실재할 수가 없다. 따라서 죽음이 있다는 것은 엄밀한 사실이 아니다. 엄밀히 말해 우리는 살아있는 것도 아니다. 그래서 "원래 삶도 없고 죽음도 없다."라는 선언이 가능한 것이다. 삶과 죽음뿐만 아니라, "본래 아무것도 없다."[본래무일물(本來無一物); 혜능, 『육조단경』]. 여기서 우리는 세계 밑의 무와 만나게 된다.

우리에게 종교적, 철학적 의문과 공포를 야기한 세계 밖의 무, 즉 죽음은 허구의 개념이다. 이렇게 죽음의 허구성을 자각할 때 우리가 살아가는 이 세계는 그대로 절대가 된다. 우리가 살아가는 이 세계는 세계 밖의 무와 대비된 존재의 세계가 아니라, 세계 밖의 무가 탈각된 절대의 세계이다. 따라서 이 세계에 대해 우리는 존재라고 이름 붙일 수도 없다. 왜냐하면 존재는 무와 대비됨으로써 조성되는 개념이기 때문이다. 마치 긴 것과 대비하여 짧다는 개념이 만들어지듯이…. 무가 제거될 때 존재라는 개념은 무의미해진다. 이 세계는 존재도 아니다. 우리가 살아가는 이 세계는 '존재'와 '존재에 대비된 무'를 초월한 절대 그 자체이다. 일상적인 유와 무가 모두 무화된 절대이다. 절대적 무이다. 우리는 이런 절대적 무를, 세계 내의 무와 세계 밖의 무가 모두 무화된 '세계 밑의 무'라고 부를 수 있을 것이다. 이런 세계 밑의 무는 (a)세계 내의 특수한 사물의 유와 무, 또 (b)만물이 유에서 무로 소멸하고 무에서 유로 발생하면서 변화한다고 할 때의 보편적 유와 무, 그리고 (c)세계의 존재 전체를 의미하는 유와 죽음으로 인해 조성되는 세계 전체의 무, 이런 세 쌍(a,b,c)의 유와 무 모두가 탈각(脫殼)된 절대적인 무이다. 소위 '익명의 불교도(Anonymous Buddhist)'라고 불릴 수 있는 에크하르트가 말하는 절대무(nothingness)는 이 세계의 창조와 신의 사랑 이전의 무를 의미하기에 이런 '세계 밑의 무'에 해당된다고 볼 수 있다. 또 도가철학에서 말하는

'이름이 없는 도'(『도덕경』, 제32장), '천하만물을 산출하는 무'(동, 제40장) 역시 상기한 세 가지 무와 그 성격을 달리하는 '세계 밑의 무'를 의미한다고 볼 수 있을 것이다. 그러나 '무위에 이르게 되면 하지 못함이 없다'거나 "천하만물은 유에서 생하고 유는 무에서 생한다."라는 경구에서 보듯이, 『도덕경』에서는 '세계 밑의 무'를 우리의 '일상적 삶'이나 '만물'과 분리된 것으로 표현하고 있다. 즉, '무위가 그대로 유위'라든지, "만물이 바로 무이다."와 같은 표현은 보이지 않는다. 불교가 처음 중국에 수입될 때 중국인들은 도가의 현학적(玄學的) 체계와 언어에 의해 불교를 해석했는데 이렇게 이해된 불교를 격의불교(格義佛敎)라고 말한다. 후대에 이런 격의성(格義性)을 비판할 때 그 요점은 '유 또는 유위'와 대립적으로 이해되는 노장적(老莊的) '무 또는 무위'를 불교에서 말하는 공(空)과 동일시했다는 점에 있다.

종교적 무는 세계 속에 사는 우리가 그것을 지향한다는 점에서는 '세계 밑의 무'라고 표현될 수 있긴 하지만, 불교의 공 사상에서는 그렇게 해서 발견된 무가 그대로 우리가 사는 이 세계와 동일시된다. 불교적 견지에서 볼 때 '세계 밑의 무', 즉 '세계 이면의 무'는 그대로 우리가 살아가는 현상세계와 중첩되어 있다. 세계의 이면은 그대로 세계의 표면이다. 유는 곧 무이다. 현상세계의 이런 절대성에 대해 불교의 『반야심경』에서는 "모든 것은 그대로 공이며 공은 그대로 모든 것이다."(色卽是空 空卽是色 … 受想行識 亦復如是, 색즉시공 공즉시색 … 수상행식 역부여시)라고 표현한다. 이와 같은 자각을 통해 우리가 살아가는 이 세계는 지금 있는 그대로 절대적 가치를 갖는 고요한(寂滅, 적멸) 모습으로 재발견된다. 엄밀히 말하면 절대라고 할 것도 없고 고요라고 할 것도 없다. 절대라는 표현은 존재와 무의 이분법을 비판하기 위한 도구적 언어로 도입된 것일 뿐이다. 절대 역시 상대와 대립된 개념이기에 우리가 절대적인 것이라고 말을 하는 순간, 상대적인 것과의 대비가 요구되며, 결국 절대적인 것 역시 상대적인 것이라는 역설이 발생하고 만다. 모든 언어가 그렇다. 입만 열면 그르치고 만다. 그러면 세계 속에서 세계를 무화하는 역설(逆說, Paradox)의 종교, 언어로 모든 언어의 가치를 비판하는 역설의 종교, 즉 무의 종교에 대해 논구해 보자.

V. 종교적 무

많은 종교와 철학에서는 세계의 근원으로 무를 설정한다. 기독교에서는 무로부터의 창조를 말하고, 도덕경에서는 무에서 유가 생하고 유에서 만물이 생한다고 말하며, 주돈이의 『태극도설』에서는 태극 이전의 무극, 또는 무극으로서의 태극을 말한다. 그러면 이렇게 존재의 세계 밑에, 또는 우리가 살아가는 세계의 근저에, 또는 만물의 배후에 설정된 무의 정체에 대해 보다 엄밀히 검토해 보자.

일반적으로 무엇이 새롭게 생겼을 때 우리는 그 이전의 상태를 무로 규정한다. 없던 아이가 새로 태어나 우리와 함께 있게 되듯이, 우리의 일상생활에서는 무가 유로 되는 일들이 비일비재한 듯하다. 이런 우리의 일상적 체험에 빗대어 유비추리할 경우 존재한다고 생각되는 이 세계 전체는, 과거로 과거로 시간을 소급해 올라갈 때 분명 그 이전에 무였어야 한다. 그러나 이렇게 일상 언어에서 추출된 무라는 개념이 이 세계 전체에 대해 확대 적용되는 것은 타당할까? 이 세계가 무에서 발생한 것이라고 생각하는 것은 『순수이성비판』의 「선험적 변증론」에서 칸트에 의해 비판되는 네 쌍의 이율배반적 명제 중, '세계는 시간적으로 하나의 시작을 가지고 있다'는 명제에 해당된다. 이 명제에 대한 칸트의 비판은 타당하다. 세계의 근저에 있는 무에 대해 발생론적으로 이해할 때 이런 이해는 우리의 이성에 의해 검증될 수 없는 것으로 '믿음'의 차원에 속한다. 무의 종교인 불교에서 이 세계에 대해 "시작도 없고 끝도 없다(無始無終)."라고 말할 때, 이것은 "이 세계에 시작도 있고 끝도 있다."라는 명제에 대한 반정립적(反定立的) 명제가 아니다. 여기서 쓰인 무의 의미에는 선종(禪宗)이나 중관학파(中觀學派)의 용례와 같이 비판적 의미가 담겨 있다. 즉, 시작(始)이라는 생각이나 끝(終)이라는 생각은 모두 이 세계 전체에 대해서는 적용될 수 없다는 의미이다. 여기서 쓰인 무(無)라는 글자는 '틀렸다'는 의미를 갖는다.

불교로 대표되는 무의 종교에서는 세계의 근저로서의 무에 대해 논리적이고 윤리적이며 종교적인 측면에서 모두 조망한다. 집요한 논리적 분석을 통해 우리가 일상생활에서 구사하는 모든 개념들이 무화됨으로써 세계와 인생에 대한 우리의 종교적, 철학적 고민은 해소되고, 윤리적 측면에서 우리의 탐욕과 분노의 원천인 개아(個我)가 무화됨으로써 자비심이 용출하며, 종교적 측면에서 절대적 무는 우리가 의탁하고 지향해야 할 영원한 목표로 자리잡게 되는 것이다. 이러한 절대적 무는 인식과 가치와 존재가 모두 탈각된 장소이면서 인식과 가치와 존재가 모두 창출되는 장소이 기도 하다.

그러면 일본 교토학파의 시조(始祖) 니시다 기타로(西田幾多郎, 1870-1945)의 용어를 빌어 이런 종교적 무를 '절대무'라고 명명 한 후 그 의미와 작용에 대해 면밀히 고찰해 보자.

1. 절대무의 자각과 논리

자신의 선적(禪的) 체험에 입각해 불교사상을 서구철학의 언어로 설명하려고 노력했던 니시다 기타로는 절대무에 대한 인식과, 그런 인식 이후 전개되는 세계의 구조를 설명하는 데 자신의 철학 거의 대부분을 할애한다. 니시다는 말한다. "자기  가 그 극한에서 절대무의 자각에 당착할 때 자기
니시다기타로 자신을 잊어버리고 동시에 만물이 자기 아님이 없다. 보는 자기가 없어지고 동시에 보여야 할 이데아도 없다(『西田幾多郎全集』 5 권, p.409). … 자기가 깊이 노에시스(Noesis)적 근저에 몰입하여 절대무의 자각에 이르면서 동시에 객관적으로 생각되는 것, 보이 는 것 일체가 절대무의 자각적 한정의 내용 아닌 것이 없다. 이데 아적인 것도 비(非)-이데아적인 것도 선도 악도 이런 노에시스적 한정의 내용 아닌 것이 없다(같은 책, p.411)." 여기서 니시다는 유식불교(唯識佛敎)에서 말하는 유식무경(唯識無境)의 조망, 즉 주관과 객관의 경계선이 사라지는 종교적 경지에 대해 얘기하고 있다. 절대무의 인식에서는 이렇게 나와 남, 나와 세계의 경계선이 사라진다. 그런데 이런 조망이 좌선(坐禪)과 같은 종교적 수행의 결과 체득될 수 있을 뿐이라면 철학적 논의의 장에서 이에 대해 왈가왈부하는 것은 무의미한 일일 것이다. 이런 체험에 대한 기술은, 철학일반이 아니라 미학의 영역에 속한다.

그러나 『반야경』의 공 사상을 논리적으로 해명하는 중관학파의 문헌에서 이런 조망에 대한 치밀한 논증이 발견되며, 이 논증에서는 나와 남, 나와 세계와 같은 주관과 객관의 이분법적 구도뿐만 아니라, 주체와 작용, 본체와 현상, 원인과 결과, 언어와 지시대상, 감각기관과 감각대상, 감정과 감정의 담지자(擔持者), 시간, 공간, 삶과 죽음 등과 같이 이 세계를 직조(織造)하고 있는 개념들 및 그런 개념들 간의 관계의 실재성이 모두 비판되며, 여래, 열반, 속박, 해탈 등과 같은 종교적 개념은 물론이고, 무아나 무상과 같은 불교의 핵심 개념조차 비판된다. 또, 그런 비판적 논증 과정에서 사용됐던 공(空)이나 무(無)와 같은 개념들에 대한 실재론적 이해 역시 비판된다.

이러한 비판의 논리는 우리에게 종교적, 철학적 고민을 야기하는 사유체계의 허구성을 지적한다는 의미에서 해탈의 논리라고 부를 수가 있으며, 비판의 대상이 된 주장이나 세계관이 그 스스로 논리적 오류에 빠지게 만든다는 점에서 귀류법적 논리라고 부를 수도 있다. 역설적으로 표현하여 반논리적(反論理的) 논리이다. 중관학파에서는 이런 논리를 통해 그 무엇을 드러내려는 것이 아니다. 다만 비판만 할 뿐이다. 중관학파의 이런 비판적 부정은, 명상을 통해 체득되는 황홀경과 같이 없던 것을 있게 하는 것도 아니고, 항아리를 깨뜨리는 것과 같이 있던 것을 없애는 것이 아

니라, 없는데도 불구하고 있다고 착각하는 것을 시정해 주는 것이
다. 마치 악몽에 시달리는 사람에게 꿈속의 누군가가 그것이 다만
꿈임을 자각케 해 주듯이. 중관학파의 문헌에서는 존재론적이고,
인식론적이며, 가치론적인 의미를 갖는 다종다양한 개념들에 대해
이와 같은 비판의 논리를 구사하여 그 실재성을 논파하고 있는데
그 중 대표적인 한 가지 논의에 대해 소개해 본다.

　우리는 일상생활에서 "눈으로 사물을 본다."라는 표현을 사용한
다. 내가 지금 책상 위의 꽃병을 보고 있을 때 나는 나의 눈으로
꽃병을 보고 있는 것이다. 이에 대해 우리는 "나는 꽃병을 본다."
고 표현하기도 하고 "나의 눈은 꽃병을 본다."라고 표현하기도 한
다. 논의의 편의를 위해 이런 시각과정을 "눈은 꽃병을 본다."라
는 문장으로 단순화시켜 보자. 여기서 말하는 눈은 시각능력으로
서의 눈이다. 눈의 본질은 보는 힘, 즉 시각능력이다. 그런데 우
리의 눈은 우리의 눈을 볼 수 없다. 보이는 것은 시각대상들뿐이
다. 혹 거울에 비추면 자신의 눈을 볼 수 있다고 말할 수도 있겠
지만 이 때 거울에 비친 눈동자의 모습은 엄밀히 말해 '시각능력'
으로서의 눈이 아니다. 우리 눈에 비친 시각대상 전체 중 일부일
뿐이다. 시각능력으로서의 눈은 결코 시각능력으로서의 눈을 볼
수 없다. 따라서 '시각의 세계'에서 눈의 존재는 확인되지 않는다.
그래서 『반야심경』에서는 원래 "눈도 없고 귀도 없고 코도 없다
[무안이비(無眼耳鼻) …]"고 선언하는 것이다. 이렇게 그 스스로
의 존재가 확인되지 않는 눈이기에 눈이 다른 것을 보는 일 역시
있을 수 없다[『중론(中論)』, 제3 관육정품(觀六情品)]. 자기가 있
어야 그와 대립된 다른 것이 있을 수 있기 때문이다. 시각대상은

시각능력과의 관계 속에서 존재할 수 있는 것인데 시각능력으로서의 눈의 존재가 확립되지 않기에 시각대상의 존재도 확립되지 않는다. 또, 이렇게 '눈'도 실재하지 않고 '시각대상'도 실재하지 않기에 그 양자의 관계 개념인 '봄'도 실재할 수 없다. 따라서 꽃병을 보고 있는 나의 눈은 엄밀히 말해 보고 있는 것이 아니다. 현실적으로 존재한다고 생각되던 시각의 세계는 이런 논의를 통해 그 존재론적 근거를 상실함으로써 절대적으로 무화되는 것이다. 우리가 지금 여기서 무언가를 보고 있을 때, 눈과 그 사물을 구분하는 경계선은 없다. 그저 하나의 사건만 일어날 뿐이다. 그런데 우리는 언어와 생각에 의해 이런 하나의 사건을 '눈', '사물', '봄'이라는 세 가지 개념으로 분할해낸다. 엄밀히 분석해 볼 경우, '눈'도 '사물'도, 또 그 양자를 관계시키는 '봄'도 실재하지 않는다. 절대무를 치밀하게 논증하는 중관학에서는 비단 눈과 시각대상뿐만 아니라 우리가 접하며 사유하는 모든 사물이나 사태에 대해 이런 분석과정을 동일하게 적용하여 그 실재성을 논파한다.

눈은 시각대상과의 관계 속에서 발생한 개념이며, 더러움은 깨끗함과의 관계 속에서 발생한 개념이며, 불은 연료와의 관계 속에서 발생한 개념이며, 삶은 죽음과의 관계 속에서 발생한 개념이다. 따라서 원래는 눈도 없고 시각대상도 없으며, 더러움도 없고 깨끗함도 없으며[『중론』, 제23 관전도품(觀顚倒品)], 불도 없고 연료도 없으며[동, 제10 연가연품(觀燃可燃品)], 삶도 없고 죽음도 없다(동, 제11 관본제품(觀本際品)].

"나는 왜 태어났을까?", "우리는 죽은 후 어디로 갈 것인가?", "이 세계는 도대체 언제 만들어졌는가?", "왜 이 모든 것은 존재할까?", "인식과 존재는 같을까, 다를까?", "우리의 영혼은 어디에 있을까?". 절대무의 종교에서는 이런 의문들에 대해 서술적 답을 제시하는 것이 아니라, 앞에서와 같은 비판적 분석을 통해 의문 자체가 허구의 의문이었음을 우리 스스로 자각케 한다. 이런 의문에 동원된 '나', '태어남', '죽음', '감(去, 거)', '세계', '만듦', '인식', '존재', '영혼' 등은 모두 우리가 생각의 가위질에 의해 이 세계를 자의적으로 오려냄으로써 발생한 개념들이기 때문이다. 선종(禪宗)의 스승들이 기상천외한 말이나 행동으로 제자의 질문을 처리하는 것 역시 이런 맥락에서 이해될 수 있다. 심지어 주먹질(拳, 권)이나 몽둥이질(棒, 방), 고함소리(喝, 할!)와 같은 폭력이 사용되기도 한다. 이는 제자의 의문을 순식간에 해체시키기 위한 자비의 방편이다.

　이렇게 우리가 구사하는 모든 개념들의 실재성이 비판되고, 그런 개념들의 조합에 의해 작성되는 판단의 사실성이 비판될 때, 절대무가 자각된다. 이런 절대무의 자각은 비판적 사고 이후에 일어나는 어떤 신비한 체험이 아니다. 비판 그 자체가 바로 자각이다. 중국적 중관학인 삼론종(三論宗)의 대성자 길장(吉藏, 549-623)은 이런 과정을 파사현정(破邪顯正)이라고 명명한다. 여기서 "그릇된 것을 논파하여(파사) 바른 것이 드러난다(현정)"는 것은 파사후현정(破邪後顯正)이 아니라 파사즉현정(破邪卽顯正)을 의미한다. 파사현정이란 비판 이후 어떤 다른 세계관을 견지하게 된다는 의미가 아니다. 이전까지 자신이 품고 있던 종교적, 철학적 의문들이 모두 허구의 것임을 자각하기만 하면 된다. 이 때 우리가 살고 있는 이 세계, 우리에게 종교적, 철학적 번민을 야기한,

부조리한 듯이 보였던 이 세계는 그 모습 그대로 고요해진다(寂滅). 그리고 이런 절대무를 향한 비판 방식에 숙달될 때 우리는 도저히 종교적, 철학적 고민을 할 수가 없게 된다. 그 어떤 고민을 해도 모두 엉터리임이 자각되기 때문이다.

종교의 기능 중의 하나로 세계와 인생에 대한 의문을 해결해 주는 것을 들 수 있다. 대부분의 종교에서는 특정한 세계관이나 내세관을 제시하고 그에 대한 믿음을 갖게 함으로써, 그런 의문을 해결해 주고자 한다. 그러나 절대무의 종교에서는 우리가 품는 세계와 인생에 대한 의문 그 자체가 잘못 구성된, 아니 필연적으로 잘못 구성될 수밖에 없는 허구의 의문임을 자각케 함으로써 바로 '지금 이 자리'에서 종교적 철학적 의문을 절대적으로 해소시켜 준다. 절대무의 논리는 절대적 해소(解消)의 논리이다.

2. 절대무의 윤리와 종교

지금까지 고찰해 보았듯이 흔히 신비체험의 대상으로 생각되는 절대무에 대한 자각은 이전까지 자신이 바라보던 세계가 존재론적 근거를 갖지 못한다는 점을 논리적으로 엄밀하게 분석해냄으로써 이루어질 수도 있다. 그렇다고 해서 어떤 새로운 세계를 발견한다는 말이 아니다. 우리의 삶의 현장이 있는 그대로 그 모습을 드러내는 것이다. 그리고 이런 엄밀한 조망(眞)이, 우리의 일상적 사유(俗)와 조합될 경우 '함이 없이 한다' 또는 "하되 하지 않는다", "보되 보지 않는다.", "가되 가지 않는다."와 같이 '즉비'(卽非: –이면서 –이 아니다)의 형식으로 조어(造語)된 종교적 명제들이 출현하게 된다.

그러나 이러한 조망이 우리의 사유의 영역에서만 이루어진다면, 우리는 아직 세계와 인간의 근저에까지 도달한 것이 아니다. 인간이란, 개념적 사유의 능력과 아울러 희로애락의 감정을 갖고 타인과 함께 살아가는 존재이다. 이때의 현실적 자아는 종교적 수행과 실천을 거쳐야 비로소 절대무와 합일한다. 찰나적으로 명멸하는 심신(心身)의 흐름에 주시하는 명상 수행을 통해 우리는 자아가 실재한다는 착각에서 벗어날 수 있으며, 이타행(利他行)과 자기절제의 실천을 통해 자아에 대한 우리의 집착은 순화될 수 있다. 이렇게 실천과 수행을 거치면서 현실적 자아가 무화될 때 진정한 자비심이 용출한다. 자아에 대한 착각과 집착이 제거될 때, 역으로 모든 생명이 한 몸이라는 사실이 체득되기 때문이다.

티가 나지 않게 베풀라(無住相布施)는 부처의 명령이나 오른손이 하는 일을 왼손이 모르게 하라는 예수의 명령에서, 티가 나지 않음(無住相)과 왼손의 모름은 절대무에 대한 지적(知的)인 자각에서 비롯된 표현이며, 베풂(布施)과 오른손의 선행(善行)은 절대무의 감성적 체득에서 도출된 이타적 명령이다. 절대무를 체득한 인격은 베푸는 자와 받는 자의 개념적 구별이 사라졌기에 베푸는 자라는 교만심도 없고 받는 자를 멸시하지도 않으며, 나와 남의 감정적 구별이 사라졌기에 살아있는 모든 것들을 마치 자신의 몸과 같이 대한다. 즉, 동체대비(同體大悲)의 윤리를 실천한다. 에크하르트(Eckhart)가 말하는 개아성(個我性)에서 벗어난 무심의 경지에서 모든 행위의 동인(動因)은 초월적인 신(God)이었다. 그러나 동체대비의 마음을 터득한 자의 경우, 그를 움직이게 만드는

것은 세계 내에서 고통받고 살아가는 개개의 중생이다. 그래서 절
대무를 터득한 인격은 고통받는 중생의 수준과 상황에 따라 다양
한 모습과 역할로 자비를 실천한다. 이렇게 절대무를 지향하며 실
천하는 인격을 불교에서는 보살(Bodhisattva$\circledS$)이라고 부른다.

합체존 - Yab Yum

밀교(Tantrism)에서는 지혜의 궁극적 도달점(到達點)이며 자비의 시발점(始發點)인 절대무의 경지를 남녀가 앉아서 성교하는 모습의 합체존(合體尊 = 父母尊, Yab Yum$\circledt$)으로 구상화하여 종교적 귀의의 대상으로 삼고 있다. 합체존에서 아버지인 남존(男尊, yab$\circledt$)은 절대적 무아(無我), 즉 이기심이 탈각한 자리에서 샘솟는 지극한 자비와 절대적 무분별에서 창출되는 무한한 방편을 상징하고 어머니인 여존(女尊, yum$\circledt$)은 우리가 터득해야 할 절대적 해체의 지혜인 반야(般若, prajñā$\circledS$)를 상징한다. 합체존은 지극한 슬기와 보편적 사랑이 합일하는 절대적 경지를 구상화한 종교적 상징물이다. 절대무란 우리의 일상적 허구를 탈각한 바로 지금 이 자리의 진상(眞相)임과 동시에 우리가 무한히 지향해야 할 지상(至上)의 목표점이기도 하다. 절대무의 종교에서는 '논리'와 '윤리'와 '수행'이 '종교'와 함께 한다.(註: $\circledS$ *Sanskrit*, $\circledt$ *Tibetan*)

－『우리말 철학사전2』, 지식산업사, 2002년

일상과 깨침*

Ⅰ. 일상이란?

　일상(Ordinary life, Daily life)이란 우리의 삶 중 상식적인 부분을 일컫는다고 볼 수 있다. 우리는 산이 있고 강물이 흐르며, 길 위로 차가 달리고, 때론 비가 내리고, 여름이 가면 가을이 오는 이런 세상에 태어나 눈으로 보고, 귀로 듣고, 밥 먹고, 일하고,

---

* 2001년 9월 8일 '우리말로 학문하기' 모임 주최로 '일상의 미학'을 주제로 일주아트하우스에서 열린 '예술가를 위한 철학 강의'의 강의록.

놀고, 웃고, 울고, 고민하고, 기뻐하고, 다투고, 사랑하며 살아간다. 그리고 언젠가는 늙고 병들어 죽는다.

이러한 일상은 평면적인 것이 아니다. 불교의 구사학(俱舍學)과 유식철학(唯識哲學)에 의거하여 우리가 체험하는 일상을 분석해 볼 경우 일상 중에는 남과 **공유하는 영역**1)이 있고 남과 **공유하지 않는 영역**2)이 있으며, 우리의 **감성에 관계된 영역**3)이 있고 우리의 **인지에 관계된 영역**4)이 있으며, 우리의 **능동적 행위**5)로 이루어진 영역이 있고 우리의 **수동적 감수**6)로 이루어진 영역이 있다. 이렇게 다양한 영역들이 유기적으로 얽혀서 출몰하며 우리의 일상을 구성하게 되는 것이다.

예를 들어 내가 맛있는 저녁식사를 하는 경우, 나의 미각에 느껴진 음식의 맛은 '남과 공유하지 않는 영역'이고, 식구들과 함께 앉은 식탁 위에 놓인 반찬들은 '남과 공유하는 영역'이며, 반찬을 고르는 매 순간의 욕구는 '감성에 관계된 영역'이고, 반찬의 이름에 대한 생각은 '인지에 관계된 영역'이며, 젓가락으로 반찬을 집는 것은 '능동적 행위'이고, 입에 넣어 느껴진 맛은 '수동적 감수'

---

1) 因果應報的 견지에서 타인과 함께 행위함을 의미하는 공업(共業)과 그런 공업으로 인해 함께 감수하게 될 과보인 총보(總報).(이하 각주 6까지의 설명은 金東華, 『俱舍學』 및 『唯識哲學』 참조).
2) 因果應報的 견지에서 개인적으로 짓는 별업(別業)과 그로 인해 개인적으로 받게 되는 과보인 별보(別報).
3) 유식철학에서 말하는 주관적 실체인 자아에 대한 집착(我執), 그리고 아집으로 인해 초래되는 '정서적 장애'(煩惱障), 또 아집과 번뇌가 끊어짐으로써 체득되는 열반.
4) 유식철학에서 말하는 객관세계가 실재한다는 집착(法執), 그리고 법집으로 인해 초래되는 '인지적 장애'(所知障), 또 법집과 번뇌가 끊어짐으로써 체득되는 보리.
5) 앞의 각주 1, 2에서 말한 공업과 별업.
6) 앞의 각주 1, 2에서 말한 총보와 별보와 같은 과보.

이다.

모든 사람이 공유하는 하나의 일상이 존재하는 것이 아니다. 농부의 일상과 도시인의 일상이 다르고, 어린아이의 일상과 어른의 일상이 다르며, 남자의 일상과 여자의 일상이 다르며, 미국인의 일상과 한국인의 일상이 다르고, 일반인의 일상과 종교인의 일상이 다르며 군인의 일상과 예술가의 일상이 다르며, 나의 일상과 남의 일상이 다르다.

한 개인의 경우에도 어릴 때의 일상과 늙은 후의 일상이 다르고, 직장에서의 일상과 집에서의 일상이 다르며, 사춘기(思春期)의 일상과 사추기(思秋期)의 일상이 다르다.

그러나 어느 누구의 일상이라고 하더라도, 또 언제 어디서의 일상이라고 하더라도 공통적으로 체험되는 것들이 있다. 인간이든 짐승이든 생명을 가진 모든 것들은 태어나 살아가다 죽는다는 사실이고[7], 싫은 것은 배척하고[8] 좋은 것은 욕구하기에[9] 남과 갈등하며 살아가지 않을 수 없다는 사실이며, 모든 일이 언제나 마음먹은 대로 이루어지지 않는다는 사실이다.[10] 또 어떤 민족, 어떤 종교, 어떤 철학체계에서든 공통적으로 권유되는 윤리적 덕목들이 있고 공통적으로 배척되는 성품들이 있다. 자기절제, 남에 대한 배려, 정직, 신의, 부지런함 등은 민족과 종교를 초월하여 공통적으로 권유되는 일상적 덕목들이며, 거짓, 교만, 방종, 나태 등은 공통적으로 배척되는 성품들이다.

---

7) 諸行無常.
8) 탐욕(貪)과 분노(瞋)와 어리석음(癡)의 三毒心 중 瞋心.
9) 탐욕(貪)과 분노(瞋)와 어리석음(癡)의 三毒心 중 貪心.
10) 一切皆苦.

이렇게 다양한 환경 속에서 복잡다기(複雜多技)한 심신의 파노라마를 연출하며 어떤 사람은 향상의 삶을 살고 어떤 사람은 추락의 삶을 산다. 또 위와 같은 일상에 매몰되어 살아가는 사람들이 대부분이지만, 우리 사회의 일각에는 종교인이나 철학자, 예술가와 같이 인간의 일상 전반의 의미에 대해 고뇌하고 연구하는 일상을 살아가는 사람들도 있다. 일상 전체에 대해 사색하며 사는, 이들의 삶 역시 일상이다. 이들의 일상은 **메타일상**이라고 명명할 수도 있을 것이다. 만일 우리가 살아가는 일상에 아무 문제가 없었다면 이와 같이 메타일상을 사는 사람들이 출현하지 않았을 것이다. 그리고 철학과 종교에서 도출된 지침과 교훈, 예술에서 느껴지는 감동은 일반인들의 일상을 변화시키고 확장시킨다.

이렇게 우리의 일상은 다종다양하며, 부단히 변화한다. 밥을 먹는 것도 일상의 일부이고, 책을 보는 것도 일상의 일부이며, 일을 하는 것도 일상의 일부이고, 잠을 자는 것도 일상의 일부이며, 글을 쓰는 것도 일상의 일부이고, 싸우는 것도 일상의 일부이며, 사랑하는 것도 일상의 일부이고, 노래를 하는 것도 일상의 일부이며, 그림을 그리는 것도 일상의 일부이고, 명상하는 것도 일상의 일부이며, 도둑질을 하는 것도 일상의 일부이고, 자선을 베푸는 것도 일상의 일부이며, 병드는 것도 일상의 일부이고, 죽는 것도 일상의 일부이다. 그리고 이러한 일상에 대해 사색하는 것도 일상의 일부이다. 우리의 삶에서 일상 아닌 것이 없다. 일상의 외연은 무한히 열려 있다.

Ⅱ. 일상의 해체와 구성

그러면, 하늘이 있고, 땅이 있고, 산이 있고, 강이 있고, 사람이 있고, 짐승이 있고, 탄생이 있고, 죽음이 있고, 눈이 있고, 귀가 있고, 사랑이 있고, 증오가 있고, 행복이 있고, 불행이 있고, 더러운 것이 있고, 깨끗한 것이 있고, 가는 것이 있고, 오는 것이 있고, 시작이 있고 끝이 있는 우리의 일상은 확실한 것일까?

불교에서는 이러한 일상의 세계를 세간(loka) 또는 세속(saṃvṛti)이라고 부르며, 세속이란 확고부동한 것이 아니라 언어적 관습에 의해 이루어진 세계라고 규정한다. 진리에는 두 가지가 있다. 첫째는 치밀한 철학적 분석이나 명상체험을 통해 발견되는 **궁극적 진리**[11]인데 분석과 명상의 끝에서 우리는 '모든 것이 공하다'는 궁극적 진리를 발견하게 된다. 둘째는 '소치는 목동'조차 수긍[12]할 수 있는 **일상적 진리**[13]이다. 우리의 일상은 이 중에서 일상적 진리의 세계이다. 그리고 일상적 진리의 세계, 즉 실재하는 것으로 생각되는 우리의 일상은 사실은 우리의 사유와 언어가 조작해 낸 가상(假想)으로 실재하는 것이 아니다. 여기서 실재하는 것이 아니란 말은 '우리가 지금까지 보아왔던 방식대로 존재하는 것이 아니란 의미'이다. 우리는 대부분 삶과 죽음, 나와 세상, 우리의 이목구비, 고통과 행복 등이 모두 확고하게 실재한다고 생각한다. 그러나 불교에서는 그런 생각은 일상적 진리에 입각한 착각일 뿐이며, 우리의 일상은 궁극적으로 실재하지 않는다고 말한

---

11) paramārtha satya: 眞諦. 勝義諦, 第一義諦.
12) 이는 중관파 중 自立論證派(Svātantrika)의 시조인 淸辨(Bhāvaviveka)의 견해이다(Lopez, A Study of Svātantrika, Snow Lion Publications, New York, 1987, p.74).
13) saṃvṛti satya: 世俗諦, 俗諦.

다. '궁극적으로 실재하지 않음'을 의미하는 '공(śūnya)'은 '자성 (自性)이 없다'거나 '실체가 없다'고 표현되기도 한다.

　　그러면 불교에서는 어째서 '모든 것은 실체가 없다'고 말하는 가? 불교의 모든 가르침은 '**연기**(緣起, pratītyasamutpāda)'를 중심 축으로 삼고 있다. 연기란, '인연에 의한 발생', '의존적 발생', '상대성'이라고 풀이된다. 그리고 이 세상 모든 것은 연기적으로 존재하기에 공하다는 것이다. 우리가 매일 매일 체험하는 일상 역시 연기적으로 구성되기에 실체가 없으며 공하다. 연기의 법칙은 마음과 물질, 생명과 세계, 시간과 공간 모두를 지배하는 **불교적 통일장이론**이라고 부를 수 있다. 붓다의 깨달음은 연기법의 발견에 다름 아니다. 일상은 연기적으로 구성되며, 그런 연기적 구성 과정에 대한 치밀한 조망을 통해 일상의 실체성은 해체된다.

　　앞 장에서 설명했듯이 우리가 체험하는 일상의 모든 것은 **감성에 관계된 영역**과 **인지에 관계된 영역**으로 양분될 수 있다. 감성에 관계된 영역의 경우 분노와 탐욕 교만 등은 우리의 능동적 행위의 근원이 되고, 기쁨과 슬픔, 괴로움과 즐거움 등은 수동적으로 감수된다. 인지에 관계된 영역의 경우, 나와 너, 삶과 죽음, 더러움과 깨끗함과 같은 갖가지 생각들로 직조된 우리의 세계관은 우리의 삶의 지침이 되기도 하지만 부정적으로는 인생에 대한 번민을 야기하고 다른 세계관을 갖는 타인과의 갈등을 초래한다.

　　만일 이렇게 두 영역에서 일어나는 모든 일상적 감정과 생각들이 실재하는 것이라면 우리는 영원히 삶의 괴로움과 인생에 대한 번민과 타인과의 갈등에서 벗어날 수가 없을 것이다. 그러나 그 모든 것들은 연기에 대한 자각과 그에 의거한 실천을 통해 해결되고 해소된다.

1. 인지적 일상의 해체와 구성

우리는 일상생활에서 작성되는 다음과 판단을 확실한 것이라고 생각하며 살아간다; "나와 남은 다르다. 내 영혼은 나의 몸 속 어딘가에 있다. 나는 눈으로 사물을 본다. 나는 눈이 둘이고, 귀가 둘이며, 입은 하나 팔은 둘이다. 비가 내린다. 바람이 분다. 불이 장작을 태운다. 점토에서 항아리가 만들어진다. 지금 여기에 연필이 하나 놓여 있다. 배설물은 더러운 것이다. 밥은 입으로 먹는다."

또 경험되지 않은 사실에 대해서 우리는 다음과 같은 의문을 품는다; "이 우주는 언제 시작되었을까? 우주의 끝은 있을까, 없을까? 깨달은 사람은 죽은 다음에 어딘가에 존재할까, 존재하지 않을까? 나는 어디에서 와서 죽은 후 어디로 가는 것일까?"[14]

앞에 든 예는 우리에게 확실히 경험되었다고 생각되는 판단들이며, 뒤에 든 예는 우리가 경험할 수 없기에 품는 참으로 궁금한 의문들이다. 만일 우리의 생각이 사실을 있는 그대로 묘사한다면 위와 같은 판단이나 의문은 모두 확실한 판단이고 분명한 의문이

---

14) 이와 같은 문제들은 佛典 내에서 難問이라고 명명된다. 10난문, 14난 문, 16난문 등이 있는데, 그 내용은 ①전생이 현생으로 이어지는지 아닌지, ②현생이 내생으로 이어지는지 아닌지, ③영혼과 육체가 같은지 다른지, ④깨달은 분이 사후에 존재하는지, 아닌지?라는 네 가지 성격의 물음으로 구성되어 있다. 칸트(Kant)가 『순수이성비판』에서 예로 드는 네 쌍의 이율배반(antinomy)적 명제와 유사하기에, 많은 불교학자들이 이에 대해 비교철학적으로 연구해 왔다.

라고 말할 수 있을 것이다. 그러나 불교에서는 우리의 생각은 사실을 있는 그대로 묘사하지 못한다고 본다. 왜냐하면 우리의 생각 역시 다른 사물이나 사태와 마찬가지로 연기적으로 발생하는 것이기 때문이다.

실재론적 견지에서 볼 때, 우리는 마치 집을 짓듯이, **개념**이라는 벽돌을 쌓아 올려 갖가지 **판단**의 벽과 기둥을 만들어 냄으로써 **세계관**이라는 하나의 건축물을 완성한다. 그리고 그런 세계관에 의거해 일상을 바라보고 체험하며 살아간다. 그런데 건축물의 기초가 된 벽돌이 부실할 경우 건물 전체가 와해되듯이, 우리의 세계관의 기초가 된 개념이 확고한 실체성을 갖지 못할 경우 우리의 세계관 전체는 붕괴하고 말 것이다. 어떤 벽돌은 쉽게 부수어지고 어떤 벽돌은 어렵게 부수어지듯이 우리의 세계관의 재료가 된 다양한 개념들은 그 실체성을 해체하기 쉬운 것과 어려운 것으로 구분될 뿐 해체되지 않는 개념은 단 하나도 없다. 개념의 실체성을 해체하는 집요하고도 치밀한 분석적 사유를 불교에서는 '반야'라고 부른다. 반야란 知가 아니라 智라고 번역된다. 즉, 태양(日)과 같이 밝은 앎(知, jña)이 바로 반야(智, prajña)이다. 반야적 지혜로 조망할 경우, '눈도 없고, 코도 없고 … 마음도 없고, 형상도 없고 … 생각도 없다'15). 이것이 궁극적 진리이다.

그러면 이러한 반야적 조망을 불교철학 중 중관학과 화엄학에 의해 분석해 보자. 중관학에서는 『반야경』의 공사상을 치밀한 분석을 통해 논증하고 있으며, 화엄학에서는 『화엄경』에 제시되어 있는 깨달음의 경지를 철학적으로 체계화하고 있다. 먼저 공의 논

---

15) … 無眼耳鼻舌身意　無色聲香味觸法　無眼界乃至無意識界 …, 『般若心經』.

리학이라고 부를 수 있는 **중관학**에서는 반야적 지혜, 다시 말해 공의 지혜를 다음과 같이 논증한다.

(1) 중관적 해체와 구성

개념의 해체와 구성

'긺'과 '짧음'은 실체가 있는가? 우리는 어떤 막대를 보고 길다고 생각할 수 있다. 그 때 우리의 생각의 저변에는 그에 비해 짧은 막대에 대한 상념이 있었어야 한다. 짧은 막대를 염두에 두지 않고 길다는 생각은 결코 떠오를 수 없을 것이다. 그런데 동일한 막대에 대해 우리는 짧다는 생각을 떠올릴 수도 있다. 그 때에 우리의 생각의 저변에서는 반드시 그에 비해 긴 막대에 대한 상념이 선행했어야 한다. 길다거나 짧다는 생각은 홀로 떠오르는 것이 아니라 그와 상반된 짧음 또는 긺이라는 생각을 반드시 전제한 후 떠오른다. 긺은 짧음에 의존해야 비로소 존재하며 짧음은 긺에 의존해야 비로소 존재할 수 있다.16) 긺과 짧음은 실체가 있는 것이 아니라 연기적으로 발생하는 것이다. 따라서 긺도 공하고 짧음도 공하다. .

'더러움과 깨끗함', '잘 생김과 못 생김', '영리함과 우둔함', '부유함과 가난함'과 같은 개념 쌍들 모두 긺과 짧음의 경우와 같이 연기적으로 발생하는 것으로 그 실체가 없어 공하다. 이 이외에도 '건강과 질병', '선함과 악함', '빠름과 느림', '밝음과 어두움', '뜨

---

16) 若此有彼有 譬如長與短 由此生彼生 譬如燈與光(龍樹, 『寶行王正論』, 제48게).

거움과 차가움', '아름다움과 추함', '바쁨과 한가함' 등과 같은 개념들은 그 실체성을 논파하기 어렵지 않은 개념들이다.

② 불과 연료는 실체가 있는가? 우리는 아궁이에 장작을 넣은 후 불을 지핀다. 이 때 장작은 연료가 된다. 언뜻 보면 분명히 불이 있고 연료로서의 장작이 있는 것 같다. 그러나 엄밀히 볼 경우 불은 홀로 실재하지 않는다. 장작에 불을 지피기 위해 성냥을 켜는 경우 성냥에서 타오르는 불은 성냥 알이라는 연료에 의존해서 존재할 수 있는 것이다. 혹 불을 만들기 위해 라이터를 켜는 경우에도 가스라는 연료에 의존해야 비로소 불이 타오른다. 보다 엄밀히 말하면 불을 존재하게 하는 연료란 불길의 모습만큼 노랗게 달구어진 탄소알갱이들이다. 성냥불이건, 라이터 불이건 나무나 가스에서 발산된 미세한 탄소 알갱이들이 마치 숯불과 같이 달구어져 노랗게 빛을 발함으로써 너울거리는 불길의 모습을 보이게 되는 것이다. 달구어져 밝은 빛을 발하던 탄소알갱이가 완전히 산화되면 무색의 탄산가스로 변하여 허공으로 날아간다. 그래서 불길의 윤곽이 형성된다. 그런 불길에서 우리는 불과 연료가 구분되지 않는다. 다만 노랗게 너울거리는 하나의 사건일 뿐이다. 그러나 우리의 사유는 그런 하나의 사건에서 불과 연료를 분할해 낸다.

가스 불이건, 석유난로의 불길이건 산불이건 이 세상 그 어디를 찾아보아도 연료 없이 홀로 존재하는 불은 없다. 따라서 불은 실체가 없어 공하다.[17] 그러면 이렇게 홀로 존재하는 불이 없지만 연료는 불 없이도 홀로 존재하지 않을까? 헛간에 쌓여 있는 장작

---

17) 龍樹, 『中論』, 第10 觀燃可燃品(김성철 역, 『中論』, 경서원 1993, pp.185-202).

은 분명 불과 관계없이 홀로 존재하는 연료인 것처럼 생각된다. 그러나 연료 역시 불과 마찬가지로 홀로 존재할 수 없다. 헛간에 쌓여 있는 장작은 아직 장작이 아니고 연료가 아니다. 헛간에 쌓인 장작은 건축재료로 활용될 수도 있고, 목각의 재료가 될 수도 있으며, 빨래방망이로 깎여질 수도 있다. 장작이 진정한 장작이기 위해서는 불이 붙어야 한다. 불이 붙어야 헛간에 쌓여 있던 나무토막은 비로소 장작이라는 이름이 붙을 수 있는 것이다. 따라서 연료 역시 불과 무관하게 홀로 존재할 수 없다. 연료와 불은 서로 의존하여 존재하기에 공하다. 불을 설정하기에 연료가 설정되며, 연료를 설정하기에 불이 설정되는 것이다. 우리가 일상생활에서 접하는 불과 연료는 이렇게 분할을 통해 의존적으로 구성되는 것이다.

'나와 세상' 역시 마찬가지다. 세상이 있어야 내가 있을 수 있고, 내가 있어야 세상이 있을 수 있다. 따라서 나는 세상과 무관하게 존재하는 것이 아니며, 세상 역시 나와 무관하게 존재하는 것이 아니다. '영혼과 육체', '행위와 행위자' 모두 연료와 불이 그렇듯이 독립적 실재성이 없다. 즉, 실체가 없어 공하다.

③ '눈'과 '시각대상'은 실체가 있는가? 우리는 눈으로 사물을 본다고 말한다. 분명 내 얼굴의 상부에는 두 개의 둥그런 눈동자가 만져진다. 눈이 있는 것, 그리고 그 눈으로 사물을 보는 것은 결코 부정할 수 없는 사실인 듯하다. 그러나 이 눈 역시, 긴 것과 짧은 것, 불과 연료처럼 실체가 없다. 그 까닭은 "눈이 그 스스로를 볼 수 없기 때문이다."[18] 눈의 본질은 '보는 힘'이다. 보는 능

---

18) 이 눈은 스스로 자기 자신을 볼 수 없다. 스스로를 보지 못한다면 어떻게 다른 것을 보겠는가?(是眼則不能 自見其己體 若不能自見 云何見

력, 보는 작용이 눈의 본질이다. 그런데 이렇게 보는 힘으로서의 눈은 우리에게 보이지 않는다. 마치 홀로 존재하는 불이 이 세상 그 어디에도 없었듯이 홀로 존재하는 보는 힘으로서의 눈은 이 세상 그 어디에도 존재하지 않는다. 혹 거울에 비추어 보면 눈의 존재를 확인할 수 있다고 말할지 모르나 거울에 비쳐 보이는 눈은 엄밀히 말해 진정한 눈이 아니다. 눈에 비친 시각대상의 세계의 일부일 뿐이다. 흰 동자와 검은 동자로 이루어진 작은 반원형의 시각대상일 뿐이다. 즉 거울에 비추어진 나의 얼굴 모습을 포함한 전체 풍경 중 작은 부분일 뿐이다. 그것은 시각능력으로서의 눈이 아니다. 눈은 반드시 시각대상과 관계함으로써 눈이 된다. 우리가 지금 무엇을 바라볼 때, 우리에게 느껴지는 모든 것은 하나의 풍경일 뿐이다. 그 풍경에서 어느 부분이 보는 힘으로서의 눈에 속하고 어느 부분이 시각대상에 속하는지 구분되지 않는다. 양자를 분할하는 경계선은 내 앞에 펼쳐진 풍경 어디에도 그어져 있지 않다. 다만 풍경이라는 하나의 현상만 존재할 뿐인데 우리는 '눈으로 풍경을 본다'고 눈과 시각대상을 분할해 냄으로써 '시각능력으로서의 눈'과 '시각대상의 세계'가 구성되는 것이다. 시각대상 역시 홀로 존재하지 않는다. 나의 눈이 없을 경우 시각대상의 존재는 무의미하다. 선천적인 맹인에게 색깔과 형태가 무의미하듯이.

'삶과 죽음' 역시 마찬가지다. 주관적으로 볼 경우 나의 죽음, 내가 완전히 사라져 버릴 것이라는 죽음은 나에게 확인된 적도

餘物: svamātmānaṃ darśanaṃ hi tattameva na paśyati/ na paśyati yadātmānaṃ kathaṃ drakṣyati tatparān//): 龍樹, 『中論』, 第3 觀六情品.

44444444544444444444444444444444444

없고 앞으로 확인될 수도 없다. 마치 홀로 존재하는 불을 아무리 찾아보아도 발견할 수 없었듯이, 시각능력으로서의 눈의 존재를 아무리 찾아보아도 발견할 수 없었듯이, 내가 나의 죽음과 대면하는 것은 논리적으로 불가능하다. 따라서 죽음은 실재하지 않는다. 죽음이 실재하지 않기에, 삶 역시 삶이라고 부를 수가 없다. 삶은 죽음과 함께 발생한 개념이기 때문이다. 죽음을 염두에 두어야 지금의 이것을 삶이라고 부를 수 있는 것이다. 그러나 죽음이 실재하지 않는다면 지금의 이것은 삶일 수도 없다. 엄밀히 말해 우리는 지금 살아 있는 것도 아니다. 우리가 만난 적도 없고 만날 수도 없는 죽음을 설정하기에 지금 여기에 대해 '삶'이 라는 이름이 붙는 것이다.

관계의 해체와 구성

앞에서 긺과 짧음, 불과 연료, 눈과 시각대상의 실재성을 논파하면서 긺은 짧음에 의존해야 존재하며, 불은 연료에 의존해야 존재할 수 있으며, 눈은 시각대상과의 관계 속에서 눈이 된다고 말하였다. 그리고 이런 설명을 통해 우리는 긺과 짧음, 불과 연료, 눈과 시각대상과 같은 개념들이 실체가 없다는 사실을 알게 되었다. 그와 아울러 연기와 공의 의미에 대해서도 어렴풋이 짐작할 수 있게 되었다. 그런데 연기를 설명하는 의존과 관계(relation)란 말에 문제는 없을까? "모든 것이 연기적이기에 실체가 없어 공하다."면 관계 역시 실체가 있을 수가 없다. 만일 '관계성'만은 그 실체가 있다고 한다면 '모든 것'이라는 주어에 예외가 있는 꼴이 되니 "모든 것이 연기적이기에 실체가 없어 공하다."라는 말은 보편적 진리성을 상실하고 만다. 그렇다면 의존이나 관계와 같은 개념 역시 그 실체가 성립할 수 없어야 할 것이다.

① '깊이란 실체가 있는 것이 아니라 짧음에 의존하여 성립하는 것'이라고 말할 때, 깊의 성립의 근거는 짧음이 된다. 짧음에 토대를 두고 깊이 성립한다면, 짧음은 원래 실재했어야 한다. 그러나 짧음 역시 원래 있는 것이 아니다. 짧음이 설정되기 위해서는 그 이전에 깊이 선행했어야 한다. 다시 말해 깊의 성립근거로서 짧음을 얘기했으나, 그 짧음이 설정되기 위해서는 그 이전에 깊이 있었어야 한다. 논의는 악순환에 빠지고 만다. 깊을 규정하기 위해 깊을 요구하는 것이다.

② 또 "불과 연료는 서로 의존하여 존재한다."라고 말할 때, 불과 연료가 서로 의존하기 위해서는 그 실체가 미리 성립되어 있었어야 한다. 주체가 있어야 그것이 의존이라는 관계를 맺을 수 있기 때문이다. 그렇다면 미리 성립되어 있던 불이 성립을 위해 다시 의존하게 된다는 말이 되고 만다. 그렇다고 해서 그와 반대로 아직 성립되지 않은 불과 연료가 서로 의존함으로써 불과 연료로 존재하게 된다고 말한다고 해도 오류에 빠진다. 주체가 없는 것은 의존이라는 관계를 맺을 수 없기 때문이다.[19]

---

19) 만일 어떤 존재가 의존적으로 성립한다면 이 존재가 거꾸로 의존 받음이 성립되리니 지금은 의존함도 없고 성립될 존재도 없다(若法因待成 是法還成待 今則無因待 亦無所成法: yo 'pekṣya sidhyate bhāvast amevāpekṣya sidhyati/ yadi yo 'pekṣitavyaḥ sa sidhyatāṃ kamapekṣ ya kaḥ//) 만일 어떤 존재가 의존하여 성립되는 것이라면 아직 성립되지 않은 것에는 어떻게 의존할 수 있겠는가? 만일 성립되고 나서 의존하는 것이라면 이미 성립이 끝났는데 의존할 필요가 무엇 있겠는가?(若法有待成 未成云何待 若成已有待 成已何用待: yo 'pekṣya sidhyate b hāvaḥ so 'siddho 'pekṣate katham/ athāpyapekṣate siddhastvapekṣās ya na yujyate//): 龍樹, 『中論』, 第10 觀燃可燃品, 第10, 11偈.

③ "눈은 시각대상과의 관계 속에서 존재한다."라고 말할 때, 눈이 시각대상과 관계하기 위해서는 미리 존재하고 있었어야 한다. 그러나 미리 존재하고 있는 눈은 시각대상과 관계를 맺음으로써 다시 존재할 필요가 없다. 그와 반대로 아직 존재하지 않은 눈이 시각대상과 관계를 맺는다고 해도 오류에 빠진다. 아직 존재하지 않는 눈은 다른 무엇과 관계를 맺을 수가 없기 때문이다.[20]

이렇게 의존하는 대립쌍 간의 관계 역시 실재하는 것이 아니지만, 그런 대립쌍의 설정과 아울러 양자 간의 관계 역시 구성되는 것이다.

판단의 해체

---

20) 만일, 인식방법이 스스로 성립한다[고 그대가 주장한다]면, 그대의 [주장의] 경우, 인식방법은 인식대상들에 의존하지 않고서 성립하게 된다. [왜냐하면] 스스로 성립하는 것은 다른 것에 의존하는 것이 아니[기 때문이]다(40). 만일, 그대의 [주장의] 경우, 인식대상들인 사물들에 의존하지 않고서 인식방법이 성립하는 것이라면, 그와 같은 그런 것들은 그 어떤 것에 대해서도, 인식방법들이 되지 않는다(41). 만일, 그것(= 인식방법)들이 [인식대상들에] 의존하여 성립한다고 생각한다면, 여기에는 어떤 잘못이 있는가? [이미] 성립된 것을 [의존에 의해 다시] 성립시키는 것이리라. 왜냐하면, 성립되지 않은 것은 다른 것에 의존하지 않기 때문이다(42). 만일, 그 어디서든지 인식방법들이 인식대상들에 의존하여 성립하는 것이라면, 인식방법들에 전혀 의존하지 않고 인식대상이 [원래] 성립되어 있는 것이[라는 말이 된]다(43).(yadi svataśca pramāṇ asiddhiranapekṣya tava prameyāṇi/ bhavati pramāṇasiddhirna parāpe kṣā svataḥ siddhiḥ(40)// anapekṣya hi prameyānarthān yadi te pra māṇasiddhiriti/ na bhavanti kasyacidevamimāni tāni pramāṇāni(41)// atha matamapekṣya siddhisteṣāmityatrabhavati ko doṣaḥ/ siddhasya sādhanaṃ syānnāsiddho 'pekṣate hyanyat(42)// sidhyanti hi prameyā ṇyapekṣya yadi sarvathā pramāṇāni/ bhavati prameyasiddhirnāpekṣy aiva pramāṇāni(43)// 龍樹, 『廻諍論』, 第40-43偈: 김성철 역, 『회쟁론』, 경서원, 1999, pp.191-202).

① "우리의 인식은 모든 것을 인식한다."라고 말한다. 그렇다면 모든 것을 인식하는 그런 인식은 무엇으로 인식할까? 제2의 인식이 그것을 인식한다면, 제2의 인식을 인식하기 위해 제3의 인식이 필요하고, 제3의 인식을 인식하기 위해 다시 제4의 인식이 요구되어 결국 무한소급의 오류에 빠지고 만다.[21]

② "모든 것은 공하다."라고 말한다. 그렇다면 "모든 것이 공하다."는 그 말도 모든 것 속에 포함되기에 역시 공해야 한다. 따라서 모든 것이 공하다는 말은 역설에 빠진 무의미한 말이 되고 만다.

③ 우리는 일상생활에서 "바람이 분다."라거나 "비가 내린다."라는 말을 하며 살아간다. 따라서 '바람'이나 '붊', '비'나 '내림'이 실재한다고 생각되기 쉽다. 그러나 이렇게 실재론적 사고방식에 의해 세상을 바라볼 때, 그런 문장들은 오류에 빠지고 만다. "바람이 분다."라고 말할 경우 우리는 다음과 같이 물을 수 있다; 이 문장의 주어인 '바람' 속에는 '분다'는 의미가 내포되어 있는가, 배제되어 있는가? 그 어떤 경우에도 오류에 빠진다. 먼저 '바람' 속에 '분다'는 의미가 내포되어 있다면, "바람이 분다."라는 말은 '〈부는 바람〉이 분다'는 의미가 되고 만다. 즉, 부는 것이 두 번 있게 되는 동어반복의 오류에 빠진다. 마치 "얼음이 언다."라거나 "꿈을 꾼다."라고 말할 때와 같이. 또 '역전(驛前) 앞'이라고 말할 때와 같이. 그와 반대로 '바람' 속에 '분다'는 의미가 내포되어 있

---

21) 만일 다른 인식방법들에 의해 인식방법들이 성립한다면, 그것은 무한소급하게 될 것이다. 그런 경우에는 최초도 성립하지 않고, 중간도 최후도 결코 성립하지 않는다. anyairyadi pramāṇaiḥ pramāṇasiddhirbha vettadanavasthā/ nādeḥ siddhistatrāsti naiva madhyasya nāntasya// 龍樹, 『迴諍論』, 第32偈: 김성철 역, 『회쟁론』, pp.158-162).

지 않다고 말해도 오류에 빠지고 만다. 왜냐하면, 불지 않는 바람
은 이 세상 어디에도 존재하지 않기 때문이다. 바람이 불 때 사실
은 하나의 사태만 발생했을 뿐이다. 그러나 우리는 이를 '바람'과
'붊'이라는 두 가지 사태로 분할해 내어 '바람이 분다'고 말을 하
게 되는 것이다. '바람이 분다'는 문장에서 쓰인 주어와 술어인
'바람'과 '붊'은 마치 '긴 것'과 '짧은 것', '불'과 '연료', '눈'과 '시
각대상'이 연기적으로 발생하였듯이 연기적으로 발생한 개념들이
다. 이렇게 문장의 주어와 술어가 설정된 후 양자가 조합되어 하
나의 판단이 구성된다.

　지금까지 거론한 '긺, 짧음, 더러움, 깨끗함, 잘생김, 못생김, 영
리함, 우둔함, 부유함, 가난함, 건강, 질병, 선함, 악함, 빠름, 느림,
밝음, 어두움, 뜨거움, 차가움, 아름다움, 추함, 바쁨, 한가함, 불,
연료, 나, 세상, 영혼, 육체, 행위, 행위자, 눈, 시각대상, 삶, 죽음,
의존, 인식, 공, 바람, 붊, 비, 내림'은 물론 우리가 일상에서 접하
는 모든 개념들은 실재하는 것이 아니라 연기적 분할에 의해 발
생한 것들이다. 그러나 우리는 그런 개념들의 연기적 기원을 망각
한 채, 다양한 사물이나 사태로서 실재하는 것으로 간주한 후 그
낱낱을 조합하여 우리의 일상을 구성해 낸다.
　"나는 지금 눈으로 책을 본다."고 할 때, 사실은 한 덩어리의
사건만 일어나고 있을 뿐인데 우리의 사고는 그 한 덩어리의 사
건에서 '나'와 '지금'과 '눈'과 '책'과 '봄'을 분할해 낸 후, 다시 이
를 재배열하여 하나의 판단을 작성하는 것이다. 그러나 그런 한
덩어리의 사건에서 '나'는 '지금, 눈, 책, 봄'과 유리되어 존재할

수 없으며, '지금' 역시 '나, 눈, 책, 봄'과 유리되어 존재하는 것이 아니고, … '봄' 역시 '나, 지금, 눈, 책'과 유리되어 존재하는 것이 아니다. 즉, 그 한 덩어리의 사건에서 '나, 지금, 눈, 책, 봄'은 연기적으로 발생된 것들이다. 원래는 그 각각이 독립적으로 존재하는 것이 아니다. 그 각각은 분할을 통해 연기적으로 발생하며, 그런 연기적 발생 과정에 대한 치밀한 분석을 통해 우리는 그 각각이 원래 공함을 자각하게 된다. 즉, 그 각각의 실체성은 해체된다.

서구철학사의 경우 영국의 경험론과 대륙의 합리론이 칸트의 비판론에 의해 종합된 후 다시 헤겔의 관념론으로 변모하는 과정을 겪게 되는데, 불교사상사 역시 실재론적인 아비달마 불교에서 비판철학인 중관사상으로, 그리고 관념론적인 유식사상으로 변모하면서 전개된다. 그러나 불교사상사의 경우 다양한 철학체계 모두 '연기사상'이라는 공통분모를 갖는다는 점에서 서구철학사의 전개와 구별된다. 서구철학사는 반동의 역사라고 규정할 수 있다. 후대의 철학은 전시대의 철학을 비판하며 출현한다. 그러나 불교철학사의 경우는, 붓다가 발견한 '연기의 진리'를 각 시대정신에 부응하여 재해석해 간 역사라고 볼 수 있다. 불교철학사에서 출현한 다양한 사상들은 연기와 해탈이라는 한 맛(一味)을 구현하고 있기에 그 모두가 하나의 불교일 수 있는 것이다.

지금까지 중관학적 방식에 의해 일상이 해체되고 일상이 구성되는 모습에 대해 조망해 보았다. 중관학적 방식은 절대부정의 방식이라고 부를 수 있다. 일상을 해체한 후 그렇게 해체하는 데 쓰인 도구로서의 언어조차 해체한다. 일상을 해체하여 "모든 것은 공하다."라고 말하지만, 나중에는 그런 공 역시 공하다고 말한다. 비유를 들어보자. 캠프파이어를 위해 쌓아 놓은 장작을 모두 태우기 위해서는 그중 하나의 장작개비를 들어 장작더미를 여기저기 들춰가며 태우면 된다. 그러나 장작더미 전체에 불이 붙으면 불쏘시개로 사용된 그 장작개비마저 불길 속에 던져 태운다. 목욕을 하기 위해서는 비누가 묻은 수건을 들고 몸 구석구석을 여기저기 닦게 된다. 그리고 마지막에는 수건을 들었던 그 손에도 비누칠을 해 닦는다. 좌중이 소란할 때 누군가가 일어나 "조용히 해!"라고 외치게 된다. 그 후 소란도 사라지고, "조용히 해!"라는 소리도 종적을 감추어 좌중은 조용하게 된다. 여기서 장작더미, 몸, 소란함은 공의 논리에 의해 비판되는 일상에 비유되고, 불쏘시개로 사용된 장작개비, 수건을 든 손, 조용히 하라는 소리는 공의 논리라는 메타일상에 비유된다. 이렇게 중관학에서는 철저히 부정적 방식에 의해 일상을 해체하며, 그렇게 해체하는 데 쓰인 공의 논리 역시 해체해 버리는 절대부정적 방식에 의해 연기에 대한 자각을 구현한다.

그런데 이와 상반되게 절대긍정적 방식에 의해 일상을 해체함으로써 연기에 대한 자각을 구현하는 불교사상이 있다. 그것이 바로 화엄학이다. 그러면 **화엄학**에 의거해 우리의 일상을 해체해 보자.

(2) 화엄적 해체와 구성

하나는 모든 것이고, 모든 것은 하나다(一卽一切 多卽一)

앞에서 중관학에 의거해 불도 그 실체가 없고, 연료도 그 실체가 없다는 점을 논증한 바 있다. 헛간에 쌓여 있는 나무토막은 불이 붙어야 비로소 장작이라는 이름이 붙을 수 있다. 이름이 없다는 말은, 역으로 수많은 이름이 부여될 가능성이 잠재되어 있다는 의미가 된다. 나무토막은 '장작'일 수도 있고, '조각품의 재료'일수도 있으며, '건자재'일 수도 있다. 무기로 사용한다면, '몽둥이'가된다. 목침으로 쓴다면 '베개'가 된다. 마당에 선을 긋는 데 사용한다면 커다란 '필기구'가 된다. 그대로 미술전시장에 진열하면 오브제로서 '미술작품'이 된다. 나무 속에 사는 벌레에게는 '집'이면서 '먹이'이다. 그 모습은 내 망막의 '살'이다. 유심론자가 볼 때에는 나의 '마음'이다. 일체 부처 아닌 것이 없다고 선언한 고승에게 그 장작은 '부처'다. 나의 눈으로 먹는 '밥'이다. 여러 원소가결합된 '물질'이다. 나의 주의력을 강탈한 '강도'다. 기독교인에게는 '신비한 피조물'이다. 여러 물질들이 변모해 만들어 낸 '똥'이다. 나무꾼에게는 '돈'이다. 나의 눈에는 '시각대상'이다. …

따라서 '헛간의 나무토막은', 장작이고, 조각품의 재료이며, 건자재이고, 몽둥이이며, 베개이고, 필기구이고, 미술작품이며, 집이고, 먹이이며, 살이고, 마음이고, 부처이며, 밥이고, 물질이며, 강도이고, 신비한 피조물이며, 똥이고, 돈이며, 시각대상이다.

우리가 고정관념에서 벗어날 경우 '헛간의 장작'(一)은 단순히 많은 것을 넘어서 '모든 것'(一切)이 되고 만다. 화엄학에서는 이런 이치를 '하나가 곧 모든 것이다'라고 표현한다. 여기서 하나는 비단 장작에만 해당되는 것이 아니다.

우리는 평생을 한 분야에 바친 사람들의 입에서 이러한 일즉일체의 선언이 발화되는 것을 종종 접하게 된다. 원로 기호학자는 '모든 것이 기호다'라고 선언한다. 미술가 레제는 '모든 것이 아름답다'고 말한다. 유심론자는 '모든 것이 마음이다'라고 말한다. 유물론자는 '모든 것이 물질이다'라고 말한다. 선승은 '행주좌와(行住坐臥) 중 선 아닌 것이 없다'고 말한다. 피정(避靜)에 들어간 천주교 신자는 '일체가 하느님'이라는 점을 명상한다. 불경에는 '두두물물이 모두 부처님이다'라는 선언이 자주 등장한다. 교육학자는 '평생교육'을 말한다. 사업가에게는 '모든 것이 돈'으로 계산된다. 모든 것이 기호이고, 아름답고, 마음이며, 물질이고, 선이며, 하느님이고, 부처님이고, 교육이며, 돈이다.

인상파와 입체파, 야수파를 거쳐 현대의 추상미술과 비디오 아트, 해프닝, 설치미술을 산출해 온 서양미술사는, '모든 것이 미술이다'라는 해체적 명제를 향해 '미술'이라는 개념의 테두리를 넓히는 과정이었다.

한 가지 개념의 범위에 절대적 테두리를 긋는 것은 불가능하다. 마치 통계곡선이 x축에 닿지 않고 무한히 근접하기만 하듯이…. 화엄학에서 "하나는 모든 것이다(一卽一切)."라고 할 때 '모든 것'은 '무한'을 의미한다.

모든 것이 미술이고, 모든 것이 연극이며, 모든 것이 한 편의 드라마이고, 모든 것이 동공이라는 카메라에 찍힌 사진이며, 모든 것이 음악이고, 모든 것이 춤을 추고, 모든 것이 운동을 하며, 모든 것은 길이고, 모든 것은 산이며, 모든 것은 어둡고, 모든 것은 밝으며, 모든 것은 바깥이고, 모든 것은 안이며, 모든 것은 나의 몸이고, 모든 것은 남이며, 모든 것은 내가 만든 것이고, 모든 것은 남이 만든 것이며, 모든 것은 겁이고, 모든 것은 슬픔이며, 모든 것은 기쁨이고 … 모든 것은 비극이고 모든 것은 희극이다.

모든 것이 시계이다. 손목시계는 시계이다. 벽시계도 시계이다. 해시계도 시계이다. 물시계도 시계이다. 하늘에 떠 있는 태양도 그 위치에 따라 시간을 짐작케 하기에 시계이다. 달도 시계, 별도 시계이다. 우리의 몸도 시계이다. 몸을 보면 나이라는 시간을 짐작할 수 있기 때문이다. 건물도 시계이다. 낡은 건물과 새 건물이 있듯이. 나무도 시계이고, 산도 시계이고, 길도 시계이다. 이 세상에 시계 아닌 것은 없다.

화엄학의 견지에서는 어째서 이렇게 상식을 넘어선 결론이 도출되는 것일까? 중관학에서 '모든 것이 공하다'는 결론이 도출되는 근거가, 연기설에 있었듯이 화엄학에서 '하나는 모든 것이다'라는 결론을 도출하는 근거도 연기설에 있다. 불교에서는 깨달음의 지혜(慧, 觀)를 얻기 위해서는 선정(定, 止)에 들어야 한다고 말한다. 이를 정혜쌍수(定慧雙修), 또는 지관쌍운(止觀雙運)이라고 부른다. 정혜쌍수란, '곰곰이 생각한다'고 풀이될 수 있다. 여기서 '곰곰이'란 '마음을 집중하는 정(定)'에 해당하고 '생각한다'는 것은 '혜(慧)'에 해당한다. 우리는 일상생활에서 어떤 문제를 풀고자 할 때 곰곰이 생각한다. 불교에서 제시하는 좌선 수행은, 문제를 해결하기 위해 동원되는 '곰곰이'라는 일상적 행위를 보다 전문적으로 체계화한 것일 뿐이다. 그런데 우리는 앞에서 하나의 개념의 범위와 의미를 규정하기 위해 곰곰이 생각하는 과정을 거쳤다. 그 결과 모든 개념의 의미와 범위가 해체되는 현상을 체험하였다. 왜 그렇게 됐을까? 우리가 실재한다고 당연시했던 개념들은 사실은 모두 연기한 것들이기 때문이다. 다시 말해 홀로 존재하는 것이 아니기 때문이다. 우리가 하나의 개념의 의미와 범위를 규정하려고 할 때 우리의 생각은 그 개념 하나에만 집중하게 된다. 그렇게 집중할 경우 그 개념을 발생시킨 연기적 대응쌍에 대한 생각은 사라지게 된다. 연기적 대응쌍을 염두에 두고 있어야 그 개념의 의미가 확고한 듯이 느껴지는 법인데 마음이 흔들리지 않고 그 개념 하나만 주시할 경우, 즉 하나의 개념에 집중할 경우 그 개념은 의미를 상실하고 만다. 안경을 쓰고 안경을 찾는 것, 목걸이를 잃어버렸는지 확인하는 행위, 시골 화장실에 오래 앉아 있으면 그 냄새가 약해지는 것 모두 한 가지 감각만 계속될 경우 그 감각이 소실되기 때문이다. 처음 안경을 낄 경우 안경테가 피부를 누르는 감각이 느껴진다. 왜냐하면 안경을 쓰지 않았을 때의 피부의 느낌과 안경을 쓴 이후의 피부의 느낌이 다르기 때문이다. 안경을 쓴 이후의 피부의 느낌은 연기적으로 발생한 것이다. 그러나 안경을 쓴 후 오랜 시간이 지나면 안경을 쓰기 전의 피부의 느낌에 대한 기억이 점차 소실된다. 그 결과 안경을 썼다는 느낌도 사라진다. 그 때 우리는 무심코 안경을 쓰지 않았다고 착각하고서 안경을 찾게 된다. 이와 같은 이치에 의해 하나의 개념의 정체만을 추구할 경우, 우리는 그 개념의 실체가 해체되는 것을 경험하는 것이다.

　"하나가 모든 것이다."라는 화엄적 선언에 의거해 해체되는 것은 비단 이름뿐만이 아니다. 사물의 모양도 해체된다. 지금 탁자 위에 컵이 하나 놓여 있다. 그런데 누군가가 이 컵의 모양을 그대로 그려보라고 주문할 때 우리는 어떻게 그려야 할까? 옆모습을 그릴 것인가 위 모습을 그릴 것인가? 시점이 주어지지 않았을 경우 컵의 형태의 진실은 도저히 평면 위에 모두 담을 수가 없다. 컵의 모습은 위에서 보면 동그랗고 옆에서 보면 네모지며, 그 속에 들어 가 보면 아늑한 집이 되고, 눈앞에 마주 대면 벽이 되고, 멀리 떨어지면 하나의 점이 되며, 더 멀리 떨어지면 허공에 동화된다. 빙빙 돌리면 원이 되고, 좌우로 휘두르면 면이 되고 선이 된다. 이 중 어떤 것도 컵의 본래적인 모습이 아니다. 그러나 거꾸로 이 모든 것이 컵의 모습일 수가 있다. '컵의 모습이 어떠하냐?'고 물을 때 우리는 "모든 모습을 띤다."라고 대답해야 할 것이다. 입체파의 거장 피카소(Picasso, 1881-1973)의 작품 중에서 우리는 인물의 정면과 측면의 모습을 함께 그린 그림들을 볼 수 있다. 형태의 진실, 입체의 진실을 평면에 표현하려던 피카소의 고심의 흔적이다. 그러나 모든 사물은 무한한 시점을 용인하기에 그 형태 역시 무한하다. 즉, 하나의 사물은 무한한 모습을 갖는다.

  이름과 모양은 물론이고, 우리의 감정의 영역에서도 일즉일체의 진실은 작용한다. 우리의 감정이 밖으로 표출된 대표적인 동작이 웃음과 울음이다. 흔히 웃음은 좋은 것, 울음은 나쁜 것이라고 생각한다. 진짜 그럴까? 우리는 언제 웃는가? 물론 좋을 때 웃는다. 기쁠 때도 웃는다. 즐거울 때도 웃는다. 그러나 어처구니없는 일을 당해 한없이 슬플 때도 웃는다. 남을 비웃는 조소가 있다. 너무 화가 날 때도 웃는다. 아첨의 웃음도 있다. 허탈해도 웃는다. 사춘기의 소녀는 가랑잎이 굴러가는 것만 보아도 웃는다. 웃음 역시 그 테두리가 없다. 모든 감정이 웃음으로 표현될 수 있다. 울음의 경우도 마찬가지다. 우리는 슬플 때 운다. 그러나 너무 기쁠 때도 운다. 무서울 때도 운다. 훌륭한 예술에 감동할 때도 운다. 운동 경기에서 이긴 사람도 울고 진 사람도 운다. 울음 역시 그 테두리가 없다. 그래서 우리는 영화나 연극을 보면서, 기쁨이 아니라 슬픔을 웃음으로, 슬픔이 아니라 기쁨을 울음으로 멋지게 표현하는 연기에 감동하게 되는 것이다.

2. 감성적 일상의 해체와 구성

우리가 체험하는 일상은 개념과 판단 또는 사물과 사태만으로 이루어진 것이 아니다. 우리는 일상생활에서 질투, 사랑, 분노, 교만, 탐욕을 분출하고 기쁨, 슬픔, 괴로움, 즐거움, 우울을 느끼면서 살아간다. 이와 같은 것들은 우리의 일상을 구성하는 감성들이다. 질투와 사랑과 분노와 교만과 탐욕 등은 능동적으로 분출되는 심신(心身)의 작용이며, 기쁨과 슬픔, 괴로움과 즐거움, 그리고 우울 등은 수동적으로 감수되는 심신의 느낌이다.

우리는 앞 절에서 인지적 일상을 구성하는 개념과 판단들이 해체되는 과정을 추적해 보았다. 그 결과 인지적 일상을 구성하는 모든 것들은 그 실체가 없어 공하다는 사실을 알게 되었다. 그러나 탐욕이나 분노, 괴로움이나 즐거움과 같이 감성적 일상을 구성하는 모든 것들 역시 공하다고 말할 수 있을까? 외아들을 잃은 홀어머니가 느끼는 애절한 슬픔도 공하다고 말할 수 있을까? 어젯밤 내내 나를 괴롭힌 두개골을 부수는 듯한 치통 역시 공하다고 말할 수 있을까? 내 코끝을 스치는 향긋한 헤이즐넛 커피의 향기도 공하다고 말할 수 있을까? 봄꽃이 만발한 정원의 아름다움에 취한 황홀한 내 마음 역시 공하다고 말할 수 있을까?

불교에서는 이러한 것들 역시 실체가 있는 것이 아니라고 말한다. 질투, 사랑, 분노, 교만, 탐욕과 같이 우리의 마음 깊은 곳에서 능동적으로 분출되는 감정들은 우리의 마음 속에 본질적으로 내재하는 것이 아니라 우리의 그릇된 인지체계로 인해 발생하는 것들이다. 다시 말해 인지의 영역에서 자아와 사물과 사태의 실체가 공하다는 자각이 철저하지 못하기에 호·불호(好·不好)의 감정이 발생하게 된다. 따라서 우리의 인지체계가 정화될 경우 능동적으로 분출되던 신심의 작용이 사라진다. 마치 긴 것이 없으면 연료가 없으면 불이 존재할 수 없듯이, 인지의 영역에서 분별이 사라지면 애증의 감정 역시 사라지게 된다.

또, 기쁨, 슬픔, 괴로움, 즐거움과 같은 느낌들 역시 실체가 있는 것이 아니다. 우리가 일상을 살아가면서 느끼게 되는 그런 느낌들은 모두 과거, 또는 전생의 언젠가 내가 분출했던 감정과 행위로 인해 구성된 것들이다. 과거 언젠가 내가 누군가에게 분노하여 그를 해침으로써 그에게 괴로움과 슬픔을 주었을 때, 내가 그를 향해 내뿜었던 분노는 현재의 나에게 괴로움과 슬픔으로 나타나고, 과거의 언젠가 내가 누군가에게 호의를 베풀어 즐거움을 주었을 때, 그 호의는 현재의 나에게 즐거움과 기쁨으로 나타나게 된다. **인지의 영역**에서는 연기하는 대립쌍 중 어느 하나가 발생하면 다른 하나도 **동시적으로 발생**하지만, **감성의 영역**에서는 어느 하나가 발생할 경우 그와 연기적으로 얽혀 있는 다른 하나는 **시간을 달리하여** 나타난다. 지금 지은 행위와 연기적으로 얽혀 있는 과보(果報)의 결실은 현생에 나타날 수도 있고 내생에 나타날 수도 있으며 더욱 먼 미래에 나타날 수도 있다. 이것이 불교에서 말하는 인과응보의 교리이다.

우리가 현생에 태어나 살아가면서 느끼게 되는 모든 괴로움과 슬픔과 즐거움과 기쁨은 우연히 나에게 닥치는 것이 아니라 전생, 또는 과거에 내가 지었던 행위에 의거해 연기적으로 발생한 것들이다. 따라서 우리가 만일 앞으로의 일상에서 슬픔과 괴로움이 발생하지 않기를 바란다면, 우리의 마음에서 분노와 질투, 교만과 탐욕 등이 일어나지 않도록 해야 한다. 혹 그런 마음이 일어난다고 하더라도 그것이 말이나 행동을 통해 표출되지 않도록 자제해야 한다. 우리의 미래, 또는 내생을 행복한 삶으로 만들기 위해 우리가 지켜야 할 행위의 준칙을 불교에서는 계율이라고 부른다. 계율은 지키는 사람의 위상에 따라 여러 가지가 있지만 승속을 막론하고 준수하는 대표적인 계율로 십선계가 있다. ①동물을 죽이지 말 것, ②훔치지 말 것, ③잘못된 음행(淫行)을 하지 말 것, ④거짓말하지 말 것, ⑤욕하지 말 것, ⑥이간질하지 말 것, ⑦꾸며서 말하지 말 것, ⑧탐욕을 내지 말 것, ⑨화내지 말 것, ⑩잘못된 세계관을 갖지 말 것. 우리가 이러한 덕목에 어긋나는 행동을 했을 경우에는 미래에 언젠가 그와 연기적으로 얽혀 있는 과보가 우리에게 나타난다.

우리가 일상에서 체험하는 행복과 불행, 빈부귀천의 차별 등은 모두 우리 스스로 지어낸 것들이다. 어째서 태어날 때부터 장애를 가진 사람이 있고 잘난 사람이 있는가, 어째서 어떤 생명은 짐승으로 태어나고 다른 생명은 사람으로 태어나는가, 어째서 이 세상에는 착하게 삶에도 불구하고 불행한 사람이 있고, 악함에도 불구

412   제3부 - 불교 교학의 재해석

하고 유복한 사람이 있는가? 불교에서는 우리의 일상을 구성하는 이런 모든 차별들이 실재하는 것이 아니라 전생, 또는 과거에 이루어진 우리의 행위(業)에 의존하여 연기적으로 발생한 것이라고 말한다. 따라서 유복한 사람이 세세생생 유복할 수만은 없고, 박복한 사람이 세세생생 박복할 수만은 없다. 내가 현재에 겪고 있는 일상의 행복과 불행은 모두 전생이나 과거에 이루어진 나의 행위의 결과이다. 또 내가 미래에 겪게 될 일상의 모든 것들은 지금의 나의 마음가짐과 행동이 결정한다. 따라서, 지금 내가 아무리 박복해도 올바르고 착하게 살아야 나의 미래와 내생의 행복이 보장되고, 지금 내가 아무리 유복해도 올바르고 착하게 살아야 나의 미래와 내생의 행복이 보장되는 것이다.

인지의 영역에서 긴 것이 없어지면 짧은 것이 없어지듯이, 감성의 영역에서는 행위가 없으면 그와 관계된 과보 역시 나타나지 않는다. 그런데 행위를 없애는 방법은 두 가지로 나누어진다. 하나는 말 그대로 행위를 하지 않는 것이고 다른 하나는 모든 것에 대한 분별을 없애는 것이다. 전자의 경우, 잘못된 행동을 하지 않는 사람이라고 해도 이 세상에서 살아가는 이상 올바른 행동은 하기에, 그런 올바른 행동의 과보가 미래에 나타난다. 즉, 전자와 같이 사는 사람의 경우 윤회의 세계를 벗어날 수 없다. 그러나 후자의 경우, 나와 사물과 세계에 대한 모든 분별이 끊어졌기에 행동을 해도 행동을 하지 않는 것이 된다. 말을 해도 말을 하는 것이 아니며, 걸어가도 걸어가는 것이 아니다. 아직 분별에 휩싸인 남이 볼 때에는 그가 말을 하고 걸어가지만 공성을 체득한 자신이 볼 때에는 말을 하는 것도 아니고 걸어가는 것도 아니다. 그래서 "부처는 35세에 깨달음을 얻은 후 80세에 열반하기까지 45년 간 한 말씀도 하지 않았다."라고 말한다. 우리의 일상 중 감성의 영역에 속하는 부분도 그것을 발생하게 만드는 궁극적 뿌리 역시 이렇게 인지적인 데 있다. 불교는 주지적(主知的) 종교이다.

그런데 우리의 일상생활 중 감성의 영역에서 일어나는 선과 악, 행복과 불행에 대한 불교의 해석은, 지극히 형이상학적이고 계시 적이고 종교적이다. 따라서 이는 철학적 논의의 장에 포함시켜서 는 안 될지도 모른다. 그러나 이를 제외하면 일상에 대한 조망은 반쪽짜리가 되고 만다.

Ⅲ. 다시 일상으로

1. 정화된 하나의 분별

앞에서 우리가 일상생활에서 갖가지 개념들과 판단들'이 해체되 고 구성되는 모습에 대해 중관학과 화엄학에 의거하여 고찰해 보 았다. 일상생활에서 우리는 산은 산이고 물은 물이며, 길은 길이 고 컵은 컵이라는 생각을 갖고 살아간다. 그러나 중관적 조망 하 에서는 보면 산도 공하고 물도 공하고 길도 공하고 컵도 공하며 화엄적 조망 하에서는 산도 무한이며, 물도 무한이고 길도 무한이 고 컵도 무한이다. 중관학에서는 절대부정적 방식에 의해 일상적 분별을 타파하며 화엄학에서는 절대긍정적 방식에 의해 일상적 분별을 타파한다. 중관학과 화엄학의 일상에 대한 접근방식과 그 로 인해 도출된 명제는 상반되지만 양자 모두 일상적 분별을 타파한다는 점에서 그 취지를 같이한다. 비근한 예를 들어 이에 대해 다시 설명해 보자.

지금 이곳에 불려 나와 강의를 하고 있는 나는 청중에 대해서 '강사'이다. 학교에 가면 '교수'이다. 나의 아이들에게는 '아빠'이고 처에게는 '남편'이다. 아버지에게는 '아들'이고, 조카에게는 '삼촌'이며, 삼촌에게는 '조카'이고, 옆집 아줌마에게는 '옆집 아저씨'이고, 수술대에 누우면 '고깃덩어리'이고, 바퀴벌레에게는 살기(殺氣) 등등한 '적'이다. 이 중 그 어떤 것도 나의 호칭이 아니지만, 그 모든 것들이 나의 호칭이 될 수가 있다. 여기서 '그 어떤 것도 나의 호칭이 아니다'라는 측면은 나의 호칭에 대한 절대부정적 조망, 즉 중관적 견지에서 이루어진 조망이며, '그 모든 것들이 나의 호칭이다'라는 측면은 나의 호칭에 대한 절대긍정적 조망, 즉 화엄적 견지에서 이루어진 조망이다. 그런데 나는 아무 호칭 없이 생활하는 것도 아니고, 모든 호칭으로 함께 불리며 생활하는 것도 불가능하다. 나를 대하는 사람이 누구인가에 따라 나에 대해 하나의 호칭이 부여된다. 즉, 나를 대하는 사람에 의존하여 나의 호칭이 결정된다. 나의 호칭은 연기적으로 발생하는 것이기에 어떤 하나의 호칭만이 나의 본질적 호칭일 수 없다.

다른 예를 들어보자. 앞에서 설명했듯이 지금 탁자 위에 놓인 컵의 모양은 위에서 보면 동그랗고 옆에서 보면 네모지며, 그 속에 들어가 보면 벽으로 둘러싸인 아늑한 공간이 되고, 눈앞에 마주 대면 벽이 되고, 멀리 떨어지면 하나의 점이 되며, 더 멀리 떨어지면 허공에 동화된다. 빙빙 돌리면 원이 되고, 좌우로 휘두르면 면이 되고 선이 된다. 이들 중 그 어떤 것도 컵의 본질적 모

양이 아니지만(중관학적 조망), 거꾸로 그 모든 모양이 컵의 모양
이 될 수가 있다(화엄학적 조망). 그러나 지금 이 순간 이 컵은
아무런 모양을 갖지 않는 것도 아니고, 가능한 모든 모양들이 한
꺼번에 나타나 보이는 것도 아니다. 그런 다양한 모양들 중 매 순
간 하나의 모양만 우리에게 보일 수 있다. 무한한 컵의 모양들 중
어느 한 모양이 드러날(顯了) 때에는 다른 모든 모양들은 숨는다
(隱密). 관찰자의 시점에 의존하여 연기적으로 하나의 모습이 나
타난다. 이러한 이치를 화엄학에서는 '숨고 드러남이 함께 이룩되
어 있는 이치'(隱密顯了俱成門, 은밀현료구성문)라고 부른다.

중관과 화엄적 조망에 의해 사물이나 사태에 실체가 있다는 고
정관념이 모두 깨진다고 해서 우리의 면전에 나타나 보이는 일상
의 모습이 달라지는 것이 아니다. 산은 그대로 산으로 보이고, 물
은 그대로 물로서 나타나며, 길은 길이고, 컵은 컵이다. 그러나
우리의 분별의 때가 정화된 이후의 일상은 공성과 무한의 토대
위에서 전개된다. 그래서 산은 산이 아니면서 산이고, 물은 물이
아니면서 물이며, 길은 길이 아니면서 길이고, 컵은 컵이 아니면
서 컵이다. 앞에서 말했던 '참된 진리'와 '일상적 진리'가 중첩되
어 있는 것이 진정한 일상의 모습인 것이다. 사실은 없지만(참된
진리) 있는 것처럼(일상적 진리) 보이는 '정화된 일상'은 꿈에 비
유되기도 한다.

중관과 화엄적 조망으로 우리의 의식이 어느 정도 정화될 경우
우리는 사회적 인습과 고정관념에서 벗어나, 매일 매일 새롭게 창
의적으로 세상을 살아가게 된다. 과학자의 경우는 기발한 발명품
을 만들어낼 수 있으며, 예술가의 경우는 예기치 못한 새로운 작

품을 창조할 수 있고, 정치인의 경우는 절묘한 정책을 고안하여 사회를 선도할 수가 있다. 더 나아가 삶과 죽음, 인생과 세계에 대한 고정관념까지 모두 타파할 경우 우리는 완전한 깨침, 즉 해탈과 열반에 이르게 된다.

2. 해체의 나락과 탈출

현대문명은 우리의 인지체계를 해체하는 방향으로 진행되어 왔다. 그 동인(動因) 중 하나는 헬레니즘에 기원을 둔 서구인들의 분석적 사고이고, 다른 하나는 교통과 통신의 발달로 이루어진 이질적 문명과의 만남이다. 우리의 인지체계는, 내적으로는 치밀한 분석적 사고를 통해, 외적으로는 이질적 세계관이나 가치관, 인생관과 충돌할 때 해체된다.

불교를 통해 공 사상을 연마하지 않아도 현대를 사는 우리의 인지는 해체의 방향으로 질주한다. 그런데 여기서 우리는 다음과 같은 두 가지 점에 주의해야 한다. 첫째는, '모든 것이 공하다'는 명제는 이론이 아니라 일상에 대한 우리의 실재론적 분별을 정화하기 위한 도구적 성격을 갖는다는 점이고, 둘째는 '인지의 해체'는 '감성의 정화'를 수반해야 한다는 점이다.

'모든 것이 공하다'고 할 경우 '모든 것이 공하다'는 말 역시 모든 것에 포함되기에 공해야 한다. 따라서 이 말은 절대절명의 이론일 수가 없다. 다만 모든 것에 실체가 있다는 집착을 시정해 주기 위해 동원된 도구적 명제일 뿐이다. 낙서로 더러워지는 담벼락에 쓰여진 낙서금지라는 글씨와 같다. 낙서가 더 이상 발생하지 않을 때 낙서금지라는 글씨 역시 지워져야 하듯이, 모든 것이 공하다는 사실이 자각될 때 공이라는 말 역시 폐기되어야 한다. 또, '공'은 비누에 비교된다. 옷감에 묻은 얼룩을 지우기 위해 비누를 사용하지만 얼룩이 지워지면 비눗기 역시 헹구어 내야 하듯이 우리의 일상적 분별이 해체되면 공이라는 상념 역시 해체되어야 한다. 그래서 불전에서는 '공도 역시 공하다'고 말한다. 공을 하나의 이론으로 대하는 사람의 경우, '공'을 통해 얻어진 해체적인 조망을 '일상의 차원'에 대입하여 살아간다. 다시 말해 '해체'라는 '분별'을 내며 살아간다. 그러나 진정한 해체란 우리의 일상적 삶에서 출몰하는 하나 하나의 분별에 깊이 깊이 침잠해 들어갈 때 자연스럽게 만나게 되는 것이리라. 마치 시조창(時調唱)을 부를 때와 같이.

불교 내에서 가끔 막행막식적 무애행을 깨달음의 징표로 착각하는 수행자가 출현하게 되는 것은 이렇게 도구적 성격을 갖는 해체의 과정이 무차별을 주장하는 하나의 세계관으로 착각되기 때문이다. 그래서 불전에서는 "차라리 어리석은 아이처럼 내가 있다는 생각을 확고하게 갖고 살아갈지언정 '공'을 또 다른 세계관으로 삼아서는 안 된다."[22]고 경계하며, 중관학에서는 "부처님께서는 갖가지 세계관에서 벗어나게 하시려고 공을 말씀하셨다. 그러나 공을 다시 하나의 세계관으로 삼는 사람들은 그 어떤 부처가 출현해도 구제할 수 없다."[23]거나, "잘못 파악된 공은 어리석은 사람을 파괴한다. 마치 독사를 잘못 잡았을 때와 같이, 주문을

---

22) 『迦葉所問經』(김성철 역, 佛教의 中心哲學, 경서원 1995, p.311 참조).
23) 龍樹, 『中論』, 第13 觀行品, 第9偈.

잘못 외웠을 때와 같이."[24)라고 경계한다. 유식학(唯識學)에서도 이러한 상태를 악취공(惡取空: 잘못 파악된 공)이라고 명명하며 혹독하게 비판한다.

해체의 방향으로 진행되어 온 현대사회가 아노미(anomie) 상태로 추락하는 과정은, 불교에서 일부의 수행자가 공에 대한 오해로 인해 막행막식으로 일탈하는 과정과 유사하다. 그러면 이런 악취공의 나락에서 탈출하기 위해 우리는 어떻게 해야 할 것인가? '일상적 진리'를 다시 건립하여, '감성의 정화'에 진력하는 일이다. 우리는 인지의 차원에서 '분노'와 '탐욕'이라는 개념에 실체가 없음도 자각해야 하지만, 감성의 차원에서 '분노'와 '탐욕'을 제어하는 도덕적, 윤리적 실천에도 진력하여야 한다. 그리고 이러한 윤리와 도덕은 작위적, 실용적 명령이 아니라 분노와 탐욕의 시발점인 '자아'가 실재하지 않는다는 '참된 진리'에서 도출되는 절대적 행위규범이다. 자아가 실재하지 않기에, 나와 남의 구분이 있을 수 없으며 우리의 마음속에서는 다른 생명을 자신의 몸과 같이 여기는 자비와 사랑의 마음이 용출한다.

---

24) 龍樹, 『中論』, 第24 觀四諦品, 第18偈.

체계불학 - 신념체계로서의 불교학

초 판 2022년 12월 19일

지은이 김성철
펴낸이 김용범
펴낸곳 도서출판 오타쿠

주 소 (우)04374 서울특별시 용산구 이촌로18길 21-6 이촌상가 2층 203호
전 화 02-6339-5050 otakubook@naver.com www.otakubook.org

출판등록 2018.11.1 등록번호 2018-000093
ISBN 979-11-92723-10-5 (93220)

가격 29,000원 [eBook으로도 판매합니다(가격: 19,000원)]

이 도서의 국립중앙도서관 출판예정도서목록(CIP)은 서지정보유통지원시스템
홈페이지(http://seoji.nl.go.kr)와 국가자료종합목록 구축시스템(http://kolis-
net.nl.go.kr)에서 이용하실 수 있습니다.

※ 이 책에는 네이버 글꼴이 적용되어 있습니다.